钱理群作品精编

钱理群

精神梦乡

——北大与学者篇

生活·讀書·新知 三联书店

图书在版编目（CIP）数据

精神梦乡：北大与学者篇 / 钱理群著. —北京：
生活 · 读书 · 新知三联书店，2014.10 （2024.1 重印）
（钱理群作品精编）
ISBN 978－7－108－04865－3

Ⅰ. ①精… Ⅱ. ①钱… Ⅲ. ①高等教育学 Ⅳ. ① G640

中国版本图书馆 CIP 数据核字（2014）第 035264 号

责任编辑 卫 纯
装帧设计 蔡立国
责任印制 董 欢
出版发行 生活 · 讀書 · 新知 三联书店
（北京市东城区美术馆东街 22 号 100010）
网 址 www.sdxjpc.com
经 销 新华书店
印 刷 河北鹏润印刷有限公司
版 次 2014 年 10 月北京第 1 版
2024 年 1 月北京第 2 次印刷
开 本 880 毫米 ×1230 毫米 1/32 印张 16.625
字 数 406 千字
印 数 4,001－7,000 册
定 价 68.00 元
（印装查询：01064002715；邮购查询：01084010542）

魂系未名湖

心事浩茫连广宇（90 年代）

永远和北大学子在一起（2002 年）

最后一课——2002 年 6 月在课堂所摄

2002 年 6 月："北大最后一课"后和研究生合影

和王瑶先生在西安合影

永远怀念的客厅（和王瑶先生、师母、同门师妹张枚珊合影）

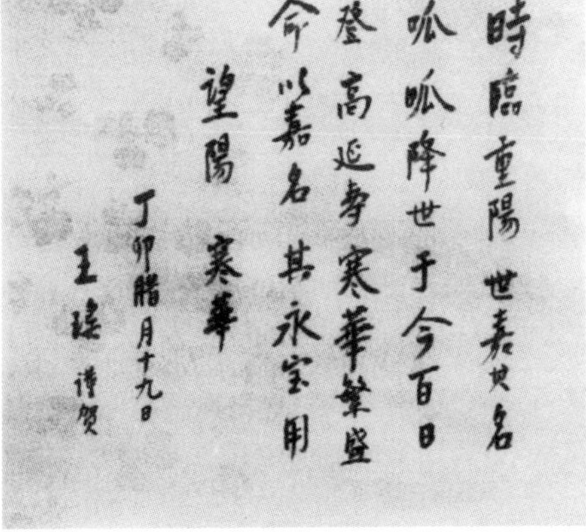

王瑶先生遗墨

老教授与老童生们（二排左 五：林庚，左七杨晦，左八王力，左十王瑶，左十一季镇淮，左十二朱德熙）

翠竹映照 在林庚先生家门前（前排左三为林庚，左二冯钟芸先生，左五陈贻焮；后排左一袁行霈）

钱谷融先生（左二）

樊骏（左）（学者篇）

二十年后再相会——研究生同学欢聚颐和园

总序：大时代里的个体生命史

感谢北京三联书店的朋友，要为我编选“作品系列”，这就给了我一个机会，对自己的研究与著述，作一番回顾与总结。

尽管我从 1962 年第一个早晨写《鲁迅研究札记》，就开始了业余研究，但将学术研究作为专业，却是以 1978 年考入北京大学研究生班，师从王瑶和严家炎先生为起端的。记得第一篇公开发表的学术论文，是刊载于《中国现代文学研究丛刊》1980 年第 2 期的《鲁迅与进化论》；从那时算起，我已经笔耕三十三年了。粗略统计，出版了六十四本书，编了五十一本（套）书，写的字数有一千三四百万。写的内容也很广，我自己曾经归为十个系列，即“周氏兄弟研究”、“中国现代文学史研究”、“20 世纪中国知识分子精神史研究”、“毛泽东及毛泽东时代研究”、“中国当代民间思想史研究”、“中国教育问题研究”、“志愿者文化与地方文化研究”、“思想、文化、教育、学术随笔”、“时事、政治评论”、“学术叙录及删余文”。我曾经说过，我这个人只有一个优点，就是勤奋，整天关在书房里写东西，写作的速度超过了读者阅读的速度，以至于我都不好意思给朋友赠书，怕他们没有时间看。在这个意义上，我是为自己写作的，我整个的生命都融入其中，并因此收获丰富的痛苦与欢乐。

这一次将一大堆著作归在一起，却意外地发现了它们之间的内在联系。我的文学史研究、历史研究，关注、研究的中心，始终是人，人的心灵与精神，是大时代里的人的存在，具体的个体生命的存在，感性的存在，我所要处理的，始终是人的生存世界本身，存在的复杂性与丰富性，追问背后的存在意义与人性的困惑。而且我的写作，也始终追求历史细节的感性呈现，具有生命体温的文字表达。这些关注与追求，其实都是文学观照世界的方式。我因此把自己的研究，概括为“用文学的方法研究、书写历史”。

多年来，特别是退休以后，我更是自觉地走出书斋，关注中小学教育、农村教育，地方文化与民间运动，关注的也依然是一个个具体的、有血有肉的生命个体，我和他们的交往也是具体的、琐细的，本身就构成了我的日常生活。同时，我又以一个历史研究者的眼光、思维和方法，去观察、思考、研究他们，在我的笔下，这些普通的乡人、教师、青年……都被历史化、文学化、典型化了。因此，也可以说，我是“用历史与文学的方法研究、书写现实”的。

现在，他们——这些留存于历史长河中的生命，这些挣扎于现实生活里的生命，都通过我的系列著作，奔涌而来。他们中间，有历史大人物，也有民间底层社会的普通人，都具有同样的地位与分量，一起构成了大时代里的个体生命史，一部20世纪的中国精神史，中国“人史”。我所有的研究，所写的上千万的文字，因此构成了一个有机整体，并且都渗透了我自己的个体生命史。

为了能展现这样的属于我自己的研究图景，本系列作品的编选，分为两个部分。第一部分是我的五部代表性研究专著：《心灵的探寻》、《周作人论》、《丰富的痛苦——堂吉诃德和哈姆雷特的东移》、《1948：天地玄黄》、《我的精神自传》，以展示我的学术研究的基本风貌。第二部分是重新编选的文集，计有：《世纪心路——现代作家篇》、《爝火不息——民间思想者篇》、《大地风雷——历史事件篇》、《精神梦乡——北大与学者篇》、《漂泊的家园——家人与乡人篇》、《情系教育——教师与青年篇》。这本身也形成了一个结构：从五四新文化运动的开创者陈独秀开始，到曾经的精神流浪汉、某当代大学博士生王翔结束，我大概写了将近一百位“大时代里的个体生命史”。为便于读者理解我的研究与书写背景，每一卷的开头都有“前言”，主要讲述我和本卷书写对象的关系，借此呈现研究者与研究对象的生命纠结，同时召唤读者的生命投入，以形成所描述的历史、现实人物与作者、读者的新的生命共同体。——这设计本身，就相当的诱人，但却有待读者的检验。

2013 年 3 月

目　录

前 言

本卷的两个中心词："精神圣地"与"心灵净土"，在今天的中国，已经是不合时宜的梦话了。

但那确实是曾经有过的历史，我在50年代和80年代两度在北京大学求学时，都亲身感受到"圣地"和"净土"的魅力，由此而形成了我的大学观与学者观——

大学应该有两个功能，一是思想文化、学术精神传统的传递和坚守；二是新思想、新文化、新学术的创造。因此，理想的大学应该成为民族文化的堡垒、精神的圣地、新文化的发源地，理想主义者的聚集地，坚持独立、自由、批判、创造的大学精神。

真正的学者追求的是精神的存在意义，对于自我，学术与民族、人类都有自觉的承担，并且是心灵纯净，充满生活情趣的，是为"赤子之心，星斗其文"。

这样的教育、学术与做人的境界，我们虽不能至，也要心向往之。

于是，就有了这样的信念和选择——

一个民族，特别是民族的年青人，是不能没有梦的；如果没有一片可以做梦的精神的净土、精神的圣地，是可悲的。在这个物质主义、消费主义、虚无主义、犬儒主义大行其道的时代，正需要说梦话，并通过历史的叙述，回归精神的梦乡。

辑一

精神圣地

北大百年：光荣和耻辱

——《走近北大》序

（一）

刚刚闭幕的北大百周年校庆庆典中，看到了无数的文章，当时也留下了这样、那样的印象，时过境迁，已记忆模糊了；唯有一篇发表在边城小报上的短文，却使我如揣烈火，至今也仍然感到那烧灼于心的疼痛。我要把它抄录在这里，也算是“为了忘却的纪念”——

> 北大是一个象征，也是一种寄托。
>
> 远在边远之地的我们，在百年北大的喜庆中也感受到了一种北大精神的存在，凡俗的我们好像也跟着感染到了一种神秘的崇高与激动。随着辉煌的展示一天天地过去，一种淡淡的失望却悄悄地来到了心头。
>
> 开风气之先的北大，您为什么没有今天的《新青年》呢？边远小城的书摊上人们见到的是《读书》、《南方周末》、《杂文报》……来自北大的声音是什么呢？听说你们有《北京大学学报》，可惜它只高居圣坛，民间没有它的身影。
>
> 尊重科学与理性的北大，当你推出了《北大旧事》、《北大传统与近代中国——自由主义的先声》、《青春的北大》等等几十种书刊时，为什么就没有《“文革”中的北大》、《红卫兵与北大》呢？

难道精神的反思与自审不在百年北大的关注范围吗？但我辈真是不明白，北大的传统与理性为什么就不能阻拦红卫兵运动在燕园的疯狂？人称带有“兽性”的红卫兵队伍里，为什么就有“北大方阵”？

敢于“兼容并包”的北大，历史上你有这么多可堪称道的包容，为什么到后来，你所包容的声音就越来越少了呢？在马寅初的《新人口论》面前，你“大肚能容天下难容之事”的风范何在呢？直到今天，也还有北大人不明白，为什么“思想者”竟成了“有问题者”，并因此成了“严加防范”的对象。

在历史关头举起过“五四”大旗的北大，为什么在“真理标准大讨论”的历史时刻，你就没有登高一呼的再度辉煌？你是没有准备好，还是最为珍贵的传统已经“流失”得太多？十一届三中全会以来的思想解放运动，为什么你一次又一次地错过了表现自己的机会？被北大人一再提起的辉煌为什么总是集中在蔡元培时代的北大？

“集天下英才而教之”的北大，你们有一流的图书馆、现代化的教学楼、财源滚滚的北大方正，但为什么就没有《顾准文集》呢？作为“精神圣地”的北大，有一个顾准比有一个北大方正更重要啊！因为在顾准身上，从《顾准文集》的字里行间，越看你就越能看到“北大魂”。对旧思想的那种神圣权威的无情批判；鲁迅般的那种让人久久不能忘却的尖锐与深刻；大胆求索中的那种舍身忘我、勇往直前的自由精神；在反抗恶势力中的那种充满历史感的爱国情怀……这些都不是任何企业的巨额利润能够换来的。

北大！你应该永远是我们精神世界的神。我们愿跟着你，参加那必然到来的，又一次“伟大的思想解放运动”。

北大！你准备好了吗？

（景风：《圣坛上的北大》，原载1998年6月15日《贵州广播电视报·安顺版》副刊《小世界》第23期）

人们（特别是北大人）可以不同意文章中的某些具体观点，却不能不正视所揭示的一个基本事实：我们在回顾北大百年历史时，有意无意地回避了许多东西。我们高谈北大的"光荣"，却不敢触及同样惊心动魄的"耻辱"；我们一厢情愿地描绘了一个"一路凯歌行进"的百年辉煌，却闭眼不承认前进路途中的坎坷、曲折，倒退与失误；我们用鲜花（其中有的竟是假制的纸花）与甜腻的歌唱掩盖了历史的血腥与污秽！而更为无情的事实，还在于我们在片面描述，以至曲解、阉割历史时，实际上正是在掩盖现实北大的种种矛盾、诸多黑暗与丑恶！当某些人用夸大北大的光明面（本来北大的光明面是谁也否认不了的，根本用不着夸大其词）来壮胆，声嘶力竭地高喊"北大不败"时，却正是暴露了他们内心深处的缺乏自信与空虚。鲁迅早在五四运动中就已经指出，"中国人的不敢正视各方面，用瞒和骗，造出奇妙的逃路来，而自以为正路。在这路上，就证明着国民性的怯弱，懒惰，而又巧滑。一天一天地满足着，即一天一天地堕落着，但却又日见其光荣"（《论睁了眼看》）。自称五四传统继承者的北大在纪念自己的百周年时，竟然"更深地陷入瞒和骗的大泽中，甚而至于已经自己不觉得"，这是怎样的耻辱与悲哀啊！

这确实是一个关口：你要真正进入北大的真实的历史吗？那么，你就必须如鲁迅所说，"取下假面，真诚地，深入地，大胆地看取人生并且写出他的血和肉"，有勇气正视：蔡元培等先驱者是在承受着各方面的巨大压力下，开创北大精神的；北大人始终神往的"自由，民主，宽容"的精神天地，在北大的现实实现也是相对短暂的，或许只有蔡先生实际主校的那七年间（1917—1923）；因此，它更是作为一种象征，作为努力、奋斗的目标，而存在于每一个北大人的心灵深处，但它确实又激励着一代又一代的北大人去与形形色色的反科学、反民主、反自由的势力及其意识形态，作坚决的抗争。正是在这样的抗争中，出现了一批又一批体现了北大精神的“常为新的改进运动的先锋”，真正走出了“官的、商的，大众的帮忙、帮闲”的历史怪圈，独立、自由、批判与创造的“真的知识阶级”（鲁迅语），从而构成了北大传统的正面。但同时也存在着大量的屈从于强权政治、思想、文化、教育的奴隶与奴才（帮忙与帮闲），这样的“假的知识阶级”的负面传统，在北大也是代代相传的。问题的复杂性与尖锐性还在于，我们以上对真、假知识分子及其传统的明确划分，是就北大发展历史的总体趋向而言的，具体到每一个北大师生的个体，就呈现出某种模糊的状态：不仅会有昔日的战士，独立的、自由的知识分子后来变成奴隶、以至奴才，或曾经是奴隶、奴才，以后觉醒了又变成战士的；而且事实上，几乎每一个时期、时刻，在重大的问题上，北大每一个师生都会面临着“作驯服的奴隶、奴才，还是作独立、自由的人”的选择的考验，在某种意义上，这是人性的两个方面：兽性（动物化的奴性）与神性（对精神的独立、尊严的追求）之间的搏斗。这样，北大传统的正面与负面，就转化为每一个北大人的内在心灵与精神的矛盾。当对独立、自由、批判、创造的选择居于支配性、主导性的地位，就形成了北大历史上的光明点（在下文会有具体的分析）；而当邪恶的力量以及奴隶与奴才式的选择成为主导性倾向，北大历史就进入了自己的黑暗时期。正是光明的北大与黑暗的北大，两者的相互搏斗、影响与渗透，构成了北大历史的百年光荣与百年耻辱，忽略或掩饰任何一面，都得不到北大历史的真实。如上所说，由于北大的光明与黑暗是与每一个北大人的人性选择，知识分子道路的选择紧密联系在一起的；因此，对北大历史，特别是它的黑暗面的正视与反省，就不能不成为每一个北大人对自我人性的弱点、知识分子自身劣根性的一次痛苦的逼视与反思。这种自我逼视与反思当然不能代替与取消对制造黑暗的反动势力，制度、思想观念的弊端的批判，这也是不能含糊的。为展现北大百年的真实面貌，本书同时收录了有关北大光明与黑暗、光荣与耻辱的历史记载，但愿能引起北大人，以及关心北大命运的人们深长的思索，并在这样的思索中真正进入北大历史以及自我心灵的深处。

“进入”自然还有一个操作性的问题，即通过什么样的具体途径走进北大历史。一个学校的传统主要是体现在教授身上，并且是由他们一代又一代地传递的。正像季羡林先生所说，“一所大学或其中某一个系，倘若有一个在全国或全世界都著名的大学者，则这一所大学或者这一个系就成为全国或全世界的重点和‘圣地’。全国和全世界学者都以与之有联系为光荣。问学者趋之若骛。一时门庭鼎盛，车马盈门。倘若这一个学者去世或去职，而又没有找到地位相同的继承人，则这所大学或这个系身份立即下跌，几乎门可罗雀了。这是一个众所周知的事实，是无法否认掉的”（《名人与北大·序》）。当年梅贻琦先生称“大学者，有大师之谓也”，正是对这一事实的确认。北大的光荣与骄傲，恰恰在于它所拥有的，是一大批这样的大学者，而且几乎遍布全校各系；他们不仅以渊博的学识，更以自己的精神力量、人格魅力，吸引着全国以至全世界的莘莘学子。北大在全民族心目中的精神圣地的崇高地位正是仰赖于此而形成的。而今天北大的危机，恰恰在于一些人闭眼不承认这一事实，以至还存在着“书记和教授谁重要”的争论；随着大师级的老教授的纷纷离世，现有大学体制与观念上的弊端（争论不过是这些弊端的一个反映），又使得新的大师难以出现，北大的吸引力与召唤力正在逐渐削弱，如还不肯面对现实，及时亡羊补牢，季羡林先生所说的“身份”的“下跌”，恐怕是难以避免的趋势。也许正因为如此，我们在编选此书，回顾当年大师们的风采时，已无法陶醉于其间，只引发出无限的感慨。

大学里最活跃、最富生机的，自然是一届又一届的学生，他们是北大传统的接受者、继承人，但又不止于被动地接受：在校期间，他们以自己特有的活力，参与学校传统的创造与发扬，老学生对新入学者的影响，更是传统的传递中不可或缺的一环；他们的流动性，又把学校与社会连接起来，离校后成为北大精神的实践者与传播者；可以说，大学教育的成果是最终体现在学生身上，学生的活动构成了学校生活、校园文化的基础。这样，我们终于在北大历史发展的不同时期（姑且划为“1898—1937年7月”、“1937年7月—1949年10月”、“1949年10月— ”三个时期）“校长—教授—学生”的三维空间的活动中找到了“走进北大”的通道；这也是本书编选的重点。

还需要说明的是，本书的编选，在观照学校（特别是学生）的生活时，除了课内的学习、科研，课外的文化生活外，还对师生的日常生活，他（她）们的衣、食、住（包括校园内的环境）、行等等，给予格外的关注。因为在编者看来，在一所学校的历史里，拔尖的人物，即所谓校园内外的“名人”（我们在前文中一再提及的有重大影响的校长，最出色的教授，以及最活跃的学生），他们的特别富有创造力的活动，常常集中体现了学校的精神、传统与价值，构成了历史长河中的亮点，也成为历史叙述中的重点，这是可以理解的。但同样不可忽略的是，大多数师生的也许是远为灰色的、平凡的活动，特别是他们的日常生活。这不仅因为如鲁迅所说，“平凡的”日常生活也是“生活中的一片”，不可视为“生活的渣滓，一看也不看”，“删夷枝叶的人，注定得不到花果”（《这也是生活……》）；而且恐怕正是在普通师生日常的衣、食、住、行与日常交往中，蕴含着特定时代，特定校园氛围中的习俗、风尚，更能体现一所学校的特定的校风、校格

（或者说，学校的传统、风范）是如盐溶于水一样地溶解在大多数师生的日常生活中了。在这个意义上，可以说，正是这些看似琐屑、毫不起眼的生活中的细枝末节，微妙变化，却是更为深刻地传递出一所学校、一个时代的默默行进的足音的。

为编选这本小册子，我读了数百万字的回忆文章，也生出许多感慨。从一开始，就接触到大量的关于北大历史的光荣、辉煌的神圣回忆，宏伟叙述，慷慨或感伤抒情，我自己也为之感动、激动不已。但读得太多，也就不免有些怀疑：北大的历史真的只是这般英雄、浪漫，而且如此相同、一致？或许这只是一种大多数人的流行观念中形成的集体回忆？因此，当读到北大七八九十年代的部分学生编选的《北大往事》扉页里的几行字："让我们暂时放弃对伟大的颂扬，深入到幽微的往事之中。从这些个人化的讲述里，我们也许能找到伟大的根源"，我是感到了一阵惊喜的。这里的文章，都是"深入到个人的经历"中，到自己内心"找回自我生命的源头"，讲的是一个人，同一寝室里的哥儿们的故事，"真实，具体乃至琐碎"。通常用的是调侃，自嘲的语气，有人因此而认为这是对神圣的亵渎，是对北大光荣历史的消解，为之愤愤不已，甚至扬言要加以批判——北大任何时候都会遇到这样的过于性急的卫道者，他们连别人的文章都没有读懂。其实此书的编者早已申明："我们相信陈芝麻烂谷子里隐藏有神圣"，他们是要人们在"邂逅'个别的北大'"中，得到"令人战栗"的"尖锐的感觉"。我自己就是从这些个人记忆里，感到了那样一种"个性的自由发展与创造力的自由发挥"，它已经渗透于80年代每一个北大人的日常生活中，失去了外在的炫目与轰动，平淡得令人不易察觉；惟其如此，在个性与创造力萎缩的世纪末的回眸中，就格外地让人感到震撼。最后，我将所有这些集体伟业的神圣怀想与抒情，与个人日常生活的凡俗记忆，琐屑叙述，并置于本书中，我相信这将丰富人们对北大的体认。对北大的历史记忆与叙述的这些差异，其实是反映了不同时代（例如二三四十年代，五六七十年代与八九十年代）的北大人各不相同的成长背景的：这本身就颇耐寻味，颇有意思。

到此为止，我大概已经将编选本书的指导思想、原则、主观意图与追求，交代清楚了。

（二）

但我还要谈谈编完本书以后，对北大精神、传统的某些联想、感悟与理解，这自然也属于宏伟叙述。作为50年代的北大学生，我大概只能以这样的方式去讲述我心目中的北大。

我首先关注的是北大历史的亮点。而且在我看来，在一个世纪中，北大曾有过三次辉煌。第一次是1917—1919年，蔡元培校长领导下的北大，作为独立知识分子的自由集合体，成为五四运动（它包括新文化运动与学生爱国运动两个部分）的中心与发源地，开创了中国现代思想、文化的新的时代。这是人们所熟知并且得到公认的，可以不必多说。第二次却是被人为地淡化了的，或者说是被强迫遗忘了：那是1957年夏季的鸣放，北大师生称之为“民主运动”或“五一九运动”（因5月19日这天北大学生自发开辟“民主墙”而得名）。本书收录的当时最有影响的《广场》编辑部所写的《北京大学民主运动纪事》一文，对运动的起源、发展及宗旨，有一个简明的介绍，说这是一次“群众在拥护社会主义的前提下，自下而上地争取扩大社会主义民主的政治运动”。正是在这一次运动中，第一次明确提出了“我们有了一个社会主义的工业化，还应有个社会主义民主化”的思想，确立了“扩大民主，健全法制”的具体目标；同时这也是一次“争取思想解放的启蒙运动”，再一次提出了“重新估定价值”的口号，并且展开了对新的历史条件下出现的新的人性的弱点、人际关系中的弊端的批判（详见拙作《不可抹杀的思想遗产》）。如果不抱成见，就应该承认，1957年的北大民主运动既是五四运动的继承与发展，又是80年代思想解放运动与经济、政治改革的先声，是北大第三次辉煌的前导：历史的链条就是这样连接起来的。

记得当年美国著名哲学家、教育家杜威对蔡元培先生有过这样的评价："把全世界各国大学校长比较一下，牛津、剑桥、巴黎、哈佛、哥伦比亚等大学的校长之中，他们有的在某一学科确有成就；但是以一个校长的身份而能领导那个大学，并对那个民族，一个时代起到转折作用的，除了蔡元培，恐怕还找不出第二个。"这同样可视为对北大的评价：一所大学，在一个世纪中，能够先后三次对自己民族、国家的政治、思想、文化的发展，社会的变革，历史的进程产生直接与深远的影响，确实罕见，称之为"世纪辉煌"是一点也不过分的。北大也因此确立了它在中国现代历史上，国家政治、思想、文化生活中，特别是在国人心目、口碑中的崇高地位：几乎成了社会变革与历史进步的象征与希望所在。在我看来，这可能是一个不堪重负的光荣，北大及北大人似应以一种较为洒脱的态度待之。

重要的，也是更应该牢牢把握住的，是这些辉煌的历史瞬间所显现，所培育的北大精神传统。对这一精神传统，人们，包括北大人有着不同的理解与阐释，这是正常的。我自己在近年所写的许多文章中，都一再强调了我所看到与向往的北大的"独立，自由，批判，创造"精神，这里也不再重复。所要多说几句的是，在我看来，下面这一事实是十分重要的：北大的三次辉煌不仅是一个政治运动，同时也是思想、文化的运动（或者以思想文化运动为其前奏），而后者又是以大学里的学理的研究为其基础的。这一点，在作为开端的五四新文化运动是特别突出的，后来的两次于此有所削弱，这就构成了后面我将要说的一个问题。也正因为如此，所培育的北大独立、自由、批判、创造的精神，就不仅是一种政治、社会、思想文化的立场与态度：作为一个独立、自由的知识分子，自觉地置于体制外，或体制的边缘位置，怀着终极性的彼岸关怀，对此岸现实政治、社会、体制、现行观念、价值体系……进行不断的批判，又为社会与思想文化的发展提出极富创造性与想象力的前瞻性的理想，从而成为鲁迅所说的“常与黑暗势力抗战的”，“常为新的改进运动的先锋”；同时，这又是一种学术的立场与态度：强调学术自身的独立性，追求作为学术研究的必要前提的个体的精神自由，坚持同样是创造性的学术活动的前提的怀疑主义的批判精神（包括对自身的怀疑与批判），而学术研究的基本立足点则是创造：不只是对他人（传统的与外国的）学术成果的介绍与阐释，所谓“拿来”与“继承”都只是创造的前提与必要准备，而不能代替创造自身；所要培养的不是单纯的操作型的技术人才，而是研究学理，能够提出学科发展的新思想、新方向、新方法……的开拓型的创造性的学者。因此，独立、自由、批判、创造，既是北大的政治、思想传统，同时也是北大的学术传统。一个世纪以来，北大人正是在这样的精神指引下，对中国的政治、思想与学术都产生了前文所说的巨大影响，从而达到了政治与学术的相对统一。

但政治与学术之间也不是没有矛盾的。事实上，前述政治与学术的相对统一也是在二者的紧张关系中达到的。几乎所有的北大人，从校长、教授，到学生，都面临着二者之间选择的艰难。蔡元培校长后来提出著名的“读书不忘救国，救国不忘读书”的主张，就是试图提出一种解决矛盾的方式，实践起来也有许多困难。做过北大教务长、文学院长、校长的胡适，更是一语点破了在中国的现实境遇中矛盾的焦点所在：“凡在变态的社会与国家内，政治太腐败了，而无代表民意机关存在着；那么，干涉政治的责任，必定落在青年学生身上了”，

“如果在常态的社会与国家内，国家政治，非常清明，且有各种代表民意的机关存在着，那么，青年学生，就无须干预政治了，政治的责任，就要落在一班中年人的身上了”(《五四运动纪念》)。问题是，我们必须长期面对这样的现实：在建立健全的现代民主政治体制之前，青年学生的干预政治，发挥其先锋与桥梁的作用，是不可避免的；同时也必然要付出相应的代价。而且不只是“牺牲学业”；学生干预政治是一种青春政治，本身即会产生许多严重的问题。当年鲁迅先生就曾经针对由激情唤发起来的青年学生的群众运动易于陷入“非理性”，而提醒“点火的青年”，一定要对群众“竭力启发明白的理性”(《杂忆》)；鲁迅更是一再地呼吁，不要“赤身上阵”，“虚掷生命”，对轻言牺牲者保持高度的警惕(《空地》)。充满政治激情，而又毫无政治经验的，不成熟的年轻学生，在复杂的政治斗争中，是很容易被某种政治势力所利用的。这在北大的百年历史中，是有过惨痛的教训的。我说的是被称为史无前例的文化大革命。从表面上看，北大也是文化大革命的发源地，那据说是“第一张马列主义的大字报”是起了在全国范围内点火的作用的。现在已经清楚，这一切都是被操纵的。问题是，有那么多的北大人（全校师生员工中的大多数），如此狂热地卷入，并且在卷入过程中出现了大量的令人发指的暴行，从而构成了北大百年历史中最黑暗的一页。问题更在于，卷入运动的绝大多数北大人，甚至那些暴行的制造者的多数，都是怀着巨大的政治激情的。这是不是可以说，人的内在激情被唤起，如果同时诱发出人的本性中的恶，又陷入非理性的放纵，就会产生灾难性的后果呢？这些问题当然有待于从不同方面更深入地研究与探讨，不是我这里所能说清楚的。但无论如何，文化大革命的这段历史，以触目惊心的事实，揭示了北大人，特别是青年学生的巨大政治参与热情，有可能被利用的危险。这是应该引起警觉的。当然，也不能因此走向否认政治参与的另一极端；如前文所说，这种参与在相当一段历史时期是不可避免，具有积极意义的；问题是要在这样的参与中注入更多的科学理性的精神，更要强调参与过程中的独立思考，怀疑主义的批判（包括自我怀疑与批判）精神，民主意识，对个体精神自由的尊重与保护，将大学的政治参与真正建立在学理的研究的基础上，等等。本书收入了有关北大的文化大革命的部分回忆与反思，作为对那位贵州边城朋友文章里的呼唤的一个响应；希望能够引起北大人与关注北大命运的朋友们更为深入的思考。这样，我们“走进”北大，就不只是观赏校园风景、闲听文人逸事，还能多少掀起点心底微澜；我这半个多月以来冒着酷暑编书的辛苦，也算是有了代价。但愿如此吧。

1998年8月23日写毕于燕北园

漫谈北京大学与五四新文化运动

本世纪30年代中期，人们试图对已经有二十年历史的新文学作一个总结，编纂了《中国新文学大系》。各卷的编选者均为对该领域贡献最大的作家、批评家，如鲁迅、茅盾编小说集，周作人、郁达夫编散文集，朱自清编新诗集，洪深编戏剧集，胡适编理论建设集等。而“总序”的所有作者，不管他有着怎样不同的文学、思想、政治倾向，都一致认为，非蔡元培先生莫属。这是因为任何人都必须面对一个基本的事实：五四新文化运动（新文学是其中的主要战线）是以北京大学为中心，为发源地的。“没有蔡元培主持的北京大学，就不可能有五四新文化运动”，这在当时（二三十年代）已成为一种共识。但在建国以后的新文学史叙述中，蔡先生及他主持的北京大学在新文化运动中的作用却被有意淡化，至多在叙述到“林蔡之争”时，略带一笔。而且这种状况直到最新出版的有关文学史著作仍未改变。这不免使人想起鲁迅当年的感慨：中国人的忘性实在太大了。

但这一忘却，却会模糊了人们对五四新文化运动所特有的“民间性”的认识。五四新文化运动的伟大意义恰恰在于，它是中国知识分子从庙堂走向民间、社会的开端，并且几乎是唯一的一次影响全局的独立的知识分子运动。自从19世纪中叶中国的大门被西方列强打开以后，建设一个统一、独立、民主、富强的新中国，实现社会、政治、经济、文化的现代化，以赶上在现代化路程上已经先走一步的西方国家，自立于世界民族之林，这就成了一代又一代的中国知识分子的梦想。但如何实现这一目标，却经历了长期的探索，而且这一过程至今（到世纪末）也还没有结束。

鲁迅早在1907年，也就是本世纪初就提出了他的“立人”思想，即强调“现代化（当时称为‘近世文明’）”不仅是要实现国家的富强与民主，还要“立人”，保障每一个具体的个体生命的精神自由，并且主张以“立人”作为“立国”基础，出发点与归宿。但鲁迅这一现代化观念与思路并不被大多数知识分子所接受。最有影响力的思路始终是，落后国家要赶上并超过西方国家，就必须将国家、民族的利益置于至高无上的地位，无条件地牺牲个人，包括个人民主权利与自由，依靠国家强权与强有力的政治领袖的力量，实行最大限度的社会总动员与高度的组织化，以集中力量实现现代化。不难看出，这一思路是贯穿本世纪的。最初的洋务运动与戊戌政变，就是企图通过满清国家机器的变革，重振皇权的权威（戊戌政变还希望建立光绪皇帝的个人权威），使国家逐步走向现代化道路。但已经腐败不堪的满清政府已无重建权威的可能，这才有了辛亥革命，而辛亥革命以后的混乱，又使得一部分知识分子不惜支持袁世凯称帝来重建权威。在以上权威立国的思路与努力中，知识分子始终处于依附于强权国家与个人的地位，自视国师、幕僚，不过是鲁迅所说的“官的帮忙与帮闲”，并没有摆脱传统知识分子的奴才地位。

袁世凯称帝，实行个人独裁，并以孔教为国教，强化思想专制，使更多的知识分子打破对强权国家与政治、政治家的幻想，开始寻找新的现代化思路。在此前后即有了对鼓吹国家、民族至上的国家主义思潮的反省与批判。陈独秀率先发表《爱国心与自觉心》一文，怒斥当局“滥用国家威权，敛钱杀人”，指出“人民不知国家之目的而爱之，而为野心之君……所利用”，“爱国适以误国”，同时提出救国之道即在启发民之“自觉心”，并见诸于行动，于1915年创办《青年》杂志，面向青年，唤起“伦理之觉悟”，“脱离夫奴隶之羁绊，以定其自主自由之人格”（《敬告青年》）。李大钊除在《甲寅》上发表文章为陈独秀辩护外，也写了《暴力与政治》等文批判“强力足以治国”的国家主义思潮，鼓吹以“爱人的精神”，“唤起其全国之自觉”的俄国式的“社会革命”。蔡元培在总结戊戌政变的教训时，即已认识到“中国这样大，积弊这样深，不在根本上从培养人才入手，是不可能的”；在1914年更明确提出“既认定教育可以救世，便当断绝政治上之迷信”。时在美国留学的胡适在1915年2月20日的日记里，也记下了他的英文教师的观点：“一国之大学，乃一国文学思想之中心，无之则所谓新文学新知识皆无所附丽”，并且满怀激情地写道：“国无海军，不足耻也；国无陆军，不足耻也！国无大学，……乃可耻也。我国人其洗此耻哉”，“吾他日能生见中国有一国家的大学可比此邦之哈佛，英国之康桥、牛津，德之柏林，法之巴黎，吾死瞑目矣”。

胡适其实是敏感到了一种已经成熟了的时代要求。1916年12月22日蔡元培于大风雪中来到北京，12月26日大总统黎元洪发布命令，任命蔡元培为北京大学校长，1917年1月4日蔡元培到校就职，并且陈独秀、李大钊、胡适、鲁迅、周作人等一批影响一个世纪的民族精英都很快聚集于北京大学，这固然是由许多具体的人事关系所促成，有一定的偶然性，但也标示着一个时代知识分子的选择趋向，可以说是势之所至。它意味着，知识分子的目光由国家、庙堂转向民间，由强权政治家转向知识分子自己，由依附权势，转向依靠知识、科学、理性自身的力量，通过思想启蒙，唤起国人的自觉，自下而上地进行中国的社会变革。

蔡元培对北大的改造，是从根本改变教育思想、明确大学性质入手的：他在就任演说中，坚定地宣布："大学者，研究高深学问者也"，"诸君须抱定宗旨，为求学而来。入法科者，非为做官；入商科者，非为致富"；同时，又建立评议会，实行教授治校。这就从观念与组织上，根本摆脱了对国家官僚机构与官僚政治的依附与控制，实现了教育、学术、思想、文化的真正独立，也就是知识分子自身的独立。蔡元培提出"思想自由，兼容并包"的办学方针，其目的正是要为知识分子提供自由而广阔的精神空间，将北大改造成为民间知识分子的自由集合体。"教育指导社会，而非随逐社会者也"，在自由、宽松的人文环境中，创造新的校园文化，并以此影响社会。

应该说，五四新文化运动就是本世纪绝无仅有的这样的一次尝试。正是在蔡元培主持的北京大学，建立了中国现代知识分子的新的范式：这是一批体制外的知识分子，不仅从根本上走出了充当"官的帮忙、帮闲"的传统知识分子的老路，同时也避免落入在现代商业社会中成为"商的帮忙、帮闲"与"大众的帮忙、帮闲"的陷阱，而获得真正的人格独立与个体精神自由；他们永不停止对彼岸精神理想的追求与对精神、思想、文化、学术的探索，因此对此岸的现实存在总不满足，永远对现状持批判态度，永远是"新的、改造运动的先锋"。这是鲁迅对"北大校格"的概括，我们所说的"北大精神"所指的正是北大为中国知识分子所提供的这样一种精神规范。

正是这些被鲁迅称作"真的知识阶级"的北大人，创造了以"科学的思想与方法"、"民主与个体精神自由"、"'重新估定价值'的怀疑主义精神"与"兼容并包的宽容精神"等为核心的新世界观、新思维、新伦理、新方法、新的人际关系与交流方式，从而创造了新的想象力与新的创造力，并且作出了以文学语言、形式的变革为突破口的文学革命作为思想启蒙的重心的战略选择，同时开拓新的学术领域（如胡适的中国白话文学史、中国哲学史的研究，鲁迅的中国小说史的研究，吴梅的中国戏曲研究，周作人的《欧洲文学史》的研究等等），创造新的学术规范，以为文学革命、思想启蒙提供理论、学术根据与思想资源。以上方面构成了蔡元培所主持的北大校园文化的基本内容，它通过《新青年》、《新潮》这样的现代传播媒体，影响整个社会，形成社会文化的新思潮，这就是人们通常所说的“五四新文化运动”。而以北京大学为中心的五四爱国学生运动又进一步把由思想文化领域开始的变革推向全面的政治、社会的变革。

五四新文化运动与爱国学生运动又反过来极大地提高了北京大学的社会声誉与影响。一校（北京大学）二刊（《新青年》、《新潮》）一时成为时代思想、文化、学术，以至政治的中心，北京大学的教授，从蔡元培、陈独秀、李大钊，到胡适、鲁迅、周作人，不仅在当时成为时代领袖人物，而且一直深刻地影响着以后中国政治、思想、文化、学术的发展，影响所及，直到今天（世纪末）北大仍是中国国人心目中的“精神圣地”。李劼先生在最近发表的《北大的标新立异和清华的抱残守阙》一文里，指出：这“意味着学校直接成为整个社会及其历史趋势的指导者和发言人”，“当年主宰天下的权力和暴力，在学校与刊物这样的现代社会组织系统面前，丧失了（或许应说是“部分地丧失了”。——引者注）原有的主宰优势，从而不得不让主导地位落到现代社会组织手中”，“这是中国历史上极其罕见的现象，即文化不再通过权力和暴力，而是直接向历史显示了它的主导力量”，“社会的头脑阶层（也）不再需要暴力权威的支撑而可以独立地承担起自己的头脑使命”。我以为他的这一分析是基本符合历史事实的。

当然，也不能忽略历史的其他因素与另一面：北大在蔡元培的主持下，成为这样一个民间知识分子的自由集合体，并居于时代中心地位，这都是在当时的北洋中央政府相对软弱无力的特殊情况下出现的历史机遇，使北大获得了相对的独立性，甚至有可能宣布脱离中央教育部的管辖（这正是后来鲁迅给予高度评价的）；而蔡元培先生个人的人格力量、威望、影响，也是一个不可忽略的因素。而且事实上，蔡元培对北大的改造，也自始至终都承受着中央政府，以至军阀势力的巨大压力，在校园内部也存在着新、旧两派的激烈斗争，这都是人所共知的事实，因此，前文所说的独立与自由也只具有相对的意义。也正因为如此，这样一个民间知识分子自由集合体的大学校园，仅存在于历史的一瞬间，北洋政府，特别是后来的国民党中央政府，很快加强了对北大的控制，先是经济上的，以后是政治与组织上的，直到取消教授治校，实行党化教育，党派政治直接进入与影响学校教育，无论是教师、教授，还是学生之间，都发生严重分化，一部分教授与毕业学生，直接进入国家权力机构，成为国家体制内的知识分子，与坚持民间立场的体制外的知识分子发生尖锐的矛盾；周作人曾发出感慨，说“五四”时期的北大教授是一致对外，支持学生的，到了1926年的“三一八”惨案，北大教授与北京的知识分子就发生了分化，一些教授竟公开当了政府的“保镖”，所说的正是北大所发生的不可避免的分裂。以至于始终坚持民间独立批判立场（如前文说，这是“北大精神”的核心）的鲁迅，30年代回北京省亲，北大竟然已经不能接纳他了；鲁迅也在1933年写给朋友的信中，谈到“北大堕落至此，殊可叹息”，并作出了“五四失精神”的严峻判断。蔡元培开拓的那一方精神自由的天地已不复存在，像五四新文化运动这样的影响全局的民间知识分子的独立思想运动，已成为不可重复的历史，北大的中心地位早已失去。留在人们记忆、口碑里的，每逢校庆就会被着意描述的“蔡元培时代的北大”，早已是北大人的一个美丽的梦，一种“虽不能至，却心向往之”的精神境界的象征。今天我们纪念北大百周年校庆与蔡元培先生诞生一百三十周年，必须清醒地意识并正视这一点。

1998年3月6日写毕于燕北园

教育史上的一件往事

近年时有朋友谈及大学人文精神丧失、大学精神价值失落的问题；我因此而想起了现代教育史上的一件往事——

辛亥革命后，蔡元培先生就任共和国第一任教育总长，即召开全国临时教育会议，以作为“全国教育改革的起点”，并在会上提出两个重要提案。一是废除前清学堂管理通则中有关“拜孔子仪式”的规定；出席会议的议员经过热烈讨论，认为若将此案明白公布，恐引起社会上无谓之风潮，故只需在学校管理规程中删去这一项，此议案因此而不予成立。第二项重要议案是拟定“教育宗旨”，蔡先生提出五项：一、道德主义，二、军国民主义，三、实利主义，四、世界观，五、美感。会议最后审查的决议却是：“注重道德教育，以国家为中心，而以实利教育与军国民教育辅之。至美育一层，议加入中小学校、师范学校教则，俾知注意。”后议长又以加入世界观三字付表决，赞成者少数。蔡先生教育思想中“世界观”与“美育”两条被拦腰砍去，此事引起了强烈反应，一位先生因此连呼“大奇！大奇！”（以上材料引自高平叔：《蔡元培年谱长编》上册，人民教育出版社，1996 年，474—475 页）

此事发生在 1912 年，即本世纪初。处于世纪末的我们今天看来，教育宗旨中砍去“世界观”与“美育”，后果不只是“奇”而已，简直是埋下了祸根的。

我们还是先集中讨论蔡先生的教育思想。首先要说的是，蔡先生提出的两项提案是有内在联系的，目的是在与传统的“君主时代的教育”划清界限，以为全国教育改革扫清道路。因此，蔡先生在临时教育会议开幕式上报告开会宗旨时即指出，君主时代的教育的最大特点与弊端就在于，引国民“迁就于君主或政府之主义”，“使受教育者皆富于服从心、保守心，易受政府驾驭”。因此，蔡先生所要进行的教育改革，其基本目的，就是要使国民与受教育者从“服从”他者（君主，政府……）的奴役状态中解放出来，获得精神上的自由与解放。废止祭孔，自然是因为要避免思想“定于一尊”；强调世界观教育与美育，也是为了使受教育者摆脱种种精神束缚，着力于自身精神（人格，思想，感情，心理，审美趣味……）上的自由、健全的发展。蔡先生所提出的五项教育宗旨之间有着深刻的联系。他根据康德哲学关于“现象世界”与“实体世界”的划分，将“军国民主义”（据蔡先生解释，相当于“体育”）、“实利主义”（相当于“智育”）、“道德主义”（相当于“德育”）归于“隶属于政治的教育”，它是以“现象世界”为立足点，是为实现国家的独立、富强、民主、平等、自由，追求“现世幸福”的政治目的服务的。但蔡先生看来，人除了现象世界的现世的追求之外，还有超越于现象世界的“实体世界”（相当于我们通常所说的“彼岸世界”）的终极性的、理想的、信仰的，具有宗教性的精神追求。因此，我们的教育也就不能停留于现象世界的隶属于政治的教育，而必须“超轶政治之教育”，“进而提升实体观念之教育”，即“世界观教育”与“美育”。他具体解释说，所谓“世界观教育”有两个方面，“消极方面，使（受教育者）对于现实世界，无厌弃而亦无执著；积极方面，使（其）对于实体世界，非常渴慕而渐进于领悟。循思想自由言论自由之公例，不以一流派之哲学一宗门之教义梏其心，而唯时时悬一无方体无始终之世界观以为鹄”。可以看出，蔡先生的“世界观教育”，是要引导受教育者悟“道”，进入形而上的，人我合一、物我合一的“浑然”境界，这与宗教境界确有相通之处。但蔡先生又希望能够摆脱宗教的独断，使人（受教育者）在精神自由的状态下进入宗教性的境界。为解决这一难题，蔡先生提出了“以美育代替宗教”的主张。他认为，“美感者，……介乎现象世界与实体世界之间，而为津梁”。它一方面源于现象世界，又具有“超脱”性（“全无利益之关系”）、“普遍”性（“人心所同然”），“纯粹之美育，所以陶养吾人之感情，使有高尚纯洁之习惯，而使人我之见，利己损人之思念，以渐消沮者也”。同时，与宗教的强制不同，它以发展个性的自由为前提，最大限度地唤起人的内在的创造精神与能力为目的。在蔡元培先生的教育思想体系里，“军国民教育”、“实利教育”、“德育教育”与“世界观教育”、“美育教育”两大部分，前者是现象（此岸）世界的，隶属于政治的，国家本位的，形而下的，经验的，相对的，偏于“术”的；后者是实体（彼岸）世界，超轶政治的，人的个体精神本位的，形而上的，超验的，偏于“道”的。两者互相矛盾，又互相补充、制约，渗透与影响，构成一个有机整体。它表现了蔡元培先生作为爱国主义、民族主义教育家与自由主义教育家的统一，因而，这两个方面是缺一不可的。但蔡先生同时又强调，“教育者，则立于现象世界，而有事于实体世界者也。故以实体世界之观念为其究竟之大目的，而以现象世界之幸福为其达于实体观念之作用”，也就是说，在蔡先生的教育思想中，“世界观的教育是教育的终极目标”（参看李华兴主编：《民国教育史》有关论述）。他的这一思想集中体现于他为教育与大学所下的两个定义上：“教育者，养成人格之事业也”，“大学为纯粹研究学问之机关，……不可视为贩卖知识之所”；而在学问的研究上，他又主张：“我们固然要研究各种科学，但不能就此满足，所以研究融贯科学的哲学，但也不能就此满足，所以又研究根据科学而又超绝科学的玄学”，他强调的是终极价值体系的重建，而大学正是责无旁贷。在具体学科的设置与安排上，他明确提出：“大学为研究学理的机关，要偏重文、理两科，所以于《大学令》中规定：设法商等科而不设文科者，不得为大学；设医、工、农等科而不设理科者，亦不得为大学；但此制迄未实行。”

前文所引最后一句“迄未实行”，说到了蔡先生教育思想在中国现实中的命运：尽管人们以蔡先生为中国现代教育之父，但他的教育思想却从未完整地实行。这恐怕也是中国一切先驱者的命运。正像本文一开始所介绍的，从民国初创立教育宗旨时，即已被阉割：只剩下了军国民主义、实利主义与德育的教育这下半截，而上半截世界观教育与美育则被腰斩了。这腰斩又意味着什么呢？蔡先生有一个明确的说明：“专制时代（兼立宪而含专制性质者言之），教育家循政府方针以标准教育，常为纯粹之隶属政治者。共和时代，教育家得立于人民之地位以定标准，乃得有超轶政治之教育”。这就是说，如果教育只剩下下半截，局限于“隶属于政治的教育”（尽管蔡先生仍是很重视这些方面的教育），教育就不能从根本上与专制时代或含专制性质的时代的教育划清界限，完全走出其阴影。而这种现象之所以发生，原因自是多方面的；蔡先生曾谈及中国民族、国民常“见小利，急近功”，少有超越性的思维，这与中国传统文化中占主流意识形态地位的儒家学说对形而上问题的回避，导致中国宗教传统的匮乏，缺少终极性的关怀，有着密切的关系，以致蔡先生所倡导的形而上的世界观教育与超功利的美育，很难被人们所接受，更谈不上不变形地实现了。这正是中国教育的现代化的一个关键性的问题，也是一个基本的难点吧。

我想，厘清发生在本世纪初的这场历史的公案，对我们认识今天所面临的教育问题，是会有启示的，至少说明积弊已深，必须从根底上，对教育的基本观念、宗旨——例如“什么是教育？什么是大、中、小学校？办教育的最终目的是什么？”……这些原点进行重新思考。

1998年3月12日写毕于燕北园

校园风景中的永恒

中国有所北京大学。

北京大学有个未名湖。

未名湖畔有尊蔡元培校长的铜像。

——这都是中国风景中的永恒，校园风景中的永恒。

蔡元培先生的铜像是“文革”结束以后第一批北大学生自动发起建成的，是北大人用自己的心垒成的。

北大即将迎来自己的百周年校庆，北大人首先想起的，就是老校长。

于是，纽约校友集会郑重通过决议，建议将先生暂居香港的陵墓迁回北大；也有校友建议将在北大红楼的孑民纪念室定为国家文物重点保护。

这一切自然不会得到回应。就连北大在校师生将自己写的纪念蔡先生的文章寄给某大报，也被退回，理由是宣传蔡元培必须经过有关部门批准。

但民间的纪念是不用批准的。心的纪念是不受批准与否的限制的。

而这建立在民间的心的丰碑，才是真正不朽的。

蔡先生也无愧于这样的民间纪念。因为20世纪中国知识分子的重大转折：从庙堂走向民间，走向自身，正是从蔡先生对北大的改造开始的。蔡先生所提出的“思想自由，兼容并包”的办学方针，其目的正是要为知识分子提供自由而广阔的精神空间，将北大改造成独立知识分子的自由集合体。是蔡先生主持的北京大学，建立了中国现代知识分子的新范式：这是一批永远处于边缘地位（甚至体制外）的知识分子，不仅摆脱了官的帮忙、帮闲的传统窠臼，而且也避免落入现代商业社会商的帮忙、帮闲与大众的帮忙、帮闲的陷阱，获得了真正的人格独立与个体精神自由；他们永不停止对彼岸精神理想的追求，对精神、思想、文化、学术的探索与创造，因此对此岸的现实存在总不满足，永远对现实持批判态度，永远是“新的，改造运动的先锋”。这是鲁迅对“北大校格”的概括，蔡元培先生所培育的“北大精神”，所指的就是北大为中国知识分子所提供的这样一种独立的、自由的、批判的、创造的精神规范。这也是中国现代文化精神的结晶，不仅是北大，而且是整个民族的宝贵精神财富，其意义与价值是无论怎样估计，都不会过分的。

北大教授所发动的新文化运动，与学生发动的学生运动，固然有各自的领袖人物，如新文化运动中的陈独秀、胡适，五四学生运动中的罗家伦、傅斯年等；但作为北大校长蔡元培，却发挥了不可替代的独特作用。北大在蔡先生主持下的短暂几年间，之所以能够保持相对的独立性，成为独立知识分子的自由集合体，除了当时的北洋中央政府相对软弱无力这一客观条件外，蔡先生个人的人格力量、威望、影响，是起了相当大的作用的。蔡先生既是前清翰林，又是革命元老，既是国民政府首任教育总长，又留学德国，在国内外教育界与学术界都有举足轻重的影响。论学问与道德人格，于“旧”于“新”，两方面都达到了极致，臻于完美而无可挑剔：他写得一手连复古派也望尘莫及的古奥的“怪八股”，又深谙西方哲学、美学、伦理学、教育学、心理学；他至仁至义至孝，被世人视为“真儒”、“真君子”，又深得

“自由、平等、博爱”的法兰西思想的真谛；他性格儒雅平和而刚毅有决断，既如春风化雨又内含奇气，“是真虎乃有风”。在中国的新旧交替的历史转折时期，正是需要蔡先生这样的承先启后的人物，他的能够同时为新旧两派所接受的特殊地位，使得他在历史转折的开端时期空前尖锐的新与旧两派的斗争中，发挥着独特的、他人所不能替代的作用：正像许多研究者所谈到的，他对北大师生中的新派（特别是新派中的领袖陈独秀）的支持、保护，使他们在北大“聚拢起来，而且使其各得发抒，这毕竟是蔡先生独有的伟大。从而近二三十年中国的新机运就不能不说蔡先生实开之了”（梁漱溟：《纪念蔡元培先生》)。这里，还要指出另一面，即是蔡先生在大力支持新派的同时，对新派的某些难免的过激方面，也有所制约，在这个意义上，他也保护了处在被猛烈攻击中的旧派，他的“兼容并包”的办学方针本身即含有让新、旧两派在自由竞争中发展，从而保持思想文化发展中的生态平衡的意思。这使我想起了40年代朱自清先生逝世后，沈从文的一个评论。他说，在大学里的每一个有成就的教授都是偏至的，即把他自己的学术选择推向极端，这才能形成并充分发挥自己的学术个性，而不能搞折中，一折中就平庸了；但作为系主任或校长，就必须宽容、折中，这才能让同一个系、学校里不同个性、不同学派都得到发展的机会，同时又相互制约，达到学术平衡、健全的发展。这样的个体上的偏至、任性自由与整体上的平衡、制约，正是一种理想的学术境界。以此观点看蔡先生当年在北大所起的作用，他不仅支持、保护了五四新文化运动与爱国学生运动，而且也有力地促成了运动的健全的发展。由此，我们可以得出结论：没有蔡元培，没有蔡校长领导下的北京大学，就没有五四新文化运动、学生运动，没有以后中国社会、思想、文化的巨大变革。蔡先生正是以这样的形象、这样的作用与地位，融入中国现代思想文化教育史、北京大学校史之中，并化作永恒的。

但每回面对校园里蔡元培先生的铜像，我总要想起“高处不胜寒”这句古诗，在我的感觉中，蔡先生是孤独的。

校庆期间由北大校友、师生创作、演出的话剧《蔡元培》里，有一句台词：“人人都尊崇我蔡元培，可又有谁真正与我同道啊！”有人认为这会贬低蔡先生的形象，把他写消沉了。其实孤独几乎是所有先驱者的共同命运；如实反映这类思想超前造成的不被理解的精神痛苦，以及如何从这样的痛苦中挣扎出来，坚定不移地走自己选定的道路，这才是内在地（而不是表面地）写出了蔡先生的精神与人格力量。

且不说别的，单是人们谈论最多的蔡先生“兼容并包”的思想，要真正被理解就很不容易。曾有人指责这是“搞调和”，其实蔡先生自有自己的鲜明立场：他总是站在受压抑、无权势的弱者这一边，“五四”时期主张变革的“新派”（包括中国早期马克思主义者）正处于不被承认的地位，因此，蔡先生的“兼容并包”首先要保护的正是新思潮的生存权与发展权，是为中国的思想、文化、政治的改革开辟道路的，并非一味地折中、调和。但蔡先生同时反对不加分析地对旧文化、守旧派文人采取一律否定的极端态度。他心中也有一条明确的线：当旧派试图借助政治、军事强权的力量来消灭学术上的异己（新派），如林琴南那样打上门来，他是要不顾个人安危，坚决抗击的；但如果仅仅是在课堂上坚持自己选定的保守性的学术立场，如辜鸿铭、黄侃、刘师培等，他也是要坚决保护他们的学术自由权利的。这是与陈独秀等“必不容反对者有讨论之余地，绝不容他人匡正”的极端立场是有区别的。这样，蔡先生要贯彻他的“兼容并包”的办学方针，既要为新思想、新文化开路，又要保留旧的传统文化，就必然要受到绝不允许对方存在的新、旧两派的巨大压力，并不被同时代人所理解。直到今天世纪末人们才终于了解，蔡先生所反对的是将新、旧对立绝对化，非此即彼、你死我活的二元对立思维，他主张的是学术上的不同派别（包括新派与旧派）在自由竞争中的多元发展。这就是说，二元对立的独断论一天不破除，蔡先生的“兼容并包”的思想就不会被理解与接受。事实上也正是如此，80年代末以来，如何看待蔡先生的“兼容并包”思想，今天中国的思想、文化、教育，具体说，在今天的北京大学，还需不需要贯彻“兼容并包”的方针，在中国的思想、文化、教育界与北京大学内部一直是存在着争论的。有的人只承认蔡先生的“兼容并包”思想“在历史上的进步作用”，甚至只限制在保护马克思主义的早期传播这一点上，而认为“兼容并包”今天已失去了意义，再要坚持，就会成为“资产阶级自由化”的“保护伞”。这种看似吓人的过时论背后，正是隐藏着一个专制主义的独断论的阴影，这是谁都看得清楚的。

就是对蔡先生所开创的北大精神、北大传统也存在着不同的理解。这本是正常的，人们总是按照自己的立场、角度，去认识历史，阐释传统的。出现分歧，不同意见之间展开论辩，是不可避免的，也是必要的。在我看来，关于北大精神、传统的某些说法就颇值得一议。例如，有人说“北大的传统就是革命的传统”，作为一个抽象的命题，这并不错；但一具体化，一落实，就有了问题。鲁迅早就提醒我们：政治家与文学家（也就是鲁迅说的“真的知识分子”）对于革命的理解与态度是不一样的：政治家在革命前，他自己也受到压迫时，是不满现状的，他与文学家、知识分子一样，都要求革命，鲁迅因此称之为“政治革命家”；但革命成功，掌握了权力的政治家就要维持现状，就要把“革命”二字去掉了，而真正的文学家（知识分子）却是永远也不满足于现状的，他还要革命，这就与政治家的权力发生冲突，鲁迅称之为“文艺与政治的歧途”。因此，当有人以革命传统作为北大传统时，就应该提出这样的问题：是政治家提倡的一时的“革命”，还是真的知识分子，也即独立的知识分子所要求的永远的“革命”？鲁迅把北大“校格”定为永远是“新的，改造运动的先锋”，所指的显然是后者，而不是前者，这是必须辨明的。

还有人说，北大的传统就是“爱国主义的传统”，这种说法是有根据的：五四学生运动所提出的“外争国权，内惩国贼”的口号，其爱国主义的立场是十分鲜明的。但这里同样也存在一个必须辨明的问题：要提倡什么样的“爱国主义”？在有的人的观念、解释中，爱国主义就是国家至上主义，要求人民（包括知识分子）无条件地为所谓国家利益（实际是国家执政者的利益）牺牲一切；而如前文所说，这样打着爱国主义旗号的国家主义正是五四新文化运动的先驱者们所要批判与否定的，鼓吹这样的爱国主义恰恰是对五四精神（也即北大精神）的根本背离。还是鲁迅说得好：“满口爱国于实际做奴才并无妨碍”，真正的爱国者、爱蔡先生开创的北大传统者对此必须有所警惕。

这里还包含着一个更加实质性的问题：不仅对国家有“真爱国”与“假爱国”之分，对于北大，对于蔡先生这样的先驱者也有“真爱”、“假爱”之别。如果口头上喊得震天响：“拥戴”呀，“继承”呀，“发扬”呀，甚至“捍卫”呀，但实际所做却根本违背了先驱者的理想与北大精神的实质，那么，所有的表面文章都不过是“假借大义，窃取美名”的自欺欺人的表演。

由是，我们必须正视这样的事实：一方面，我们奉蔡先生为中国现代教育之父，现代科学之父，另一方面，蔡先生的许多重要思想在本世纪从来没有被重视过，更不用说实行了。蔡先生的教育思想从一开始就被拦腰斩断，本世纪实际实行的德育、智育、体育，以及被狭窄化的美育，是一个教育的终极目标缺失的不健全的教育。这样的教育的最大弊端即在它是建立在实利主义基础上的，教育成了为政治与商业的实利目的服务的工具，被教育者也成了有知识的工具，而忽视了对“人”的精神、灵魂的塑造，“人”的根本理想、信仰、信念、人格、情操的冶铸，“人”的潜在智慧、能力、创造力的开掘与发挥。今天的教育，包括北京大学的教育所存在的许多问题，从根本上说，就是这个教育的前提，教育的基本观念：什么是教育，教育的目的、宗旨，出了问题，而这又是与一个世纪以来对蔡元培先生教育思想的冷漠，阉割与背离是直接相关的。人们根本不去仔细研究与思考蔡先生以及中国其他现代教育的先驱他们的教育思想的真正价值，而是简单地戴上“资产阶级教育思想”的帽子，而不容置疑地加以否定，拒绝继承，正是这样的“左”的思维逻辑使我们吃了大亏，这惨重的教训是不应忘记的。

蔡先生的基本教育思想的命运如此，他的由此引发出的许多重要思想的遭遇也可想而知。例如，蔡先生从主持北大教育的第一天即在就任校长的演说中指出：“大学者，研究高深学问者也。……诸君须抱定宗旨，为求学而来。入法学者，非为做官；入商科者，非为致富”，以后他又在不同场合反复强调这一思想：“大学为纯粹研究学问之机关，不可视为养成资格之所，亦不可视为贩卖知识之所。学者当有研究学问之兴趣，尤当养成学问家之人格”，“大学为研究学理的机关，要偏重文、理两科”。他并且进而在高等教育中区分了“专科”与“大学”的两种体制，专科偏向于培养“实用型”人才，而“大学”则以“研究学理，养成人格”为主，他甚至在草拟的《大学令》里明确规定：“设法商等科而不设文科者，不得为大学；设医、工、农等科而不设理科者，亦不得为大学。”但正如他自己后来所说，他拟定的《大学令》“迄未实行”。岂止是“大学令”，又岂止是“未实行”，看看今日之中国大学教育，包括今日之北京大学，很多方面简直是背道而驰。文、理学科备受冷落，大学里人文精神的严重失落，早已是掩盖不了的事实。许多大学早已成了“养成资格之所”，学位、职称成了不少师生唯一追求目标，“做官、致富”早就成为许多学生上大学、家长培养子女上大学的公开的目的，能够向学生贩卖点货真价实的知识已算是好教师，毫无责任心，贩卖假知识的滥竽充数者越来越多。连蔡先生亲自养育的北大在实利主义教育的巨大压力下，也越来越向专科化的方向发展。各级领导忙于创收，忙于接待吃喝，机构的商业化、官僚化的结果是很少有人真正地，而不是形式主义地关心科研与教学，最后无可避免地导致了科研与教学的大幅度滑坡。鲁迅早在30年代就已经因为“五四”时期的战士，爬上了高位，反过来对年轻学生行使知识霸权，而感慨“五四失精神”；今天，面对如此严峻的现实，人们不能不这样提出问题：蔡校长培育的北大，是否再一次地“失精神”？

因此，越是临近北大百周年校庆，我越是不敢走近校园那神圣的一角：作为今日之北大的一个成员，面对蔡校长，面对这一百年的校史，我只感到羞愧与悲凉……

此刻，蔡先生在想什么呢？

他只是静静地坐在那里，什么也不说……

哦，这校园风景中的永恒！

1998年4月20日写毕

“永远的北大人”的历史聚会

——《我们的父辈与北京大学》序

本书的一位作者称他的父亲为“永远的北大人”，我们也可以说，本书是“永远的北大人”的一次聚会，一次难得的历史的盛会。所以说“难得”，是因为与会者全是历史的老人：“我们的父辈”最长者是首先提出创办“京师大学”的李端棻，生于1833年，于1907年辞世，已将近一个世纪；年龄最小的马珏女士，曾被30年代的北大学生称为“校花”，生于1910年，于1994年以八十四岁高龄去世，留下了一个“永远美丽”的形象。因此，他们的后辈——本书的作者也大都是六七八十岁的老人。而作为编者的我们，也已是“望七”之人。这样一些主要活动在上一世纪的老人，之所以要在新世纪初以笔相会，自然是出于摆脱不了的北大情结，是要为历史留下一点记忆。

但这又是多么不同寻常的记忆！这或是子孙对父辈、祖辈的零距离的观察，尽管是雪泥鸿爪，却多有历史大叙述所遗漏的具体可触的细节，呈现的是处于日常生活中，复杂而多面的人事关系中的历史人物，从今天的历史观来看，或许是有着特殊的价值的。这也许是并非目见，而是家族中代代口传的历史，或者如一位作者所说，是在先人的“遗像的眉宇间、手迹中、诗集里”感悟与想象的历史，这更有一种精神传递的意义，其实是别有一番价值的。因此，这样的回忆，充满了血肉感，是有形无形的生命的缠绕，是真正刻骨铭心的，并且是具有情感的冲击力的，这样一种强烈的生命感恰恰是许多所谓客观的历史叙述所匮缺，而且在我看来，这本身是构成了一种缺陷的。当然，这样的出自亲人的回忆，除了难免的记忆的差错以外，有时也会有遮蔽，这是需要研究者对照有关的回忆（当事人的回忆与他人的回忆），以及历史文献的记载，加以细心的考辨的：这自然是不言而喻的。即使是遮蔽，也是有原因的，这本身就具有某种研究价值。

而且这又是关于“前辈与北京大学”的关系的记忆。也就是说，作者是从个人的、家族的记忆出发的，但其指向却是北京大学的历史，或者说，是要将个人的、家族的历史变成北京大学历史的有机组成部分。因此，我们前文所说的这样的回忆所特具的血肉感、生命感，所要展现的也包括几代人与北京大学的血肉联系。北京大学的历史也因为有了与这样一些可感、可触的生命个体的联系而变得有血有肉，呈现出一种历史的具体性与丰富性。

这正是我读这些回忆文章感触最深的一点。记得早在北大百周年校庆时，我和严瑞芳、孟昭荣老师曾合编过一本《校园风景中的永恒——我心目中的蔡元培》（四川人民出版社，2000 年），在某种意义上，本书也可以视为其后续。但当时我们对北大历史的观照是以蔡元培校长为中心的；这是反映了客观事实的，本书许多作者在对父辈的回忆中都强调了他们与蔡校长的关系，就说明了这一点。而本书的更大意义却在展现了一个更为广大的北大世界。

于是，我们在这历史性的笔会里，就有幸见到了京师大学堂的管学大臣张百熙，教习夏震武，先为京师大学堂译书局笔述、后为经学教员的林纾，先作为特殊学生、后为教员的陈汉章，京师译学馆的学生徐炳昶、孙百英——这都是极难见到的北大人。在蔡元培主掌北大时期，除了人们已经熟知的陈独秀、胡适、李大钊、钱玄同、刘半农等五四新文学运动中的风云人物，这些年颇为人们关注的梁漱溟、熊十力，“五四”时期学生中的著名人物许德珩、杨晦、顾颉刚之外，我们还见到了其实不能忽视的蔡校长周围的教授与职员，如国文系主任、被称为“北大五马第一人”的马幼渔，有“鬼谷子”之称、在几个关键时刻都起到重要作用的“三沈”之一的国文系教授沈尹默，史学系主任朱希祖，教育系主任、后与李大钊一起遇难的高仁山，任教联会书记的马叙伦，任校长室秘书、教授评议会评议员的谭熙鸿，等等。而蔡元培的继任蒋梦麟，更是北大历史中一个举足轻重的人物，他与蔡元培、胡适、马寅初一样都是在北大历史上打下了自己的印记的校长，但似乎并不为人们所熟知，《蒋梦麟后嗣缅怀蒋梦麟》一文的详细介绍也因此引起浓厚的兴趣。而长期担任北大秘书长、又任西南联大总务长的郑天挺，在蔡元培、蒋梦麟时代都担任过校长室秘书的章川岛，代表教育部参与筹建西南联大，以后作为接管人员参加抗战后北大复校工作，又担任北大中文系主任的杨振声，以及长期担任中文系主任的罗常培，或许会因这次笔会而进入考察北大历史的人们的视野。此外，几乎被遗忘了的曾参与筹办《每周评论》、筹组北京共产主义小组的张申府，曾为《新潮》发起人之一的毛子水，五四运动的积极参与者孙德中，一直被误解的提倡节制生育、“美的性育”的哲学系教授张竞生，大概也会被重新发现。

但我们想着重介绍的，还有三个群体。首先是北大第一个体育教员、创办“学生军”的白雄远，北大画法研究会导师陈师曾，北大音乐研究会导师萧友梅，北大音乐传习所导师刘天华。重视体育、艺术教育，这本是蔡元培开创的北大教育传统的一个重要方面，但却被有意无意地忽视了。人们在谈论北大的五四传统时，较多地关注人文学者，这也可以理解，因为他们都是登高一呼的民主精神的传播者；但默默坚持着科学精神的自然学科的教授却构成了北大传统的另一不可或缺的一翼。我们因此特地邀请了一批著名科学家与会。他们是：物理系主任丁西林，化学系主任丁绪贤，地质系教授丁文江、翁文灏、袁复礼、黄汲清，气象学家李宪之，考古学家黄文弼，数学系主任江泽涵等。反复讲述的还有1927年的中国西北考察团的故事，这是大长中国科学家志气的一次“科学界的万里长征”，也被研究者称为“中国科学史上北大人书写的浓重一笔”。在群星灿烂中，蒋守方与马珏这两位女性，作为“女子上大学的先行者”，当然格外引人注目。为女子入高校开禁，这本是“敢为天下先”的北大传统的一个重要标志；因此，子女们在讲述他们的母亲的故事时，充满了掩饰不住的自豪感，读者大概也会为其风采而倾倒吧。

以上简单的介绍，大概已经使读者产生了应接不暇之感。这确实是一次众声喧哗的盛会。回到前文的话题上来：它所要展示的正是北大历史的丰富性与具体性。这是可以作为“正史”的补遗的。或许更为重要的是，我们通常所说的北大传统，就如同盐溶入水一样，已经渗透在这些具体而丰富的历史记忆之中。现在我们通过这次笔会将其记录下来，当然是期待今天的继承与发扬，即所谓“让历史告诉未来”。尽管已经年老力衰，退出了北大的历史舞台，却依然关心现实，心系未来，这大概也是北大人的一个特点与传统。我们既自称“永远的北大人”，习性也就自然不会改：本书就是一个证明。

2005年4月16日深夜

周氏兄弟与北大精神

——1996年10月25日对北大新生的演讲

主持这次报告会的同学告诉我，今天的听众主要是刚入学的一年级同学，特别是理科与语言学科的同学。那么，你们都是经过“十年寒窗苦”（有的还不止十年吧），才实现了自己的理想，考上北京大学这个全国最高学府的，因此，我首先要向你们表示祝贺。

四十年前，也就是1956年，我和在座的同学们一样，仿佛做梦一般，接到了北京大学的录取通知书，上面写着这样几个字：“祝贺你考取了‘东方莫斯科大学’——北京大学”。（全场活跃起来）当时年轻人都向往苏联，以为“苏联的今天，就是我们的明天”。（大笑）所以一听说考上了“东方的莫斯科大学”，就兴奋得不得了，可以说我们当年是怀着一种庄严的心情，走进北京大学的校门的。我们每一个新生都在严肃地思考两个层面的问题。我相信，今天的每一个新同学也同样在思考着这些问题。首先是如何度过四年大学生涯，这最可宝贵的时光？根据我的经验，十六岁到二十六岁，这是人生的黄金岁月。十六岁以前，什么都是懵懵懂懂的，完全依附于父母、老师，十六岁以后，自己就开始独立了；二十六岁以后呢，就该考虑结婚、生孩子了，乱七八糟一大堆事儿，自己独立的时间就不多了。（全场活跃）在这十年中，大学四年又是最自由、最独立的——当然，如果你还想延长，可以考研究生。（笑）因此，如何不致虚度，是必须认真考虑的。再进一步还要想一想，怎样做一个合格的“北京大学的学生”？这或许是更加重要的问题。北京大学是一所具有伟大传统的大学，是我们全民族寄以希望的大学，“北大人”这一称号，是含有特殊分量的。我们每一个人，从走进校门那一天起，就当然地承担了一个神圣的义务与责任：用我们的行动来继承与发扬北大的伟大传统，至少是要无愧于这个传统。

同学们可能要问，什么是北大传统？北大的传统是怎么体现的？后年是北大建校一百周年，现在的一、二年级能赶上这个盛典，真是诸位一生中最大的幸福；（全场活跃）因此，大家都在考虑：到哪里去寻找北大传统？记得在北大九十周年校庆时，中文系的王瑶教授（也是我的导师）当时还健在，他写了一篇文章，其中引用了曾长期担任北大校长的蒋梦麟先生的一段话：“一个大学中有三派势力，一派是校长，一派是教授，一派是学生。在这三派势力中，如果有两派联合起来反对第三派，第三派必然要失败。”王瑶先生分析，教授联合校长来反对学生的可能性最小，职业道德决定了教师是天生的保护学生的；学生联合校长反对教授也同样很难，但如果一个校长既不受学生欢迎，又遭到教授反对，不管他的后台有多硬，也是最终在学校里站不住脚的。（全场活跃）蒋梦麟校长的分析也许还能在另一方面给我们以启发：特定历史时空下的校长、教师（主要是教授）与学生的活动构成了所谓“校园文化”，一个学校的传统自然也主要体现在这三类人身上。比如五四新文化运动是以北大教授为主的，五四爱国运动则以北大学生为主，而蔡元培校长的“循思想自由原则，取兼容并包主义”则对师生的活动起到了保护与推动的作用。这三方面的努力就构成了北大的五四传统。

但如果我们再做具体分析，还可以发现，在这三类人中，学生是流动的，即人们通常所说的，是“飞鸽牌”的；（笑）校长呢，按我们国家的体制，是由主管部门指令的，会随着政局的变化而变化；只有教师（教授）是“永久牌”，是相对稳定的，几年、十几年、几十年“一贯制”。在这个意义上，我们又可以说，一个学校的传统主要体现在教师、教授身上，并且主要是由他们一代又一代地传递的。北大之为北大，就是因为它拥有一大批，而且是连续不断的著名的教授，不仅在学术上是全国，以至世界第一流的，而且他们的身上都体现着人类与民族的良知，一代知识分子的品格，显示着一种精神的力量，具有人格的魅力。这样的作为“北大精神传人”的教授在各系各专业都有。同学们想要了解与继承北大传统，我建议大家不妨从本系本专业入手，调查一下一个世纪以来，有过哪些学术与人格都堪称第一流，或者在某一方面有着鲜明特色与贡献的教授，他们开设了什么课程，有过什么代表性著作或讲义，还可以通过回忆文章、传记等，进一步了解这些教授的生平、思想、品格、精神风貌……这样，同学们就可以从中触摸、感受到有血有肉的、活生生的北大、本系、本专业的学术传统、精神传统。

我在这里不妨举一个例子，看看所谓“北大教授”都是一群什么样的人。根据我的经验，做学生的，最大的乐趣，莫过于晚上熄灯以后，躺在床上，回味、议论某位老师、教授课堂上或课堂下的趣闻逸事。我们当年做学生时是这样，我深信诸位现在也是如此，这也是学生的“传统”。（大笑）以至于毕业很久了，当年这些教授讲了些什么，都已忘却，唯独这些逸事反见鲜明，每次同学聚会必津津乐道，有时候还写成了文章。例如，曾是西南联大（由北大、清华、南开大学三校组成）的学生的汪曾祺就曾在一篇散文中这样回忆著名的逻辑学专家金岳霖教授：金先生是个单身汉——联大教授里不少光棍，杨振声先生写过一篇游戏文章《释鳏》，在教授间传阅（全场活跃）——无儿无女，但是过得自得其乐。他养了一只很大的斗鸡（云南出斗鸡）。这只斗鸡能把脖子伸上来，和金先生一个桌子吃饭。（大笑）他到处搜罗大梨、大石榴，拿去和别的教授的孩子比赛。比输了，就把梨或石榴送给他的小朋友，他再去买。（大笑）有一个调皮的女同学，大概是后来成为巴金夫人的萧珊，上课时问金先生："您为什么要搞逻辑？"金先生说："我觉得它很好玩。"（大笑）金先生上课有时要提问，那么多学生，他不能都叫得上名字来——联大是没有点名册的，他一上课就宣布："今天，穿红毛衣的女同学回答问题。"（笑）于是所有穿红毛衣的女同学就都有点紧张，又有点兴奋。那时联大女生在蓝阴丹士林旗袍外面套一件红毛衣成了一种风气。穿蓝毛衣、黄毛衣的极少。问题回答得流利清楚，也是件出风头的事。（笑）金先生很注意地听着，完了，说："OK，请坐。"（大笑）金先生也谈过恋爱：他曾经热烈地追求过堪称一代美女与才女的作家、学者林徽因，但林最后选择了建筑学家梁思成，金先生遂终身不娶。林徽因死后，有一年，金先生在北京饭店请了一次客，老朋友都很纳闷，到了之后，金先生才郑重宣布："今天是徽因的生日。"（全场肃然动容）金先生晚年时，毛主席曾对他说："你要接触接触社会"，其时他已经八十岁了，就雇了一部平板三轮车，每天到王府井兜一圈。（大笑）这些诚然都是些日常生活中的趣闻；但趣闻中有精神：正如汪曾祺先生所分析，"一是对工作对学问都爱到了痴迷的程度；二是为人天真倒像一个孩子，对生活充满兴趣，无机心，少俗虑"，或者如汪曾祺送给沈从文的对联里所说，是"星斗其文，赤子其人"。这里所显示的也是一种精神境界，是精神的单纯与丰富，北大的精神与传统也正蕴含其中。

以上，可以算是我今天演讲的开场白——恐怕说得太长了点儿。下面进入正题：以我比较熟悉的周氏兄弟为例，说说北大精神与传统。

如果说北大百年来的教授可谓"群星灿烂"，鲁迅、周作人兄弟就是其中耀眼的双子星座。鲁迅于1920年8月至1926年8月在北大担任了六年讲师，讲授"中国小说史"与"文艺理论"等课程，并兼任研究所国学门委员会委员；特别有意思的是，鲁迅亲自为北大设计了校徽，并且一直沿用到今天。周作人与北大的关系更为密切：他从1917年4月到1945年12月，在北大任教二十八年，他在北大第一次开设了“欧洲文学史”，又参与筹办日本文学系，还讲过“六朝散文”等课程。而他们两位又都先后写过纪念北大的文章，留下了他们对北大精神、校风的意见，这自是弥足珍贵的。下面我先介绍他们的有关论述，然后再谈谈我的理解。

鲁迅的文章写于1925年，是为纪念北大诞生二十七周年，应北大学生会之约而写的，登载在《北大学生会周刊》创刊号上，后收入《华盖集》，题为《我观北大》。当时北京的知识界正面临着一次大分化，鲁迅等人因支持学生运动而被指为“北大派”；鲁迅理直气壮地回答说：北大派么？就是北大派！怎么样呢？（笑）在鲁迅先生看来，做“北大派”中的一个成员是十分光荣的，因为“第一，北大是常为新的，改造的运动的先锋，要使中国向着好的，往上的路走。虽然很中了许多暗箭，背了许多谣言；教授和学生也都逐年地有些改换了，而那向上的精神还是始终一贯，不见得弛解”；“第二，北大是常与黑暗势力抗战的，即使只有自己”。鲁迅举了一个例子：在1923年、1925年，为反对北洋军阀政府教育总长倒行逆施，镇压学生运动，北大曾两次宣布与教育部脱离关系，（全场活跃）一般学校是绝没有这样的胆量的。因此，鲁迅说：“北大究竟还是活的，而且还在生长的。凡活的而且在生长着，总有着希望的前途。”

周作人的文章写于1930年，是为纪念北大三十二周年而作，题目叫《北大的支路》（文收《苦竹杂记》）。周作人自己有一个解释：“蔡孑民先生曾说：‘读书不忘救国，救国不忘读书。’救国，革命，是北大的干路，读书就算作支路也未始不可。”那么，周作人主要是谈“读书”的。在他看来，北大也是自有传统，而且“有独特的价值”，周作人把它概括为“走着他自己的路”，“不做人家所做的，而做人家不做的事”。举出的例子是，“十多年前（即‘五四’时期）在大家只知道尊重英文的时代加添德、法文，只承认诗赋策论是国文学的时代教授词曲”，这都是反潮流的，因此屡屡受到攻击。周作人由此引出一个结论：“北大的学风仿佛有点迂阔似的，有些明其道不计其功的气概，肯冒点险却不想获益。”文章最后表示：“我并不怀抱着什么北大优越主义，我只觉得北大有他自己的精神应当保持”，“北大的学风宁可迂阔一点，不要太漂亮，太聪明。要奋勇前去开辟荒地，着手于独特的研究”。

下面，结合周氏兄弟的有关论述，谈谈我对他们上述“北大观”的理解，自然也免不了有我自己的一些发挥。——我姑妄讲之，同学们就姑妄听之吧。

先从周作人说的“支路”谈起。周作人有一个基本观点，就是一切要“顺其自然”，不违背“人情物理”，有利于人性的健全发展。他因此而提出了一个重要的人生命题，即“人生的季节不要颠倒”。人的一生就像一年四季一样，少年时期是人生的“春天”，青年正是“夏天”的季节，中年是“秋天”，老年就进入“冬天”了，这样的自然次序是不能随便颠倒的。周作人说：“本来人生是一贯的，其中都分几个段落。如童年、少年、中年、老年，各有意义，都不容空过。比如少年时代是浪漫的，中年是理智的时代，到了老年差不多可以说是待死堂的生活罢。然而中国凡事都是颠倒错乱的，往往少年老成，摆出道学家、超人、志士的模样。中年以来重新来秋冬行春令，大讲其恋爱等等。”有句古诗说是“老夫聊发少年狂”，“聊发”还可以，现在却是越是老年越发狂，而且没完没了，另一面却设置种种清规戒律，不准青年人狂，这是不是“人生的季节颠倒？”（鼓掌）中国有句成语叫做“各行其是”，每一个人生季节都有各自该做的事，是不可以随便拖后或提前的。比如，儿童的“职责”就是“玩”，其他事都不该他们管。现在我们大人（成年人）不能把国家的事办好，却一个劲地要求小孩子去“救国”，这对大人来说是“失职”，对儿童来说是“越权”，这都是“颠倒”。（笑）那么，青年人（或者更具体地说大学生）的主要任务是什么？我至今还记得，我 1956 年刚进北大时，在中文系召开的迎新会上，系学生会主席对我们说，大学时代就是要追求三样东西，一是知识，二是友谊，三是爱情。（全场活跃）很可惜，我们只这样追求了一年，而我由于年龄还小（我上北大时才十七岁，还没有公民权），只忙着求知识，还没有来得及谈恋爱，（笑）反右斗争就开始了，以后越弄越“左”，连求知识也成了罪恶，说是“书读得越多越蠢”，友谊也谈不上了，大学同班同学，今天你批判我，明天我批判你，阶级斗争的弦绷得紧紧的，还有什么“友谊”？一天二十四小时都献给了“革命”，谈恋爱都得挤时间，甚至要转入地下。（笑）我就这样错过了谈恋爱的季节，人到中年再来解决“个人问题”，（笑）那就不是什么“谈恋爱”了，而是有人介绍，双方“谈条件”。记得那时要去和别人介绍的对象见面，比如说约好星期六见面，我从星期一起就开始觉得浑身难受，甚至有一种恐惧感：这叫什么“爱情”啊！（大笑）同学们自然觉得好笑，不可思议，但对我们这一代人，却是永难愈合的心灵的创伤。这些年来，人们（有不少是我的同龄人）总喜欢回忆五六十年代社会风气如何如何好；想起那些年代，我却总要回忆起这些颠倒季节的辛酸事与荒唐事，不知道这些是不是也是“社会风气”？忘记这些，是不是也算“背叛”？我正是通过这样的“忆苦思甜”，深深地羡慕今天的年轻人、今天的大学生，终于享有了“追求知识，追求友谊，追求爱情”的三大自由与权利。（鼓掌）尽管今天也还有人在那里嘀嘀咕咕，说什么青年人只顾自己读书，交朋友，谈恋爱，是“自私的，个人主义的一代”；同学们可以不予理睬，理直气壮地去读书，去交朋友，去谈恋爱，因为这是作为一个“人”，一个“年轻人”的基本权利，谁也无权剥夺！至于我自己，死也不愿意回到那个“读书有罪，没有友谊，恋爱受到干涉”的“无私（？）”的时代；如果真像小说家谌容想象的那样，能够“减去十岁（对我来说，十岁不够，至少要减去三十岁、四十岁）”，我也会和在座的同学一起，全身心地投入，理直气壮，大张旗鼓地去追求知识、友谊与爱情！（大鼓掌）

当然，我们也还应该冷静下来，探讨“如何去获取知识、友谊与爱情”。对于交友、说爱同学们比我有经验，（笑）我就不说了，我只想谈谈有关“读书”的问题，而且主要介绍周氏兄弟、也即前辈的经验。

关于读书，这两位北大教授有两个出人意料而又意味深长的比喻。鲁迅说读书如赌博，就像爱打牌一样，天天打，夜夜打，（笑）连续地去打，（笑）有时被公安局捉去了，放出来以后还是打。（大笑）真打牌的人并不在赢钱，而在有趣。（笑）它妙在一张一张地摸起来，永远变化无穷。嗜书也如此，每一页每一页里，都有着深厚的趣味。自然，也可以扩大精神，增加知识的，但这不能计较，一计较，等于意在赢钱的赌徒了，这在赌徒中也是下品。（笑）周作人则鼓吹烟鬼式的读书：“有如抽纸烟的人，手嘴闲空，便觉无聊”，书只一本本翻下去，如同烟一根根抽下去，有时书也不看，只是翻，就好像看着烟雾缭绕，陶醉于其中……（笑）这两个比喻看来似乎很不恭敬，却说出了读书的趣味性与非功利性：这正是读书的真谛所在。真正的读书，不仅在读“书”，更在“读”所达到的“境界”，只要进入了，就会感到无穷的乐趣。我认为，这些年教育（特别是中、小学教育）最大的失误之一，就是把本来其味无穷的读书，变得枯燥乏味，甚至令人厌恶、恐惧，在座的同学们都是过来人，你们是最有发言权的。（鼓掌）我想，同学们现在已经进入了大学，就应该从那种压抑人的，苦不堪言的所谓“读书”中解放出来，真正地为有趣（或者干脆如金岳霖先生所说，为了好玩）而读书（研究），为读书（研究）而读书（研究）——最起码再不要为“考试（考学位）而读书”了。（鼓掌）

还有一个读什么书，也就是读书的范围问题。鲁迅在这方面，有一个十分精辟的见解。他劝告年轻人“大可看看本分以外的书，即课外的书，不要将课内的书抱住”，“学理科的，偏看看文学书，学文学的，偏看看科学书，看看别个在那里研究的，究竟是怎么一回事。这样子，对于别人，别事，可以有更深的了解”。周作人则鼓励人们要当“杂家”，他有一篇介绍自己读书经验的文章，题目就叫《我的杂学》。他们都是主张年轻人要不断地开拓自己的读书范围、知识领域的。

这里，我想着重谈谈理科的学生，学习语言的学生，要特别注意学习文科（首先是文学、历史、哲学）知识的问题。这其实是“五四”开创的现代新文化的一个传统，或者说是老一代的自然科学家的一个传统。大家知道，恩格斯曾经高度评价西方文艺复兴运动，说“那是一个需要巨人，并且产生了巨人——在思维能力、热情和性格方面，在多才多艺和学识渊博方面的巨人的时代”，“那时，差不多没有一个著名的人物，不会说四五种外语，不在几个专业上放射出光芒”，“那时的英雄们还没有成为分工的奴隶”，这使他们具备了“性格的完整和坚强”。在某种意义上，“五四”也是中国的“文艺复兴运动”，“五四”那一代人，都是同时开拓（至少是涉猎）多种学科领域，思维能力、学识与性格都达到了全面和完整：不用说鲁迅、郭沫若等文学家都经过了自然科学的严格训练，一些未来的科学家最初都是写小说的，如著名的考古学家、人类学学者裴文中，他写的小说就被鲁迅选入了《新文学大系》，建筑家杨钟健、植物学家蔡希陶早年都有小说创作，而丁西林先生更是在物理学与戏剧两个领域都同时做出了杰出的贡献。中国的第一二代的自然科学家都是有相当深厚的国学根底的，三四十年代培养出来的自然科学家在文、史、哲方面也都有一定的造诣；无可讳言，在1949年以后，改变了文、理、工、医、农合校的大学教育体制，过分强调专业分工，就造成了理、工科与文科学生彼此知识隔绝的状况，应该说，这种知识结构的单一、狭窄，至今仍没有得到根本的改变。这里我不妨谈谈我的一个实际体验。我的大哥钱宁是清华大学的著名教授，也是科学院的院士，他是黄河泥沙问题的专家，是公认的国际泥沙界权威之一，他在文学方面就有很高的修养，据说他年轻时曾做过当文学家的梦。我至今仍清楚地记得，我是从他那里才知道曹禺曾写有《原野》这个剧本。（全场活跃）他终生爱读《红楼梦》，晚年病重时，还和我讨论他的许多精辟见解，常使我自愧不如。（活跃）最使我惊异、甚至震撼的，是他在去世前，提出要建立“黄河学”，以与“红（楼梦）学”相媲美的设想。我由此而领悟到，学术研究进入高境界、高水平以后，一定是自然科学、社会科学、人文科学的彼此交融。我曾把我的大哥和他近几年培养出来的最出色的学生，暗中做过比较，我发现，这些学生在纯专业范围完全可能，或者在某些方面已经超过他们的老师，但在气度、气质、精神境界上，却始终有一个难以逾越的差距。原因当然是多方面的，但我始终认为，知识结构上的缺陷，人文学科修养的不足，是一个相当重要的方面。这种由知识的缺陷造成的精神气质上的差距，在一般情况、一般水平下是看不出来的，但当人们向最高峰冲击时，这种不足就显示出来了。可以这么说，“大师”级的学者与杰出的、有特色的学者的区别，就在于学识、思维、性格是否全面而完整，以及由此而达到的精神境界。据我的体会，理、工科学生学一点文科，文科学生学一点理、工科，即鲁迅所说读一点课外的书，不仅是为了扩大知识面，更是一个提高每一个人的文化教养、精神素质，以及思想境界的问题，是万万不可掉以轻心的。

这里再顺便谈一点，外语专业的学生，不能只注意语言的训练，而忽视文学修养的提高。这本来是北大外国语学科的优势，即北大拥有一大批精通外文，更精通外国文学与本国文学的专家，北大的外国语各系都同时是该国文学的研究中心。据说这些年这方面的优势有所削弱，一些外语系的学生，语言能力很强，却因文学修养不足而缺少文学研究的能力，这是需要弥补的；在我看来，北大的外国语学系，是应该语言与文学并重，甚至偏重于文学：这个传统是不应丧失的。（演讲结束以后，会议的主持者，也是西语系的学生，特地告诉我，现在他们已经很重视文学，并不存在偏于语言的问题。我听了以后，自然很高兴，在此特作补充说明。）

周作人在《北大的支路》这篇文章里，还提出了一个重要观点，对外国文化的吸收，不能只局限于英语文学，还要有德法文，以至朝鲜、蒙古语，他认为在这些方面北大是带了很好的头的；而他自己则特别提醒要注意希腊、印度、阿拉伯与日本文化的研究。总之，要有一个“世界文化”的多元观念。我由此而联想起对我们的传统文化的态度也应如此。不能把传统文化与儒家文化等同，要看到并承认，传统文化也是多元的：儒家之外，还有道家、佛家，以及法家、墨家等等，当然也还有“五四”开创的现代新文化。也就是说，对于知识、文化的理解必须是全面的，要有继承全人类所有的文化遗产的眼光与气魄。

所谓读什么书，读书的范围，实际上是一个如何设计自己的知识结构的问题。我认为这是同学们开始大学生活以后，首先需要考虑的问题。在这方面，周作人的设计或许能给我们一些启示。希腊哲人曾提出过“知道你自己”的命题；周作人正是以此为中心，建立自己的“人学”知识结构的。他设想应从五个方面来读书。（1）“关于个人”，应学习生理学（首先是性知识）、心理学和医学史知识；（2）“关于人类及生物”，应学习生物学、社会学（包括人类学、民俗学、文化发展史、社会学）、历史；（3）“关于自然现象”，要学习天文地理、化学；（4）“关于科学基本”，要学习数学与哲学；（5）“关于艺术”，要学习神话学、童话学、文学、艺术及艺术史。听起来，这个设想是够吓人的，（笑）一个人要精通这么多学问当然不可能，也无必要；但有所涉猎，了解一些常识，却是可能的。在周作人的著作中，除了数学、化学、天文外，这里所提到的各门学科知识都有所论及，可见他平时阅读面之广，是名副其实的“杂家”。作为一个大学生，当然应着重打基础，我以为要从三个方面来读书，首先是学好本专业的基础知识；其次要学习语言（中文与外文）、数学与哲学，这是基础的基础，所有专业的学生都要过好中文与外文两个语言关，这方面要高要求，数学与哲学要掌握到什么程度，则应考虑到不同专业的不同要求；在打好前两个基础的前提下，尽可能地广泛涉猎，多听些本系本专业之外的课，以及外系的你感兴趣的课。允许甚至鼓励旁听，这是北大的传统，大家要珍惜这样的得天独厚的条件。读这类的书，不必过分认真，用鲁迅的说法，就是“随便翻翻”，或者像陶渊明笔下的五柳先生那样，“好读书不求甚解”，总之“开卷有益”就是了。旁听课更可以随意些，老师姑妄言之，你姑妄听之，万一睡着了也不要紧。（笑）我们平时谈到人才的培养，喜欢用“熏陶”这两个字，这是有道理的：真正的人才确实是在毫不经意中“熏”出来的，过于正儿八经，有时候反而会扼杀人才。（笑）

关于读书，我讲得够多的了。但关于北大学生的读书，我还要讲一点，这就是勇于攀登科学高峰，（笑）走前人没有走过的路。同学们可能已经注意到，周作人在前述文章中，特意指出，北大的传统就是“不做人家所做的，而做人家不做的事，追求独特的价值”，“奋身前去开辟荒地，着手于独特的研究”。周作人这里所说的，就是要做敢于并善于开拓新路、具有原创性的大学者。毫无疑问，北大是应该培养这样的大学者的。（鼓掌）有一种说法，不想做将军的士兵不是好士兵，我们同样可以说，不想当大学者的学生（特别是研究生），就不是好学生——这当然只具有相对的道理，我们下面还要说到另一面。我想，这类看来有些极端的话，其真实的意思是鼓励年轻人要有雄心壮志，要敢于成名成家，成为本专业的最出色、最拔尖的人才。在我们年轻的时候，也就是本世纪的五六七十年代，“成名成家”是被视为“资产阶级的腐朽思想”的——顺便说一句，本世纪我们做了不少蠢事，其中之一，就是动不动把人类文明的成果（包括观念）奉送给资产阶级，这就是一例。（笑）也许是流毒没有肃清，这些年也很少提倡、鼓励青年成名成家，即使成“家”，也是成“企业家”（大款）、“歌唱家”（大腕）。（笑）不能设想，一个民族、一个国家，没有大科学家、大教育家，光剩下大款、大腕，会是什么样子。我们不能让后人指着脊梁骨骂，说我们光忙着自己赚大钱，忘记在科学、教育上做出大贡献了。我当然不反对做赚大钱的大企业家——相反，如果同学们中有学习企业管理的，你的雄心壮志就是要做第一流的现代大企业家，对于我们民族，这样的真正的大企业家，不是太多，而是太少了。问题是不能大家都一窝蜂地去争当企业家，而缺乏优秀的人才去攀登自然科学、社会科学与人文科学的高峰。我想要谈一点，敢不敢攀登高峰，这里有一个精神面貌、状态的问题。我们这代人，一辈子夹着尾巴过日子，尾巴稍微翘一翘，比如说你表示想当一个作家，还不敢说“大作家”，就要给你戴上一顶“资产阶级白专道路”的帽子，把你“尾巴”打下去，这样打来打去，就磨尽了棱角，养就了一种奴性，而且根深蒂固，甚至渗入骨髓，我至今也经常为不能彻底摆脱而深感痛苦。因此，我总是期待年青一代能够彻底摆脱这种精神奴隶状态，获得思想的真正解放。年轻人就应该有棱有角，有锋芒，应该有一股狂气、狂劲。（全场活跃）想想看，年轻时代不狂，更待何时？（鼓掌）我对我的研究生的最大意见，就是他们老是觉得我们这一代把他们遮住了，走不出来。这是什么精神状态？为什么不敢、不想、不努力走自己的路？为什么不敢、不想、不努力超过自己的老师？（活跃）——当然，他们也许心里已经这么想了，暗地里已经这么努力了，只是不说出来。（笑）这倒也对，关键是要有这种雄心壮志，有这股劲儿，说不说是无关紧要的。（笑）

当然，不能只限于树雄心立壮志，还要有脚踏实地的行动。应该承认，在这方面，北大学生是有一定缺陷的，这个问题我们下面还要谈。在这里，我想先谈两个问题。首先是要有牺牲精神，献身精神。我至今仍牢记着我的导师王瑶先生在我初入学时说的一番话："时间是一个恒量，对于任何人一天只有二十四小时，就看各人怎么支配了。你在这一方面花的时间多了，另一方面就要有所损失。"这是真的：要有所得，就必然有所失，不可能全，天下的好事不能一个人全占了。（笑）你在精神上有强烈的追求，要获得学术上、事业上的成功，你就得要有大量的付出，时间、精力、体力与脑力，等等，另一方面，就得有所牺牲，比如少玩点，甚至少睡点觉，更没有时间来打扮自己。（笑）这里有一个如何处理物质要求与精神要求的关系问题。我看有两条：第一，鲁迅说："一要生存，二要温饱，三要发展"，"生存、温饱（这都是偏于物质的）"是第一性的，是前提，在没有获得基本的生存条件，解决温饱问题之前，谈不上精神的"发展"。不能颠倒过来，为了所谓"发展"而放弃、牺牲"生存、温饱"的基本要求。每一个知识分子都要理直气壮地起来争取自己的物质利益，捍卫自己的生存权、温饱权，不能信奉那些"安贫乐道"的鬼话，贪得无厌的主子总是"又要马儿好，又要马儿不吃草"的，如果我们自己以"价廉物美”沾沾自喜，那就成了鲁迅所说的“万劫不复的奴才”了。第二，在获得了基本的生存权，解决了温饱问题，有了物质保证以后，如果你在精神上有较高的追求，在物质上的要求就要相对减少。比如我，就特别注重精神的丰富，在物质上能够达到中等或中等以上的水平就够了，（笑）不能奢求物质上也是高水平，甚至超高水平，不但做不到，而且还会为“物”所害。从理论上、理想状态上说，或者从全局说，我们应该追求物质与精神的全面的发展、充分的满足；但在现实层面上，在每一个个体的具体实现上，总是偏颇的，总要在某一方面（或物质，或精神）有所失，做出牺牲，然后才可能在你所主要追求的那个方面(或精神，或物质)有所得。这就是我要说的“献身精神”。

另外，还要有冒险精神。这就是周作人所说的，要“有明其道不计其功的气概，肯冒点险却不想获益”。“无限风光在险峰”，不能只向往“风光”而忘了这个“险”字。怎么理解攀登科学高峰要“冒险”？这不仅是指在学术研究上会有艰险，而且也指个人在选择上的冒险。我有一个外甥，他在科技大学毕业以后，去了普林斯顿大学，要攻读理论物理，希望向世界级的高峰冲击。我自然是鼓励他的，但我对他指出，一个人能否成功，取决于三个因素，一是你自己不能把握的，比如说你出生在什么家庭、家族，有什么样的遗传因子，什么时候出生，出生在哪里，在什么文化氛围、环境、传统下成长的，等等；二是机遇，这更是你自己无法预设与预计的；三是你后天所接受的教育，与你自己的努力。应该说，越到高层次的发展，越决定于前两个方面，而这恰恰是你无法自己把握的。这说起来似乎有些神秘，却是不能回避的事实。比如说，你发展到某一相当高的水平，但你突然发现，再往上发展，需要更高的才能，这时候你的天赋的不足，或知识结构某些方面的不足，就显示出来了，这都是你现在再做努力所不能克服的，这时候，你就会面临进退两难的尴尬处境，感到壮志未酬的遗憾，而这遗憾是因为你原先选择时没有、也不可能意识到的自身的先天缺陷造成的，你所感到的痛苦、失望就是格外深沉的——这是对自我的失望，以至绝望，因此只能如鲁迅所说，自己舔干净自己身上的血。这就是冒险，这就是冒险所必须付出的代价。也就是说，我们可以、如前所说而且应该立志做大学者，但真正成为大学者的却是少数。大多数人都做了奠基石——没有大多数人的奠基，也不会出现少数的大学者、天才，因此每一个成功者的背后，都有无数的失败者，成功者是失败者中培育出来的。在这个意义上，失败者也是有自己的贡献与价值的。就纯个人的角度来看，失败者的价值不在最后的结果、结局，而在于过程，正像某些奥林匹克运动会的失败者所说，我名落孙山了，但我参与了，拼搏过了，我也实现了我自己。这就说到了问题的另一面。要看到天才对于推动学术发展的巨大的、无可替代的作用；但也要承认与重视非天才、某种意义上的失败者的诚实劳动者作为普通人的人生价值与意义。鲁迅曾写过一篇文章，讲“天才”与“泥土”的关系，认为天才是从“可以使天才生长的民众”也即“泥土”中“长育出来的”；并且说：“天才大半是天赋的；独有这培养天才的泥土，似乎大家都可以做。做土的功效，比要求天才还切近”，“作土要扩大了精神，就是收纳新潮，脱离旧套，能够容纳，了解那将来产生的天才；又要不怕做小事业”，因此“不是坚苦卓绝者，也怕不容易做”。这就是说，我们既要有雄心，立志做大学者、大事业；又要有平常心，甘于做普通工作者，做力所能及的小事情，并且很好地、及时地做好二者的转换。一般来说，年轻时候，比如诸位这样的年龄大家都有一番雄心壮志，要攀登最高峰——这种年轻人的好胜心如前面所讲，是极其可贵的，是健全的人生必须经历的；但在以后的人生道路上，由于主客观的种种原因，只有少数人实现了年轻时的理想抱负，做了一番大事业，多数人则在力所能及的范围内，做了或多或少的有益的事情。应该说，这两种人生实现都是有价值的，面对社会与自己，都是问心无愧的。实现了年轻时的理想的，自不必扬扬自得；没有实现的，也不必悔恨与懊恼：因为我们都努力了，并没有虚度自己的一生。

这里，还要谈谈北大的学风，与北大学生的命运。（全场活跃）周作人说北大的学风是“迂阔”的；这大概有两层意思：一是“迂”，就是周作人说的“明其道不计其功的气概”，二是“阔”，即胸襟开阔，眼界远大。所以北大人有一股“气”，这是不屈不挠地追求真理的浩然之气，一定要开拓出新事业、新天地的大气魄。这“大”自然是难能可贵的，一个人、一个民族，没有这样的“大气”是没有出息、没有前途的；但“大”也有负面，就是不愿、不能、不屑做具体的脚踏实地的小事，弄得不好，就变成了眼高手低，志大才疏。或许可以和清华大学的学风做比较。朱自清先生曾把清华精神概括为一种“服务”精神，也即“实干”精神。他提到了一个重要现象：清华毕业生“在社会的各部门做中级干部的最多”——今天好像也如此，在中央一级当干部的也很多，（活跃）清华培养的是技术官僚。（笑）朱先生认为原因就在于清华的教育“重事，要（学生）实干，认真的干。在校期间爱清洁，守秩序（不知道今天的清华学生是不是还这样？），毕业后服务时期按部就班的实干”。尽管朱先生批评清华学生“只见树不见林”，但在我看来，清华的实干精神还是值得北大学生借鉴的，北大人是不是“只见林（只注意宏观的思考）不见树（微观世界）”，只空谈而不干事呢？（笑）因此北大学生很少当官，更不被官所欣赏。（笑）一是北大学生太具反叛性，喜欢提意见，乱出主意；二是自己又不肯扎扎实实做实事；三是北大学生眼界高，瞧不起人。这三点中，第一点，责任、问题不在我们北大学生；（笑）第二三点，不但领导不喜欢，同事也有看法。所以，北大学生在学校里觉得自己挺了不起，一到社会，领导不欢迎，群众关系也搞不好，命运并不见佳。（笑）这需要具体分析，有些东西即使不受欢迎我们也要坚持，有的则要自我反省，自我调整。记得前几年北大提出了“振兴中华”的口号，清华的口号则是“从我做起”。（大笑）这是很能反映两个学校风格的不同的。我想，这两者是可以互补的。（鼓掌）

以上所谈的，都太严肃了；下面我们谈点轻松的。（鼓掌）就是说，我们不但要认真读书，和想做大事业，而且还要玩。（大笑）这就是我在一篇关于北大图书馆的文章里所说，该读书时就玩命地读，该玩的时候就尽兴地玩。（鼓掌）“玩命”与“尽性”就是要把自己的整个生命都投进去。（鼓掌）惭愧得很，我们这代人就是只会读书不会玩。（笑）我个人更是惨，从小就只知道读书，以至小时候没有跳过绳，（活跃）没有滚过铁环，这都是到了中学，上体育课补学的。（笑）今天渐渐老了，该休息休息了，却突然发现自己不会玩！（大笑）同学们觉得好笑，可我觉得悲哀：这是一个时代的人性的扭曲。鲁迅、周作人就是从人性（民族性）的健全发展的角度来谈论“玩”、“轻松”这类问题的。鲁迅主张，人的生活是应该有“余裕”的。就是说，生活至少应该有余闲、松弛、从容、充裕这一面，不能一味紧张、忙乱，填得太满，不留余地；鲁迅说：“在这样的‘不留余地’空气的围绕里，人们的精神大抵要被挤小的”，“人们到了失去余裕心，或不自觉满抱了不留余地心时，这民族的将来就可虑”。周作人则说：“我们于日用必需的东西以外，必须还有一点无用的游戏与享乐，生活才觉得有意思。我们看夕阳，看秋河，看花，听雨，闻香，喝不求解渴的酒，吃不求饱的点心，都是生活上必要的。”（笑）这同样也是一个提高我们的生活质量与精神境界的问题，——当然，我们在玩的时候，也不必想这么多，玩就是玩嘛。（笑）因此，关于玩，我就不多说了——反正同学们都比我会玩。不过我也可以谈一点我的玩法，（活跃）就是多接触大自然。不一定非要到旅游胜地去，大自然是要靠你的眼、你的心去发现的。路边的一株小草，星空下一棵树的影子，黎明时分渐亮渐亮的天空，你默然相对，是会悟出文学、哲学的真谛的。我们北大得天独厚有未名湖，（活跃）我看过春天的、夏天的、秋天的、冬天的未名湖，看过雨中、雾中、雪中、风沙中的未名湖，看过黎明、清晨、早上、正午、下午、傍晚、夜晚、子夜时分的未名湖，看了几十年，那真是千姿百态，万种风情，看不够、品不尽的，未名湖是我们北大人审美情趣的源泉。（鼓掌）

同学们大概已经感觉到，无论读书，无论玩，都要有点浪漫主义的精神和情怀。青年时期，如周作人所说，更是个“浪漫的时代”。而现在的人们是过于“现实”，甚至是“现世主义”、“玩世主义”了。这些都暂且不谈，我要特别提出的是想象力的问题。本来我们这个民族想象力就有些不足，而想象力的匮乏，更是当今中国社会的一大缺憾。想象力不仅为文科的学生所必需，对理科的发展也有很大的意义。在这方面，鲁迅有许多深刻的见解。他在本世纪初就已经指出，以“科学”为宗教，将科学、理性理想化、绝对化是十分危险的。他因此提出一个非常重要的观点：“科学发现，常受超科学之力”，“本于圣觉”，“非科学的理想的感动”。这就是说，科学的发现不仅要借助假设、想象，更有赖直觉、顿悟、灵感等非理性因素的补充。鲁迅对想象力的强调，某种程度上也是对“人的精神自由”的呼唤，要求自由无拘、无忌地思想，让想象的翅膀任意飞翔，争取思想与想象的自由空间。我在读鲁迅作品时，最让我动心的，就是他所使用的“天马行空”这个词，及其背后的自由精神。（活跃）我在这里感悟到北大精神传统的精髓。（大鼓掌）鲁迅在本世纪初就已经提出，中国的现代化，不仅要“立国”，建立现代民族国家，而且要“立人”，要实现人的个体精神自由，而“立人”是“立国”的根本。现在许多人都在热心地讨论中国的现代化道路问题，却很少有人关注鲁迅的这一重要思想，这是颇为奇怪的。

鲁迅那一代人的自由精神还表现为一种“真性情”。我在前面所讲的金岳霖先生那样的北大教授，之所以让人感到可敬与可爱，就因为他们表现了一种真性情。这实在令人神往，因为今天保留真性情的知识分子与中国人已经不多了。鲁迅曾说，中国是一个“文字的游戏国”，中国人多是“做戏的虚无党”。今天我在观察中国国民，中国知识分子，中国的年青一代，包括在座的大学生们，以及我自己时，我都发现了“做戏”。看看我们的小组讨论会，讲的人，听的人，连主持讨论的人，心里都明白，这些表态不过是表演，都是假的，却偏要作出相信是真的样子，并且层层汇报上去。上面也知道这是假的，却仍然作出相信是真的样子。上上下下都在演戏，像“皇帝的新衣”，但连高喊“他什么衣服也没有穿呀”的小孩也没有，因为小孩也参加了演戏，这是一个全民族的大表演，可悲得很。鲁迅当年有一句名言：“世上如果还有真要活下去的人们，就先该敢说，敢笑，敢哭，敢怒，敢骂，敢打”，“敢”其实是与“真”联系在一起的：“敢说，敢笑，敢哭，敢怒，敢骂，敢打”之外，还要“真说，真笑，真哭，真怒，真骂，真打”，这都是“真性情”的应有之义。这些年都在提倡对青年进行道德教育，我举双手赞成；但我想提醒一句：我们进行道德教育的目的是要使学生把人类文明的基本成果，包括人类共同的道德规范化为自己的内在精神，以至需求，进而转化为独立、自由的自觉行为，千万不要把年轻人驯化为谨小慎微的君子，尤其不能培养出一批“嘴上一套，心里一套；当面一套，背后一套”的伪君子，那将是后患无穷！（鼓掌）鲁迅当年就曾大声疾呼，号召觉悟的中国人从“瞒和骗的大泽中”挣扎出来，“取下假面，真诚地，深入地，大胆地看取人生”，一个闭着眼睛，不敢去正视现实的民族是没有希望的。（鼓掌）我们北大人，各人的专业不同，具体成就也可以有大小，但我们都应该努力求真，“真的人”理所当然的是“北大人”的不可或缺的精神内涵。（鼓掌）

下面该谈谈鲁迅的“北大观”了。（笑）鲁迅强调北大永远是“新的，改进运动的先锋”，“北大是常与黑暗势力抗战的，即使只有自己”。我体会，这里所谈的，主要是北大师生，作为中国知识分子的精英与代表，他们的历史责任，作用与命运的问题。什么是“知识分子”？鲁迅没有为之专门下过定义，但他在1927年所作的《关于知识阶级》的演讲里，曾有过这样的论述：知识分子要“发表意见，就要想到什么就说什么。真的知识阶级是不顾利害的，如想到种种利害，就是假的，冒充的知识阶级；只是假知识阶级的寿命倒比较长一点。像今天发表这个主张，明天发表那个意见的人，思想似乎天天在进步。只是真的知识阶级的进步，决不能如此快的。不过他们对于社会永不会满意的，所感受的永远是痛苦，所看到的永远是缺点，他们预备着将来的牺牲，社会也因为有了他们而热闹，不过他的本身——心身方面总是痛苦的”。这就是说，一个真正的知识分子，他是永远的思想探索者，是一个不知停息的“精神流浪汉”，如同鲁迅所描写的“过客”，前面总有一个声音在呼唤着他，要他不停地向着“前方”走去，因此对于现实的存在总不满足，永远对现状持一种批判的态度，永远是“新的，改进运动的先锋”。在鲁迅的心目中，“北大人”，或者说，北大所应该培养的，正应该是这样的永远的思想探索者，具有独立批判精神，作为“新的，改进运动的先锋”的知识分子，也即人们通常所说的“现代知识分子”。

这将是中国这块土地上从未有过的新型知识分子，他们才从根本上摆脱了传统知识分子的历史地位与命运。鲁迅说过，中国历代的皇帝老子只有在两种情况下才会想到知识分子，一是在“做皇帝做牢靠的时候”，就想到要和文人学士扳一下相好，因为这时要偃武习文，要文人粉饰太平，充当清客、弄臣，这时知识分子扮演的是“帮闲”的角色。待到“做倒霉的时候”，也就是皇帝位子做不稳时，“病笃乱投医，以为文人真有‘治国平天下’的绝招，也会作出‘礼贤下士’的某种姿态”，一些糊涂的知识分子自以为得到了“龙恩”，其实是充当了“帮忙”的角色。因此，鲁迅不无沉重地指出，中国的传统士大夫本质上不过是官的帮闲（在“做稳了奴隶的时代”）与帮忙（在“奴隶也做不稳的时代”）。鲁迅的深刻处更在于，他又进一步指出，即使到了现代社会，知识分子也不会自动、自然地摆脱这样的依附地位，仍然存在着充当“商的帮忙与帮闲”以至“大众的帮忙与帮闲”的危险，仍然有可能屈从于他人（官、商、大众）的意志，而失去自我独立性。这样，鲁迅就在实际上提出了一个标准：是否真正的知识分子，就要看其是否具有自己的独立思想、独立意志，是否始终坚持自己的独立的批判立场。这当然并不意味着这样的真正的知识分子对一切都持简单、绝对的否定态度，毋宁说他们是于否定中有肯定，又于肯定中有否定的，但无论是否定还是肯定，都是自己独立考察、思考与独立判断的结果，这样，他们就彻底地摆脱了千百年来所形成的人（知识分子）的“奴（隶）性”。毛泽东说鲁迅“没有丝毫的奴颜与媚骨”，主要是指他在政治上的坚定的反对帝国主义侵略的立场；但也是可以理解为一种知识分子的独立人格与自由意志的。

作为现代中国教育的最高学府的北京大学，理所当然地要培养这样的具有独立思想、人格与自由意志的现代知识分子。我们已经说过，北大应该培养第一流的专家、学者，现在我们还要补充说，这将是一代有思想的专家、学者，有思想的企业家，有思想的自然科学家，有思想的人文学者，等等，而不是单纯的操作型的技术人才。北大首先要培养出一批为我们国家、民族，为学术发展提供新思维的思想家；（活跃）同时，北大所培养的各专业的专家、学者都必须是思想者，必须是从不停止思想探索的精神流浪汉。（活跃）他们具有独立的批判意识，永远不满足于现状，不断地破坏，不断地创造，因而成为大至整个民族、小至每个专业（学科）的思想与学术的开拓者。当然，要做这样的独立知识分子，成为这样的开拓型人才，是要付出代价的，将承受永远的孤独，并且如鲁迅所说，永远感受着身心两方面的痛苦。

对这样的知识分子所面临的困惑、困境，鲁迅有着非常深切的体认，提出了许多带有预见性的命题，很值得我们细心体味。例如，他在著名的《关于知识阶级》的演讲里，发表过这样的观点："我想，知识阶级能否存在还是个问题。知识和强有力是冲突的，不能并立的；强有力不许人民有思想自由，因为这能使能力分散，各个人思想发达了，各人的思想不统一，民族的思想就不能统一，于是命令不行，团体的力量减少，而渐趋灭亡。在古时野蛮民族常侵略文明很发达的民族，在历史上是常见的"，"总之，思想一自由，能力要减少，民族就站不住，他（指知识分子。——引者注）的自身也站不住了！现在思想自由与生存还有冲突，这是知识阶级本身的弱点"。鲁迅这里所说的"知识与强有力的冲突"、"思想自由与生存的冲突"相当深刻地揭示了"个体精神自由与群体（集体）生存需要"的矛盾，知识分子与政治家、掌权者的矛盾，等等，这都是在本世纪知识分子思想历程上经常遇到的困惑。这里，我想从另一个角度来作一点探讨与发挥，这就是"思想"在向"现实"转化中所可能产生的"后果"问题。人们在考察文艺复兴以来的历史时，经常发现思想的理论形态与其现实形态之间的巨大反差，甚至矛盾对立。启蒙主义的"理想王国"与后来实现了的资本主义现实的巨大反差，卢梭的"理论原则"与罗伯斯庇尔在法国大革命中的实践的巨大反差，马克思的共产主义理想与本世纪在全世界范围内的广泛实验的结果之间的巨大反差，都让人想起海涅与马克思都引用过的“播下的是龙种，收获的却是跳蚤”的民谚。我在《丰富的痛苦》这本书里，曾据此而提出了一个“思想的实现，即思想者与思想的毁灭”的命题。这就是说，理想形态的思想是只能存在于彼岸，而不能在此岸现实化的。中国的儒家就始终把“大同世界”的理想悬置于彼岸，以此照亮此岸的黑暗、缺陷、不足，成为不断变革现实的精神源泉；同时又提出“小康社会”作为现实的奋斗目标，从而避免了在变革中对社会的巨大破坏。在我看来，本世纪的最大教训之一，即是把彼岸的“大同世界”此岸化，充满理想主义的奋斗、努力，结果造成了空前的灾难，这样的历史是无论如何不能重演的。这里，就有一个“思想家（知识分子）”与“实践家（政治家、企业家……）”之间的合理分工与相互制约的问题。前者提出新的思维、理想；后者在实践（现实化）过程中，就要充分考虑现实条件的制约，最大限度地减少可能产生的各种负面后果。思想家与实践家两者的思想逻辑、方式、心理素质——各方面都是不同的：思想家要有想象力，要求思想的超前性，实践家则更要有现实感，注重实现的可能性；理论要求彻底，实践则不能没有妥协——等等。思想家不顾条件与可能，把自己的在理论形态上具有极大合理性的思想直接变为现实，就会酿成天下大乱。（活跃）

这就涉及北大的历史使命与作用。我们前面已经说过，北大应当培养思想家，以及思想型的专家、学者，北大应该成为为时代、国家、民族、社会提供新思维的“思想库”；这里我们又要强调北大并不承担将思想直接变为现实的任务。作为一个民族的思想库，北大的第一要求，就是思想的自由，蔡元培先生的“兼收并蓄”的办学方针，就具体地体现了这样的思想自由的要求，它成为北大的主要传统这并不是偶然的。思想的自由就包括“保护少数”的原则，在这一点上，与民主是有一定矛盾的，因为民主的原则是要求“少数服从多数”。（活跃）顺便说一下，鲁迅早在本世纪初，就已经提出，当“民主”变成“多数崇拜”时，就孕育着巨大的危险：“以独制众者古，以众虐独者今”。（活跃）这就造成了历史的循环，这是本世纪的教训之一。但我们在要求思想的无羁无忌地自由驰骋的同时，也要承担一种责任：在将自己的自由思想、理想变为社会实践时，必须慎而又慎，要充分考虑现实实现的可能与条件，要最大限度地减少其负面的作用。也就是说，“思想要自由、激进，而行动则要稳健”；（活跃）我曾在一个报刊上，看到台湾的一位政治学教授，在总结台湾政治改革的经验时，曾概括为两句话：“开始要早，步子要慢”，这一“早”一“慢”说的也是“思想、态度激进”与“行动稳健”的辩证关系。同学们不要小看这几个字，这是总结了本世纪无数的经验教训，其中还包括了血的教训以后，才得出来的，千万不要忘记。（鼓掌）

坦白地说，我对下一世纪的最大隐忧之一，就是如果我们现在迟迟不进行已经提到历史日程上的改革，听任各种矛盾发展，积累到一定时候，到了不得不改的地步，就跳到另一个极端，不顾条件与可能地大幅度地激变快改，这一“迟”一“快”也会给我们民族的发展造成巨大的灾难。（活跃）我认为，在这样一些关系到民族前途与命运的全局性的大问题上，我们北大人应该始终保持清醒的头脑，我们既已承担了鲁迅所说的“新的，改进运动的先锋”的历史使命，我们就应该以对民族发展负责的态度，谨慎从事，坚持科学的理性精神：这也是北大的五四传统的一个不可或缺的方面。（鼓掌）

尽管这篇演讲已经够长了，但还要请同学们允许我，最后讲一点对北大未来发展与历史使命、命运的一些思考。（鼓掌）回顾本世纪，北大曾几度被推到中国的历史舞台的中心位置，北大学生的爱国运动曾几度对全国的政治、思想文化，以至历史进程产生重大影响，这样的历史辉煌是足以使北大的师生感到自豪的。但因此而形成的北大人的“天赋精英”与“北大中心主义”的意识，其负面作用也是不能不引起警戒与反省的。更重要的是，必须看到，随着经济生活的中心化，随着地方政治、经济、文化的强化与多元发展，北京大学凭借地处首善之区而获得的天然中心地位，必然遇到强有力的挑战，至少北大的学生再也不能扮演“登高一呼，应者云集”的英雄角色。在这种情况下，北大学生自身“天下精英舍我其谁”意识的淡化，政治意识的淡化，更是无法避免。我们不能停留于对昔日辉煌的回顾，必须正视这一现实，寻找北大新的历史位置。而时代也确实提出了新的要求。这十五年的改革的一个重大问题是没有出现思想家，同时出现了社会生活物质化与平庸化的危险。正是在这种情况下，时代呼唤着建造新的社会理想，新的人文精神，呼唤新的想象力与创造力，而且随着经济、物质的发展，这种呼唤就越加迫切。北大必须对此作出自己的回应。北大应该充分发挥“思想库”与“精神流浪汉的精神圣地”的作用，北大的思想应具有超前性与超越性，不仅要回答现实生活所提出的各种思想理论问题，更要回答未来中国与人类发展的更根本性的问题，为变革中的民族与社会提供新思维。同时，北大也应该建立新的学术品格，开拓新的学术思路，为未来中国学术的更大发展，作出自己的贡献。为此，在北大，应该特别呼唤思想的自由，呼唤作为北大传统的“兼收并蓄”、容纳多元思想文化的宽容精神（这是北大雄厚的传统资源），呼唤“拿来人类思想文化宝库中的一切”的宽阔胸怀，以便给更大胆的思想，更富有想象力与创造性的思想，提供一个宽松、自由的发展空间。

这是一个新的历史起跑线。北大应该放下历史包袱，重新清醒地认识自身，以平等的态度积极参加新的思想、文化、学术的竞争。优势地位不可自封，也不能先定，但却可以而且应该争取。在新的竞争面前，北大应该有一种危机感与紧迫感。听说曾有人在《中国青年》上发表揭露北大问题的文章，在学校上上下下引起了轩然大波。不管这篇文章本身存在着多大的问题，但它所强调的危机感却是积极的，而且是及时的，如果因为文章中一些事实的出入，而反过来掩盖北大所确实存在的严重问题，那更是不明智的。（活跃）任何没有危机感的个人、学校、民族，都是没有前途的。（鼓掌）北大的力量正在于，它在以大无畏的批判精神“常与（社会的）黑暗势力抗战”（鲁迅语）的同时，更敢于无情地揭露自身的“黑暗”，作大无畏的自我批判。（鼓掌）

处于世纪之交的北京大学，正在迎接自己的一百周年诞辰。每一个北大的师生员工，都要抓住这个时机，作一个世纪的反思，弄清楚所谓“北大精神”、“北大传统”究竟是什么？并且认真地思考，在新的历史条件下，如何使北大精神与北大传统焕发出新的光辉？这是需要所有的北大人，包括已经离开学校的广大校友，来共同思考与讨论的。我今天的演讲就算是我个人的一份答卷，欢迎批评，欢迎讨论。而我首先要感谢的是，诸位今天耐心地听完了我这个冗长的发言，谢谢大家。（大鼓掌）

1957年校园民主运动：不容抹杀的思想遗产

——重读《北京大学右派分子反动言论汇集》

北大百周年校庆庆典活动的帷幕已经落下，喧嚣过去，一切归于平静。

这正是反思的时机。或许是受了鲁迅的影响，我特别喜欢“……以后”这样的命题：此刻想做的，正是“庆典以后”的反思。

这些日子，我们谈了很多——关于北大；也写了许多——关于北大。但凭着我的直感，我们仿佛又无意地遗漏了，甚至是有意地遗忘了不少——同样是关于北大。我想起了刚收到的一位老同学的来信，说到校庆那天，“怀了不少旧，但似乎都局限在‘反右’以前，这也难怪，后面的事不好说了……”我懂得他的意思：在我们这些老校友的北大记忆里，原是深藏着那一段或难堪，或痛心，因而“不好说”的历史，谁愿意轻易搅动？“避重就轻”本也是人之常情……如果这仅仅是个人的记忆，不好说就不说，这倒也罢，生活中类似的事太多，那能老是念念不忘呢？

但如果这是一所学校，以至一个民族、一个时代的记忆呢？——我翻遍为北大百年所写的令人眼花缭乱的各类图书，竟然发现：关于1957年的这一段，在北大的历史叙述、记忆中已经消失，变成一片空白，仿佛什么也不曾发生，不留半点痕迹（！）；仅有的一本却仍然把这段历史描绘成一小撮“右派”学生在“诬蔑”、“攻击”……让人仿佛又回到了当年……

我不禁打了一个寒战。——无论遗忘或坚持，都令人恐怖！

我于是想起了那一本书——那是“大批判”时，校方发给每一个学生，作为反面教材的“右派言论汇集”；当时我有个收集资料的习惯，朦胧中仿佛意识到这或许将是一个历史文件，就把它小心地保存了下来（可见我大概从头就是一个“谬种”），“文革”后期退还抄家材料，它又奇迹般地回到了我的手中，却不料在向周围的年轻朋友炫耀中不知被谁没收而后悔莫及——连一本书的命运也会有这般的曲折……

于是我又四处打听，询问，终于通过某个途径找到了，而且还有好几本，真是喜出望外！

我迫不及待地打开了书……

我首先要寻找的，是因为聚集全校最出名的“右派”而引人注目的《广场》的“发刊词”，那是可以视为这个思想群体的宣言书的——

> ……人与人的关系要重新调整，一些过去习以为常的正面和反面的东西要重新进行肯定和否定，对于现代的一些论点与观点要重新进行估计、评价和探索……总之，这里——整风运动为主流的大变革是一次伟大的社会主义思想意识的改造运动，或思想意识的大革命，对一切都要勇敢地再认识。
>
> 大鸣大放成为这次运动的精神实质。毫无顾虑地发言，为真理而作好争论，以及为证明一些新生的主张、观点，天才的创造，都将如雨后春笋般地诞生！（注：原文如此）
>
> 中国将到来社会主义时代的春秋诸子百家争鸣，会到来社会主义时代的以少年事叶（注：原文如此）为风骨的、建设文学的再生，会到来社会主义时代的盛（唐）般的诗的创造，会到来社会主义时代的五四新文化运动！

伟大的马列主义的不朽理论会得到进一步更全面更正确的运用、阐明和发挥！党会因此而更强大更有生命力！人也会因此而返老还童，而具有十分鲜明可爱的社会主义个性！

北京大学是“五四”的故乡，北大儿女是“五四”的后裔，我们的血管里(流)着“五四”的血液，在社会主义的“五四”时代，我们要学会“五四”先辈们的大胆提问、大胆创造的精神，去争取真正的社会主义的民主与文化！

我们的刊物——“广场”便为此而诞生。“广场”的含意在于：北大民主广场曾是“五四”举火的地方，“五四”的先辈们曾在民主广场上集会点火与誓师高歌！

先辈的广场已经荒芜了，我们艰难地把它打扫干净，我们愿爱讲话爱唱歌的人们一起来打扫它，整理它，使它开出一万朵美丽的花！

来吧！朋友们！到“广场”上来！这里有自由而新鲜的空气，它可以震动你的声带，唱出你愿意唱的个性的歌！

我们的广场期待着20世纪的社会主义文艺复兴的到来！

历经人世沧桑之后，再来重读这即使湮没在历史的尘埃中也依然熠熠闪光的文字，怎能不令人感慨万端！正在总结与反思20世纪历史的我们，惊喜地发现：这发生在世纪中叶1957年的当事人所说的“社会主义思想意识的改造运动”，与世纪初（1917年开始）的五四新文化运动，以及世纪末（1978年开始）的思想解放运动，从语言到思想，竟是那样地相似！——同样是集合在“重新估定价值”的旗帜下，对习以为常的既定观念、习惯，进行大胆的质疑与挑战；同样是呼唤人的精神的自由、创造力的发挥，与个性的解放，呼唤社会的民主与民族文化的复兴，以及背后的对民族、国家复兴的巨大期待，等等，这都是一脉相承的。贯穿其中的是“独立、自由、批判、创造”的精神，在我看来，这是北大精神的核心所在，它所提供的正是中国现代知识分子的基本范式。而几乎要溢出字面的理想主义与浪漫主义的精神，更使得这些20世纪不同时期的思想变革运动的参与者，看起来像是精神兄弟；因此，当年“广场”的勇士们自称为“五四的后裔”，北大精神的传人，这是理所当然，一点也不夸大的。

或许这只是外在的印象，不足为论；那么，我们就再进一步，来比较、分析下面这些议论吧——

·我们的制度不健全，民主权利不够，这都是产生三害（按：中共中央当时发动整风运动，以反对党内的官僚主义、宗派主义与主观主义，群众概称“三害”）的根源；目前除三害都停留在表面上，似乎把三害的根源只归结到领导者的思想意识，并没有追究三害的社会根源，我认为这是不对的。……三害的社会根源是社会主义民主遭到压制和党团员的盲从成风。……社会主义民主遭到压制的原因：一、法制问题，宪法的人民权利尚未得到绝对保证。二、领导与群众的关系问题：由于尖锐阶级斗争而形成权力高度集中使领导与群众绝不是真正的被监督与监督的关系，而是绝对服从的关系。……三、言论自由问题。……在反动帽子满天飞的时候，在政治的压力下，更可怕的是在“对领导不满，便是反党”的舆论下，任何反面意见都遭到毁灭性的围攻，任何片言只语都可以列入肃反材料，将来有无穷后患，在这种情况下，真正民主是不存在的。

·主要要从扩大社会主义民主，健全社会主义法制来根除三害，严密健全的民主法制和大公无私的人事待遇制度，健康活泼的民主生活的习惯性气氛，……是最强大的现代化武器。

·我们有了一个社会主义工业化，还应有个社会主义民主化。

·如果有人问，你们标榜的是哪一种民主，我们答：是从“五一九”开始的（按：1957年5月19日，北大部分学生自发贴出要求民主的大字报，当时就称为“五一九民主运动”），在民主广场自由讲台上出现的，正在继续形成与发展的这样一种民主，不是硬搬苏联的形式，更不是贩卖西欧的形式，而是在今天中国的社会主义土壤中土生土长的民主制度，我们要把它巩固下来，并逐步推广到全国范围中去，这就是我们的要求、我们的目的。

·我们最感兴趣的问题是如何保证公有制名副其实，就是说公有了以后，如何正确地分配。我们反对绝对平均主义，但目前问题不在于此，而是不合理的悬殊的差别。这样纵然占有公有，但实际上在分配的过程中，无形中一部分占有了另一部分的劳动，（由于特权的存在，）在分配、社会地位等问题已出现一定矛盾，现在还不甚尖锐，叫内部矛盾也未尝不可。但必须指出来，如果管理、分配、社会地位等问题不得到更好的完善，矛盾可以向前发展，而且基本上满足“阶级”关系的定义。

*我们过去发生的许多错误，固然与某些领导人的思想、作风有关，但是组织制度、工作制度方面的问题更重要。……斯大林严重破坏社会主义法制，毛泽东同志就说过，这样的事件在英、法、美这样的西方国家不可能发生。他虽然认识到这一点，但是由于没有在实际上解决领导制度问题以及其他一些原因，仍然导致了文化大革命的十年浩劫。这个教训是极其深刻的。……如果不坚决改革现行制度中的弊端，过去出现过的一些严重问题今后就有可能重新出现。

*解放后我们没有自觉地、系统地建立保障人民民主权利的

各项制度，法制很不完备，也不受重视，特权现象有时受到限制、批评和打击，有时又重新滋长，不少地方和单位，都有家长式的人物，他们的权利不受限制，别人都要唯命是从，甚至形成对他们的人身依附关系，也还有些干部，不把自己看作是人民的公仆，而把自己看作是人民的主人。

*权力过分集中的现象，就是在加强党的一元化领导的口号下，不适当地、不加分析地把一切权力集中于党委，党委的权力又集中于几个书记，特别是集中于第一书记，……党的一元化领导往往变成了个人领导，党成为全国的执政党，特别是在生产资料私有制的社会主义改造完成以后，党的中心任务已经不同于过去，社会主义建设的任务极为繁重复杂，权力过分集中，越来越不适应社会主义事业的发展。对这个问题长期没有足够的认识，成为发生文化大革命的一个重要原因，使我们付出了沉重的代价，现在再也不能不解决了。

以上凡标以"·"的，都抄引自《言论汇集》，作者分别是徐克学（数学系学生）、岑超南（物理系学生）、张景中（数学系学生）、庞卓恒（系别不明）、龙英华（哲学系学生）、陈爱文、江文（中文系学生）、钱如平（数学系学生）；标以"*"的，则摘自人所熟知的《邓小平文选》中《党和国家领导制度的改革》一文。今天人们不难发现，1957年青年学生的议论与1980年党的领导人对历史经验的总结，或有不同之处，但一些重要的观点，例如，社会主义发展中所出现的问题与"制度的弊端"有关，必须进行制度改革；反对权力过分集中，反对特权，反对领导与群众关系中的不平等；主张扩大社会主义民主，加强社会主义法制，这些认识都是一致或相似的。但正是这些基本观点，在1957年是被视为"反党反社会主义"的言论的，所有的作者都受到了严厉的惩罚；而80年代以后却成为了中国改革的指导思想，像“民主”与“法制”这类概念差不多都成了人们的口头禅。当然，这也还存在着是否认真实行的问题，但至少再也没有人斥之以“反动”了。这或许是反映了时代的进步，但这事实本身却是应该好好想一想的。

1957年是什么时候？正是我们所引述的邓小平的文章中所说的，“生产资料的社会主义改造完成以后，党的中心任务已经不同于过去，社会主义建设的任务极为繁重复杂”，在这样一个历史的转折关头，这些年轻人提出了反对权力过分集中，反对特权等问题，要求民主与法制，应该说是及时的，表现了可贵的敏感与先见；但也正如前引的他们自己在大字报中所说，尽管“制度上的弊端”已经引发出了各种矛盾，但“现在还不甚尖锐”，还有一个发展的过程，因而更不容易为大多数人所察觉与认识，于是，尽管警告已经发出，国人依然处于盲目与盲从的不觉悟状态。这样，这些忧国忧民的“广场”上的年轻人陷入鲁迅笔下的夏瑜那样的命运，几乎是不可避免的。他们必要为自己思想的“超前”而付出血的代价。

但对先觉者的远见卓识的拒绝，更不用说运用权力对之进行反击与镇压，也是要付出代价的。这就是邓小平在他的文章中所一再谈到的，由于不承认集权、特权等问题的存在，拒绝扩大民主与实行法制，进而将现行制度中的弊端推到极端，终于“导致了文化大革命的十年浩劫”。在这个意义上，有些研究者认为，1957年的反右派打开了“通向文化大革命的道路”（见朱正：《1957年的夏季：从百家争鸣到两家争鸣》），这是符合实际有道理的。历史确实捉弄人：由于文化大革命的彻底性，相当多的右派的批判者落入了被批判者同样的命运，人们用他们当年批判右派同样的，或更为极端的语言与逻辑批判他们，在自身陷入了同样的绝境以后，才逼出了最后的觉悟。——自然，也有始终不觉悟的，在恢复了原有的地位以后，又重新使用起与权力结合在一起的原有的思想、逻辑与语言。但毕竟还是出现了这样的历史现象：先驱者的思想终于在某种程度上被他的批判者所接受，并且在批判者手中得到某一程度的实现。当然，批判者是在自己的利益驱动下去实现的，这已与先驱者无关，而且先驱者的历史污名也未必因此而得到洗刷，更不用说他们应有的历史地位的恢复与确认，不继续整他们就已经够人道的了。在大多数人的眼里，甚至在后代人的心目中，他们依然是“有罪（至少是曾经有罪）之人”。——这样的结局，无论对先驱者自身，还是当年的批判者、后来的遗嘱执行人，都是无情而无奈的。

面对这种无情与无奈，我们所能做的，仅是指明这样一个事实与这样一种历史联系：1957年“广场”上的思考与呐喊，正是80年代中国思想解放运动的先声；举世瞩目的中国的改革的思想基石，正是这样一些中国民间的年轻的先驱者以非法的形式，用自己的生命与鲜血奠定的。而在他们之后，也还有新的牺牲。——但愿在这世纪末的狂欢、表演中，至少还有人能够保留一点清醒的历史记忆。

关于这些1957年的北大学子，似乎要说的话还很多。人们，甚至是历史学者，在谈论与研究1957年的风波时，往往注目于那些右派头面人物，特别是政治上的风云人物，这大概也是一种思维的惯性吧。其实如果仔细研究当时的种种右派言论，就不难发现，那些右派政治家所关注的主要是政治权力的分配——这当然也关系着他们自己的政治理想的实现，并非完全为了私利，因而自有其意义，需要另作讨论；但真正体现了这场风波的思想、文化上的深度与意义的，恐怕还是被称为右派学生（也包括一些右派教师、知识分子）的思考。这是一些尚未涉世的青年，因此他们的探索的热情，并非源自利益的驱动，而纯是、或基本上是出于对真理的追求——前引《广场》“发刊词”就是宣称他们是“为真理”而“毫无顾虑地发言”的。因此，他们的思考，除了前文已略作分析的现实社会、政治、经济问题之外，还包含了更为广泛、更深层次的思想、文化问题——政治学的，经济学的，法学的，伦理学的，心理学的，哲学的，等等，出现了一批着重于理论探索的长篇论文，以及诸如《自由主义者宣言》、《利己主义者宣言》这样的有关世界观与基本立场选择的宣言书。今天看来，这些讨论自然是粗疏的，但确实又是反映了时代思考水平的。顺便说一句，这一时期，专门从事理论研究、创造的那些知识分子，除个别人之外，大都表现出惊人的理论上的沉默：即使是仍然保有独立思考品格的，关注的也限于现实的政治、社会问题，而鲜有理论的探讨；更不用说为现行权力政治作理论阐释与辩护的。这就迫使这些尚处于准备阶段的青年学生远非成熟的理论习作，充任这个时代理论水准的代表，这实在是中国思想理论界的悲哀，中国知识分子的失职。——不过，这已是题外话。

我们还是拉回来说。或许是受着五四传统的影响，这些北京大学的学子们在观察与思考中国的问题时，除了前所分析的社会制度方面的弊端之外，更关注这种制度的受动者——中国国民的反应；如前文所引，他们是把“社会主义民主遭到压制”与“党团员的盲从成风”看作是互相关联的“三害”的社会根源的。另一位学生的文章就说得更加尖锐，他指出，“任何时代，权力的高度集中，都是极大的危险”，而“当人民群众被麻痹被愚昧，就更加百倍的危险”，因为一旦权力的集中者“犯有严重错误或变质，就没有任何力量足以克服它！”（王书瑶：《从斯大林的错误中应得的教训》）对群众不觉悟状态的这种焦虑，显然是“五四”“改造国民性”思想的继续，这些“广场”上的北大学生把他们发动的这场思想运动称之为“启蒙运动”，大概就已经自觉地意识到他们与“五四”时期发动新文化运动的前辈们之间的血肉联系。可以说，他们所要揭露、批判的，正是在新的历史条件下新的国民性的弊病；共和国的敏感的年轻人在考察自己时代的国民精神状态时，同样面对着人的奴化与自我的丧失。他们这样论述着自己的痛苦的发现：共和国初期在中国共产党及其领袖领导下所取得的辉煌成就，中国所发生的巨大变化，使人们陶醉，由陶醉进而产生迷信，以致形成了对党、国家、领袖的崇拜与宗教式信仰，制造出了种种神话，仿佛党、国家、领袖具有天然的、绝对的正确性、真理性，过去是正确的，现在是正确的，将来也就永远正确，在任何情况下都是正确的，并且这种正确性、真理性是唯一的、垄断的，只要是不同意见，就一定是错误的，是不能允许存在的。而在实际的操作过程中，这种抽象的党、国家的绝对真理性、正确性，就变成了具体的上级领导，以至个人的绝对正确。在这样的绝对理念支配下，人们所能做的唯一选择只能是跟着走就万事大吉，这种无条件的绝对服从不仅是盲从，更导致了人的工具化与奴化——一位青年诗人这样自责："这根无形的铁链没有丝毫的强力；然而，扪心自问，在过去，我们曾多少次说出了违心的话，做了它驯服的奴隶。"（杜嘉蓁：《组织性与良心》）而尤其让这些觉醒了的年轻人感到痛心的是，这样的"形而上学思维方法"一旦成为定式，就形成了"习惯的机械势力"：只要不同意领导就是思想有问题，或者可能是反党，喜欢思考或不按照规定的方式思考，就是"落后分子"，"听说是反动分子就不分皂白地群起而攻之，就这样不自觉地、机械地、反射式地、每日每时地伤害着别人与自己"（谭天荣：《第三株毒草》），"一旦有人提出新的问题，没把问题弄清楚就盲目地加以反对"（刘奇弟：《论当前的整风——民主运动》），以至"造成了对一切不懂的东西的无条件的仇恨"（谭天荣：《救救心灵》）。正像鲁迅当年面对着"无物之阵"一样，今天新中国有思想的年轻人又为这样的"习惯的机械势力"所包围，欲挣扎而不能，陷入了无以摆脱的困境。正是在这“习惯的机械势力”的支持与拥戴下，对“不合人们胃口的思想施予暴力”，竟成了共和国精神生活中的常规（谭天荣：《我们为了什么》），这样的实现在欢呼声中的“群众专政”（这正是共和国的一个专有名词），是真正令人恐惧的。当人们欢天喜地地将自己的有头脑的兄弟姐妹送上审判台上时，他（她）们自己的心灵也受到了扭曲与损伤，“造成了不堪忍受的知识的贫乏，思想空虚和意志薄弱，造成了习以为常的言行不符和自欺欺人，造成猜疑冷酷和互相残害”——面对这样的新的国民性的弱点，一位“右派”学生领袖这样写道：“我看到了这一切，希望改变这一切，而又被那些诚实的人所反对，这件事对于我，更大的痛苦是不可想象的”（谭天荣：《救救心灵》）。

这发自内心的深沉的悲叹，使人不能不想起当年同样是“哀其不幸，怒其不争”的鲁迅。于是，与1918年“救救孩子”的呐喊相呼应，1957年的中国又响起了“救救心灵”的呼唤。而人们首先要争取的，就是人所应有、独有的精神的自由，独立思考的权利，他们庄严宣告：“世界上没有什么不允许怀疑的问题”，“任何人都有探讨一切问题并坚持自己见解的权利”（刘绩生：《我要问、问、问？？？……》），“我们要思考，除了我们自己谁又能禁止我们思考？不让想吗？偏要想，……我们要走自己的路！”（谭天荣：《又一株毒草》）同一篇文章还引用马克思主义经典论述，宣布我们“不承认任何种类的外界权威。宗教、自然观、社会、国家制度，一切都受到最无情的批判，一切都要站到理性的审判台面前，或者开始证明其存在的理由，或者放弃其存在权利。思维和理性成了测定一切现存事物唯一的尺度”。这样的引述，自然有策略的考虑，借此使自己的主张具有某种合法性；但确也表明，这些自称“强壮而又心怀恶意的小家伙”，比起他们的批判者，那些自命的“卫道者”，是更懂得并且真正把握了马克思主义的彻底批判精神的。他们因此而不愧为五四新文化运动与北大精神的真正传人；可以说，他们所发动的，是继“五四”以后又一次“新文化运动”，在一个高度集权的社会主义国家里，争取思想的自由，精神的解放，进行新一轮的“国民性的改造”。如果说五四新文化运动胜利了，从而开启了中国思想文化，以至整个民族现代化的历史新纪元；那么，1957年的这一次悲壮的努力，却是以所有参加者的一网打尽而宣告失败。

但他们的思想与精神却事实上在80年代以来的思想解放运动与改革运动中得到延伸，尽管后者未必自觉意识与承认这一点。更为重要的是，他们当年所提出的问题与任务，仍然是今天的中国的改革者需要继续解决与完成的，他们当年的思考今天依然保持着新鲜的生命活力，他们思考的成果，以及思考过程中可能有的不足与失误，对于后来者，都是极其宝贵的启示，遗忘、不承认、漠视、拒绝这份浸透着鲜血的思想遗产，不仅愚蠢，而且有罪。——其实，那些“广场”上的牺牲者在光荣地倒下的那一刻是曾经预言过“明天将属于我们”的（谭天荣：《给沈泽宜》），他们毫不怀疑：“‘五一九’和‘五四’（一样）将显明地留在我们弟弟妹妹脑海里，永远鼓舞着后来的年轻人”（谭天荣：《救救心灵》），他们甚至直接呼唤：“历史学家们，重视这样伟大深刻的社会思想变革吧！”（姚仁杰：《党啊！我们批评你，是真正的爱你！信任你！》）

坦白地说，读着这些带血的期待的呼叫，我的心情沉重，羞愧难言。因为我们真的长时间地（甚至直到今天）把这些先驱者、牺牲者遗忘了！我们的历史学家（也包括我自己）失职、失责了！1957年这段历史的书写，如此的苍白、稀薄，如此地充满迷误，致使“后来的年轻人”（这正是先驱者所寄以希望的）无从了解也无法理解，这是我们每一个有良知的过来人、学者的耻辱啊！欠账总是要偿还的，我们应该有勇气正视历史的血腥气，有胆识冲破权势与习惯制造的种种障碍，以科学的实事求是的精神，重新收集原始材料，认真整理、研究先驱者的思想遗产，总结历史经验，建立起“1957 年学”，作为现代政治史、思想文化史、知识分子心灵史……的重要组成部分，为正在进行的“中国人与社会的改造”提供思想资源。——现在“是时候了”！

在对 1957 年“广场”上的年轻的探索者所发动的这场思想运动，作了以上不免是粗疏的历史叙述以后，我还想观照历史运动的参与者个人的命运，这其实是我在重读这些《言论汇集》时，特别感兴趣的。——我以为缺少了这样的关注，我们的历史叙述将是不完整的。

《言论汇集》中收入了在遭到“反右派运动”的打击以后，这些“右派”学生，特别是他们中骨干的反应：他们公开贴出的“反批判”的大字报与私下的相互通信，当时是作为“猖狂反扑”的罪证而留下的，却为后来的研究者保留了一份不可多得的历史的逆转对个人心灵的打击，以及个人所作出的反应与选择的资料。

种种反应都是因人而异的。前文提到的张景中贴出了宣布“急流勇退”的大字报，他说：“一个月更好地使我知道了政治是怎么回事。它比我能想到的要肮脏得多。我必须保卫自己的灵魂不受玷污。”《头可断，血可流，真理绝不能丢》一文的作者钱如平（笔名“谈论”）则表示“宁愿在尖锐的阶级斗争中自己给自己人的子弹打死，而不愿死在敌人的屠刀下”，他留下的最后的“告别词”是：“我的母亲是人民，我的兄弟是‘革命者’，为保卫生产资料公用我愿拼命，我不想超现实的好吃好穿，一切事情为人民！真实地为人民！让千千万万的农民兄弟同志冬来有棉衣，夏到有便服，饥饿在中华沃土上绝迹，工农知识分子团结万岁。”我特别注意的是，最早提出肃反问题与胡风问题的刘奇弟，在写了检讨书以后，给谭天荣写了一封信，说“我是在遵照着我的良心和情感做事”，“任何勉强的分析都将是教条和生硬的，因为情感是永远不能用事实和理论来代替的”。但他仍然谈到了“一些影响我的情感的事实”：“若不检讨，家庭要与我断绝关系，物理念不成了，朋友也不要我了。”他说，正是这些“外界力量”“影响我正视现实”：“父母兄弟姐妹朋友同学几乎所有的人统统反对我，而我做的这件事情又不是科学工作而是社会活动，这除了说明我错了以外，还能有什么解释呢？”他还对谭天荣的某些信念提出质疑：“你说群众同情支持你，现在还不乏其人，这恐怕与事实不符吧”，在“如今我国的情况”下，“工人农民都不但拥护党，而且拥护党的现行政策，来什么变革？谁要我们的小变革？”但谭天荣仍然坚持自己的信念，他接连写了好几张大字报，一再表明：“我将逆流前进，不退一尺一寸。”（《救救心灵》）他说：“（过去）我被无形的链子锁住了，今天我摆脱了这条链子，永远地摆脱了。这样一来我就满足了。对于我除了火与剑的搏斗，在生活中我并不要求什么”，“对于得不到的一切，我绝不强求，对于属于我的一切，我决不放过”。（《叫我怎么说好呢？——致5402186》）他不无骄傲地宣称：“我今年才二十二岁还没有学会害怕，我今年才二十二岁还不懂得恐惧，我今年才二十二岁不曾有过疲劳”（《第三株毒草》），他显然坚信时间与未来都属于自己。——今天重读这些在特定历史情境中写下的文字，我无意在谭天荣对理想主义、英雄主义的坚守，和刘奇弟的“正视现实”与返归平凡人生之间作出任何价值判断，我只相信这都是人所有的真实的选择。而且我怀疑他们所生活其中的（也是我们生活其中的）中国的现实能否允许他们如愿以偿地实现自己的选择。因此，我关心，并且想要追寻他们后来的行踪。我要高声呼喊——

谭天荣，刘奇弟，张景中，陈奉孝，钱如平，王书瑶，岑超南，蒋兴仁，徐克学，陈爱文，江文，龙英华，姚仁杰，庞卓恒，朱庆圻，杜家蓁……所有“右派”兄弟姐妹，你们在哪里？这几十年你们是怎样生活的？北大百周年校庆时，你们回来了吗？作为真正的北大人，你们有什么话要说？——北大，以至整个中国，都应该倾听他们的声音。

1998 年 7 月 1—8 日写于燕北园

燕园的三个学生刊物

（一）《红楼》："山雨欲来"前的青春歌唱

1957年的第一个早晨，北京大学大餐厅（今大讲堂的原址）前，两张大餐桌上堆满了刚刚出版的大型学生文艺刊物《红楼》的创刊号。参加了通宵狂欢的北大儿女们，晚妆未残，微有倦意，便围购如堵。只见一位衣着淡雅、步态轻盈的女大学生和几位男同学在那里忙碌着。这位女生就是后来以其壮烈之举震撼全国、并终将载入北大史册的林昭，当时她就已经在燕园文坛上颇有诗名，诗友们都亲昵地称她为"林姑娘"。但此时的读者却对她并不注意，他们已经被新出的刊物封面所吸引：这是一幅木刻图案，是一个牧羊人正驱赶着羊群走下山岗，山上草木摇曳，山外浓云翻滚，题名是："山雨欲来。"[1]——多年以后，人们才意识到这竟是一句"谶语"。[2]

打开刊物，第二页便刊登着著名的30年代校园诗人、如今是北大中文系教授的林庚先生的《红楼》——

红楼你响过五四的钟声
你啊是新诗摇篮旁的心
为什么今天不放声歌唱
让青年越过越觉得年轻

这里响彻的正是这个新诞生的校园刊物给自己定下的旋律：尽情享受着“年轻”的“青年”的“放声歌唱”，这是一种典型的时代与个人的“青春歌唱”。在《发刊词》里，对此有更具体的阐述——

> 我们的刊物是以红楼命名的百花园。我们的百花园必将五彩缤纷，万紫千红，红楼的光芒照在花园里，这红光告诉我们，要学习五四时代青年的革命精神，要大胆地干预生活，要勇于和善于建设，支持属于我们时代的，使我们的生活变得更加美好的一切；也勇于和善于揭发、批评阻挠我们前进的陈腐的一切！我们的红楼要有青年人的特点：不仅主要是青年人写，还要着重写青年；不仅主要是学生写，还要求写学生。在百花齐放、百家争鸣的方针指导下，它将发表不同风格的创作。我们的花园欢迎从任何地方寄来的花种，只要它是真的花，有生命，在我们这里，都有它生长的土地。

可以看出，这样的青春歌唱的激情是被时代所唤起的：几乎所有的年轻大学生都毫不怀疑地相信，无数先驱者为之流血奋斗的，中国历史上从未有过的，真正的民主、自由的“百花齐放、百家争鸣”的新时代已经向他们走来，他们的任务就是发扬“五四”的革命、批判与创造的精神来迎接这个时代，以时代和国家主人翁的姿态，发出年轻人自己的声音。

这可以说是当时北大的“校园心境”。或许读着这期《红楼》，燕园学子就会回味起刚刚度过的新年联欢晚会的情景——这几乎成了晚会参加者终生难忘的校园生活中最后一个美好的记忆：“大餐厅的中心放着一个直径两米的大花盆，里面栽着一株五六米高的针松圣诞树，树叶之间灯光明灭……‘迎接伟大的一九五七年’金色大字悬挂在主席台上，所有的聚光灯都投射在这十个金色大字上，仿佛它就是即将展现在我们面前的那金色的日子！……午夜十一时三十分，我们敬爱的马寅初校长、周培源教务长等学校领导来到迎接新年的会堂，登台贺年，舞曲骤停，八千骄子静立。当午夜的钟声敲响第十二响，余音未绝，北大沸腾了，如群山在笑！……”“马老的习惯用语‘兄弟我！’刚一出口，他的话就被海涛般的掌声所淹没”，他出乎意外地朗声说道：“恭喜诸位新年发‘才’”，看到同学不解的眼光，又不慌不忙地解释道：“这不是‘财富’之‘财’，而是‘人才’之‘才’：祝福诸位成为国家建设的栋梁之材！”哗然大笑之后，又响起了经久不息的掌声……[3]“成才”，确实是那个年代的北大学子的共同的金色的梦想，似乎也是时代的要求：就在1956年1月，在中共中央召开的知识分子问题会议上，提出了“向科学进军”的口号；4月，毛泽东又在最高国务会议上，正式提出了“百花齐放，百家争鸣”的方针。校园里的十七八岁、二十来岁的年轻人立刻被这“时代鲜丽而充满朝气的口号迷住了”，如时为北大中文系二年级的学生、《红楼》编委的谢冕所说，“就这样，我们这些如花的生命便集结在‘向科学进军’的旗帜下，从此开始了我们的20世纪50年代的理想主义的‘进军’”。[4]

在这样的时代风气下，校园里的文学气氛十分浓郁。谢冕的同班同学、也是《红楼》作者、校园诗人的孙玉石有这样的回忆：“我们这些不谙世事的年轻人，整天沉醉在喜欢的书本里，新鲜的文学作品中。为了满足同学们的创作欲，邓美萱、李鑫办起了手抄本墙上小报《小火星》，许多今天看起来也是最先锋的文学作品，都在那里发表。为了享受一场人艺名流演员演出的话剧《雷雨》，全班人散场后无车可坐，竟旷野放歌，夜走京城，到学校已经是凌晨四点了。我们宿舍的六个同学，个性和趣味各异，天南海北，无所不谈，后来索性弄一张纸，用毛笔写了‘六味书屋’几个字，贴在宿舍门口。张时鲁用他的内蒙古口音，给我们这些从中学来的，经常大讲肖洛霍夫、杰克·伦敦、海明威，他赞不绝口的是：'真了不起啊，《静静的顿河》、《荒野的呼唤》、《老人与海》！……'他像一匹饥饿的狼，吞噬着一些西方现代名著，总是埋头写自己的长篇小说。才华横溢的孙绍振，读的书最多，思想也像跑野马一样自由无羁，他和才女温小钰一起，常常把最先锋的作品信息传到班上来。'肖洛霍夫的《一个人的遭遇》，岳野的话剧《同甘共苦》，真是妙极了！'于是，我们班里很多人抢着看这些作品，为肖洛霍夫对于战争摧残人道的描写所震撼，为一些老干部进城以后的喜新厌旧而愤愤不平。拉甫列涅夫的《第四十一》，从小说到电影，班上看了的人交口称赞，简直佩服得五体投地。普希金、莱蒙托夫、聂鲁达、希克梅特，艾青的《宝石的红星》、《在智利的海峡上》，……几乎成为我们几个喜欢诗歌的人口头议论的专利。……在宿舍里、教室里，孙绍振常常伸出双臂，尖声高叫地朗诵着：'伐木者，醒来吧！'……"——这"醒来"的呼喊，就成了那一代人生命中的永恒：孙玉石在四十三年以后，回首往事时，"不能忘却的，而且要刻骨铭心要牢记于怀的"，依然是这呼喊。[5]

于是，我们发现，1956—1957年的中国校园里的年轻人，正处在精神的苏醒之中，内心涌动着对知识、理性、理想的渴求，以及不可扼制的自由创造的冲动。年轻人的创作才情如熔浆般地喷发了。在《红楼》上经常可以读到这样的"北大文艺动态"："中文系三年级同学王磊同学的诗集《寡妇泪》已在二月份由通俗文艺出版社出版"，"本校音乐创作组刘季林同学（中文系二年级）创作的音乐作品《少年钢琴曲》已被音乐出版社接受出版，这是作者的处女作"[6]；各个外语系纷纷编辑出版学习翻译的刊物，计有俄语系的《十月》、东语系的《翻译习作》、西语系的《桥》等，中文系的班级手抄刊物也如雨后春笋，如语言专业二年级一班的《短笛》、二班的《百花坛》、《小火星》、朝鲜族同学的《长白山》，新闻专业一年级三班的《向日葵》等等[7]。校园文化活动也很活跃，据报道，苏联作家波列伏依、卡达耶夫，印度作家库玛尔，日本作家藤林成吉、青野季吉，奥斯特洛夫斯基（《钢铁是怎样炼成的》的作者）夫人，苏联电影大师邦达丘克，中国作家、学者李健吾、陆侃如、刘大杰、康濯、吴祖光，电影演员赵丹、白杨、黄宗英、孙道临等，都曾来校与学生见面、座谈。[8]

《红楼》就是在这样的土壤中拔地而出。在此之前，已经有了《北大诗刊》（1954年创刊，初为三十二开本，1956年改为十六开本），聚集了几乎所有的燕园诗人，后来张元勋作了这样的描述："当时的社长是现代派诗人赵曙光，社员则有古典派诗人崔道怡，哲理诗人马嘶、李任，海滨诗人孙克恒，叙事诗人薛雪，抒情诗人张玲，学者诗人谢冕，大漠诗人任彦芳，唯美诗人王克武等"，当然，也还有林昭和张元勋自己。当年，他和林昭一起负责编辑《北大诗刊——1956年新年专号》的情景，是永远难忘的：那一期的封面用的是粉红色的胶版纸，印着提着灯笼的女孩的刻纸图案，有一种朴素的美感，就是出自林昭的匠心。[9]这一期还刊载了谢冕的一首《一九五六年骑着骏马飞奔而来》，其中有一句"虽然冰霜封冻着大地，可是我的心却燃烧得发烫"，与写在同时的张元勋的诗句："欣喜。冰已消融！春已有了消息！"都是传递着一种心声，以及对时代变迁的信息的某种直觉的把握与敏感。因此，由《北大诗刊》到《红楼》，是一个自然的延续和发展：从纯诗刊发展成综合性文艺刊物，除这些校园诗人之外，就吸引了更多的校园作者：写小说、散文、评论，以及画画，作曲的……都纳入其中，俨然形成了同学们所戏称的"北大文艺界"。据张元勋回忆，任《红楼》主编的是时为团委宣传部长的中文系助教乐黛云，副主编是康式昭、张钟（中文系四年级学生），编委有马嘶、李任、王克武、林昭、张元勋、谢冕、张炯（按年级自高而低排列）等。[10] 从编委会的组成，可以看出，《红楼》是一个在团委领导下的学生社团刊物。这就表明，50 年代的中国校园诗歌与文学，它既是“五四”所开创的校园诗歌与文学的继续，同时也具有自己时代的特点：和 50 年代的中国文学一样，它的合法性与出版经费、空间都是由党、团组织和国家、政府（学校行政领导）所给予的，因此，服从党团组织的领导，是决定其存在与发展的绝对要求。在这一前提下，学生也有一定的自主性和活动空间，如以后我们所要分析的，这中间也会出现一定的缝隙和矛盾。《红楼》的作者，除前述《北大诗刊》的大部分作者外，还有沈泽宜、孙绍振、蔡根林、刘登翰、张志华、汪浙成、杨路、韩乐群、江枫、陆拂为、孙玉石、杨书案、洪子诚、翟奎曾……人们不难发现，这些作者尽管在反右运动以后有着不同的命运，但当二十年后中国开始出现新的复苏，他们就立即显示出新的活力，活跃在八九十年代的中国文学界与学术界：在这个意义上可以说《红楼》是培育“不垮的一代”人才的摇篮。

《红楼》就是这样的意气风发、才华洋溢、充满创造活力的一代人的自我塑像。

《红楼》第 2 期“封四”的一幅照片配诗这样写道：“世界是这么广大 / 友谊是这么真诚 / 生活是这么美好啊 / 我们又这么年轻”（作者：任锋即林昭），于是，就有了这一代人的单纯而真诚的歌。他们在看来枯燥的大学日常生活中发现了诗：“在这短短的四十五分钟里，/ 新铺的铁路又伸长多少公里？ // 多少个灿烂的小生命 / 哇哇落在洁白的产盆里？ / 多少倍‘四十五’的楼房，/ 在祖国的大地上矗立起来？ / 都在转瞬即逝的四十五分钟。// 也在这短短的四十五分钟，/ 我们又跨出了坚实的一步，/ 向着光芒四射的科学的高峰”（张志华：《大学抒情 · 四十五分钟》，载《红楼》1957 年第 2 期）。寂静的小小教室、图书馆联结着沸腾着的广大新世界，这是凝结着这一代人的大学想象的。他们更是低声吟唱心里流出的恋歌："你是快乐的春天，/ 我是沉默的冬天。/ 你靠我如此的近，/ 却又离我那么的远"（汪浙成：《恋歌》，载《红楼》1957年第2期）；"我每次都看到你的背影；/ 我们的距离并不太远！ / 和风会吹融冻结的湖心 / 吹绿沉默的田园。/——假如你是冬季，/ 我是春天"（白薇，即张元勋：《假如——答恋歌》，载《红楼》1957年第2期）。诗的意象、诗的语言，以及爱情本身，都是这样明净、清纯，这去尽粉饰的本真状态，或许也是这一代人心的追求。

也是刊载在《红楼》1957年第2期的蔡林根的《东阳江》，意蕴就不那样单纯：它或许是显示了这一代人生命深处更为丰厚的那一面。童年的回忆里，不仅有"无忧的童心"，更是处处流淌着"忧郁"："我喜欢忧郁地在树丛穿行，/ 任错杂的灌木钩破裤腿，/ 穿过树丛，在江边，/ 瞩待东边出现的白帆……/ 我羡慕散搭在沙滩上的，/ 像旷野里长着的蒲公英一样的帐篷，/ 和那些成年在江上流浪的撑排人"；"东阳江，……你启发我去探索更宽阔的天地，/ 我穿着你的水珠浸湿过的 / 你的沙砾灌满过的 / 草鞋，未长大就踏上流浪的途程……"童年记忆里，更抹不去的，是这条母亲河长久沉默后的"凶猛的爆发"，以及这块土地上的人民的无尽的苦难："乡人们把木犁插入泥中，/ 咬住嘴唇顽强地生活，/ 只在筋疲力竭的夜，/ 闻到桨腥味时才发出痛楚的叹息"。"东阳江，南方丘陵中的江啊，/ 你教我像你一样地去爱人类，爱阳光和云霞，/ 你教我像你一样去忍受和沉默，/ 爆发和反抗，发出像你一样粗犷的吼声。"这首诗里所显示的，与生养自己的土地和耕耘其上的父老乡亲的血肉联系，以及从父辈那里流传下来的"爱"与"反抗"，"沉默"与"爆发"，或许是这一代人生命中更为内在与根本的东西。而诗中所流露出的心灵的忧郁，悸动与不安，也同样传递着某种时代的信息，尽管暂时无论是发表这首诗的《红楼》编辑，以及它的读者，甚至连诗人本人都未必意识到这一点。但这首诗也就成了那个特定的多少有些微妙的历史时刻中国青年的心声。20世纪末，当一切尘埃落定以后，已经是权威的文学史家的谢冕，把这首刊载在《红楼》上的年轻大学生的诗选入他主编的《百年中国文学经典》（八卷本，北京大学出版社，1996年），作为那个时代的代表作，这正是一种历史的眼光。

人们还注意到，《红楼》1957年第2期的《编后记》，据说是林昭写的："我们希望在《红楼》上听到更加嘹亮的歌声。希望我们年轻的歌手，不仅歌唱爱情，歌唱祖国，歌唱我们时代的全部丰富多彩的生活，而且也希望我们的歌声像炽烈的火焰，烧毁一切旧社会的遗毒，以及一切不利于社会主义的东西。"这一期出版于1957年3月，早在1956年文艺界已经出现了"干预生活"的文学浪潮，其代表作《在桥梁工地上》、《本报内部消息》等早已在影响最大的《人民文学》上发表，在孙玉石前述回忆中提到的引起大学生们极大兴趣的话剧《同甘共苦》也是这一思潮的产物。在前引《红楼》发刊词里就已经有了"干预生活"的说法，这里对文学的批判功能的进一步强调，则反映了像林昭这样的更具反抗性的年轻大学生的内在的怀疑精神与批判激情，他们对"旧社会的遗毒"（后来就被概括为"阳光下的黑暗"）的敏感；这或许正是另外一些尚沉浸在阳光下的幸福的年轻诗人所不理解的，这里，实际上就已经预伏着此后《红楼》内部的分裂。但眼下却并不见裂痕：赞歌与情歌仍是《红楼》的主旋律。仅是发表于第2期的林昭的《姑娘说——调侃"奖章诗"的作者们》，多少显示点不同：如诗题所示，这是一首讽刺诗，调侃的对象是那些将"劳动"与"爱情"作简单联系的"新情诗"的作者："亲爱的作者，你干吗非得要 / 在我胸前缀上各式各样的奖章？ / 你那可怜的抒情诗啊，/ 为什么总只能粘在奖章上？ // 看着你的诗，我不由得悲伤地想，/ 谁知道吸引你的是我，还是奖章！ / 假如世界上没有了奖章这东西， / 难道说你就无法把爱情歌唱？”这背后，其实是隐含着诗人对流行的对“诗歌（文学）”、“爱情”、“劳动（政治）”关系的庸俗化理解的质疑，一定程度上也是对时代主潮观念的质疑，并显示了一种逆向性的思维方式。同时，也启示我们：前文所说的《红楼》创作的青春歌唱的特征，是中国年青一代处于苏醒时期的精神现象，不仅包含了巨大的自由创造冲动，也孕育着某种自由批判的激情。

而到了《红楼》第 3 期，就有了更为明确地呼唤，这一期的《编后记》里，这样写道：“我们愿意和北京大学全体师生一起，学习开辟了‘五四’道路的革命先驱者的榜样：执著真理，疾恶如仇，把火一样的爱情献给祖国、人民、革命，把致命的投枪掷向阶级敌人，掷向思想领域的丑恶，……揭露现实中的矛盾，批判错误，歌颂先进。我们希望：把眼光放远一点，看得广些，关心国家政治经济生活，学术思想界的动态，文坛上的重要现象和问题。”——如果说《红楼》第 1 期编者与作者的目光主要是面对校园内部，现在则明显地转向更广阔的外部世界，以年轻人所特有的敏感，感受着此时国家政治、经济生活，思想、文化、学术界所孕育的新的变动，并表现了以“执着真理，疾恶如仇”的精神投身进去的巨大热情。于是，就有了这样的自我反省：“许多读者指出，在本刊第一二期上软绵绵的情歌多了一些，看不到更加富于时代特征的雄壮的篇章。”并且提出了这样的质疑：“难道说今天的青年歌声中的主流，真是小夜曲？”表示要“从前人英勇顽强的斗争精神中吸取前进力量”，“大张双臂欢迎政治热情昂扬的诗篇”。而最后的召唤则更加意味深长：“作为五四事业的后继者，作为新时代的青年，‘鸣’起来！”

在这一期，为了纪念“五四”，就有了一次作为“更加富于时代特征的雄壮的篇章”的政治抒情诗的喷发。据张元勋回忆，这一次《红楼》编辑部几乎是全体动笔，由十三位校园诗人集体高唱一曲《五四之歌》，“真可谓气势不凡”！“而这一组组诗尚未排印之先就被北大诗歌朗诵团突击排练，成为一出动人的大型诗朗诵表演。于1957年5月4日的晚上，在北大东操场五四营火会上与火炬传递同时隆重演出。……整个操场顷刻之间变成一个火炬的海洋、光明的海洋、炽热的海洋、呼啸的海洋！而诗朗诵便在高音麦克风里昂扬响起”[11]：“在五月，我的心情更加明朗/就像我头顶上的天空一样。/在火的三十一天里/我觉得自己长得更快/就像童话中的人物/不是一年一年地长，而是一天天地长！”“我向往震撼世界的五四运动/也羡慕流血的一二九/但是，我更爱我们这个时代，/——共青团驰骋的年代。/几十年后，或是一百年后，/我们将坐在青青的草地上/给二十一世纪的青年/讲我们共青团豪迈的故事/那时候，我/也许成了一个老共产党员/（或者，在共产主义的天气里，党已经消亡）”。啊，“五月，我的心情更加明朗/我真想/和我的每一个同志亲吻/合唱我们最喜欢的歌子/从傍晚一直到天亮！”（马嘶：《给我的共青团》，诗载《红楼》1957年第3期）——这更是一次浪漫的乌托邦的政治激情的喷发：用的是赞歌的形式。但谁也没有料到，另一种形态的政治激情的喷发，正悄悄地接近。

这时的《红楼》的编辑部却弥漫着一种离情：编委会内与编委会外的一些作者都临近毕业了。于是，就有了5月19日这一天的游园活动。十一位《红楼》文友漫步于颐和园，并由林昭摄影，留下了唯一的、也是最后一张合影，为这段青春岁月留下永恒的纪念。[12]照片上，每一个人都在微笑。但谁知道，等待他们的将是真正的分离：政治的分离与心灵的分离呢？即使再度相遇，心也都破碎：历史对这一代人终于露出了严酷的一面。

（二）贴在墙头上的诗：诗歌参加论战

就在5月19日这天的晚上，北大出现了第一批大字报：先是历史系一群同学贴出大字报，责问团委会关于全国第三次团代会北大代表产生的情况；接着哲学系学生龙英华，数学系学生陈奉孝、张景中等，与历史系学生许亭南先后贴出大字报，或“要求开辟民主墙”，或主张“取消党委负责制”、“废除政治必修课”、“取消秘密档案制度”、“确保言论、集会、出版、结社、游行示威的自由”。[13]当晚，学校就骚动起来，校园的宁静被打破了。

第二天早晨，同学们到大餐厅（前述发行《红楼》第1期的地方）就餐，又发现东门左侧贴着一张大字报，是一首长诗，作者是《红楼》的作者沈泽宜和编委张元勋。由于这首诗影响重大，全文抄录于此——

是时候了

（一）

是时候了
　　　年轻人
　　　　　放开嗓子唱
把我们的痛苦和爱情
　　一齐都泻到纸上
不要背地里不平
　　　　　　背地里愤慨
　　　　　　背地里忧伤

心中的甜、酸、苦、辣
都抖出来
　　见一见天光
把批评和指责
　　急风般落到头上
新生的草木
　　从不怕太阳照耀
我的诗
　　是一支火炬
烧毁一切
　　人世的藩篱
它的光无法遮拦
　　因为它的火种
来自——“五四”！！！

（二）

是时候了
　　向着我们的今天
　　　　　　我发言！
昨天，我还不敢
　　　　弹响沉重的琴弦
我只可用柔和的调子
　　　　歌唱和风与花瓣
今天，我要唱起心里的歌
　　作为一支巨鞭
　　鞭笞阳光中的一切黑暗！

为什么，有人说团体里没有温暖？
为什么，有无数墙壁隔在我们中间？
为什么，你和我不敢坦率地交谈？
为什么……
我含着愤怒的泪
　　向我辈呼唤
　　　歌唱真理的兄弟们
　　　　快将火炬举起
火葬阳光下的一切黑暗！！！[14]

这是典型的“墙头诗”，在抗日战争的烽火中出现过，在40年代后期的国民党统治区的学生民主运动中出现过，都发挥了极大的鼓动作用，曾点燃了无数热血青年的心；现在它第一次出现在共产党所领导下的新中国，自然不能不引起极大的注意与震动。这是一种被压抑的声音（“背地里的不平、愤慨、忧伤”）急欲公开表达的诉求（“向着我们的今天，我发言”），是以“五四”为源头的民主、自由的呼喊，并且旗帜鲜明而又尖锐地把批判的锋芒指向“阳光下的黑暗”；它所采取的又是马雅可夫斯基“楼梯式”的形式，形成鼓点般的节奏，一再重复“是时候了”的呼唤，更取得了震撼的效果：它是极能唤起年轻人的内在的批判激情的。如前文所分析，它已经郁积很久了。

因此，《是时候了》一诗一出，即如一石激起千层浪，在整个校园引起了爆炸式的反响。

很快就在《是时候了》的旁边，出现了另一张大字报，题目是《我们的歌》，这是中文系新闻专业一年级的学生写的，领衔者江枫也是《红楼》的作者。诗一开始就明确表示：“我们/不同意/《是时候了》的基调/那声音/仿佛是白毛女申冤”，“为什么/高声疾呼着/‘急雨’/

为什么／不能用／‘柔和的调子’？／真理的力量／并不在于／‘真理的揭示者’姿态的／疯狂。／假使我们爱党／首先想到的／就会是／效果，／而不是／醉心于／歇斯底里式的／手段”；“我们也难于接受／你们举起的／‘火炬’，／尽管你们自己宣称／它的火种／‘来自五四’”。诗人毫不掩盖自己的维护现存秩序的立场，宣称“我们的曲调之间／不太和谐／可也难怪。／我们缺乏／你们那根／‘沉重的琴弦’，／我们并不像你们／经常‘在背地里／不平／愤慨／忧伤’。／要放火吗／我们／也不打算”。[15]

声音也依然真诚而坦率：那个时代人们还没有学会掩饰与做戏。于是，就形成了两军对垒，旗帜鲜明：依照人们在现存体制中所处的不同地位，采取了完全针锋相对的立场，并展开了短兵相接的交锋，而且依然采取诗的形式。

针对《我们的歌》“那声音／仿佛是白毛女申冤”的指责，物理系四年级学生刘奇弟就公开打出《白毛女申冤》的旗号：他要控诉肃反运动中对无辜学生的无端迫害：“啊，天知道／白毛女／‘反党，反人民，反革命’”，“今天／白毛女要问／逮捕证在哪里？／为什么／私设公堂／私人审讯／为什么／伤害人身心？／宪法做什么用？／这是谁出的主意？”他也写了一首《是时候了》：“为何不是时候？／难道谁还苦闷得不够？／为何不是时候？／我们的嘴还要封多久？／为何不是时候？／你还想千万人头落地？（斯大林杀的忠诚党员）／为何不是时候？／你还要等匈牙利事件再起？（拉科西种的根）”

刘奇弟的呼喊引起了许多肃反运动的受害者的共鸣，一位叫作邓贵介的学生写了一首《孤独者的歌》：他所倾诉的，不仅是被“随随便便逮捕，随随便便定罪，随随便便释放”的折磨与痛苦，更是即使平反以后也依然被孤立、被隔绝的精神痛苦：“今年，／我再碰不到审问员／也没有被押到很多人面前／只遇到很多人，他们与我／点点头／瞪

瞪眼 / 互不睬理……/ 一个人接着一个人 / 一个领导接着一个领导 / 在我面前 / 过去 / 过去 / 我多难受啊 /——他们还有什么理由让我孤独？”他始终弄不明白：“他们为什么要赶走这颗赶不走的共产主义赤心？”[16]

林昭看了《我们的歌》，愤慨难忍，深夜写了一首《这是什么歌》，坦诚直言：“我 /（并且 / 还不止我一个）/ 指责这种凌人的盛气”，“为什么 / 非得搬出 / 吓得死人的名词 /‘疯狂，歇斯底里’……/ 几乎，就差一句 /‘反革命分子’”；“如果我们爱同志 /‘首先想到的’/ 就会是亲切的帮助 / 而不醉心于 / 指手画脚的 / 满脸义愤的 / 煞有介事的 / 自鸣得意”。她尖锐地指出，分歧正是由于对现实有不同的感受，这又是根源于不同的生存境遇，利益关系：“是啊，也许 / 你不曾有过 / 那样的日子——/ 背负着沉重的 / 歧视，冷淡和怀疑 // 在 / 凝定的孤寂里 / 惘然徘徊 / 不知道哪儿有 / 不沉的水 / 不眠的长夜 / 一口口 / 独自吞着苦泪 // 也许你 / 一直在青云里 / 什么不平、愤慨 / 忧伤 / 和你全无关系 / 所以你缺乏那根 /‘沉重的琴弦’/ 也怪不得你”。诗的最后，她把批判的锋芒直指“真理”的垄断者与“代表”：“真理的力量 / 决不在于 / 维护真理者 / 姿态的傲慢。/ 因为你 /（即使你当仁不让 / 舍我其谁）/ 毕竟不能代表真理”。[17]——林昭所要维护的正是每一个公民都应拥有的探索真理的权利。此后，林昭还写有《党，我呼唤……》，用“任锋”的笔名发表，据说被收入《北大民主墙选辑》(《广场》)，但已失传，仅在批判文章中得其残句：“奇怪的谴责像马刀砍来 / 我年青的心伤痕斑斑”，“日夜在痛苦中徘徊”。[18]

林昭的《这是什么歌》发表以后，《我们的歌》的作者即发表声明，宣布“休战”，这场诗的论战似乎暂告段落，但《是时候了》掀起的心灵的风暴并未停息。于是，又有俄语系的诗人杜嘉真写了同题诗，以示呼应与补充：“‘是时候了！’——/ 这是响亮的呼声，/ 纵然 / 写它的人 / 怀着怨愤；/ 但是 / 这声音里 / 有着战斗；/ 这声音 / 能使 / 血液沸腾”；“每个人 / 都皱着眉头 / 在思索，/ 看吧，/ 群众的海洋 / 已波荡到了 / 最底层，/ 我们要 / 再一次 / 刷洗 / 自己的生活”。——这里所提出的“波荡最底层”，“再一次刷洗自己的生活”的命题或许是更为深刻与根本的，但却被更加急切的政治性的话题所湮没，似乎没有引起什么反应。

不久，林昭又引起了另一场争论。在5月22日的辩论会上，林昭以她固有的坦诚谈到自己内心的矛盾：“我感到组织性和良心有矛盾。”此时北大部分“文艺界人士”（其中有《红楼》的编委、作者张炯、谢冕、任彦芳、江枫、曹念明、王磊、杜文堂等三十余人）已经开辟了“卫道者论坛”，在宣言书中有这样的说法：“有人说我们毕竟不代表真理，我们愿意和所有一切愿意追求真理的同志把真理追求”，“有人说要像狼一样吃掉卫道者。那么吃吧，如果办得到！”[19]前者显然是对林昭《这是什么歌》的回应（“卫道者论坛”参加者江枫、曹念明都是《我们的歌》的主要作者），而后者更是针对张元勋的。在林昭作了前述发言后，“卫道者论坛”即发表了一首题为《致林昭同志》的诗。作者接连发出责问：“青年团的组织性就是良心，团章那一条要我们为组织性昧去良心？”“该怎样理解你的良心和你的真理？”作者并且声称自己“并不感到（组织性与良心的）矛盾”，这正是近于《我们的歌》的立场。“卫道者论坛”的开辟与这首诗的发表，显然意味着《红楼》编辑部与作者群思想上的分裂，并且已经公开化。林昭本人对这首诗未作回应，倒是另一位校园诗人杜嘉真写了一首《组织性和良心——致林昭》的诗，对林昭表示了深切的理解：“你吐露出了深心的怀疑，/ 我知道你为什么说出了这句话，/ 这句话有多少酸辛。/ 而我更知道你的心比他们 / 有着更多的真理，更多的同情”；并这样尖锐地批评那些“卫道者”们：“他们‘快乐地成长，并不觉得矛盾’/ 生活和文章都是那样四平八稳！/ 他们从没看见组织上的错误，/看见了也从不承认；/他们从没看见别人的痛苦，/更从不感到自己应负的责任。/我痛心，他们为什么这样的麻木不仁/我痛心，他们为什么/有意无意的‘为组织性昧去了良心’”。诗人更是无情地揭示了自己的、也是林昭的内心痛苦，把批判的触角伸向自我灵魂的深处：“同志啊，我知道你那/欲言而又不敢的苦衷，/多少人和你一样/有着这种复杂的心情”，“扪心自问，在过去/我们曾多少次说出了违心的话，/做了它（组织）驯服的奴隶。/多少次压抑了自己，伤害了别人，/如今事过境迁已悔之莫及；/有的事使我们如此羞惭、痛苦，/有的事将使我们遗恨终身。”——这样的对自我奴性的正视与清醒也许是更为重要的：这才构成了真正意义上的反叛。诗人因此而向世人，也向自己，发出这样的警示：“别让那‘组织性’掩盖了/你的盲目，虚伪和不正，/别让它隐藏了对权力的畏惧/和那些自私自利的目的。/即使在执行组织的决议时/也要保持你说话的权利”。——这里，几乎是一针见血地点破了50年代中国的时代病症，新的国民劣根性与知识分子的痼疾；但正因为它过于尖锐，为当时的大多数人（包括知识分子）所不能接受，诗人因此而罹难，整个民族也为拒绝忠告而付出了代价：这些病疾至今还在缠绕着我们。可以看出，《是时候了》与《我们的歌》的诗论战，发展到这里，已经是相当深入了。

杜嘉真还写了一首《致勇士》，对《是时候了》里所发出的“鞭笞阳光下的黑暗”的号召，做了更深入的思考，提出了一个“黑暗里/做一个勇士——容易；/光明里/做一个勇士——难”的命题。诗人这样写道：“在光明里的/黑暗/披上了各式各样的/衣衫；/有的握着/党的权杖/窒息着/人性；有的高举着/人道主义的大旗/反党、/反人民。/勇士啊，/信心/要百倍坚定。/勇士啊，/眼睛/要格外分明。/既不能把/光明看成黑暗/也不能把/黑暗/当作光明”。——这又是一个非常重要、也非常及时的提醒：现实生活中经常出现“看似光明，实为黑暗”与“看似黑暗，实为光明”的混杂现象，如何识别“真假（光明与黑暗）”，这正是时代向真正的“勇士”提出的一个新的课题。在诗的结尾，诗人对这些新时代的“勇士”的命运作了这样的预言——

我相信
　　黑暗
　　　　会永远存在，
像大地上
　　永远
　　　　会有尘埃。
我相信
　　勇士
　　　　会在斗争中
　　　　　　倒下，
但勇士的精神
　　　　将像松柏般
　　　　　　常青。
我相信
　　勇士
　　　　会被历史
　　　　　　　　湮没，
但勇士会用
　　　　生命
　　　　　　鞭笞着社会
　　　　　　　　前进。[20]

或许这正是对1957年燕园发生的这场由《是时候了》引发的用诗的形式展开的思想交锋的最好总结。《是时候了》与《致勇士》这两首政治抒情诗，也许因此而获得了某种史的意义和价值。

（三）《广场》：推动“社会主义文艺复兴”和“社会主义民主运动”

6月6日，校园里的一张大字报，又引起了爆炸性的反响。大字报标题是：“救救孩子，《广场》在难产中！”同时公布了《广场》第1期的要目、《发刊词》及一篇题为《北大民主运动纪事》的文章，并征求预订与捐款。全校的目光顿时集中在这个自称“难产”的刊物上，并立刻因对《广场》及其所显示的倾向的不同看法和态度，而引起激烈的论争：赞成或同情，还是反对，几乎成了每一个北大人都不能回避的选择；而且在两天以后即开始的“反右运动”中，当时的不同表态，就几乎决定了每一个人此后的命运。一个学生刊物竟然与上万的北大人的命运发生如此密切的关系，这确实是一个罕见的文化现象，却真实地反映了20世纪50年代中国政治、文化的某些特质。

人们自然要问：《广场》——这是怎样的一个刊物？它是由谁创办的？它的宗旨是什么？它为什么会“难产”，这又预示着怎样的命运？

《广场》的发起人是这样为自己的刊物定位与定性的：“一个面向全国的同人刊物”。[21]这里最引人注目的，自然是“同人刊物”的性质。本来，办同人刊物，是新文化运动的传统：从“五四”时期的陈独秀、胡适、鲁迅、周作人等的《新青年》到三四十年代胡风主持的《七月》、《希望》均是如此。但中华人民共和国成立以后，特别是经过了社会主义改造，取消了私营新闻、出版业，所有的报刊都成了党或党所领导下的群众团体的机关刊，如前文所说，即使是校园里的《红楼》这样的学生文艺刊物，也是置于团委与学生会的领导下的。即使是历史上存在过的同人刊物，如《七月》、《希望》，也给予了重新评价，在反胡风运动中，办同人刊物就成了胡风“组织反动小集团（后上升为‘反革命小集团’），与党争夺领导权”的“铁证”。这样一种对民间同人刊物的禁令，在鸣放期间开始受到质疑；江苏的高晓声、叶至诚、方之等青年作家并已开始行动，筹划创办《探索者文学月刊》，明确宣布“我们是同人刊物，有自己的主张，自己的艺术倾向”，“我们将在杂志上鲜明地表现出我们自己的艺术风貌”。[22]但反胡风“反革命小集团”的记忆犹新，大多数人还是视同人刊物为“异端”，不敢问津。现在这些不知天高地厚的小青年，竟然想在北大这样的一举一动都会影响全国的敏感地带办同人刊物，自然会引起许多的疑惧。而且发起者还不讳言，他们要与团委领导下的《红楼》“对着干”。《广场》的起名本身就包含了这样的意思：其主编张元勋（他刚刚与《红楼》的大多数编委发生思想上的分裂）这样解释说：作为五四运动发源地的北大，有两个具有历史意义的建筑物，一是红楼，另一个就是民主广场，它是民主力量聚集的地方。北大团委、学生会办了《红楼》，我们就办《广场》。[23]而在当时的政治气氛下，这样的“对着干”，在许多人看来，其目标自然就不只是对着《红楼》而已，它的难产从一开始就是注定了的。首先遇到的就是经费问题，在国家、集体垄断了一切资源以后，本来就断了同人刊物的活路，何况这些年轻人几乎是身无分文。据陈奉孝回忆，他和谭天荣都把自己除书以外的东西都卖了，最后自己只剩下身上穿的一套单衣和一条线毯子。[24]这仍然是杯水车薪，只得向师长求助：马寅初校长本已同意资助，后得到“提醒”而作罢；几位教授（傅鹰、吴组缃等）因对学生的意见存有怀疑，且经济并不富裕，也未解囊。万般无奈，只得直接向全校同学发出“救救孩子”的悲壮呼喊。而且也果真有效：据后来批判者公布的材料，同学预订了一千七百八十六份杂志，共付款三百五十七元，个人捐款与借款则有四百八十六元，加上后来《广场》（油印本）售出四百本，获资四十元，共计约八百八十三元，这在当时也勉强可以支付购买纸张、制版、油印的费用了。[25]

当然，最“可疑”的，还是《广场》组织者、发起人：他们全是校园内最激进、也最有争议的人物，以后都成了“大右派”。最初，这些校园里的激进人物是分别聚集在几个论坛上的，著名的有陈奉孝、张景中、杨路（数学系学生）等人的“自由论坛”，刘奇弟（物理系学生）、崔德甫（中文系学生）的“百花坛”等，还有的是“散兵游勇”，如谭天荣（物理系学生）、王国乡（中文系学生）、龙英华、叶予胜（哲学系学生）等。由于他们总体上都处在孤立的状态，于是就有了联合的要求，并因此于5月29日成立百花学社——这几乎是建国以后第一个未经请示、批准，自行成立的学生社团，同时决定创办自己的刊物，后又联合了因《是时候了》一诗而在全校很有影响的张元勋、沈泽宜，以他们为正副主编：这就是《广场》的由来。因此，在反右运动中就有了这样的说法：“它实际上已经成了我校右派的一个大本营”，[26]如果去掉意识形态的评价，应该说这是大体符合事实的。

问题是他们的办刊宗旨与主张。在由主编张元勋起草的《发刊词》里，明确提出要推进“社会主义时代的五四新文化运动”，“争取真正的社会主义的民主与文化”，宣称“我们的广场期待着二十世纪的社会主义文艺复兴的到来”。[27]在同样表达了《广场》同人意愿的《北大民主运动纪事》里，则声称以“五一九”为开端的运动，是一个“青年人挣脱一切束缚，争取思想解放的启蒙运动，是东方文艺复兴的序幕”。[28]这里，要推动“社会主义的思想解放的启蒙运动”，创造“社会主义新文化”，促进“社会主义文艺复兴”的宗旨是十分明确而自觉的。具体地说，则包含了三个方面的基本主张。首先，这是一次

“思想意识的大革命”，要以“五四先辈们的大胆提问、大胆创造的精神”，“对一切都要进行勇敢地再认识”：“人与人之间的关系要进行重新调整，一些过去习以为常的东西要重新进行肯定和否定，对于现代的一些论点和观点都要重新进行估计、评价和探索”；其次，要创造“十分鲜明可爱的社会主义的个性”；最后，要充分发扬社会主义的民主，实行真正的“百花齐放，百家争鸣”：“我们的‘广场’是真正‘广’的‘场’，是一切不脱离社会主义的言论的讲坛。只要为了‘真善美’，不论什么基调的歌都可以到广场上来对年青人放开嗓子唱！我们的‘广场’为争鸣而开，我们的‘广场’是百花齐放的地方！”[29]——应该说，“重新估定价值”、“个性”与“民主”，这都是五四新文化运动的基本观念；如果说张元勋、沈泽宜在《是时候了》里宣称“（我们的）火种来自——‘五四’”，还多少有些空泛，现在就比较具体，而且是真正抓住了要点，可见这一代人对“五四”的继承是建筑在对这一传统的深刻认识基础上的，是一种理性的选择。问题是他们认为，在50年代的中国，正急切需要一个“社会主义时代的‘五四’新文化运动”，这也是出于他们对中国现实问题的一种深切的把握与理解，而这样的先驱者的觉醒意识，却是为许多思想仍被束缚的人们所难以理解的，他们也就无法摆脱孤独与寂寞：这也是与五四先驱者的命运相同的。

这里还需要补充一点：《广场》的主编张元勋作为一个校园诗人，他在参加《广场》的编辑工作时，也必然要贯彻他的诗歌理想：据说他是竭力要开创一个“广场诗派”的。但由于当时政治斗争的更大迫切性，使他对自己（更准确地说，是他所代表的一部分校园诗人）的诗歌理想未能充分展开，只能从片言只语中略见其大端。比如，在他所起草的《广场发刊词》里，有这样的一段话：“中国将到来社会主义时代的春秋诸子百家争鸣，会到来社会主义时代的以少年事业为风骨的、建设文学的再生，会到来社会主义时代的盛唐般的诗的创造。”

这里提出的文学（诗歌）理想，是中国文学（诗）传统在社会主义时代的集大成，其中的关键词是“争鸣”、“少年风骨”、“建设”与“创造”。《发刊词》里还讲了两点：“唱出你愿意唱的个性的歌”，“我们的《广场》矛头指向阳光下的黑暗”，这里对“自由的个性表现”与文学（诗歌）的“批判性”的强调，大概都是新的诗歌理想的重要内容，而且是有着明确的现实针对性的。所以，在《北大民主墙选辑》（《广场》油印本）的《写在前面的话》里，就有这样的声明：“我们的《广场》将着重发表揭露的和‘非正统’的作品。”在反右运动中批判者还揭露，“据说所谓《广场》诗派的特点是在于赤裸裸地揭露人的内心世界”，[30]批判者曾经指责《广场》上选录的许多诗歌（包括张元勋、沈泽宜所写的《墓志铭》、《人之歌》，林昭的《党，我呼唤……》）充满了“惊骇、迷惑、怀疑”的情调，[31]其实正是对内心世界的一种展示。文学史家可能因此而注意到，1957年这些处于萌芽状态，未及充分展开的诗歌观念与理想，与二十多年以后中国诗坛的“崛起的一代”，是存在着某种内在联系的。有意思的是，“崛起的一代”也曾掀起轩然大波，而其最有力的辩护人与理论家谢冕、孙绍振就是当年北大的校园诗人；只不过由于时代的不同，“崛起的一代”终成气候，而“广场诗派”刚出生就被扼杀在摇篮里了。1957年还有一位右派学生写了一篇《诗人颂》谈他心目中的“诗人”，也就是他所“理想的人”：“正如向上帝挑战的撒旦一样，诗人是最傲慢最狂妄的叛逆，什么习惯、戒律、神圣的威权……全被视为粪土；他的字典，没有‘谨小慎微’这些字眼，他的竖琴绝不会奏出奴隶的呻吟！……烧毁各色各样的面具，追求和创造真正的美，是诗人的天性，也是诗人的天职。”他又说：“诗人是最敏感的人，最坦率的人，最真诚的人，最热情的人，最容易冲动的人，最富于同情心及正义感的人……然而，诗人首先是一个孩子”，有一颗“赤子之心”。[32]——集“撒旦”与“赤子”于一身，这或许正是1957

年中国校园里的“广场诗人”的自我写照与自觉追求。

不过，当时人们似乎并不热心于做诗人，即使是诗人也有某种政治家的气质，政治抒情诗因此而成为主要的诗歌类型（另一重要类型是政治讽刺诗，“广场诗歌”中就有王国乡的《一个“积极分子”的自白》、《一个落后分子的自白》，江文的《新乐府四首》[33]等代表作）：这倒是和那个时代诗坛的总体气氛相一致的，只是政治倾向有所不同。吸引《广场》里的大多数人的，是更加直接的政治参与。《广场》的发起人坦然宣称，他们所要推动的，不只是“思想解放的启蒙运动”，还有“群众在拥护社会主义的前提下，自下而上地争取社会主义民主的政治运动”[34]。在私下的谈话中就说得更加明确：“要把《广场》办得像《星火报》一样”。这是直接从苏联共产党的历史中得到的启示：在50年代的中国，《联共党史》是大学的必修课，因此，每一个大学生都知道，《星火报》是当时俄国社会民主党（苏联共产党的前身）的机关报，在建立和发展党的组织上起了非常大的作用。现在，《广场》的年轻人所看重的，正是列宁所说的报刊的“组织者”的功能。于是，就有了后来批判者所说的“《广场》纲领”（实际上是《广场》的编委叶予胜提出的“对实际活动的建议”）：把“促进法制的建设与改造，促进社会主义民主化”作为《广场》的总目标，具体的步骤是：“充分揭发三害事实”，并“逐步把中心转移到探讨三害的根源，使大家明确认识问题不单是作风，而是牵涉国家制度”。同时提出的是“舆论自由”、“取消出版的检查制度”、“确保言者无罪”等要求，以及使“自己的社团成为当前群众运动的核心”和“成为长久性的组织”，并“通过各种形式扩大影响”，直到“校外”去的设想。[35]前述《广场》的自我定位：“面向全国的综合性同人刊物”，“面向全国”即体现了这一追求。据批判者调查，《广场》通过各种方式取得联系的大学即有：“（北京的）人民大学、地质学院、石油学院、农业机械化学院、清华大学、北京师范大学、北京师范学院、钢铁学院、航空学院、矿业学院、林业学院、中央戏剧学院、工业学院，以及天津南开大学，天津大学，天津师范学院，更远及上海、湖南、开封、太原、青岛、内蒙古、新疆等地”。[36]这可以说是建国以后第一次由青年学生发动的民间自觉的政治参与。

这当然为当局所不能容忍，也不被一般民众所理解。因此，当6月9日(《人民日报》社论《这是为什么》发出反击右派的号令的第二天）《广场》送到北京印刷一厂时，工人即认为“里面尽是反对共产党、反对社会主义的反动言论”而拒绝排印，并当面质问前来校稿的张元勋等人。[37]——《广场》的组织者之一的陈奉孝在四十多年后回忆此事时，则坚持“这显然是当时的北大党委和北京市委搞的”。[38]在正式铅印受阻以后，就决定自己动手油印，以《北大民主墙选辑》为名，印了五百份，散发一空，同时宣布《广场》暂时停刊。但《广场》的成员却在有组织、有领导的“反右运动”中无一例外地遭到了严酷的审问与群众性的批判，7月19日、20日（正是“五一九”民主运动发动两个月以后）连续两天，全校师生员工与部分外校师生一万一千余人召开了规模空前的“揭露、批判《广场》反动小集团大会”，会上宣布：“《广场》的反动性已经远远超过了刊物本身的范围”，“《广场》编辑部是一个具有相当严密的组织和一套完整的纲领的彻头彻尾的反动集团。它实际上已经成了我校右派分子的一个大本营，成了我校右派分子向党、向社会主义猖狂进攻的司令部，成了社会上右派集团在北京大学的一个纵队，还力图使自己成为首都乃至其他地方一些高等学校学生右派分子的总指挥部”。[39]《广场》编委会成员无一不受到严厉惩罚、残酷迫害：张元勋（主编）、陈奉孝（编委）、刘奇弟（编委）等被捕入狱，沈泽宜（副主编）、王国乡（副主编）、崔德甫（副主编）、张景中（编委）、龙英华（编委）、叶予胜（编委）、李燕生（编委）、张志华（编委）等均被送交劳动教养，长达二十余年。[40]刘奇弟在劳改农场被折磨致疯，冻饿而死（在劳改农场被折磨致死的还有西语系助教任大熊）；另外两位《广场》的积极支持者林昭（中文系学生）、张锡琨（化学系学生，他曾参与《广场》油印工作）先后在监狱和劳教农场被枪毙；被枪毙的北大右派学生还有黄宗羲（哲学系学生）、顾文选（西语系学生）；还有一位在万人批判会上被点名为"《广场》幕后支持者"的贺永增（西语系学生），也在狱中因不堪折磨而自杀。[41]《广场》力图推动中国的"社会主义文艺复兴运动"和"社会主义民主运动"，以失败告终，并付出了如此沉重的血的代价，但它的历史功绩却是不可磨灭的。

（四）《红楼》第4期："左右开弓"的尴尬

1957年7月1日《红楼》第4期出版，距离第3期的出版时间5月4日，仅有两个月，时间并不长，却经历了历史的骤变：从5月19日的北大民主墙的开辟，到6月8日《人民日报》社论的发表，不但外在形势急剧动荡，每一个北大人思想的起伏，心灵的激荡更是空前的。校园诗人以其特有的敏感、激情，投入其中，经历了思想和人与人关系的分分合合。如《红楼》编委张炯、谢冕在其发表在第4期的《遥寄东海》里所说，"在这里，人们的心排着队走过"。但到编辑这一期，形势已经明朗，特别是6月16日党委书记、副校长江隆基代表北大党委作报告，对右派提出警告，标志北大"有组织的反右斗争开始了"。[42]以后，《红楼》自然也必须投入到反右运动中。

于是，就有了这一期《编者的话》——

我们爱护党，因此，我们要帮助她改掉缺点！

我们爱护党，因此，我们要保卫她！

可以看到，目前有一些人正打着助党整风的招牌，高喊：要“冲破黎明前的黑暗”，要“改变现有的政治制度”，要组织包括反革命力量在内的“百万大军”，“红色的，是火焰！白色的，是剑！”他们要进行“最后一次战斗”。

《红楼》在这样的现实面前，无法保持它的平静！为了真实地反映我校的整风情况；为了帮助党整风；为了批驳反社会主义的言论，痛击右派分子，这期特辟“整风运动特辑”。

我们拥护党所提出的“百花齐放、百家争鸣”的方针！我们主张“大鸣大放”！我们支持一切善意的助党整风的意见和批评！我们坚决反对一切反社会主义的思想言论。我们深信，在这两条路线的斗争中，《红楼》将更繁荣，将获得更大的生命力！

这里，要投入反右运动，“批驳反社会主义言论”，以“保卫党”的态度是鲜明的，这不仅是作为团委领导下的学生刊物所必有的立场，而且也是《红楼》的大部分编委的一个自觉的选择——如前文所述，他们在此之前已经自发地组织了“卫道者论坛”，因此，这里的表态应该说是真诚的。而且这也确实构成了这一期刊物的“主旋律”，所发出的是“党的儿女”的歌声：“‘共产党’，我的父亲，/我的父亲，‘共产党’/我心里默念着这奇怪的名字，/却知道这名字对我的分量”，“党炼就了我一颗坚强的赤心，/教导我：它每次跳动都要响着人民的声音。/因为这颗心含过血的仇恨，/它对今天的生活更爱得深沉！”（任彦芳：《命运》）“我在我母亲的身边，也受过委屈，/但，我知道母亲对孩子的心意，/恨铁不成钢，是为了让我成长，/母亲打骂错了，怎能怀有敌意？//母亲的病就是我们自己的病，/剜掉病疮，只能轻轻地，和风细雨，/让我们一起清除母亲的病菌，/对投向母亲的飞刀啊，我们可要警惕！”（任彦芳：《绝不允许！》）“今天的世纪 / 是人民的世纪 / 今天的北大是六万万人民的 / 人民凭着浴血斗争的经历 / 选择了共产党代表自己，/ 有谁梦想篡夺领导 / 我们绝不允许！”（吴畏：《年轻人，我们是劳动人民的子孙》）“光荣的舵手——中国共产党，是你带领着我们绕过一切的暗礁走向胜利！跟着你才有幸福！跟着你才有共产主义！！向左！向左！！向左！！！让马列主义的大旗在风浪中漫卷！让社会主义的号角在战斗中响彻云霄！正直的中国公民们，向左！向左！！向左！！！”（5304014、5304041：《向左进行曲》）

这“向左！向左！！向左！！！”的呼声，是格外引人注目的。它正是反映了一个时代的趋向，一股涌动于激进的年轻人中的思潮：在党的领导下，一路“向左”。在某种程度上这也正是“反右运动”的导向。正是在这一点上，《红楼》第 4 期的编者就显得“跟不上形势”了。

首先，这一期刊物的编辑指导思想就是不合时宜的。如前引《编者的话》中所说，编者的着眼点是“真实地反映我校的整风情况”；这背后是一个历史的眼光与学者立场：编者显然意识到这一段整风鸣放在北大校史、以至中国历史上都是一个重要的事件，因此，需要“真实地反映”其“情况”，保存原始的资料，以流传后代。于是，在刊登“正面”文章的同时，也将其所针对的“反面”材料“附录”：比如，在《我们的歌》之前，“附”上了沈泽宜、张元勋的《是时候了》；在《年轻人，我们是劳动人民的子孙》后，“附”了陈奉孝的《年青人，我们是北大的主人》等等。[43] 这样的编辑指导思想与方法也是有先例可循的：鲁迅早就说过，论战总是双方的，如果只取“一面的文章”，“无可对比”，“就都好像无的放矢，独个人向着空中发疯”，因此主张“以后该有博采种种所谓无价值的别人的文章，作为附录的集子”（《“题未定”草八》）。他自己编的杂文集里就经常附录论战对方的文章（参看鲁迅《伪自由书》、《准风月谈》等）。而且看来《红楼》第4期这样的编辑方针也是得到北大许多师生的理解和支持的：这一期《红楼》的发行量高达一万份，这是创纪录的：创刊号最初发行一千份，后来加印也才有两千份；原因就是许多师生都是将其当作历史资料，特地购来保存，或作为反映北大整风运动情况的可靠刊物寄赠自己的亲友。[44]但从批判者的眼光看，这就是扩散了右派的影响，客观上帮了右派的忙。而且尽管编者主观上也想区分香花与毒草，就有了前述正面文章与反面文章的不同处理；但当时反右运动刚刚开始，什么是香花、毒草，也并不容易区分，这一期《红楼》就将后来被划作右派的江文的《新“乐府”诗选》作为正面文章刊登出来，也许因为是讽喻诗，又是古体新用，艺术上颇有特色，编辑格外看重，还特地加上了花边，这就更闯了大祸：因为就在6月14日《人民日报》按照毛泽东的指示，发表了姚文元的《录以备考——读报偶感》，以《文汇报》与《解放日报》对毛泽东在5月25日接见共青团代表的讲话的不同编排处理为例，强调报纸的“编排也有政治性”，并同时发表了毛泽东起草的按语，进一步提出“报纸又总是阶级斗争的工具”，并以此断定《文汇报》的“资产阶级方向”。这样，《红楼》第4期对“右派分子”江文的新乐府诗的编排处理，要受到猛烈的批判，就更是必然的了。同时受到尖锐批判的还有一首题为《一个“党员”的自我礼赞》的诗及其编排处理。这也是一首讽喻诗，其中有这样的句子：“既然我是个共产党员，/就说明我是站在群众之前；/我的旗子，是真理的化身，/是一支永不熄灭的火焰”，这本是对某些党员以“特殊材料”自居的思想的一个嘲讽，这在当时自然要被认为是“反党”言论；据后来编辑部的检讨说明，他们本来是准备将其作为反面文章处理，但匆忙间竟忘记了加上“附录”二字，就作为正面文章登出来了。但就算是一个技术性差错，在激烈的阶级斗争中，自然也就成了一个政治错误。批判者由此得出一个结论:《红楼》第4期的编者追求“真实地反映我校的整风运动的情况”，从编辑思想上看，是犯了一个“资产阶级客观主义”的错误：编者“将当时学校大字报上的右派言论和批驳右派的文章兼收并蓄，好像他们自己不是战斗的一员，而是站在一旁，向读者指点说：‘你们看啦，当时双方是这样斗争的！’编辑部缺乏鲜明的立场，缺乏鲜明的战斗性”[45]；而在激烈的阶级斗争中，“‘客观主义’其实是更接近右边的”。[46]

更为传达着党的意志，急剧“向左”的批判者所不能容忍的，是《红楼》第4期编者将这期刊物命名为“整风运动特辑”。后来在批判者的压力下,《红楼》编辑部做了这样的检讨:“当右派面目早已暴露无遗的时候，当同学们正和右派坚决战斗的时候，还把右派进攻说成是‘整风运动’，这不消说是多么严重的敌我不分了。”[47]其实这背后还包含着编辑部同人对前一段运动，以及当下运动的发展方向的一种理解。这集中反映在这一期作为头条发表的张炯、谢冕的《遥寄东海》一文中。正如编辑部的检讨中所说，“它所占的地位和篇幅，显然就决定了这一期的基本倾向”。[48]这篇文章最引人注目、也为批判者抓住不放的，主要有两点。一是该文在观察、描述鸣放时期的北大运动时，始终认为尽管“有些别有用心的人归罪于社会制度，实际上是想否定社会主义”，但“在扩大社会主义民主，意见倒是一致的”；他们因此坚持一点:“在新的历史时期中，党应当领导人民扩大民主。只有在民主的基础上，党才能永远不脱离群众”。这大概是很能反映这一代青年内心对民主的渴求的，即使是投身于反右运动，也不愿意放弃这一基本的，也是根本的要求。因此，他们对当下的运动的理解，也是坚持“左右开弓”，也就是这一期《编者的话》里所说，要开展“两条路线的斗争”，即一面进行反右斗争，“反对一切反社会主义的思想言论”，一面“支持善意地助党整风的意见和批评”，也即坚持反对“三害”：党内的官僚主义，主观主义与宗派主义。这一期选录的发表于5月20日的一首《回答》大概是很能反映编者的立场的：“马列主义/是我们的灵魂，/教条主义/是我们的死敌。/我们/坚决地/清除教条主义，/我们/更坚定地/保卫马列主义。/只有这样，/我们才不愧为/真正的/‘五四’父兄的/子弟”。作为这样的基本思想与立场的体现，这一期除发表了许多可称为“反右檄文”的杂文、短论及诗歌、小说以外，还以相当的篇幅刊登了《儒林内史》、《新拍案惊奇》这类“反三害”的文学作品，而作为“贴在墙头上的诗”专栏首篇的《我的弟兄，我的姐妹》，更是高喊：“思想自由之花在五月的阳光下缤纷/真理的声音像春雷滚过初夏的长空：‘剿灭三害，助党整风！’”这样的声音出现在反右运动中，自然要被认为是一种干扰，甚至是继续放毒。那个时代的逻辑是：党既然已经发出了“反右”的号令，一切都应该统一到党的这一意志上，而绝不允许有另外的理解与行动。结局只能是这样：《红楼》编辑部最后作出检讨，承认自己“迷失了方向，表现了立场的动摇”，[49]并在组织上进行了改组：先是将编委中的右派张元勋、李任等开除，[50]以后又彻底换班，另组编辑部。

也许更为重要的是，作为校园里的学生刊物，由此开始的编辑指导思想、方针与组织原则上的根本变化。在《红楼》编辑部的检讨中，在追查“犯错误”的原因时，谈到了两点。首先是在“编辑方针”上，《红楼》把自己定位为一个“习作园地”，“以发表作品为满足”，这就完全“忽略了文艺作为阶级斗争的锐利武器，作为共产主义事业的一部分，作为党的事业的一部分，它必须服务于政治，服务于社会斗争”，“忽视了文学的目的性，忽视了文学的党性原则，实际上是削弱共产主义思想对文艺的武装，实际上是资产阶级文艺思想、文艺路线的反映”。其次，在组织原则上，《红楼》在《发刊词》中，“把党和学校行政、广大群众提在一起，只看作是支持和关怀的关系”，“没有坚决地依靠党的领导”，这是“犯错误的根本原因”。[51]于是，就有了改组以后的《红楼》的新的宣言：1958 年第 1 期，为“纪念《红楼》创刊一周年”，《红楼》编辑部发表了题为《更高地举起社会主义的红旗》的文章，明白宣告：“我们公开承认，《红楼》是党的宣传工具，是党以共产主义精神教育青年的武器之一。它应当为政治服务，为党的事业服务，而不能脱离当前的政治斗争。”这也正是反右运动的目的：它要从政治、思想、组织上确立党的绝对领导，而且是毫无例外的，即使是校园内的学生刊物也要置于党的绝对控制之下。这就是当时及以后一再强调的党性原则。

（五）《浪淘沙》：坚持党的立场、观点与方法

尽管《红楼》竭尽全力地改正错误，连续编辑了《反右派特刊》，“作为对同学的期望的答复”，但毕竟元气大丧，在同学中的影响逐渐减小。在反右运动中，异军突起的是《浪淘沙》。前述《红楼》第 4 期的重头文章张炯、谢冕的《遥寄东海》里写于 6 月 20 日的信中首次谈到《浪淘沙》于“昨天下午出版”，并介绍说“这是由《儒林内史》编辑部和求实书会（《清华园奇观》和《新拍案惊奇》的作者们）合办的同人刊物”。反右运动中有人写文章指明《儒林内史》是由中文系研究生二班的“全体党团员”编写的。[52]《浪淘沙》第 1 期还是一个油印刊物，在编者《后记》里这样表明自己的立场：“除了淘洗三害的沙之外，我们还要‘淘’离开社会主义的泛起的那些沉沙沉滓，不让他们和许多善良的爱护党的意见和言论搅在一起，淆乱是非，引起混乱，是以将本刊定名为《浪淘沙》。”这样，尽管从总体上《浪淘沙》也是坚持“左右开弓”，第 1 期同时发表了揭露“三害”的《儒林内

史》与揭露校内右派的《阿0外传》(这两篇也转载于《红楼》第4期);[53]但其重点却一开始就放在反击右派上。它的第一个为全校师生注目的行动,是发了一期《号外》,公开披露了《广场》主编张元勋、沈泽宜在印刷厂被工人包围的消息。这样,也就把自己推向了反右的第一线。在随后(6月24日)出版的《浪淘沙》第2期(已改为铅印)发表的编辑部文章《现实告诉我们什么?》,就以更加鲜明的态度,强调“思想战线上的阶级斗争还会有一个相当长的时间,斗争形式也是多种多样的。人们应该在这场斗争中认清道路”,“(这)是维护社会主义和推翻社会主义的斗争,这种斗争是必然激烈,必然紧张,就不会像请客吃饭那样轻松”。而尤其引人注目的,是对“立场,观点,方法”的强调:“不管你愿意不愿意,每一个人都应该经常给自己画一个问号:我所站的是什么立场,所持的是什么观点,所用的是什么方法。它的确是使我们从乱丝般的现实中辨别方向,判明是非,分清敌我的法宝。”可以说《浪淘沙》的最大特色,就是它是自觉地以党的立场、观点和方法来投入反右运动,不仅批判右派言论,也批判一些所谓“中间派”的“糊涂观点”。今天重读这些文章,却也能从中多少获得一些运动发展的信息。例如前述《现实告诉我们什么?》一文,就透露出“有人说‘太紧张了!’‘过分了!’‘白热化了!’‘过分了!’摇摆于是非之间,站不稳立场”;另一面又有人以“左”的面目出现,“要求把谭天荣送上断头台,也有人提出理发工人、修鞋工人都拒绝为谭天荣服务等过分的要求”。另一篇中文系教授高名凯先生的文章,则真切地谈出了在反右运动中知识分子的困境:“我们常常暴露这样的思想情况,不知道要如何的和右派分子划清思想界限,我们常常感到‘我说的话的确出诸诚意,的确有善良的动机,但却和右派分子的言论有某些共同之处,我不知道如何和他们思想上划清界限’”,他的结论是:“如果不是工人阶级出来说话,如果不是党报给我们敲响了警钟，不少的知识分子就可能在所谓‘善良’的动机下作出危害人民的事情”，“这事情本身就说明我们知识分子的思想改造没有彻底成功”。[54]

《红楼》“反右特刊”与《浪淘沙》都发表了不少教授的文章与来信（《浪淘沙》还专门开辟了“老师的话”这样的专栏），其中最引人注目的是《红楼》“反右特刊”第 4 号的《冯至教授给本刊的信》。信中谈到“《红楼》的第 1 期和第 2 期，我是不大满意的”，“总起来看，给人一种薄弱无力的感觉，好像跟我们新青年应有的豪迈气概配不起来。其中甚至有个别的诗歌是晦涩的，带有消极的、低徊的情绪”，“如今的《红楼》与过去的不同了，精力饱满，冲锋陷阵，成为保卫党，保卫社会主义的一队尖兵”。来信最后表示“希望《红楼》多发表一些歌颂党，歌颂社会主义事业的文章。让那些怀着恶意嘲笑我们‘歌功颂德’的市侩们滚开吧！歌人民之功，颂无产阶级先锋队共产党之德，是我们的天职。我们要让歌颂的声音响彻云霄。让那些险恶的丑类在我们嘹亮的歌声中无地自容”。冯至是众所周知的 20 年代北大校园诗人与 40 年代西南联大校园诗人的代表，并且以“低徊”的吟唱而为世人所称道。或许也正因为如此，他对《红楼》诗歌里出现的“低徊”诗风特别敏感；而在他看来，在新时代、新中国出现这样风格的诗是“消极”的，说不定他还担心这里有自己的“不良影响”，这才有了“不大满意”的表态。而“红楼”里的这些诗歌果然在反右运动中受到了严厉的批判，如我们在前文所引的《恋歌》、《回答》这一组情歌就被斥为是“男女间十分浅薄庸俗的调情”，而对《东阳江》的作者更是厉声质问：“为什么‘喜欢忧郁地在树丛中穿行’？为什么拼命歌颂江水的‘反抗’和礁石的‘骄矜’？为什么表露着自己无限的愤慨、悲凉的情调？”[55]调子显然比冯至高得多了。但冯至所提出的校园学生刊物应该大唱党的赞歌，“成为保卫党，保卫社会的一队尖兵”的期待，在编辑部改组以后的《红楼》，特别是《浪淘沙》的编辑工作中，却得到了相当自觉与完满的实现。《浪淘沙》曾特地编辑了“妈妈生日好”的专栏：“把我的心，/给你献上”，“我用生命为你歌唱”，“我们永远是葵花，/共产党永远是太阳。/谁要侵犯太阳，/谁就只有灭亡！”[56]而对右派的讨伐，更是不遗余力，而且是诗歌、小说、通讯报道、杂文、寓言、谚语、评论……各种文体一起上，确实充分发挥了“尖兵”的作用。

最后要提到的是《浪淘沙》社与北大校刊合编的《粉碎〈广场〉反动小集团》，里面汇集了7月19日、20日全校批判大会的全部发言，可以说是对以《广场》为中心的北大右派的一次组织上与思想理论上的总清算。特别值得注意的是批判者所提出的观点——

> 1. 知识分子只有接受马克思主义，与工农大众相结合，用无产阶级思想来改造自己，走社会主义的道路，才能达到救中国的目的。这就是“五四”的精神和传统。[57]
>
> 2. 只有共产党的领导才能解放中国，只有共产党才能领导中国走向社会主义。反共就是卖国，就是亡国，就是民族的大灾难，检验社会主义的真假的关键在于：是否有能实行无产阶级专政的党，真正的马克思主义的党的领导。[58]
>
> 3. “思想解放”这个没有阶级性的口号，在不同的阶级那里，意义是不同的。对于我们，思想解放是从一切反动阶级的思想统治下的解放，是马克思列宁主义的指导地位的确立，而资产阶级右派则相反，是要动摇和推翻马克思列宁主义原则在我们国家生活中的指导地位，代之以资产阶级的思想。
>
> 在我们今天绝不存在所谓争取“思想解放”，进行所谓“思想解放运动”的问题，而只是存在继续改造思想的问题。

4. 在我们的社会里，极大多数人民享受了真正的民主与自由，只有少数反动分子没有“民主”，这是完全合理的；这一小撮人所要争取的民主，是为已经死亡的地主阶级争民主，是为正在消灭的资产阶级反动派争民主，是为反革命争民主，是为帝国主义向我们争民主，是为他们的反动思想、反动言论争民主。[59]

以上几点，就是构成了反右运动以后所进一步确立的主流意识形态观念的基本点。1957年北大与中国校园里涌动的思潮，最后收归于此，是许多人都没有预料到的。

2003年12月31日晚11时21分写毕

注释

[1] 张元勋:《北大往事与林昭之死》，收《没有情节的故事》，525—526页，北京十月文艺出版社，2001年版。

[2] 谢冕:《开花和不开花的年代》，收《开花和不开花的年代》，17页，北京大学出版社，2001年版。

[3] 张元勋:《北大往事与林昭之死》，收《没有情节的故事》，524—525页，北京十月文艺出版社，2001年版。关于“发‘才’”这一段话，则是也在会场中的本文作者的回忆。

[4] 谢冕:《开花和不开花的年代》，收《开花和不开花的年代》，14页，北京大学出版社，2001年版。

[5] 孙玉石:《“如歌”的岁月里》，《开花和不开花的年代》，10—11页，北京大学出版社，2001年版。

[6] 见《红楼》第4期:《北大文艺动态一瞥》。

[7] 见《红楼》第2期:《北大文艺动态一瞥》。

[8] 见《红楼》第2期、第3期:《北大文艺动态一瞥》。

[9][10][11][12] 张元勋:《北大往事与林昭之死》，《没有情节的故事》，521—

522、523、527、528页，北京十月文艺出版社，2001年版。

[13] 关于北大5月19日贴大字报的情况，有各种不同的说法。这里，所根据的是1957年7月19日、20日召开的有一万一千人参加的北京大学“批判《广场》反动集团”大会的发言材料，见北京大学《浪淘沙》编辑部、北大校刊编《粉碎〈广场〉反动小集团》。

[14]《是时候了》一诗，现存资料中，字句略有不同，这里依据的是第1次作为“附录”公开发表的《红楼》第4期。

[15]《我们的歌》，收《红楼》第4期。

[16] 刘奇弟、邓贵介的诗都因收入《右派言论汇集》而保存下来，此书现存北京大学图书馆。

[17] 林昭此诗当时影响很大，但久寻而不得。正以为已经失传，突接老同学韩乐群君来信，从他当年的日记中抄录了此诗，大喜过望。韩君又将其保存的《红楼》、《浪淘沙》杂志相赠，并写有题词：“乐群珍藏，随我四十余年。赠理群吾弟保存，定可发挥更大作用，寄厚望焉”。或许正是这“厚望”的压力促使了本文与本书的写作。文章写出，可以告慰老友与林昭在天之灵了。

[18] 参看王南山、杜北原：《分行的诅咒，有韵的诬蔑——评〈北大民主墙选辑〉(〈广场〉)的反动诗歌》，载《红楼》“反右派斗争特刊”4号。

[19] 参看张炯、谢冕：《遥寄东海》，载《红楼》第4期。

[20] 杜嘉真的这几首诗：《是时候了》、《组织性和良心——致林昭》、《致勇士》均收《右派言论汇编》。

[21]《北大民主运动纪事》，原载《广场》，收《原上草·记忆中的反右派运动》，26页，经济日报出版社，1998年版。

[22] 转引自朱正：《1957年的夏季：从百家争鸣到两家争鸣》，386页，河南人民出版社，1998年版。

[23][24][38][41] 陈奉孝：《我所知道的北大整风反右运动》，500、504、505页，北京十月文艺出版社，2001年版。

[25] 洪成得：《广大同学与〈广场〉反动校集团的斗争》，收《粉碎〈广场〉反动小集团》。

[26][35][39] 谢自立：《〈广场〉反动小集团的反动本质》，收《粉碎〈广场〉反动小集团》。

[27]《广场发刊词》，19、20页，《原上草·记忆中的反右派运动》，经济日报出版社，1998年版。

[28]《北大民主运动纪事》，27页，《原上草·记忆中的反右派运动》，经济日报出版社，1998年版。

[29]《广场发刊词》，19、20页，《原上草·记忆中的反右派运动》，经济日报出版社，1998年版。

[30] 刘萤：《斥右派分子所谓“思想解放”的谬论，为保卫马克思列宁主义而斗争》，收《粉碎〈广场〉反动小集团》。

[31] 王南山、杜北原：《分行的诅咒，有韵的诬蔑——评〈北大民主墙选辑（〈广场〉）的反动诗歌》，收《红楼》“反右派斗争特刊”4号。

[32] 刘绩生：《诗人颂（诗人是指我理想的人）》，收《右派言论选辑》。

[33] 均收《右派言论选辑》。

[34]《北大民主运动纪事》，21页，《原上草·记忆中的反右派运动》，经济日报出版社，1998年版。

[36] 余光清：《〈广场〉反动小集团在校外的阴谋活动》，收《粉碎〈广场〉反动小集团》。

[37] 参看署名“北京市印刷一厂全体职工”与“丁虹远”等青年工人的《第一印刷厂工人给北大同学的信（两封）》，载《浪淘沙》第3期。

[40] 以上《广场》编委会名单，据赵光武：《〈广场〉群丑》，名单上的编委还有：袁橹林、樊启祥、李亚白、梁次平等。赵文收《粉饰〈广场〉反动小集团》。

[42] 洪成得：《广大同学和〈广场〉反动小集团的斗争》，收《粉碎〈广场〉反动小集团》。

[43] 编辑对这期选登的《贴在墙上的诗》的处理，处处都显示了一种历史感。比如大部分诗都保留了写作或贴出的时间，这就为今天的研究提供了极大的方便。

[44] 本刊编辑部：《我们的检讨》，载《红楼》第5、6期。

[45][55] 翟奎曾：《评〈红楼〉》，《红楼》第5、6期。

[46] 张建：《什么倾向——评〈遥寄东海〉》，《红楼》“反右派斗争特刊”4号。

[47] 本刊编辑部：《我们的检讨》，《红楼》第5、6期。在这份检讨中，还特意说明了一个情况：此期刊物是6月初编辑的，当时《人民日报》《这是为什么》的社论尽管已经发表，但反右运动并未全面展开，北大的反右运动如前所说，是6月16日党委书记作了全校动员报告以后才开始的；因此，当时一切都还不够明朗。但因印刷制版等原因，这期刊物到7月1日才出版，形势已经大变了。

[48][49][51] 本刊编辑部：《我们的检讨》，《红楼》第5、6期。

[50] 见《本刊编辑部开除张元勋、李任》，《红楼》“反右派斗争特刊”2号。

[52] 见谭令仰：《〈儒林内史〉是毒草》，载《红楼》第5、6期。

[53] 但随着反右运动的深入，《浪淘沙》及《红楼》发表的《儒林内史》也受到了严厉的批判，被判定为“歪曲和攻击党的干部政策和党团组织原则，反对或不满党团的领导，丑化党团的领导干部”的“毒草”。见谭令仰：《〈儒林内史〉是毒草》，载《红楼》第5、6期。

［54］ 高名凯：《反右派斗争与知识分子的思想改造》，载《浪淘沙》第4期。

［56］《"七一"，把我的心给你献上》（据大字报改写）、莽：《给党》、狄葵：《太阳颂》，载《浪淘沙》第3期。

［57］ 汪子嵩：《谁是真正五四精神的继承者？》，载《粉碎〈广场〉反动小集团》。

［58］ 何钟秀：《党的领导是建设社会主义的根本条件》，载《粉碎〈广场〉反动小集团》。

［59］ 刘萤：《斥右派分子所谓"思想解放"的谬论，为保卫马克思列宁主义而斗争》，载《粉碎〈广场〉反动小集团》。

80 年代校园竞选运动：不能遗忘的历史

——重读《开拓——北大学运文献》

1998 年，北大百年校庆之后，我因重读《北大右派言论汇集》而写《不容抹杀的思想遗产》一文，[1] 重新唤起了 1957 年发生在北大校园的“五一九民主运动”的历史记忆与叙述。

今天，2007 年，北大一百一十周年校庆的前一年，我又重读《开拓——北大学运文献》（香港，田园书屋，1990 年），写这篇《不能遗忘的思想遗产》，试图唤起对 1980 年发生在北大校园的“选举运动”的历史记忆与叙述。

这都是北大校史，以及中国现、当代思想史、政治史中不可或缺的一页。两次重新记忆和叙述，其间经历了十年沧桑。无论是中国社会，北大自身，还是我自己，都发生了变化。这变化引起的感慨是难以言说的。

强调“不能遗忘”，是因为想起了一件往事：也是在北大百周年校庆的时候，我曾经生活了十八年的贵州安顺的一份地方小报发表了一篇文章，对北大的现实表现表示失望，并有这样的质问：“在历史关头举起过‘五四’大旗的北大，为什么在‘真理标准大讨论’的历史时刻，你就没有登高一呼的再度辉煌？你是没有准备好，还是最为珍贵的传统已经流失得太多？十一届三中全会以来的思想解放运动，为什么你一次又一次地错过了表现自己的机会？被北大人一再提起的辉煌为什么总是集中在蔡元培时代的北大？”[2] 对北大现实的不满，自然是有充分的理由的，也是这篇文章引起我共鸣之处；但作者对80年代初北大的历史却显然缺乏了解：这正是当局与学界有意遮蔽与强迫遗忘的结果。问题是，当时我在看到这篇文章时，竟也没有想起1980年的选举运动：这种历史在场者（1980年我正是北大的研究生）的遗忘，或许是更严重，更令人惊悚而深思的。

而我的记忆的恢复，却是发生在十年后的今天，大概也不是偶然的。正是这些年，中国改革的问题暴露得越来越明显，面对越来越突出、尖锐的体制性的矛盾，引发了人们对中国式改革道路的反思。而在我看来，这样的反思是应该追溯到历史的起点的。于是，发生在1980年以北大为代表的中国校园选举运动中围绕中国改革道路的讨论与辩论，就重新进入了我的视野。

让我们回到当年历史的情境中——

（一）不平常的时刻，不平常的地方，不平常的一代人

改革关键时刻的校园民主运动

据《北京大学选举运动大事纪》介绍：北大选举海淀区人民代表的工作是从1980年10月6日开始的。北大学生和研究生单独划为一个选区。大约10月中旬，“北大部分学生公民开始酝酿竞选”。11月3日学校公布选民榜，开始酝酿候选人。当天上午，经济系、国际政治系、技术物理系几个学生相继贴出竞选宣言，这是北大第一批站出来的候选人。以后，哲学系研究生、国际政治系、中文系、哲学系、经济系的一些学生也相继宣布参加竞选，候选人达十八人之多。由此展开了极有声势与活力的竞选活动：除张贴宣言、大字报外，还组织选民见面会、答辩会，举行民意测验，出版《竞选短波》等中立刊物。12月11日正式选举，投票率达91.25%，仅一人当选为海淀区人民代

表。12月18日进行补选，候选人均未过半数。选举运动遂告结束。[3]

实际上在北大开展竞选运动之前，北京大学一分校就已经开始了竞选活动，一位历史系学生早在10月16日就在校园里贴出了《竞选宣言》。到11月初，和北大同时，中国人民大学、北京师范大学、清华大学、北京师范学院、中央民族学院、北京钢铁学院、北京航空学院等高校也都掀起了竞选运动的热潮。[4]而在此之前，在五届人大二次会议决定修改选举法，将县级人民代表改为直选以后，从1980年2月起，选举在一些地方进行试点，就陆续有民间的竞选活动；而在复旦大学、上海师范学院、湖南师范学院、贵州大学、山东师范学院等全国各地的高校，也都先后出现了竞选活动。北大的竞选运动正是把这样的潮流推向了高潮。

值得注意的是，在北大的一次民意测验中，有52.5%的选民认为这次选举是“实行社会民主化的最初步骤之一”。[5]而最早站出来发动和参加竞选运动的一位竞选人，在他写的《对竞选运动的总结》里，则明确指出，“过去三十年，我们采取的选举形式——领导内定候选人的等额选举形式是不合理的”，这一次的竞选，“是人民群众打破原来旧的选举形式而力图创造一种新形式的一次尝试”。他这样看待竞选的意义：“竞选可以造成一个群众性的运动，使群众在实践中学会如何运用自己的民主权利。而且他们将在不受任何操纵的情况下，学会如何辨别是非，区分真假。他们将用自己的头脑进行独立的分析、思考、判断，并且用自己手中的票进行裁决”，“民主制度的条文章程可以在短期内制定（如选举法、刑法、婚姻法等），但民主习惯、民主风气的形成却是一个漫长的过程，而每一次民主竞选活动，都是培养大家民主习惯、民主意识的极好的方式和机会”。——这里，着眼点在对“群众”（当时还不太习惯用“公民”的概念），特别是年青一代民主意识、民主习惯、民主风气的培育，是长期的民主基本建设工作。但在1980年发动这样的民主竞选运动显然有更现实的意义。作者并不回避这一点，他明确地提出竞选的宗旨："我们几乎所有的竞选者都是一致的，这就是促进我国的民主改革，反映人民群众的意愿。"他同时提出，"这次竞选在青年知识分子中是对改革的一场大动员、大讨论。它不但是对改革的一次巨大的支持，而且它本身就是一次重大的改革"。[6]

"我们处在一个很不平常的地方"

值得注意的是，当选代表其《竞选宣言》里，有这样的明白宣示——

> 我们都是平平常常的人，但是，我们却处在一个很不平常的地方。
>
> 六十年前的一声呐喊，给北大留下了不朽的光荣。同时，也向我们每一个后来人提出了永恒的责问。
>
> 古代最伟大的民主主义政治家，雅典的伯里克利说过一句话："我可断言，我们的城市是全希腊的学校。"今天，我们为什么不能使北大在民主改革的新长征中再一次成为全国的先锋。

也就是说，这一代人是以"五四"精神的传人自期自许的。对他们来说，这更是一种责任，一个历史的承担：他们甚至感到了这样的承担的沉重。而当这位当选人提出："创办一种研究生、大学生的独立的综合性刊物，推进民主、繁荣学术，八十年代的北京大学，必须有她第二个《新青年》！"时，他就事实上在呼吁重新发动一场五四新文化运动。

我们还注意到如下宣言：我们要"以毫不含糊的语言向世人昭

示：中国的青年一代希望的是什么，追求的是什么，反对的是什么，赞成的是什么，从而也预示着明天的中国将会是什么。你可以对它反感，却无力将其抹杀。即令一个头脑最僵化的人，只要他还有现实感，也必将在这个明白无误的信息面前，重新调整自己”。

这其实也是历史的回声。1957年称为“燕园狂人”的谭天荣就发出过他们那一代青年的宣言：“我们要走自己的路。我们要回答：这一切都是为了什么？我们要回答：生活走向哪里，历史走向何方？”“我们要思考，除了我们自己谁又能禁止我们思考？我们要想，不让想吗？偏要想！”我们要走“自己开辟的道路，谁要拦阻就会一毫不差的毁灭”。[7]

毫无疑问，1980年的竞选者都是1957年人的精神兄弟姐妹。正是他们首先高度评价那些1957年校园民主运动的先驱，称他们为“青年政治活动家和理论家”，“马克思主义者”，说“他们反对史大林主义，他们希望吸取苏联的教训，借鉴南斯拉夫等国的经验，走出一条中国式的社会主义道路”。这些理解都很到位，正说明彼此精神的相通。

这里显然存在着“1919—1957—1980”的校园精神谱系。

“让我们新一代推动中国”

现在已经是新的一代。一位竞选者在他的《竞选宣言》的一开头就说：“我们这一代的声音被忽略得太久了，太久了。”而另一位则以这样一句惊天动地的口号结束他的《竞选宣言》——

> 让我们新一代推动中国！

以这样的气势，在80年代伊始，当仁不让地登上中国政治、思想、文化舞台的，是怎样的一代人？从自觉充任这一代人的代表的，这些北大竞选人经历的分析中，我们不难发现，这一代人大都在“文革”前接受了程度不等的小学、中学教育，文化大革命构成了他们的主要成长背景。在某种意义上可以说，他们是革命意识形态培养出来的，[8]经过“文革”的挫折，又开始反思，大都经受了从“幼稚的狂热”到“理性思考”的精神蜕变。[9]在他们身上，有三个显著特点。其一，他们大都下过乡，当过工人，有的还当过兵，有着深切的底层生活经验和体验，比较了解中国的国情：这是他们的前代和后代所不及的。其二，他们又是知青、青工中喜欢读书、思考的一群人，可以说都是自学成才的。他们在同代人中，或者较早地接受了西方思想的影响，或者在对马克思主义经典作家的独立阅读中，有着自己的独立思考。因此，他们不仅在艰苦的环境中磨炼了自己的信念、理想与意志，而且有较为开阔的视野和开放的心态。其三，他们中有些人曾是“文革”后期的“民间思想村落”里的骨干。

他们因此具有一些独特的精神气质。这是他们自我描述中的“自己”：“他们学会了思索，他们扫除了脑子里一切神圣的东西，用批判的眼光去重新看待世界。过去有人说：‘青年最大的弱点就是轻信’，可是这一代青年是不会再轻信了。”“我们不仅有怀疑、批判旧世界的勇气和水平，我们同样有建设、创造新世界的决心和能力！”这是具有使命感的一代，他们有一种“强烈的意识”，要“及时地、有力地抓住事变中最关键的一环”，“用自己的力量推动历史前进”。但同时又表现出清醒、冷静的理性精神。他们如是说：“发表政纲，并不是尽情抒发自己心中‘理想国’的美景；陈述政见，也不是宣称向一切不合理的事物全面挑战”。他们强调的是“培养自己脚踏实地的素质”，要“冷却我们身上不切合实际的一时狂热，从而使我们具备持久的积极性”。底层的生活经验使这一代民间改革者从一开始就学会一切从中国的现实出发，立足于中国这块土地，“我们只做大地上的安泰”。

当然，他们之间的差异也是明显的——这一代人自身就有一个从千篇一律、千人一面的平均化、单一化的社会、时代解脱出来的任务，张扬个性，表现思想的独立性和独特性，就成为80年代青年的自觉追求。人们很快就从竞选人中区分出了所谓“激进派”与“稳健、温和派”，“务虚派”与“务实派”。尽管这样的区分有些简单化，但差别与分歧的存在，却是事实：不仅改革纲领不同，而且在精神气质上也有明显的差异。有的喜欢谈“我们这一代”的历史使命，对改革的推动作用：有的一开始就申明自己参加竞选，只是为了“表明我对改革的拥护”，因而强调知识分子“只有将自己的远见卓识和工农的浅近的目标结合起来，才能共同组成改革社会的巨大力量”，并特意重申“青年知识分子如不和工农结合，必将一事无成”，并号召要“放下架子去寻找这种结合点并实行结合”。

这些差异和分歧，并不妨碍他们共同面对时代提出的，也是他们自身的问题。

（二）这一代人所背负的历史遗产

这一代人出现在中国历史的转折时期，就必然是既背负历史的遗产，又面对未来的变革。而他们自身就是那段历史所培育的，要从中走出，就必须有一个历史的清理，也是自身的清理，这是一个充满了痛苦、疑惑、反复、犹豫的过程。这都在他们的竞选宣言，公布的政见、改革观中表现出来。

这一代人所背负的历史遗产主要有三：文化大革命，毛泽东和社会主义。这在1980年的竞选运动中，既是历史话题，也是一个现实话题，因而成为大字报和答辩会上的一个争论的焦点。

文化大革命：是“封建大反动”，还是“失败的革命”？

我们说过，文化大革命是这一代成长的背景，因此，在走向新的变革时代时，他们首先要面对的，就是对文化大革命的评价问题。

这是一个很有意思的现象：从总体上看，在70年代末和80年代初的校园和中国，人们主要的是以批判的眼光去看待刚刚宣布结束的文化大革命的，当时流行的说法，叫“噩梦醒来是早晨”，有一种摆脱梦魇的解放感。但细加考察，就可以发现两种不同的批判立场。这在我们在前文中提到的“竞选人调查”中就表现得很明显。在回答“文化大革命的性质”问题时，十六人中有九人认为是一场“大反动”，应予根本否定，有六人认为是“失败的革命”，“不能全部否定”，有一人认为“是一个充满矛盾的历史事件”。

其中一位在竞选中发表了一篇专题论文：《是“文化大革命”还是封建大反动》，对文化大革命作了这样的概括：“政治上封建法西斯专政，经济上农业共产主义，思想上的大一统的宗教式信条”。他指出，文化大革命所要建立的“五七社会”（按：指毛泽东在1966年发布的《五七指示》所提出的“学生以学为主，还要兼学工、农、军，批判资产阶级；工人以工为主，兼搞农副业；农民以农为主，兼搞工业”等社会理想），和1958年的人民公社一样，都是“农业共产主义”，“根本不符合现代化生产力要求的专业化分工和科学组织，根本不符合知识分子必然在经济和社会生活中越来越重要的作用的发挥”，“就像历史上的农民起义一样，必然要转化为一种封建式的东西”；而文化大革命中的所谓“反走资本主义道路的当权派”，“反的是‘利益挂帅’、‘经济主义’、‘修正主义教育路线’等等，代替这些的是‘政治挂帅’，为‘革命’生产，教育为‘无产阶级政治服务’，贫下中农管理学校等”，这绝不是“反官僚主义”，而是推行“更大的官僚主义和封建法西斯主义”。他的结论是：“从十年动乱的实际进程中各种封建因素在社会生活的各方面的大复活、大猖獗、大发展和它的目标‘农业共产主义’看，显然，所谓‘文化大革命’，并非是什么‘未完成的革命’，实际上它是一场封建大反动！”

另一位在他的文章中也认为“文革”是一个“大反动”，这是“一场被错误路线引入歧途的群众运动”。他也把批判锋芒指向“封建专制主义”：“广大干部和党员长期以来把‘忠君’思想当作马克思主义的原则来信奉，到头来却被翻云覆雨的‘君主’玩弄于股掌之间，在‘文革’中首先受害。对自己身边的‘南霸天’、‘北霸天’积怨已久的百姓们，则幼稚地把‘文革’当成扫除贪官污吏的大好机会来欢迎”，“他们像几千年来的老祖宗那样，幻想着‘圣明’的‘皇上’会给人民做主”：正是“‘文革’使中国社会的封建印记暴露无遗”。

他的批判的独到之处，也是最有价值之处，在于他的三个提醒。他首先提醒人们注意：“‘文革’是整个十年党内左倾路线发展的顶峰，是十七年的必然归宿，两者是同一社会模式的产物”。因此，他的批判是从反右运动开始的。他指出：“反右后一切党外监督的不复存在，只是加速了党内腐败势力的滋生蔓延，最后导致林彪、江青反党集团的形成”；而“大跃进”则是“反右运动中，错误地批判‘外行不能领导内行’后，推行‘书记挂帅’的恶果”。在这位作者看来，根本的问题在于，在反右以后逐渐发展、形成的“以阶级斗争为纲”的基本路线，到“文革”更发展成为“无产阶级专政下继续革命”的整套理论，是一条“反马克思主义的路线”，其要害正是要强化“少数寡头可以撕毁宪法”、“公民的人身自由、言论自由没有任何保障”、“大小官僚主义者可以为所欲为”的专制体制。——这里强调“文革”是“十七年的必然归宿”，是抓住了1980年代以至以后的中国政治的要害的：因为在中国始终存在着一种势力，他们否定“文革”是要“回到十七年”，实际上他们是以“十七年”作为他们所说的改革的目标与理想王国的，那是他们的既得利益所在。当调查者问道：“现在教育制度中最大的问题是什么”时，一位竞选者断然回答说：“一切照十七年办”，这当然不仅是指教育制度而言，这实际上是构成了中国改革最大危机的。

文章还指出：“现在有人把‘文革’的祸害算在民主的账上，这些人不是出于无知，就是蓄意歪曲事实。‘文革’与‘民主’风马牛不相及，它是历史上残酷的独裁专制时期之一。在整个‘文革’期间，除开六七年六、七、八几个月，‘最高统帅’的统治基础从来没有受到过动摇，军队、警察和舆论工具始终牢牢地控制在他的手中。在‘公安六条’的阴影下，公民被剥夺了最起码的民主权利。红卫兵冲垮各级党政机关，这绝不是什么‘大民主’的产物，而是红卫兵的狂热表现”。——这里提出的文化大革命与“民主”的关系问题，显然有现实的针对性：1980年代初确实有人为维护其既得利益，借否定“文革”来否定民主；但它的意义也许是更长远的，因为在另一种社会背景下（例如新世纪以来的中国）又有人会将文化大革命中的“大民主”理想化，从而有意无意地遮蔽了这里所说的“文革”“是历史上最残酷的独裁专制时期之一”这一基本事实。

作者还提醒我们注意一个“常常被忽视”的事实：“‘文革’是一场被错误路线引入歧途的群众运动，但是，其中不乏闪光的思想火花。无论在‘文革’初期、中期和末期，都曾涌现出一批主张在真正的马克思学说指引下，进行社会体制改革的战士，他们是今天思想解放运动的先驱。他们之中的许多人早已惨遭杀害，许多人至今下落不明，但公正的历史将不会把他们遗忘。”——这一代人是不会遗忘的：一位竞选人就明确地将“遇罗克”视为自己“最敬佩的”人。但无论在当时，以及以后，总有一种力量试图借对文化大革命的全盘否定，来掩盖、抹杀这些先驱者。在这个意义上，我们可以把1980年的竞选者在竞选运动中发出的声音，看作是“拒绝遗忘”的最初呼声，其意义是不可低估的。

另一位竞选人则提出了对文化大革命的另一种同样带有批判性的分析，认为这是一场“失败了的革命”。他的这一观点在当时产生了很大影响，引发了激烈的争论；而在以后也不断有人对“文革”作出类似的分析和评价：这本身就是一很有意思的思想文化现象。

他的观点有几个要点。首先他认定，中国需要一场“社会主义民主革命”。他指出，“四九年革命解决了所有制的改革任务，建立了公有制的形式（仅仅是形式），这是一场社会主义所有制的革命。但社会主义革命并没有完，为了保证公有制形式实质的统一，就必须建立一套使实际掌握生产资料的国家或当权者真正代表人民的制度，这就是民主制”，因此，在所有制的社会主义革命之后，还应该有“社会主义民主革命”。在作者看来，文化大革命的“性质应该是社会主义民主革命”，“革命的动力无疑是工人、农民和其他劳动群众，革命的对象是官僚主义者阶级（层）”。正是基于这样的认识和期待，在被问及“毛主席发动文化大革命的动机是什么”时，他作了这样的回答：“毛主席确实在想什么，只有他自己知道，我们考察历史人物只能通过他的言行。1965年毛主席就提出‘官僚主义者阶层’的概念，并指出他们是喝工人农民血的剥削者。他从苏联的镜子中也看到了官僚主义的危险（然而他没有看见自己也是造成这样矛盾的根源之一），所以我认为他发动文化大革命的动机主要是好的”，“当然我们不能排除毛主席有个人动机的可能，但不认为这是主要的”。

但论者所想要强调的是，由于毛泽东“用一种落后的思想去指导革命，所以革命失败了”。在所写的《怎样评价毛泽东》一文中又进一步指出，毛泽东看到正在形成官僚阶级，“但是他仅仅是说出了一个表面现象，并没有看到导致这个阶级产生的是中国的经济结构和经济体制，而只是把它解释成为一伙变了质的坏人，在这种思想指导下，'四清'、文化大革命成了整人运动，而根本没有触及社会结构、经济基础的变革”。这样的“不触及社会结构、经济基础”的“整人运动”，大概就是论者所说的“落后思想指导”下的“革命”，用当时在一些“文革”参与者中颇为流行的说法：这是一场“没有革命的革命”，所以它“失败”了。论者也这样指出，毛泽东企图“用清洗基层干部的方法来解决问题”，“四清运动自上而下地清洗干部，文化大革命自下而上地清洗干部，结果这两种办法都失败了”：由于不触及根本政治、经济、文化体制问题，旧权贵打倒了，只要体制还是旧的，就必然源源不断地培育出新权贵，而“新权贵比旧权贵往往更贪婪、更腐朽、更无能”。

值得注意的是由“文化大革命是一场失败的革命”所得出的结论。如前所说，在竞选人和他的支持者看来，中国必须有一场以“官僚主义者阶级”为对象的“社会主义民主革命”；而文化大革命本应该成为这样的革命，却因为毛泽东不肯触动官僚体制，变成了一个整人运动而失败（其原因就是因为他自己也是其“根源之一”）；这就意味着“官僚主义者阶级”和“工人、农民和其他劳动群众”之间的矛盾不但依然存在，而且有变本加厉的危险。由此得出的逻辑结论是：“如果官僚体制不彻底改革的话，我们的儿子、孙子也许还会重新举起文化大革命的旗帜。当他们受官僚主义气时，就会想起文化大革命中当权派在群众面前俯首帖耳的情景，那时他们就会忘记文化大革命所造成的一切恶果”。

这表明，那一代人对文化大革命的“恶果”看得很清楚，而且是心怀警戒的。而且他们在“革命”与“改革”（改良）问题上也有清醒的认识。在回答“我国应该进行改革还是革命？我们现在进行的是改革还是革命？”的提问时，回答是明确的：“我们不但要考虑‘应不应该’，而且要考虑‘可不可能’。我国目前没有可能革命，只能进行改革，它目前进行的也是改革，我正在做的也是改革”。而他们所着重的，正是官僚体制的改革。因为在他们看来，只有用“改革”（改良）的方式来逐步解决官僚体制的问题，建立社会主义民主制，从根本上解决产生官僚主义者阶级的问题，才有可能避免因矛盾的激化而爆发革命，避免文化大革命的恶果再度发生。否则听认官僚主义者阶级的发展，那么，对历史上的文化大革命的理想化，是不可避免的。

毛泽东：“革命家”，还是“伟大的马列主义者”？

这一代人是在毛泽东时代长大的，如前文所引，对竞选人的调查表明，他们中许多人从小就崇拜毛泽东，并积极响应毛泽东的号召，参加文化大革命；因此，如何评价毛泽东，也是一个无法回避的问题。

1980年的竞选者和他们的同代人对毛泽东的评价，有两个值得注意的特点。其一，在对十六位竞选者的调查中，谈到对毛泽东的评价，除一人表示“待研究”外，其余十五人都认为毛泽东是一个“伟大”的人物，即使“犯有严重错误”也不失其“伟大”。另一方面，在被问及“你最敬佩谁”时，只有一人回答：“还是毛泽东”，其余都另有选择，其中有五人选择了周恩来，还有一人选彭德怀，一人选陈云。

在竞选人看来，“对于毛泽东主席的评价的变化，是中华民族思想和政治改革与进步的重要标志”。这是因为，正是长期以来，将毛泽东视为“党的绝对权威和‘神圣的神’”，由此形成的“跟着毛主席就是胜利”的观念，使得无论是老一辈的革命者，还是年轻的一代，都在文化大革命中盲从于毛泽东，“从而几乎摧毁了中国共产党和中华人民共和国，以及我国人民几十年积累的人力、物力，我国人民几千年创造的文化财富。这是中国共产党建党以来和中华人民共和国成立以来最沉重的教训之一”。他们又指出，“在我国五六十年代形成的传统的社会科学理论体系中，对曾被誉为我党、我军和我国的唯一缔造者的毛泽东主席的评价是较核心的问题之一。对这个问题的重新考察，势必引起一系列与之密切相关的理论问题”的重新思考，以及对传统理论进行“彻底的批判和审视”，这都将带来思想、理论的新的解放。

在破除了神话、迷信以后，如何科学地评价毛泽东的历史地位，竞选人中就产生了不同的意见。在前引调查中，十六名竞选人中有十人认为毛泽东尽管有严重错误，仍不失为“伟大的马克思主义者”，有五人认为毛泽东仅是一个“伟大的革命家”，一人表示“待研究”而没有正面发表意见。[10]“毛泽东是一个革命家，却不是马克思主义者”这个命题也是一位竞选者首先提出的，同时引发了许多争论。论者认为，毛泽东“对我国新民主主义革命的胜利起到了某种意义上看来是决定性的贡献，是中华人民共和国的主要缔造者之一”，“不愧为伟大的中国革命家”。他强调，毛泽东紧紧抓住的是马克思主义的“实践性和革命性”，认为马克思创造的庞大的理论体系，“其目的只是一个，就是要证明无产阶级造反不是胡闹，而是有道理的是必然的”，因此，他的着力点在革命实践，是一个革命家，而对马克思主义的科学理论却是隔膜的，他“没有真正搞清社会发展的基本矛盾和阶级矛盾之间的关系”，推行英雄史观，表明“在历史唯物主义的领域里，他最终陷入了混乱”，而不可能是一个真正的马克思主义者。他将毛泽东思想概括为“空想社会主义”和“唯意志论”，认为他“没有理解（作为马克思主义基础的）历史唯物主义的精髓”，这是他“在实践中一系列错误主张的深刻思想根源”，也决定了他只是一个“没有掌握马克思主义基本内涵的带有历史局限性的革命家”。

如竞选人所意识到的那样，对毛泽东的评价不仅是一个尖锐的现实政治问题，而且涉及其实践中的错误背后的思想文化根源，以及许多更深层次的理论问题。由于竞选运动本身的限制，自然不能充分展开。而对毛泽东的评价及相关的理论问题，都是后来者所不断遇到和不能回避的：在这个意义上，1980 年的思考和辩论，只是一个开始，但又是一个重要的开始。

对社会主义的理解及社会主义实践的反思

在对竞选人的调查中，还有一个不能回避的问题："我国目前社会性质"。说不能回避，是因为"目前社会性质"既是历史发展的结果，也是未来发展的基础与前提；因此，无论反思历史，还是设计改革，都先要弄清"我国目前社会性质"。而且这个问题还要不断地提到每一个观察、思考中国历史与现实问题的人们的面前。在这个意义上，看看 1980 年人们的思考与论争，是很有意思的。

依然是十六位竞选人，回答却有三种：一是"社会主义"（或"基本上是社会主义"），有七人；二是"不成熟的社会主义"（或"准社会主义"、"不完全的社会主义"、"社会主义第一阶段"、"初级社会主义"、"实践中的社会主义"、"广义的社会主义"）七人；三是"专制社会主义"（"国家垄断社会"）两人。[11]除一人回避了"社会主义"的提法，其余的人都是从"社会主义"的角度来分析目前中国社会性质的。值得注意的是一位竞选者提出的看法：中国的现实社会，是"实践中的社会主义，而不是前人理论中的社会主义"。1980 年竞选运动中关于"社会主义"问题的讨论，其实是包含两个层面的：一是对社会主义的理解与理想，一是对中国社会主义实践的认识与反思。而这些竞选人的大多数当时都仍然坚持"科学社会主义"的"信仰"，[12]因此，这样的对社会主义的反思，既是时代提出的问题，也是他们自身思想发展的需要。

一篇文章里就是这样提出问题的："什么是社会主义？"作者对"目前官方和老百姓"公认的一个公式："大工业生产力+公有制=社会主义"提出了质疑。他指出："在所有共产党执政的国家里（南斯拉夫除外），国家所有制被认为是公有制的一种普遍形式"，"生产资料是少数人以国家代表的身份集中支配管理的"。但问题也正在这里："这些权威的化身是否能真正体现大多数人民的意志？""它必须有确实的措施来保证，这就是民主制。民主制可以有各种各样的形式，可是它唯一的宗旨就是：当权者必须代表大多数人的意志。只有在这种民主制的保证下，公有制才是货真价实的，否则它就有被架空的危险，表面上只剩下一个漂亮的外壳。一句话，公有制取决于民主制，一个有民主制度的国家，才是真正的人民的国家"。论者还同时谈到了在资本主义国家，由于私有制的存在，民主被限制在"有钱人的范围之内，而占人口大多数的劳动人民实际享受不到"，因此，"民主制也要公有制来保证"。他的结论是："公有制+民主制=社会主义"，"取东方公有制形式的优点，取西方民主制的精华，结合我国目前的实际情况将两者结合，这就是我们当前改革的任务"。这大概也是论者的"社会主义观"。他理解的"科学社会主义"有四大要素："高度发展的生产力"、"社会化生产"、"成熟的政治民主制度"和"精神文明"。

1980年北大竞选人的社会主义观，很容易让我们联想起1957年的燕园思想者，他们所理想、追求的"社会主义"其基本内涵也是"公有制"和"社会主义民主"。当年的北大哲学系学生龙英华就提出了"我们已经有了一个社会主义的工业化，还要有一个社会主义民主化"的理想和要求，认为这将关系着"中国往何处去"的问题。[13]但他们却为此付出了生命的代价，中国也因为拒绝实行社会主义民主而付出巨大的代价。现在，后来者在经过血的教训以后，于80年代初，再次提出这一耽误了二十三年的历史任务，自不难感受其内在的沉重。

《社会主义民主论纲》与《官僚主义批判大纲》两文，从另一角度提出了作者的社会主义观：社会主义的本质，“不仅在具有更高的福利制度，而更在于每一个人真正的自由程度”。而“这种自由程度，首先是劳动的自由，即劳动者可以自由地发展自己的体力和智力，可以直接地支配生产资料和劳动产品”。他认为“社会主义所有制的本质特征是实现劳动者和生产资料在社会化生产基础上的直接结合”。他因此而特别提到马克思和恩格斯在《共产党宣言》中提出的“自由生产者联合体”的设想。另一位竞选人也对马克思的“自由人的联合体”的思想特别有兴趣；正是依据马克思所强调的“每个人的自由发展是一切人的自由发展的条件”的思想，[14]他如此提出问题：我们自称“社会主义国家”，“作为集体，我们被称为主人，作为个人，我们是否受到了应有的重视；作为主人，我们被称为有权管理国家的人民，作为个人，我们是否具有不受威胁的真正监督、批评‘公仆’的起码权利；作为阶级社会的成员，我们不可避免地打上了阶级的烙印，作为个人，我们是否就不应有自己的个性；作为人，我们组成了社会，作为社会的一部分，我们是否只应该是个被拧在哪里就在哪里发光的螺丝钉？”显然，在一些竞选人和他们的支持者看来，离开了每一个个人的自由、权利，是谈不上社会主义的；不管打着怎样神圣的旗号，也包括社会主义的旗号，只要是抹杀个人自由、剥夺个人权利，就只能是“假社会主义”。有人因此提出了“真正实现社会主义”的要求。——这同样是对林希翎1957年在北大演讲中提出的要“真正的社会主义”的呼唤的一个遥远的回应。

以这样的社会主义观来考察中国的社会主义实践与现行体制，就有了许多尖锐的批判。《当前中国社会的基本矛盾》一文里提出：“目前我国的基本矛盾是社会化大工业生产力和相对落后的社会制度的矛盾。”他从五个方面论证了中国现行制度的根本弊端：（一）所有制不是真正的公有制。所实行的是国家所有制，而由于没有建立起真正的社会主义民主制，掌握生产资料支配权的官吏并不能代表大多数人的利益和意志，劳动者仍处于无权的地位；（二）生产目的，不是满足劳动者的物质、精神的需要，在计划经济体制下，变成了“为速度”、“为产值”而生产；（三）劳动者和生产资料的结合方式，是由国家计划的统一分配，由于生活资料也取自国家，“劳动者的人身也半依附于国家，劳动者一旦和劳动资料结合，他们便被终生固定在这个岗位上”，受生产单位的终身控制，没有自由流动的权利；（四）分配方式上，是“以国家为主体统收统分”，“价值被创造出来后首先属于国家，然后再自上而下地逐级分配”，“国家成了超于人民之上的主体”，劳动者无权参与分配；（五）人与人之间的关系上，由于“实行上级任免制与干部终身制，决定了干部只对上级负责，不对百姓负责”，而“劳动者的衣食住行，婚丧嫁娶，教育医疗，升级调资，儿女分配，甚至言论自由……无不由他们控制”，这样，干部和劳动者的关系，事实上变成了管制者和被管制者的关系，而非“公仆”和“主人”的关系，这就必然造成对劳动者的“压迫”。而干部终身制造成了干部固定的“既得利益”，“这种利益正和劳动者的利益发生冲突”。正是基于对现行体制中所有制、生产目的、劳动者和生产资料结合的方式、分配，以及干部与劳动者的关系的以上考察，得出的结论是：中国的现行制度“带有很大的封建性”。

这样，1980年的北大校园里的这一代人在回顾、反思历史，面对未来时，几乎只有一个选择：中国不能再这样下去了，中国必须改革，必须进行体制的根本改革。如一位竞选者所说：“改革政治体制，改革经济体制，改革教育体制，改革文艺体制，今天已经成为我们社会最强有力的呼声，任何新老‘凡是派’都无法阻挡。”

问题也就在这里，当改革成为一种潮流，甚至成为时尚、时髦，人人都“咸与维新”时，就孕育着危机：有可能掩盖同在改革大旗下，不同利益群体的不同要求和必然产生的分歧。因此，改革的呼声越高，越是要明确地提出：是什么改革？改革的动力、目标、方向、路线……是什么？应该说，1980年的北大竞选人在这一方面，是有清醒的认识和高度的自觉的：他们正是要在中国改革成为潮流的时刻，发出自己这一代人的不同于其他利益群体的声音；而如前所说，他们这一代是接近中国社会底层的，并且有代表公众利益，着眼于国家、民族长远健全发展，而非某个既得利益集团的眼前利益的高度自觉，而且他们也正是中国改革的生力军，因此，他们的声音，对中国的改革，无论当时，还是以后的发展，都是特别重要的。

那么，他们对方兴未艾的中国改革，提出了什么诉求呢？

（三）“创造一个上下结合的改革范例”

乞求“为民做主”，还是人民自己做主

在后来当选者的《竞选宣言》里的一个观点，大概是能够代表竞选人的共同立场的：“公民权利构成了实现民主的基础。世界上没有什么能比牢牢地抓住自己的权利更重要的了”，“民主，不是为了选几个好人来照管我们的生活，而是为了让每一个人都能自己掌握自己的命运。我不是说：给我权力，我将帮助你们做你们希望的事；我只是说：投我一票，我将力争更可靠的权力回到你们自己手中”。

这是一个真正的现代民主观念，它明确地和中国传统的“为民做主”的观念划清了界限。中国一个世纪的民主运动的道路如此曲折，应该说是和这样的误解不无关系的。论者在一篇长文里，对这样的历史教训有深刻的总结。他指出，这是两个历史过程：首先是人民反抗

专制统治而把希望寄托在自己的“代表”身上，“代表”在人民的支持下获得了权力。然后，“代表”掌握了权力，也确实“为民做主”，做了有利于人民的事情，于是就得到了人民更进一步的支持；“在这种情况下，人民很容易把这个政权应有的权力视为无限。他们既把这个政权看作是自己利益的代表，于是就理所当然地认为，反对这个政权就是反对人民，巩固这个政权就是巩固人民的权利”，“这样他们就赋予了这个政权以神或半神的性质”，“政权成了人民意志和人格承担者，而真正组成人民的那无数个个人却一个个都成了无足轻重的东西”，“政权成了人民，人民倒变得不一定是人民”，“究竟谁是‘人民’，谁不算‘人民”，必须由这个政权自己来划定，而它还是以别人是否拥护自己为标准”：这样的历史的荒唐结果，是我们必须正视的。

由此就作出了一个重要的概括：“当代专制主义最重要的特点是，它不像近代那样，公开作为人民的敌对力量而存在，相反，它倒是以最直接地表达民意作为自己存在的理由。它的统治的奥秘，与其说基于暴力，不如说是欺骗。”因此，人们从一开始就要警惕和揭露这样的欺骗，而最有力、有效的办法就是从一开始就自己来表达自己的意志，自己来争取自己的权利，自己来掌握自己的命运。

同时应该吸取的历史教训是，如果争取民主，不以争取“人民主权”即人民自己主导自己命运的权利为目标，而以夺取与维护权力为全部追求，那就必然走向反面，无法避免自身的异化：以新的专制代替旧的专制。

在中国改革关键时刻的1980年，总结这样的历史教训，以防止历史的重演，其重要性与迫切性，是不言而喻的。竞选人及其支持者正是在这样的时刻，向中国的“立志改革者”发出了这样的呼吁——

一场深刻的改革要得以进行，必须据有权力；但如果它要获得真正可靠的成功，却又必须获得独立的活动，使其在失去权力的时候仍旧能发展，至少也能保得住自己，以便重新积累力量再行创造权力。特别是在一个旧传统过分悠长、保守力量过分顽固的地方，改革力量倘不具有无须权力庇护而仍然能生存发展的独立自主力量，几乎注定是要失败的。因此，立志改革者当然要尽力维护那个将大规模改革付诸现实的权力，同时也一定要注意为自己建立起一个可靠的根据地。应该在加强权力的有效职能的同时，为防止权力的滥用而设以必要的限制。从某种意义上我们甚至必须说：改革的成功的标志就在于，改革派能够不托庇权力而存在和发展。

争取人民权利

因此，这样的自下而上的改革，必然是以“争取人民权利”为目标与旗帜的。

这当然是一个全面的权利：人权，思想言论自由权，政治、经济、文化、教育……一切宪法赋予的公民权利。这些我们在下文会有更详尽的讨论。

值得注意的是，1980年北大校园的竞选人，由于他们都来自中国社会底层，因此，从一开始就十分注意维护社会底层的劳动者，工人、农民的利益和权利：这自然也和他们的社会主义理想有关。一位竞选者就提醒北京大学的学子，在思考中国改革时，首先要问：“工人、农民现在想得更多的是什么？”“他们要求快一些得到更多的经济利益，并要求有多一些自己能行使的政治权力，他们正通过职工代表大会行使扩大了的企业自主权，和对能独立行使生产队（或生产作业组）的耕作、经营权而感到浓厚的兴趣，他们希望这种现状能得到稳定的发展。他们的目标看来是十分浅近的，但与改革的大方向是完全一致的。遗憾的是居然有人看不到这些或者看到了而瞧不起这些。”这显然是一个警示：知识分子只有“将自己的远见卓识和工农的浅近的目标结合起来，才能共同组成改革社会的巨大力量”；如果改革不能满足工人、农民的要求，给他们以权利，甚至损害他们的利益，剥夺他们的权利，那改革就会变质。

另一位竞选人也发出了这样的警告：“很多人忘记了还有工人，农民，部队。”他指出：“竞选者呼吁‘言论自由’、‘出版自由’。毫无疑义，这抓住了人的民主权利的最重要的两个方面，但是还有一个更重要的方面，不是每个人都看到了，这就是人身自由！”他提醒人们注意：“二十多年的高度集中、统制（计划）的经济结构，造成劳动者的人身半依半附状态。领导者对被领导者，在能否就业、经济收入、工作性质、人事调动，甚至婚丧嫁娶方面都握有极大的权力。农村的宗法经济和‘农业学大寨’、‘工业学大庆’的口号更加剧了这一状况。”因此，他认为，通过经济改革，发展“统一市场”、“社会主义商品化”，从根本上改变“劳动者的依附状态”，获得人身自由，民主才有根基：这是中国改革的关键。

还有一位竞选人，在他所提出的“改革的主要措施”里，首先提出的就是维护工人的权利：“企业的自主权应该由企业的职工代表大会掌握。职工代表大会有包括决定任免工厂主要负责人及主要技术人员在内的职权”；“制定合理的工会法，工会应是与工厂党和行政部门相独立的工人组织，其职责是维护工人的各项基本权利，并促使工人的利益的实现”；“制定合理的劳动保护法，以保障工人的工作环境和劳动条件的不断好转”；“制定合理的失业保险和救济制度，国家有责任为失业者提供失业保险和救济，并积极创造条件帮助失业人员找到职业”。应该说，这四大权利，也是抓住了根本的，却长期被忽略，也许到了今天，其意义就看得更清楚了。

另一位竞选人则进一步提出："改革的方向和原则是劳动群众的自下而上的民主自治联合。"他认为，"整个社会的民主改革，必然是以直接生产者的民主自治为主体的。在此基础上，进一步产生社会团体的民主自治与地区的民主自治，这些又通过逐步的自治联合，达到对整个社会的民主管理"。

这正显示了"自下而上的改革"的根本意义：它所要促进的，是基层的民主。也就是说，我们要推动的改革，不仅要有自下而上的广泛参与，而且其核心是实现自下而上的民主权利：这就能够为改革奠定坚实的民众基础。

1980 年北大竞选人关注的另一个重心，是知识分子的地位和权利诉求。一位竞选人在被问及"你怎么看待知识分子的作用"时，明确提出："知识分子是一个代表先进生产力的阶级，它今天已经独立登上历史舞台"。他的这一论断是能够代表竞选人的共识的。这自然是有针对性的：因为长期以来在我们国家是根本不承认知识分子的独立存在的，据说这是有马克思理论的依据的；对此，有人作了这样的分析："马克思主义之所以没有把知识分子看作是一个独立的社会力量，是由于历史条件所限。19 世纪工人在生产中显示出巨大的威力，知识分子的'建设'劳动刚开始发展"，"并且马克思、列宁把未来的社会设想得简单了，他们认为国家和经济由武装的工人群众和仅仅识字的人管理就可以了，没有看到现代社会政治和经济都是科学，没有高度的科学文化知识是不能管理国家的"。这正是论者所要强调的："工业从农业中独立出来，产生了工人阶级；今天，当科技从工农业中独立出来之后，知识分子也独立出来了。过去科研成果总是在工农业中经多年积累而抽象出来，而现在可以在实验室里直接出成果，反过来推动工农业的发展，科技成了主导工农业发展方向的部门。随着它的独立，经济管理、文化部门也相应独立，最终是知识分子再生产部门教育界的独立”，结果是“工程师、技术员、医生、教师、学者、记者、经济管理人员和其他受过专门教育的社会成分，在整个人类的人口比例中急剧增长”，“知识分子作为一支强大的社会力量异军突起，他们正以新世界的缔造者的姿态投身于社会改造的历史潮流之中”，而“知识分子所要求的社会革命，是人类历史上空前未有的人性的解放，它不仅要使工人摆脱资本的压迫，而且要解放一切人，使每一个人的自由发展成为一切人自由发展的条件，从而解放全人类。知识分子自己也要在社会变革中得到改造”。正是出于这样的全新的知识分子观，思想、言论、出版的自由权，当然具有首要的意义：这是知识分子自由发展的前提条件；同时更要求知识分子对社会改革的主导权，论者说：“目前世界上正出现权力向知识界转移的趋势”，“当前中国也开始了这个转移，尽管它所面临的困难是很大的，但是这个潮流是不可抗拒的”。

以权利制约权力

一篇文章特意提到，“马克思、恩格斯早就指出任何国家政权都有摆脱人民的监督控制，由人民公仆变为人民主人的趋势”。由这样的“规律”，应该引出的结论只能是一个：必须用广泛而有效的人民民主权利来制约国家、政权的权力。也就是说，要在人民自治与政府权威之间形成一种张力：“凡是需要权威的地方，必然需要一种对这种权威的制约；凡是需要权力集中与强制的地方，必然需要一种相应的牵制与平衡。”

但在中国政治中所缺少的，正是这样的“牵制”、“制约”、“平衡”的观念，以及民间公共力量对政府的压力作用；我们所追求的，始终是无限的、绝对的权力。如论者所说，“一直有人公开和暗地里认为专制比民主更为可取，尤其是在一个经济落后的国家迅速地起飞的过程中，一小批坚强有力、富有远见、紧握大权的领导者，通过‘强迫把羊群赶进牧场’的专制手段，较之于听任那些不懂得自己真实利益所在的芸芸众生漫无节制的要求、变化无常的意见，更能取得成功。这种见解曾经是很流行的。我国长期以来对民主建设的轻视无疑和这种见解大有关系。研究近代史的同志指出：在近百年中国人民的民主革命过程中，要求民主的呼声总是被要求富国强兵的呼声所湮没”，“对于这样一种权力，人民既没有力量纠正它早期不严重的错误（除非这个无限权力自己愿意纠正），更没有力量阻止它后来的扩张（如果它继续扩张的话）。这样一种无限权力排除了一切通过人民的力量以正常程序进行自我调节的可能性，人们几乎只能坐视它把国家引向任何地方”。

论者说：“历史上有过那么多悲惨的先例”，其实这也正是他和他的朋友、支持者的一个隐忧。事实上这样的危险正在逼近，在某种意义上，他们是抢先说出自己的忧虑与呼喊：“为了防止权力滥用，防止权力变质；同时也为了权力更加有效地发挥其应有职能，我们必须明确权力的行使范围。其中最起码的一条，就是确认言论权利不容侵犯。”

用权利制约权力！——这是最能显示 1980 年的校园竞选所要发动的自下而上的改革运动的本质的。

支持自上而下的改革，推行和平的、渐进的改良

但 1980 年的校园竞选，还有另一面，即对自上而下的改革的响应与支持。

一位竞选人在他的竞选宣言的一开始，就说：“党正在反省错误，政治、经济正在进行全面改革。我参加竞选，以表明我对改革的拥护。”另一位在回答“这次运动是由谁来领导的”这一疑问时，这样回答：“我

们认为，这次各校的竞选是在共产党领导下进行的。”但他又作了这样的理解：“党的领导不一定以组织上直接领导的方式体现。党可以通过宣传自己的路线、方针的方式使社会或某个运动按照自己指引的方向前进。这也是党的领导。我们的竞选运动是符合党的三中全会的精神的。是按照党的改革路线发展、前进的，所以它并没有脱离党的领导。”当十六位竞选人被问到“是否坚持党的领导”时，有十位回答“是”，有五位作了有保留的肯定式回答（“现阶段坚持党的领导是正确的”，“原则上坚持”，“从根本上来说是应该（坚持）”，“要怎样坚持”），只有一位提出：“领导一词，含义不清。”而未作正面回答。[15]

“党的领导”确实是现实中国政治生活，也是1980年竞选无法回避的一个问题。竞选人的不同程度的肯定性的回答，不能只看作是一种策略，而是有它的真实内容的。竞选之所以能够在阻力不太大的情况下进行，具有合法性，确实是当时的中共领导推行的自上而下的政治改革的一个成果。

更重要也更内在的原因，还在于这一代民间民主运动的推动者在总结历史经验教训，特别是文化大革命的经验教训以后，所选择的改革道路。即使是公认的竞选人中的“激进派”也说：“我国的改革就其任务而言，无疑是一场质的革命，但其方式应尽可能地缓和和稳妥。在今天的国内外环境下，一系列的‘改良’，远远胜过一次惊天动地的‘革命’。”这一代人所理解、把握、推行的政治，已经不是前一代人的革命政治，而是现代政治：“政治是科学，它是一门关于在这个由有缺陷的人们组成的现实世界，怎样逐步改革得比过去好一些，再好一些的学问。政治是艺术，是一门权衡可能性的艺术”，而且是妥协的艺术。正是从这样一条现实、理性的、渐进的、改良的路线出发，因此，即使他们中的激进派对现行体制有尖锐的批判，但也并不试图挑战共产党的执政地位：如前所说，他们的着眼点，不是权力，而是权利，即在现行权力结构下，力争扩大人民的权利，以限制权力，影响权力的运用方向。这样，他们在共产党的存在与领导问题上，也必然采取现实的态度。如一位竞选人在回答“你认为中国应不应该搞多党制”时就作了这样的回答：“我们不但要考虑应不应该，而且还要考虑可不可能，目前，除了共产党外，还没有一个党有能力执政。”而被认为是稳健派的，态度就更为鲜明：“由于中国共产党在我国历史上的功绩，它对我国人民的巨大影响和它的力量，它是唯一赢得我国人民拥护的政党和政治组织，它在现在和可见的将来在事实上是我国的领导者。”另一位竞选人也这样表达他的“坚信”：“中国的事情要办好，不能靠那些上不着天、下不着地的轻浮的人们，还是要靠顶天立地的共产党，靠共产党领导下的中国人民。”论者还特别谈到了不能忽视党的各级干部，“他们中的不少人有既得利益而又不愿意放弃过多的既得利益，他们也了解群众的愤慨和改革的呼声”，为了减少改革的阻力，“我们就不要提出一些根本不切合实际的口号去吓走大批的干部，而要说服他们、争取他们”。

（四）“我们的改革应该是全面的改革”

一位竞选人如是说：“我国的改革应该是全面的改革，而不应是局部的、片面的，中国现存的不合理结构有各方面的弊病，它们错综复杂地结合在一起，牵一发而动全身”，“政治、经济的改革必须并肩前进、相互配合”。——这大概是能够代表竞选人的共识的。

但如论者所说，作为一个改革运动的推动者，必须善于抓住社会变革中“最关键的一环”，这样就能像阿基米德所说的那样，“给我一个支点，我能举起地球”。那么，在1980年代中国的改革中最应该抓住的“最关键的一环”，那个能撬动整个改革运动的“支点”是什么呢？

在这个问题上，竞选人各抒己见，出现了对中国思想、政治来说已经久违了的真正的平等、自由、生动、活泼的争鸣。有人在一次演讲中，将其概括为四种主张的争论，即“发展生产力是当务之急”论，“经济体制改革”当先论，“干部制度改革、政治体制改革”优先论，以及“思想解放（第一步是言论自由）”为前提论。而实际讨论中发表的意见远要丰富得多。而且更重要的是，正是在这样的自由争论中，中国问题的各个侧面都得以呈现，并引发深入的思考，不仅为当时及以后的中国实际改革运动提供了许多富有创造性和启发性的思路，而且具有相当的理论意义和价值。

下面我们将对讨论中的各种思考作一个概述。

关于言论自由的思考与呼吁

这是1980年校园竞选的一个热门话题，并且有了多方面的展开。

首先是“言论自由的含义与价值”。论者如此开宗明义：“什么是言论自由？那就是发表各种言论的自由。好话、坏话、正确的话、错误的话，统统包括。”——这里讲的是一个常识，在西方政治学理论，在中国现代思想、政治史上胡适、罗隆基、储安平（后两位都是1957年的右派代表人物）等先驱的论著中都有深刻的阐发；但在1980年的中国重谈关于言论自由的常识，是总结了1949年以后，特别是1957年以后，包括文化大革命在内的中国政治、思想史的经验教训的结果，并且也是对1980年代中国政治、思想改革提出的问题的一个回答，因而也就必然包含了许多新的思考、新的思想理论因素。

首先要澄清的是1949年以后长期灌输所形成的两大言论自由观。一曰：言论自由就是“领导倾听和容忍批评意见”。批评者一针见血地指出：这不过是“封建社会的进谏纳谏之说”，而绝非真正的现代意义上的言论自由，“因为臣民的言论范围实际上是被帝王的意志决定的。由于各个历史条件的不同及各个帝王个性上的差异，这个范围有时稍宽，有时极狭。但无论如何这种限制毕竟是存在的”。由此得出的结论是：“一个国家有无言论自由，不在当权者是不是愿意倾听和容忍批评意见，而在于他们有没有权力惩罚那些持反对意见的人”；由此确立的标准是：“只有在当权者没有权力惩罚不同意见者的人时，才有言论自由；只有在人们的言论权利无须善良开明的君主保护也能独立存在时，才有了真正的言论自由；只有在人们学会了抵抗权力对言论的干预企图时，才有了真正的言论自由。”

第二个同样影响深远的理论误区是所谓“区分‘资产阶级言论自由’和‘无产阶级言论自由’”。论者对此作了严密的考析。他指出，“所谓‘资产阶级言论自由’，可能意味着以下两种情况：一、只允许资产阶级有发表意见的自由；或是二、只允许发表从根本上不侵犯资产阶级利益的意见的自由。前者是限制发言者的身份，后者是规定言论的性质”，“这种情况其实都叫言论不自由，而不叫什么‘资产阶级言论自由’”。实际上，“民主制的一些最基本的原则，例如言论自由，本身并无所谓‘资产阶级’和‘无产阶级’之分”。言论自由“固然是伴随着资产阶级革命而得到传播，但它本身是人类共同的精神财富，是人类文明的优秀成果。我们不能把这笔遗产拱手相送给资产阶级”。

而所要辨正的中心，是所谓“思想罪”、“言论罪”的问题。一是“千万不可把言论与行动混为一谈”：“只有言论直接与行动相关时，言论才可以作为一种犯罪，所谓诬陷、诽谤、煽动就属于这一类，我们必须对诬陷、诽谤、煽动作出明确的定义，提供切实的标准。”有意思的是，论者是从马克思那里找到他的理论依据的：“对于法律来说，除了我的行为以外，我是根本不存在的，我根本不是法律的对象”，“凡是不以行为本身而以当事人的思想方式作为主要标准的法律，无非是对非法行为的公开认可”。因此一再强调，谁要是“反对言论自由，他就不是一个马克思主义者”：这既有针对性，也是显示了他和他这一代人的马克思主义观的。

其二，“理论上最大的混乱在于：我们不给反动言论自由，而发表反动言论的人就是反革命”。论者指出，这不仅混淆了言论与行动，而且隐含着“强权即真理”的逻辑，逆我（不同于我）者即“反动”。“反动派”（实际是“反对派”）是“客观存在”，“要否认也否认不了”；但能否允许反对派公开存在，却是是否有真正的民主的一个重要标志。不允许反对派存在，禁止发表“反动言论”，其实就是限定发表意见不能超过当权者允许的范围，其结果就既堵塞了言路，也拒绝了监督，必然导致权力自身的腐败。

论者所要追问的是，对言者判罪的内在理念与心理：这是他的思考特别有意思之处，而他的剖析是相当犀利的：“一、当权者认为自己是唯一神圣的，它把一切批评它的人都视作‘罪犯’”；二、当权者“还认定，每一个人对这种正确性都会自然而然地有坚定的信仰”，“那应当是与生俱来的天赋观念；因此，凡是对这一套加以思考、怀疑，加以探求、讨论，产生不同和相反意见者，必然是居心叵测、怙恶不悛。所以除了以重刑伺候、恐怖威胁外，别无其他选择”；“三、当权者承认，有一个相当数量的人们是反对自己的，至少他们认为，如果允许反对意见公开发表，那么很可能就造成一个相当的多数。所以有必要使这些潜在的敌人感到恐怖而实行杀一儆百”；“四、当权者对于和反对意见展开辩论，赢得人心方面没有自信心，所以才采取这种不诉诸伸张理性而乞灵于封锁理性的手段”。—— 一方面是将自我的思想绝对真理化，执掌的权力也成了“天赋神权”，于是就产生了垄断思想言论，进而垄断真理的冲动；另一方面又极度虚弱，不敢面对任何挑战，哪怕只是不同的言论：这大概就是一切集权统治的共同特点。

因此，限制和禁止言论自由，必然要“愚民”。因为它“把人们分为两部分。一部分占有一切真理，另一部分则只应张着嘴巴来接受。它让我们怀疑大多数人的认识能力，却又让我们必须无限信赖一小部分人的绝对正确。一部分人永远是保姆，一部分人永远是婴儿”。另一方面，它又“认为了解反面意见只会动摇正确的信仰，认为反动的思想比正确的思想更有力量”，其逻辑结论必然是：“要纯正必须无知，要正确必须愚昧，要坚定必须痴呆”，这正是“纯正的愚民政策”。其结果就必然造成国民心理，民族性格与精神的严重损伤。论者引用马克思的话，指出：在这样的动辄“因言获罪”的社会气氛下，人民“不是在政治上有时陷于迷信，有时又什么都不信，就是完全离开国家生活，变成一群只管私人生活的人”。

实行愚民政策的结果，权力者否定言论自由的逻辑成为全民的逻辑，于是就形成了最广泛的人民参与，全民共犯：这或许是最为可怕的。这也是论者的一大发现：“历史一再证明，镇压言论，总是从那些被当时大多数人真心实意地认为是反动的言论开刀。这样，大多数人不仅意识不到这种剥夺的非法，反而会支持、去主动参与与实现这种剥夺。没有大多数人自动充当工具，这种剥夺本来是不可能实现的。但是一旦人民参与了这种非法的剥夺，就意味着言论自由原则被冲开了缺口。从此以后，这种剥夺便会日甚一日。人们既把非法的刑罚加于他人，就使自己处于失去了法律确保的可悲境地。”而“当代专制主义的逻辑之一便是不容许中立，所谓‘不站在革命一边就必然是站在反革命一边’，无情地强使人们成为其统治的全部行动与罪恶的帮凶”。

讨论的第二个问题是“民主与现代化关系”。论者这样提出问题：为什么人们，包括“喜欢民主的改革派”，都“认为应把富国置于民主之先”呢？于是，就注意到，“不少人习惯于低估以至否认民主本身的价值，仅仅当作是在某些情况下可以用来刺激经济的一种手段，这就导致了我国政治生活中的一个奇怪现象：每当经济处于困难时期，民主就讲得多一些，一旦经济恢复了，‘左’的思潮就会喧嚣起来，民主就又遭冷遇或厄运”。更有许多人“把民主的巩固与发展寄希望经济发展之后”，有人甚至主张“放弃民主去换取经济进步”。这背后的理念，除了前文已经提及的“用高度集权的手段实现落后国家的经济起飞”的“开明专制论”以外，还有一个“经济决定论”。其要点有三：一是现代化的目标是富国强兵，因此，现代化就是（或主要是）经济现代化的经济唯一观。二是“在一定的经济水平上，只可能有一种唯一的政治形式与其相适应”。有人因此认为“鉴于我国目前的生产水平，现在的民主已经是非常之完美了，而进一步的民主要求都是不合时宜的，当务之急是安心搞四化”。三是“经济发展能解决一切问题”，经济现代化必然带来政治、思想的民主化。——而这样的开明专制论和经济决定论，在实践中是会带来严重后果的；于是，就有了这样的警告：“放弃民主去换取经济进步，必将贻害无穷！”

论者从学理与事实上，围绕“民主与现代化”关系问题，进行了以下三方面的讨论。

首先提出的“必须澄清的问题”是：“人类是否仅仅追求经济的发展，抑或还有其他的甚至更高的要求？民主不但有促进生产的好处，而且它本身便有价值。人的尊严，人的权利，人性的全面和谐的自由发展并不是一句空话。”这里所要强调的是，民主不仅是手段，其本身就是目的，民主，以及人的尊严、权利、人性的和谐自由发展，这都是现代化的目标，而且是更带根本性的。

同时指出：“一定的经济水平，决定了政治变化的上限和下限。在给定的区间内，选择仍是非常重要的。”这就是说，我们承认“民主是一个过程，民主的实现程度与生产力发展程度有着极密切的关系”，但我们却不能因此而陷入“在一定的经济水平上，只可能有一种唯一的政治形式与其相适应”的“机械论”。“从历史上看，那些最早奠定民主制形式的国家，当初的生产力水平都并不发达，那里的工业革命都发生在民主制建立之后而并非之前。相反，很多实现了工业化的国家却依然保留着一种专制形式。”

所要强调的是，经济发展固然有利于民主的发展，但经济现代化与民主制之间并不存在必然的联系，“没有充分的根据相信：伴随着经济的进一步发展，我们就注定会更民主而不是更专制些”。论者提醒人们注意另一种“现代化”：“历史告诉我们”，存在着一种“具有效率的专制”，在这样的“专制下，实现现代化并非不可能。而且，还曾经一度被不少人认为是更简洁更有效”。但这样的没有民主的现代化是畸形，短暂的，“它缺乏有效的自我调节”，“必然导致日甚一日的停滞与腐化”。于是就有了这样的提醒：“经济改革的一时成功，（会）掩盖了政治体制上的弊病，甚至强化了这些政治不民主的因素，从而准备了下一次危机。”

讨论中还提出了“护宪”问题：“一个国家能否采取民主制的关键，不在当权者的信念和素质，而在于人民对民主的意识与追求”，“宪法的作用”就在于“为一切爱好民主的人们提供一个集合点”，“宪法规定的各项公民权利条款妙就妙在它是一些不容歪曲的简单原则，人们一旦理解它的含义，就能够完全准确地实行它”，这样，人们站在护宪的立场上，就能“保证在重大问题上采取比较一致的立场，而使他们之间的分歧放在一种更符合理性的基础上去解决”。人们设想，不管人们在其他方面的认识有多大差别，如果“在反对权力镇压言论上采取共同的护宪立场，这就可以给人民的权利赋予一种最起码而又最根本的保证”。

政治体制改革的讨论与各种设想

这里有几个调查数据：一份《北大民意测验》表明，在被调查的五百多名选民（理科两百五十八人，文科两百二十四人，研究生五十三人）中，对国家政治生活“很关心，积极参加”者占47.3%，“不十分关心，但积极参加（原文如此，但似应为‘参加’）”者占45.2%，“不关心也不参加”者仅占5.6%。[16]——这显然是关心，参与政治程度较高，政治意识较强的一代人。

在对十六位竞选者的调查中，问及“目前中国政治生活的核心问题”时，有十位的回答是：“民主改革”（“建立完整的分权的民主政治体制”，“民主的法制化”，“扩大民主，反对官僚主义”）——政治体制改革显然是关注的重心。

正是在这样的可以说是一代人对现实政治生活的群体性的关怀、质疑、思考、探索的基础上，竞选人提出了他们的政治体制改革的目标与设想。几乎所有的竞选人都认为，急需对“高度集权化”（“垂直、单向控制”；“行政式”干预；缺乏“有效监督”）和“高度一体化”（“政治、经济、意识形态三位一体”；“对整个社会实行严格控制”）为特点的政治体制和国家制度，进行根本的改革，一方面，“还权于民”，全面实现宪法规定的公民权利，建立“人民真正当家做主的国家制度”，同时把政治体制引入“一个富于弹性、善于自我调节的政治民主轨道”。但依据前述和平、渐进的改良路线，竞选人又在不挑战共产党执政（领导）地位的前提下，提出了一系列“分立”、“分离”、“分权”、“分解”为原则的改革方案。

大体上，有两个方面。一是有步骤的又是全面的“分权”：（一）“建立和改善党内民主制”；（二）“实行党、政分家”；（三）“在政府内部实行分权制”。

其次，是有步骤的又是全面的“赋权”。除“把全国人民代表大会建设成最高国家权力机关”之外，还有“实行社会群众团体（工会，农会，学生会，科学文艺社团）的民主自治”，“实行地区的民主自治”，“通过逐步的自治联合，达到对整个社会的民主管理”，“加强社会对政府的监督和反馈”。

经济改革的讨论与设想

但也有不同的意见。一位竞选人这样提出问题：“用牺牲‘民主’来求得暂时的稳定和繁荣无异于作茧自缚，这种繁荣不属于人民，而且肯定是不可能持久的”；可是，“的确有不少试图施用‘民主’政体的国家，都出现了社会的混乱和经济的停滞”，这又是为什么呢？我们应该从中吸取什么教训，获得什么启示呢？

由此引发出了“民主化是一个客观的过程”这一基本观点，并作了两个方面的展开，以此作为思考中国改革问题与道路的基点。首先指出：“不同国家的人民和同一国家不同时代的人民，对民主的要求是不同的”，绝不能“否认这种历史的‘时间差’”；“几十年来，我们吃尽了照搬各种‘模式’的苦头，今天，我们切切不能一听到某一种‘模式’便不加分析地蜂拥而上”，因此，提出对“只懂得西方民主模式而不懂得中国民主进程”的改革者应有所警惕。其二又强调：民主化进程是受到客观条件制约的，“这个条件就是各国的经济发展程度以及在此基础上的国民教育制度”。论者问道：“个人、企业没有经济上的权利，怎么可能有相应的政治权利？没有以经济实力为基础的国民教育的普及，人们又怎么能去很好地掌握这种权利？”

结论是：“政治民主和经济民主是一个统一体”，“在我国现实的经济条件下，经济民主化和政治民主化的进程都应该而且可以加快”；而“经济的民主是内容，政治的民主是形式”，“政治改革要以促进社会的繁荣、稳定和人民得到更多的经济利益为目的”。——显然，这是一个“以经济（经济发展，经济实力，经济民主，人民的经济利益）为基础和中心”的发展思路。

论者反复申说一点：“我们要根据我国的情况负责任地提出切合实际的要求和措施，否则不仅不能争得应有的民主权利，反而会带来动荡和倒退”，“我们要努力寻找与广大人民群众的结合点（他在文章里指出，工人农民‘要求快一些得到更多的经济利益，并要求有多一些的自己能行使的政治权利’；这样的看似‘浅近的目标’却是中国的改革必须首先满足的，也是中国民主化进程的一个客观制约条件），并分清将来能办的和现在就办的两类事情。否则就不可能得到大多数人的民主，而只会给少数新贵族以投机的可能”。

一部分竞选人的“经济改革中心”和另一部分竞选人的“政治改革优先”，代表了对中国改革道路的不同设想；但也应该看到，“经济改革中心论”者的论述中所强调的“要从中国国情出发”，“充分保障工人、农民，大多数老百姓的经济利益与民主权利”，警惕“新贵族”的争夺利益，以及“注意改革的切实可行性的务实态度”，也是反映了1980年校园竞选的共同追求与精神的：我们已经说过，这是和中国底层社会有着密切的血肉联系的一代人。

而被视为基础与中心的经济问题，也不仅是一个单纯的“经济发展”问题，而包含了“经济民主”、“经济利益的分配”等更为丰富的内容。具体地说，1980年校园竞选中提出的经济改革设想中，主要包括了三个方面的诉求：

首先是反思“计划经济模式”，要求建立“健康的市场机制”，推动“完善的商品经济”，“用价值规律调节整个社会的经济生活”。有竞选者进而提出了一个“市场社会主义”的概念。

其二是“分权”，改变“以中央集权为核心的国民经济管理体制”。

一是向企业分权，扩大企业自主权，逐步建立企业法人所有权；二是向“地方”分权，“国家对地方和企业的指令性计划向指导计划过渡”。

其三是推动“经济民主”。如“各级经济决策的民主化”；“职工代表大会掌握企业自主权”；“职工自由选出工会，代表职工的个人利益，它与董事会一起磋商谈判工资、福利等问题”；“劳动力自由流动，成立职业介绍所”；“制定合理的劳动保护法”等等。

“一切为了人”

这是北大竞选中一个十分响亮的口号。首先提出者有如下说明——

> 改革的起点和动力是人，改革的归属点和目的也是人。现在的中国人，广大工农、知识分子和一般干部都不同程度地感受社会的压抑。他们渴望经济上的物质利益，政治上的民主权利，思想上的自由发展。他们的要求是全面的，只有社会整体的改革，实现整体现代化——经济现代化、政治民主化、思想现代化——才能实现人的全面发展。

这里提出的“整体现代化”的概念，正是反映了前文所说的“改革应该是全面的改革”的要求。而将其归结为“实现人的全面发展”，强调改革的起点、动力，归属与目的都是“人”，则是点睛之笔。几乎可以说，1980年的中国校园民主运动的主旋律，就是“一切为了人”。

这首先是一个历史的反思：“多少年来，我们一直听着（一种说教）：为了革命，为了未来，为了社会……为了这一切，人们（必须）牺牲了他们的个性，他们的情感，他们广泛的生活欲望。为了这一切，人们心甘情愿地被铸造成和自我改造成一个革命的工具。人们为了自己不是一颗闪光的螺丝而惭愧，为了自己某种享受的欲望而内疚，为了人性的自然流露而自责。然而人们最终还是要问：革命，未来，社会……这一切，又是为了什么呢？只应是为了人，首先是为了活生生的、现实的人。”而且人们终于懂得：“放弃了当代人的发展和幸福，鼓吹为终极目的牺牲现在的利益，是对人的一种愚弄。”

人们要追问的是：为什么在我们这个社会主义的“人民共和国”里，“人民的利益、个人的价值依然得不到有效的维护和应有的地位呢？”人们终于发现，近代以来，我们一直“苦于资本主义的不发达”，“没有使自由民主思想广泛传播，个性没有从专制、愚昧、皇权至上的藩篱中彻底解放出来”；“人民革命成功后，我国按苏联的模式建立了新社会，想当然地把国有制形式当作公有制本身，把国家利益看作人民利益，以至发生社会利益代替个人要求，集体观念吞没个人价值的现象”，“事实证明，在我们这种封建影响严重的国度中，封建势力随时可能在反对资产阶级的名义中复活”。于是，就有了进行新的“民主启蒙运动”的要求。我们因此也可以说，1980年的校园民主运动就是一个新时代的“民主启蒙运动”，如前文所说，它确实是和也是发源于北大校园的“五四启蒙运动”遥相呼应的。

提出“一切为了人”，还包含了现实的隐忧：“在提高生活水平的要求长期不能实现之后，人们几乎一致认为：目前社会最迫切的任务是满足人民基本的物质生活的要求。然而，在人们对自身利益觉醒的同时，还存在着一种普遍的误解。在一种崇拜物质价值的风潮中，生产力变成了新的偶像，人们以为一切幸福都会从那里滚滚而来。”于是，就有了新的问题：“生产力能直接给我们带来社会和谐，家庭幸福和个人精神的充实和丰富吗？”人们显然从新的物质崇拜、生产力偶像中，发现了人发生异化，从另一方面丧失个性独立与自由的危险。

由此引发的，是对西方现代化道路的反思："物质财富的丰富和精神的幸福不能等同。在西方高度物质生活水平条件下，精神危机又成为引人注目的社会问题。造成这种现象的重要原因之一，就是个性的发展脱离了人的群体性"，"离开了和谐的社会，独立不羁的个人不能避免空虚和孤独感。西方现实给了我们一个深刻的启示：以物质财富的增加作为社会发展目标，不能使人得到全面的幸福"。

这正是问题的要害所在：我们究竟要确立怎样的"社会发展目标"？也就是我们要确立怎样的"改革目标"？我们要选择怎样的"现代化道路"？

于是，就有了对那个时代最响亮的"四个现代化（工业、农业、科技、国防现代化）"和"小康社会"的目标的质疑。

首先要问的是："当我们的卫星升上高空漫游的时候，广大农民正使用着中世纪的镰刀和石磙；当我们的导弹飞越数千里坠落太平洋的时候，我们的农业生产率竟落在印度的后面。这种农轻重、国防、科研各方面严重不平衡的畸形结构，难道是我们追求的目标吗？"

更要追问的是，"产生（这样的）现象的根源在哪里？"

问题在于，发展生产，实现四个现代化，建设小康社会的目的是什么？"社会主义的生产目的是为了满足整个社会不断增长的物质和文化的需要"，"但我们在'四化'中正好找不到人的位置，'四化'口号恰恰忽视了社会的主体——人，忽视了社会生产的根本目标——人的需要"。"人是物的主宰，但在这里，人却要为物的丰富而生产；'四化'是为了满足人们的需要的手段，而我们却在为手段而奋斗"，"既然人的需要被忽略了，那么，生产人民需要和消费资料的部门——农业、轻工业也很自然要被忽视，从而导致经济的畸形发展"。

结论只能是这样："社会生产出来的物质产品的多少不是（经济）政策的最终目标，平均每人得到的物质产品数量，也不是衡量'人的幸福'的根本标志"，"忽视了社会体——人的'四化'口号，绝不是人民应追求的经济目标"，"小康社会并不等于现代化"，因为"小康社会不等于小康之家"，"小康之家才是人民生活的富足"，而这也"只能满足人们物质生活方面的要求"，"而人区别于动物的本质特征——善于思维，精神需求，创造性劳动等等仍受忽视"。因此，无论是"四化"，还是"小康社会"，都"不但不是我们追求的经济目标，也不是人民应追求的社会目标"。

问题正是在这里：是推行全面的改革，实现社会的整体现代化（经济现代化，政治民主化，思想现代化），以促进人的全面发展，还是以富国强兵即以国家的物质的富有与军事力量的强大为发展目标，推行单一的发展生产力的经济改革，其结果必然是物质丰富的同时，又造成新的对人的奴役：分配的两极分化，人民民主权利的继续被剥夺，以及全社会的精神危机？——可以说，1980年的中国，正处在这样的十字路口。

不可忽视的女性问题与民族问题

引人注目的还有女竞选人：她们在《告选民书》里提出："没有现代化的女性，就没有现代化的母亲，没有现代化的儿童，就没有现代化的未来。"从而引发了人们对女性问题的关注。

一位女竞选人强调"女性的美和丰富的同情心、献身精神是人类的瑰宝，社会的财富"，"女性作为恋人和妻子对男性的熏陶，对整个社会创伤的治疗有神奇的作用"，"在中国的现代化中，陶冶美好的人性，是中国女性的神圣使命"。她忧心忡忡地指出："当前世界性地出现了男性的雌化和女性的雄化的问题"，而"女性的畸形也是男子的痛苦，人类共同的巨大痛苦"。她因此而呼吁，"传统的东方美不能失传"，要"塑造优美、活泼、聪慧而又温柔的女性"。在《答选民问》中，她解释说，她理解的“东方美”包括“热情而又含蓄，勇敢而又温柔”，“家庭责任和社会贡献同时并重”这样一些内容；她不满意于“年青一代把追求个人幸福和家庭和谐、社会利益对立起来”，主张“现代女性应该是社会的可贵人才，同时又是美好的妻子、母亲、女儿、姐妹”。

这样的主张引起了激烈的争论，也受到了一些无端的攻击；竞选人对此作出了强烈的反应，旗帜鲜明地提出了“女性权利”的问题。她问道：“女子也是人。为什么女子的性格，女子的利益，女子人才的发展等问题就不能提到大雅之堂来？”“难道在人民的权利中，就不包括这一权利？为什么仅是提出女性问题，就要被指责为种种不义？”“女子也是人。在答辩的时候，难道不能平等地讨论国家大事，不能科学地讨论女性问题。为什么专对女竞选者进行外貌、服装、私人生活、日常言谈的百般挑剔？”“为什么我就不该站出来为民主选举投入我渺小的一滴？”

在竞选期间，由另一位女竞选人主持，进行了一次“北大部分女生调查”，留下了一份1980年代中国女大学生状况的可贵资料，[17]或许更为重要的是，这是改革开放以后，对女性问题研究的一个新的开端。后来对调查结果作了这样的分析：“可以看出，希望成就事业的女生占大多数，对未来家庭生活（希望夫妻间）互不依赖的比例也是最高的。这告诉我们，今天的女性，不愿意再做男子的花瓶、附庸，而是希望成为有自己理想、事业，有新的生活要求的独立的人。更值得注意的是，有62%的女同学打定了‘没有理想的爱情宁愿独身’的主意。这预示着，中国婚姻关系的升华，将使没有爱情而结合的婚姻大大减少。它说明人类已跨出它感情发展的少年时代。而进入青年时代的人类，将以大胆、明快的追求精神，载入人类发展的史册。”她的结论是：“要使妇女创造力全面发挥出来，不能等待社会文明程度的提高，不能乞求男子的怜悯，我们每个女同胞彻底的解放，要靠我们自己。”

同样不可忽略的是，中央民族学院在竞选中提出的少数民族问题。一位竞选人大声呼吁：“全国的政治改革绝不容忽视民族问题”，指出：“这些年来，民族区域自治受到了很大破坏，除了‘文革’动乱以外，在制度上也是有不少弊病的。政治上的改革，就得搞好民族立法工作，对民族区域自治的权限给予法律的保护，使少数民族能真正行使自己的自治权。”

这都表明，1980年中国大学校园竞选关注的，是中国全方位的改革问题，是一个全局性的问题。而这样的思考与讨论，是发生在中国的改革的起步阶段，无论其远忧近虑，都给后来者以永远的启示。而在1980年的校园竞选运动中，北大的竞选所提出和讨论的问题的广度与深度，是格外引人注目的。或许更为重要的是，竞选人和选民在讨论中所表现出的远大的眼光，“舍我其谁”的承担意识，忧国忧民的情怀，强烈的现实关怀、底层关怀与科学理性精神、深厚的学术根底的结合：这都显示出一种北大精神与底气，1980年的北大人是无愧为“五四”精神与“五一九”精神的传人的，这都是北大精神的亮点，是让后来的北大人永远缅怀的。1980年校园竞选运动，无疑是北大校史上不可忽视的一页。

2007年9月11日，9月22日—10月5日陆续写成

注释

[1] 文收《原上草·记忆中的反右派运动》，经济日报出版社，1998年版。又收《拒绝遗忘：钱理群文选》，汕头大学出版社，1999年版；钱理群：《学魂重铸》，文汇出版社，1999年版。

[2] 景风：《圣坛上的北大》，原载1998年6月15日《贵州广播电视报·安顺版》副

刊《小世界》第23期。

[3]《北京大学选举运动大事纪》,《开拓——北大学运文献》,252—267页。

[4] 参看《北大一分校竞选运动纪》,《中国人民大学竞选运动概述》,《北师大竞选大事纪》,《北京师范学院竞选运动纪》,《中央民族学院竞选运动纪》,《清华大学竞选简况》,《北京钢铁学院竞选简况》,均收《开拓——北大学运文献》。

[5]《开拓——北大学运文献》,304页,田园书屋,1990年版。

[6]《对竞选运动的总结》,《开拓——北大学运文献》,3—4、7—8、8页。

[7] 谭天荣:《第二株毒草》,《原上草·记忆中的反右派运动》,32、33、34页,经济日报出版社,1998年版。

[8] 对16位竞选人的一份调查表明,他们“最喜欢的小说”有:《钢铁是怎样炼成的》(3人),《牛虻》(2人),《战争与和平》(2人),《红楼梦》(2人),《青年近卫军》(1人),《约翰·克利斯朵夫》(1人),《怎么办》(1人),《阿Q正传》(1人),《三国演义》(1人),《欧阳海之歌》(1人);他们“少年时代的崇拜者”是:毛泽东(5人),孙悟空(3人),雷锋(2人),鲁迅(1人),爱因斯坦(1人),董存瑞、黄继光(1人),古丽雅(苏联女英雄,1人),岳飞(1人),辛弃疾(1人);“现在最敬佩的人”是:周恩来(5人),毛泽东(1人),彭德怀(1人),陈云(1人),鲁迅(1人),遇罗克(1人),铁托(1人),刘宾雁(1人),还有回答说是“第一个吃螃蟹的人”,“对谁都谈不上敬佩”。《开拓——北大学运文献》,303页。

[9] 对16位竞选人的调查还表明:他们“最恨的”是:虚伪(6人),不让人说话,禁锢思想(1人),己所不欲,强施于人(1人),奴性(1人),阿谀(1人),官僚特权(1人),阴谋诡计,政治骗子(1人);“最怕的”是:不被理解,脱离群众(4人),无所作为(3人),自己动摇,成为胆小鬼(2人),国家乱,环境污染(2人),活着没有说话的权利(1人);“最喜欢的”是:读书(4人),思索(3人),认识世界,认识自己(1人),研究理论和实际问题(1人),广泛接触各种人(2人),站在推动历史前进的浪头上(1人);他们自认的“弱点”是:天真,轻信,坦率,不善于察言观色,见风转舵(6人),过于自信,固执,刚愎自用(6人),片面(2人),缺少实际经验(1人);他们自认为“研究得较为深入的问题”有:“马克思主义是否会成为过时的东西?”“中国社会的整体现代化”,“官僚主义和文化大革命”,“言论出版自由”、“民主和法制”、“体制改革问题”,“知识分子问题”,“城市民用住宅问题”,“城市待业青年就业问题”,“世界经济问题,尤其是一些典型国家的发展道路和经验”,“国际经济关系问题”,“国际法理学”,“人应该怎样生活”,“认识论问题”,等等。

[10][11]《北京大学竞选人调查》,《开拓——北大学运文献》,300、298页。

［12］ 据对十六位竞选人的调查，以“科学社会主义”（“共产主义”，“马列主义”）为“信仰”的有十三人，只有一人表示信仰“科学”，一人的回答是“民族的独立与富强”，一人宣称只相信“我自己的世界观”。《北京大学竞选人调查》，《开拓——北大学运文献》，302页。

［13］ 龙英华：《世界往何处去，中国往何处去，北大往何处去》，《原上草·记忆中的反右派运动》，132页，经济日报出版社，1998年版。

［14］ 马克思、恩格斯：《共产党宣言》，《马克思恩格斯选集》1卷，273页，人民出版社，1972年版。马、恩的这一思想在1980年的北大竞选中很有影响，王军涛在《我的社会改革观》里，还特地加以引述，《开拓——北大学运文献》，86页。

［15］《北京大学竞选人调查》，《开拓——北大学运文献》，298页。

［16］《北大民意测验》，《开拓——北大学运文献》，304页。

［17］ 如调查表明：对“在校期间的政治活动”，11.4%“积极参加”，75.7%“关心，却不参加”；对“在校期间”的自我期待，35.3%是“为学术有所建树做准备”，49.25%是“为毕业后做实际工作打基础”；“对解决爱情问题的设想”，52.7%选择“没有理想的爱情宁愿独身”；“希望自己成为什么样的女性”，84.4%希望“兴趣广泛，学识渊博”，59.3%选择“大度宽厚”；“在与异性交往时的表现与心情”，49.7%回答是：“坦然大方无所谓”；“对家庭关系的设想”，34.7%是“各有事业，互不依赖”，28.1%希望“双方实力相当”，21.5%希望“对方强于自己”；“对西方性开放观念”，79%“不了解”；“认为男女实力差距的根源”，50.9%认为是“传统习惯势力”，49.7%认为是“生理原因”。《开拓——北大学运文献》，311—315页。

1997年北京大学的历史纪事

北京大学的南校门立着一块倒计时牌，提醒人们北京大学的百年校庆一天天地迫近了。这显然是校方所为：他们希望把1998年的百年校庆这样一个重大历史事件变成一次打扮自己的表演。

但每个北大人的心中却有着一个关于北大传统的永恒的记忆，随着百年校庆的日益临近而引起深长的焦虑与思索。

于是，围绕迎接1998年北大百年校庆，1997年的北京大学出现了两种景观。一位北大学生这样写道："走在炎热的燕园，眼前是不断变换着的景物，身边是不断闪现的人群，楼房或是新的，或在建，三角地依旧是沸沸扬扬，未名湖的水也新换了，一切的大兴土木似乎在表明北大是欣欣向荣的。可是我感受不到一点新鲜的气息，只有压抑的感觉。因为三角地上只有TOEFL培训和招聘广告了。因为民主草坪上只是坐着互相拥抱着的情侣了。因为图书馆里只有一张张透出英语单词和微积分的麻木的脸孔了。理想和责任感已经在我们的头脑中缺席了。我实在难以找到北大的气息，青春的活力。我不断地问自己：我是在北大吗？怎么我听不到'五四'的呐喊？怎么我看不到三角地的指点江山？怎么我听不清理想主义的声音？怎么我看不到热血沸腾的青年？怎么我感受不到心忧天下的责任？……失去了精神的北大，正如一个被抽去了脊柱的巨人，他的肌肉在不断发达，可他总也立不起来。"

于是，从新一代北大人的心底里发出了一声呼唤——

“寻找真北大的声音！”

这一代年轻人要站起来，做顶天立地的真正的北大人！

于是，1997 年的北大，合乎情理地出现了一批学生自费出版的民间刊物，传到我手头的即有《时事》、《微光》、《大学》三种。

这里有急切的呐喊：“加入我们，加入理想！关注北大，关注中国！”“批判地叛逆地永远抗争，积极地建设地不断开拓，这才是真北大的精神”，“为北大，为中国撑起一方理想主义的天空”，树起“一面精神的旗帜”，“当前的北大更需要你的理想来支持”！（《时事》试刊号《发刊词》，1997 年 12 月 1 日）

这里也有舒缓的沉思：“我们选择了‘微光’——微弱却能带来希望，能缓缓地扫除黑暗。我们的文字也尽量在明与暗之间找到最完美的结合点，得以让我们都逐渐感觉到自我思考的乐趣，慢慢地明白这世间什么是明亮的，什么是黑暗的”，同时也明确宣布拒绝两种文字：“一种是一副天下救世主的模样，我就是天上一轮红太阳，我要告诉你什么是真理，你不用再想什么，跟着我走就对了”；“一种是你俗我就陪着你俗，用玩世不恭的言语向你暗示，活在黑暗的昏迷中是件挺愉快的事，我们就得过且过吧”，“这两种文字都是可恶的，他们让我们丧失了自我思维的能力”。（《微光》第 4 期，远枫工作室：《在明与亮之间》）

也还有“清冷而淡远的季节”体味“北大的又一种色彩”，于是有这样的北大观：“北大之可贵，或许正在她让人于清幽中体悟玄远，在畅然处萌发奇想，心如湖水后，遂慨然有廓清宇内之志。”于是有这样的宣言：“几年前，北大曾流行过一句话：‘谬误归于我们，光荣属于真理。’面对今日之北大与中国，我们也许应该首先学会平静和谦卑。”（《大学》第 2 期“卷头语”，1997 年 3 月）

正像《微光》里的一篇文章所说，“在（北大）这片神奇的土地上，曾发出过和正在发出着多少令所有人为之动容的声音。其间，有激昂，有悲凉，有无奈，有诙谐……现在，我们将这些声音汇集起来，只是想：声言，让大家都听到……”多种声音里自然也有共同的基调：追求独立与自由的思考。

这自由与多元，正是北大的传统——从蔡元培先生确立的“循思想自由原则，取兼容并包主义”的办学方针那里延续下来的。

然而，对昔日北大传统的这种自觉的承继，在今日的北大却遭到压制，以至惩罚。

这些年轻学生何罪之有？！

看看学生们说了些什么吧。

他们揭示了在处处设置禁区的情况下，中国学术的“媚俗”倾向，或“迎合大众”，或将“真理庸俗化”：“学者的任务成了为国家政策提供合理的解释，谁的解释能更大程度地接近国家政策，谁就拥有更大的真理性。”他们因此而提出“有必要再一次高举‘科学’的旗帜，启科学之蒙，启民主之蒙，要根植于中国国情，以理性批判的态度探讨有中国特色的道路”(《我说中国学术界的现状与出路》)。

他们指出，中国当前问题的症结在于“政改（即政治体制改革）停滞不前，甚至倒退了，而经济改革却继续推进”，形成了“政治严控，经济开明”的局面，并反过来影响经济改革，造成“股份制改革起点极不平等”，“操作极不公正”。面对这样的现实，中国的知识界在自身“边缘化”以后，既“丧失了对社会批判的勇气”，又“对日日发生在自己身边的犯罪保持沉默，以致伪学者泛滥，知识分子普遍奴性化，成为这个时代的特征”。他们因此而发出警告：“随着这种不公正的改革的进一步推进，社会深层次的矛盾日益显露，而政治上的专制又必然会转化为经济领域的更加腐败，国企大面积瘫痪，失业

工人队伍进一步扩大，社会不公愈演愈烈，经济崩溃那一日终将来临！”(《中国雪崩》)

他们这样描述这一代北大学生所日日面对的校园：“张承志说，这是一座游牧的校园。然而门卫严肃地检查着出入人等的证件，好似一处保密机关。学生们整天围在宿舍里打牌，劣质的扑克像蟑螂一样在油迹斑斑的桌子上跳动，在楼外游荡的是土头土脑的警服，与银杏叶铺就的小径那样地不协调。反正这是一个没有诗意的年份。校警们除了撕海报什么也不干。”(《那塔，那湖》)他们如此倾诉军训的种种感受：“正像罗素说的：参差有别是人类幸福的本源，可是军训的最大努力就是使你失去这种骄傲的独特性”(《特别策划之军训回首·前言》)；“鼓掌，这是军训中最虚假的声音。此时此地的掌声已经超越了表达个人感情的功能，掌声是上升到集体化的行为”(《军训词典》)。他们因此而反省整个中国的大学教育：“在走向现代化的今天，大学生活却出现了狭窄化、专业化、技术化的倾向。‘三点成一线’的单调生活，使学习成了机械训练和应付考试的枯燥过程，生活成为注重实用，只对专业技能感兴趣的单维化生活。在工艺层面的操作与忙乱中，个性和创造逐渐消隐……”(《大学的兴盛与文化重建》)

这里所说、所写的一切，在当今的中国，正是许多的成年人与青年人，许多的北大师生，在私下里所说、所想，年轻的作者不过是直言不讳地公开说出来、写出来罢了。他们如此坦诚地当众说出真话，使我再一次想起安徒生童话里那位大叫“皇帝他什么也没有穿呀”的小孩。真话是会使某些人及利益集团难堪的，据说这会有碍于他们的“稳定”。尽管建筑在闭眼不看现实基础上的稳定犹如建立在沙滩上一样不可靠，但如今什么都是短期行为，谁也不关心、也管不了更远的事情。

于是，就要封住说真话的孩子的嘴。

然而，刚刚觉醒的年轻人喊出的第一个呼声如果就此被扼杀，那中国真的要成为无声的中国了，或者只剩下几个百无聊赖的成年人在那里唱着早就唱完了的老调子，那中国是真的要被唱完了的。

可悲的是，封杀这民族的新声与希望的精神刽子手，竟也打着“北大”的旗号——仿佛有了权，就自然、天然地代表北大。

但历史的逻辑可没有这样势利，它是以真理作为标准的。

因此，我要以史家之笔，作出这样的判断：《时事》、《微光》、《大学》这些学生民间刊物，冲破了90年代的精神禁锢与商品经济的冲击所造成的思想沉寂状态，重新高举“精神、思想自由与独立”的旗帜，表现了极其可贵的批判、创造的精神与勇气，他们为北大的传统所写下的这新的一页，将会载入史册。权势者可以压制于一时，但已经开始了的新一代“寻找真北大的声音”的历史性的努力，将会由后来者继续下去，而真北大的声音是永远也扼杀不了、掩盖不住的。历史终会作出结论：什么是真金，什么不过是喧嚣一时的泡沫。

写到这里，我仿佛又面对着时事社那位同学那双痛苦的眼睛，他和他的朋友那闪烁着的泪光，像火一样地烧灼着我的心，我恨自己的软弱与无力。就连此刻我写下的这一切，所谓“史家”的判断，又有什么用呢？说穿了不过是阿Q式的自慰，而孩子们需要的是现实的保护与抗争啊！……

1997年12月28日写于燕北园，也许这就是1997年最后一笔

想起了七十六年前的纪念

自从北大南校门竖起了百周年校庆“倒计时”牌（我看来看去总觉得它像是个仿作），就天天在提醒人们，届时将是一个热闹的庆典。这年头庆典本来就多，正坐实了鲁迅的话：中国是一个喜欢演戏的游戏国；现在北大再来添一个庆典，校友们也趁此机会聚一聚，热闹热闹，这本是情理中的事。我既是北大中人，好像就应有凑热闹的义务。于是，翻开当年的《北京大学日刊》，想从历史的回顾中，寻一点做庆典文章的材料。不料这一翻，就将那点凑趣的雅兴给打掉了，倒显出有几分尴尬。

这是刊载在 1922 年 11 月 23 日《北京大学日刊》上的一则启事：“同学们！诸君对于北大的‘现状’不满意地方有吗？对于北大的‘未来’有什么建设的计划吗？本社决定于本校二十五年纪念日发行出版物数种，其中一种专载同学们对于学校方面改革的主张，和一切的批判，以供学校当局和同学的采纳及反省。这也是吾们狂热地庆祝这重大的典礼中间所应该注意到的地方！”署名是“北大生活社编辑部”。这启事是能够代表当时北大师生以至校方的态度的。证据是 12 月 17 日出版的《北京大学日刊》“本校二十五周年之成立纪念号”所载“纪念词”，第一篇总务长蒋梦麟的文章即宣布：“今日是本校二十五年的生日，是我们全体师生反省的日子。”第二篇教务长胡适的文章题目就叫“回顾与反省”，说得更加直截了当：“我们纵观今天展览的‘出版品’，我们不能不挥一把愧汗，这几百种出版品中，有多少部分可以算是学术上的贡献？近人说，‘但开风气不为师’（龚定庵语），此话可为个人说，而不可为一个国立的大学说。然而我们北大这几年的成绩只当得这七个字：开风气则有余，创造学术则不足。这不能不归咎于学校的科目了。我们有了二十四个足年的存在，而至今还不曾脱离‘稗贩’的阶段！自然科学方面姑且不论，甚至于社会科学方面也还在稗贩的时期。三千年的思想、宗教、政治、法制、经济、生活、美术……的无尽资料，还不曾引起我们同人的兴趣与努力！这不是我们的大耻辱吗？”胡适最后提出了这样的“祝词”：“祝北大早早脱离稗贩学术的时代，而早早进入创造学术的时代。祝北大的自由空气与自治能力携手同程并进。”第三篇是李大钊教授的“感言”：“我们自问值得作一个大学第二十五年纪念的学术上的贡献实在太贫乏了”，他语重心长地指出：“只有学术上的发展值得作大学的纪念。只有学术上的建树值得‘北京大学万万岁’的欢呼。”

念念不忘“北京大学的辉煌”的北大人（这自然也包括我自己）听见了吗？我们的前辈在面临校庆，面对所展示的成绩时，不是忙于欢呼，忙于评功摆好，更毋论自我吹嘘，而是“反省”，“批判”，“挥一把愧汗”，以至感到“大耻辱”！彼此的境界是怎样的不同啊！究竟哪一种代表了“真北大”的境界、声音，“真北大”的传统呢？

鲁迅在为北大二十七周年纪念所写的文章里，曾讨论过北大的“校格”；他认为北大的可贵与力量就在于“常与黑暗势力抗战”，这当然首先指的是敢于与社会上的黑暗势力抗争，但同时也包含敢于正视与无情地揭露自身的黑暗，作大无畏的自我批判。在某种意义上，后者正是前者的前提。正如鲁迅在五四新文化运动中所说：“不满是向上的车轮，能够载着不自满的人类，向人道前进。多有不自满的人的种类，永远有希望。多有不知责人不知反省的人的种族，祸哉祸哉。”在北大百周年校庆之际，不仅是在校与离校的北大人，所有关心中国的教育与国家前途的人，都希望北大能再显辉煌；但历史与现实的事实却昭示我们：这里有真、假之分。如果真的爱北大，希望北大在实现中国的教育与社会现代化的历程中继续发扬光荣传统，就应该、也必然像前辈那样，敢于反省、批判北大的种种黑暗（不足、失误），知羞、知愧，以至知耻，并敢于公之于众——可以想见，胡适当年以教务长的身份，公开承认北大“学术上很少成绩”，这需要多大的勇气与自信力！如果不是这样，不知反省，不以不足、失误为羞耻，反过来掩盖确实存在的严重问题，以至危机，甚至以“否定成绩，破坏安定团结”等等借口，来压制对北大的任何反省，那么，无论怎样信誓旦旦，都不是真的爱北大，至多不过是自欺欺人的表演而已。

因此，对北大的百周年，也可以有不同纪念方式。我并不反对必要的庆祝活动。《北京大学日刊》也报道了二十五周年纪念的各种活动，例如“历史部”、“出版品部”、“美术作品部”的展览（其中出版品部就展出在校师生出版的一百六十三种学术著作，一百零八种讲义，十九种杂志，二十种报纸，要是放在今天是一定要说“成绩很大很大”的），学术讲演，中文、法文、俄文的戏剧演出，中、西乐演奏，技击表演，体育比赛，以及放烟火等。但如果仅止于此，那就不过是热闹一场，时过境迁，在北大人心中，甚至北大历史上不会留下什么印记，甚至会有粉饰太平之嫌。真正铭刻在心的纪念，应是二十五周年那样的全校性的（从校方，到教授、学生、职工）的反省：可以是集体性的，对学校、系科教学的检讨，也可以是个人性的，对身为北大人的自我内心的审视。

写到这里，忽然想起远方的朋友刚给我寄来的，载在今年《随笔》第一期的《校格》一文，作者是1947年入北大的老校友。文章介绍了一位作家的“奇特见解”：“如果非要把生日看作一个节日，它首先应该是‘忏悔节’，忏悔自己前一段生命历程中的失误和不足，让灵魂受一次洗礼”；老学长因此建议每一个“藏北大于心的北大人”、“葆有探索精神的北大人”，都“不妨一试”。——可见这也是人同此心。

但如何反省，反省什么，却是因人而异的。而且目前北大的问题，进而整个中国教育的问题也实在太多。比如很多人都谈到，教育经费的不足，教职员工收入水平的低下，学生负担的加重，教学设备的陈旧等等问题。或许不是偶然的巧合，七十六年前的北大也遇到类似的难题，以至蔡元培校长在纪念会演说中，不得不提出这样的“希望”：“明年今日，无论如何困苦经营，必定要造成一个大会场，不要再像今天这样在席棚里边开会，还要造一所好的图书馆，能容多数人在里边看书。”（见《北京大学日刊》1138号）看来今天办学的物质条件比之当年，是好得多了；尽管如此，我们对学校各级领导为改善教学条件与师生生活，而不得不以很大精力去多方筹款的辛苦与辛酸，仍要给予充分的理解，物质的硬件毕竟是办学的先决条件。

但当年经济那样困难，尚且能坚持那样高的精神要求与境界；那么，我们今天在好得多的物质条件下，就没有任何理由，为对精神要求与境界降低而辩解。在我看来，对教育的精神软件的忽略：办学的人均忙于创收，以及相应的外事、内事活动、应酬，无力（精力与心力）真正关注教学与科研，更不用说教育思想的更新，教学内容、方法的改革，有时也抓，但多限于形式少有实效，经营之道取代办学之道的结果，是教学质量与科研水平大幅度滑坡，导致教育精神价值失落，这正是当前北大，或许也是中国教育存在的突出问题，而且随着教学物质条件逐渐改善（当然，这方面的努力是时刻不能放松的），这个问题将会愈加突出。

而在精神软件的诸问题中，教育思想、观念的问题又是主要的。这些年，在教育进入市场以后，固然为教育的发展提供了新的契机，也在教育思想、观念上出现了许多混乱，“为市场服务，培养市场所需要的人才”，几乎成了许多人办学的唯一目的与基本方针。这样，我们对教育的反省，包括对北大教育的反省，就不能不回到起点、原点上，即对教育本质的追问：“什么是教育？什么是大学？大学教育的目的是什么？”“我们要把北大办成一所什么样的大学？”前者是整个中国教育的共性，后者则涉及北大的个性与特点。

我们这样强调对教育思想、观念的反省，也是从北大自身的经验、传统的总结中提出的。1916年12月26日大总统黎元洪一纸命令：“任命蔡元培为北京大学校长。”从而根本改变了北大的面貌与命运：这段历史正是每逢校庆人们最喜欢回忆的；但人们却往往忽略了这新的历史的起点，也即蔡元培对旧北大的改造，正是从教育思想、观念的根本变革开始的。因此，蔡元培就任校长，第一次与北大师生见面，即以“三事”相告，第一事就是要“抱定宗旨”，“先知大学之性质”。这是一个破旧立新的过程。蔡元培曾明确地提出要破除中外教育、教育思想中的“二弊”：“一曰极端之国民教育”，“二曰极端之实利主义”。前者既是中国封建传统的，又是“近世（西方）帝国主义”的教育，其特点是将教育与受教育者都依附于政治与国家的强权意志，是反科学、反民主、反自由、反人道的强权教育。后者是“当今物质文明之当王，拜金主义之盛行”的产物，使教育与受教育者依附于市场的实用主义的商业化教育。这两者貌似两个极端，有着不同的社会背景，但在“人（受教育者）的奴化”的内在本质上，却有着根本的一致。蔡元培对北大与中国教育的改造与更新，正是使教育与受教育者“走出奴化状态”的一次悲壮的努力。他由此提出了自己的新的教育观、大学观：“教育者，养成人格之事业也。使仅为灌输知识、练习技能之作用，而不贯之以理想，则是机械之教育，非所以施于人类也。”他在北大1918年开学式演说词中，强调“大学为纯粹研究学问之机关，不可视为养成资格之所，亦不可视为贩卖知识之所，学者当有研究学问之兴趣，尤当养成学问家之人格”，同样是将人的纯粹精神活动（研究学问）与人格置于大学教育的中心。而他的著名的定义：“大学者，‘囊括大典，网罗众家’之学府也”，以及他的“思想自由，兼容并包”的办学方针，更是着眼于给大学师生思想、学术的发展，人的培养，提供广阔、多元的精神资源与自由、宽松、宽容的人文环境。他对北大的改造，说到底，就是要为中国的知识分子开拓一方自由的精神空间，摆脱思想禁锢、精神受压抑的状态。蔡元培大学教育思想的另一个重要方面是强调“教育指导社会，而非随逐社会者也”。在他看来，作为思想者的联合的群体，大学应该为社会提供前驱性，因而具有引导力的精神资源与力量：新的理想与信念，新的道德范式，新的思维，新的想象力与创造力。这大概也是他改造北大的动因与目标之一吧。

今天不难看出，蔡元培的教育思想是具有强烈的理想主义色彩的。他的理想曾一度在北大得到光辉的实现，其影响所及，至今北大在国人心目中，仍是一方“精神的圣地”。但我们也必须面对这样的事实：这光明的一瞬只是三五年的时间。在年复一年的回忆的加添中，每个北大人心中的北大，已经成为某种心向往之的精神的象征。事实上蔡元培时期的北大所保有的教育、学术的相对独立，是北洋军阀政府统治相对软弱的特定历史条件所造成的，以后就再难有这样的独立性。

另一方面，我们还必须看到，现代大学教育本身确又存在着内在的矛盾，决定了大学教育只能在两种或多种力量、趋向的相互对立、制约、补充与影响中求得发展。例如，按蔡元培的理想，在大学里主要应培养独立于国家体制之外，或始终处于边缘位置的，具有永远的批判意识，并且不计利害与后果的独立知识分子，如鲁迅所说，他们是“真的知识阶级”，是属于思想家型的，真正继承与发扬了北大永远是“新的改造运动的先锋”的传统的。但另一方面，不断向国家权力机构输送实践家型的人才，这也是现代国家体制改造与更新的必要条件，事实上也是现代大学教育的功能之一。应该承认，这两类人才的思维方式、行为方式，以及心理素质都是大不相同的，自然在培养上会产生互相矛盾的要求。而大学教育本身也存在着“反既成文化（学术）体制”与“建立、维护文化（学术）体制”的矛盾：要为社会变革提供新的精神资源，就必须具有对既成思想文化的批判与新的思想文化的创造的双重功能；而要完成思想文化的积淀与传承，又必须将思想文化转化为知识，并将其规范化与体制化。而规范化与体制化的知识生产和科层化的组织和管理本身，就有可能产生新的不平等的支配，以至奴役关系，这又是与反任何形态的奴役的自由教育思想相矛盾的。

蔡元培自己尽管对“极端之实利主义”的教育持严厉的批评态度，另一方面，他又不能不面对这样的现实：“我国地宝不发，实业界之组织尚幼稚，人民失业者至多，而国甚贫。而实利主义之教育，固也当务之急也”，既要适应市场经济发展的需要，培养应用型、技术型人才，又不能趋于极端，忽略精神的超越与超越型、综合型人才的培育，这里也存在着矛盾。而现代化生产发展的不同阶段又同时提出了专业化与通用化的相互矛盾的双重要求。

面对以上现代教育，包括大学教育的矛盾，我们在坚持统一的基本要求的同时，还应因侧重于不同方面而采取多样的教育模式，不可一刀切。不同类型、风格的学校应有自己的侧重与特色。这就涉及本文一开始就提出的“北京大学应办成什么样的学校”的问题。在我看来，蔡元培开创的北大传统，决定了北大应以培养具有独立批判意识的思想家型的人才为主，它应着眼于民族的、人类的长远利益，培养为未来国家、人类的发展提供新理想、新思维的思想家、人文学者，它所培养的各类专家，也不是操作型、技术型，而应该是思想者，是本专业新的学术思想、思路，新的研究领域、方向，新的技术、方法的开拓者。北大的教学与学术研究应更注重于基本的学理、基础的理论，应更具有原创性、开拓性与超前性，更注重自然学科、社会学科与人文学科的相互吸取与综合。为此，应该特别呼唤思想的自由，呼唤作为北大传统的兼收并蓄、容纳多元思想文化的宽容精神，呼唤“拿来人类文化宝库中的一切”的宽阔胸怀，为更大胆的、更解放的、更富有创造性的思想学术开辟道路。

这是一个理想的“梦”。面对现实，它更是显得不合时宜。当年毛泽东曾尖锐地批评某些教育者把自己的教育对象视为“敌人”，而今天有些教育者则把教育对象，特别是喜欢独立思考的青年学生，视为“不安定因素”，严加防范，千方百计将其强迫纳入既定的秩序，“思想者”竟成了“有问题者”，岂非咄咄怪事？大学真的成了“养成资格之所”，教育者与受教育者同为“资格”（职称与学位）奔忙，自由主动、创造性的教育受到威胁，如北大学生自己所描述的：“‘三点一线’的单调生活，使学习成了机械训练和应付考试的枯燥过程，生活成为注重实用，只对专业技能感兴趣的单维化生活。在工艺层面的操作与忙乱中，个性与创造逐渐消隐……”——在北大百周年校庆时，读到这样的文字，心里实在不好受：“个性与创造逐渐消隐。”这对北大究竟意味着什么，难道不应引起深思吗？

1998 年 3 月 3 日写毕于燕北园

另一种民间纪念

——《我们心目中的蔡元培》序

世纪末的事儿真多：北京大学的百年校庆刚刚过去，又要迎接五四运动八十周年纪念了。这些纪念在不同的人那里引起的反应是不相同的。作为北京大学的普通老师与学生，像我们这样的知识分子，在这样的时刻，总要想起老校长蔡元培。“蔡先生的名字永远与北京大学，与五四新文化运动联在一起”，这几乎已是所有北大人的共识。

于是就有了北大百周年校庆时《蔡元培》话剧的演出，这是由几位普通教员自动发起，由校友与在校师生自编自演的；人们称之为“另一种纪念”，也即不同于国家与学校仪式化庆典的民间纪念。

正如一篇报道所说，这次北大校庆“已经不仅是一个著名学校的生日，它甚至超乎教育界而成为整个国家生活中的一件大事”，因而具有了极强的政治功利色彩；“与此相辉映的还有‘商业大战’”，以至一位校友产生了“怎么看也觉得喧闹的校园更像是个集市”的印象。在这样的气氛下，真正开创了北大传统的蔡校长在正式的纪念中被有意无意地淡化，是必然的。但并不具有政治与商业眼光的校友与师生，更看重的是心的沟通与精神的传递，于是，对蔡校长的怀念，更准确地说，是对老校长所代表、象征的北大精神的向往，就成为许多北大人的一种难以摆脱的情结，而且是随着百年校庆的日益逼近、终于来临而愈加强烈。在这个意义上，《蔡元培》剧组虽然是少数人自发创建的，但却是有着深厚的群众基础的。也正因为如此，剧组的成立，以及以后的活动，以至最后的演出，尽管始终受到“不反对，不鼓励，不宣传”的待遇，却得到了师生、校友与校外人士的广泛参与和支持。我曾经因此把剧组称为“志愿者的精神自由集合体”，这本身就是对蔡校长开创的传统的一个继承。剧组从成立时，即已明确：演出话剧只是最后的成果体现；重要的是参与过程。因此，剧组用了很大的精力进行“传播蔡元培思想与精神”的活动：组织对与蔡先生有关的老人、专家的采访；举办各种学术讲座；发动校友、师生撰写研究论文；举办有关读书、图片展览；开辟宣传橱窗；印发《编演资料》等等，这样的普及工作的影响也许是更为长远的。而剧组自身的活动，从收集原始材料，酝酿、构思，剧本写作，到排练、演出，宣传、策划等等，则始终是一个学习、研究、思考的过程，是剧组的成员与我们的老校长不断进行心灵的对话的过程，于是，每一个人的精神境界都不同程度地得到了某种提升：这也许是参与者的更为根本的收获吧。而许多校内外的专家，各行各业的朋友（开列出来将是一个很长很长的名单）多方面的支持，几乎在每一个关键时刻，在我们觉得几乎要支持不下去的时候，总是有人会挺身而出，给予决定性的援助，这是让我们惊叹不已、感激不尽的，由此而建立起了一个信念：蔡校长不仅属于北大，他更是所有中国人的。还要特别提到的是蔡先生的亲属，他们给予我们的，不仅是支持，更是一种精神的感召：这是每一个剧组成员，以至每一个观众都能感受到的。就是这样，这一次民间的纪念始终充溢着一种精神的力量，它的源头来自蔡校长。最后，又通过舞台的表演，传递给了观众，北大的师生员工与校友。它所引起的强烈反响，既在意料之中，又出乎意料。人们说，这是北大百年校庆中震撼人心的一刻，这大概是表达了许多人的真实感受的。所有这一切，都会在人们的心中留下美好的记忆。

当然，留在参与者的记忆里的，或许还有许多应有、不应有的争论、矛盾，以至纠纷，所引起的愉快的，不那么愉快的，以及很不愉快的种种感受。客观地说，对蔡元培校长的崇敬，对北大传统的向往，这构成了这次民间纪念的每一个参与者的共同思想基础，这在前文已有论述；但再深入探究，就必须正视一个事实：在如何认识与评价蔡校长的思想，以至如何认识蔡元培其人，他在现代中国的命运，他对于当下中国思想、教育，对于面对教育危机的北京大学具有怎样的意义，人们的认识是并不一致的，或者说，每一个参与者的心中的蔡元培，在总体的一致的前提下，又有许多不一致，甚至互相冲突之处，由此也决定了人们在参加剧组活动时，各人的预期是相同又不同的。这就引发出了种种争论，有时甚至达到了十分激烈的程度。这其实是更反映了一种真实的，甚至可以说这也是北大传统的一个不可或缺的方面：从蔡元培时期的北大开始，北大人就一直在不停地争论，剧本中“雄辩会”那场戏就是一个形象的展现；这一百年中也有一个时期用强力压制不同意见，强迫停止争论，以形成高度的稳定，但那是以“万马齐喑”作为代价的，这恰恰是北大历史上最为黑暗的一页。当然，这种好争论的传统也有其负面，是我们在下文所要讨论的。

这里不可能对所发生的争论作具体的描述；细心的读者从本书第一辑“重评蔡元培”里所收入的文章里，大概也不难看出分歧的存在：在一些作者的心目中，蔡元培是一个高大的完人，他们是怀着一种理想主义的神圣感，去看待与谈论蔡校长所开创的北大传统的；他们为失去了精神的北大与中国的现状忧心忡忡，希望“回到蔡元培”那里去。而另外一些作者，尽管对蔡元培的思想与人格也给予很高的评价，但他们却更关注蔡元培思想与行为的内在的矛盾，关注一个伟人在那一历史中的内心世界，于是他们注意挖掘老校长的孤独感与寂寞感，强调如实反映作为先驱者的蔡元培思想的超前造成的不被理解的精神痛苦，以及如何从这样的痛苦中挣扎出来，坚定不移地走自己选定的道路。在这个意义上，他们认为蔡元培是一个悲剧性的人物。在这些作者看来，蔡元培在现代中国的历史命运是更带有一种悲剧性的，他的理想，包括改造北大的种种设计，只是在很短的时间里，在一种特殊条件下，得到了部分的实现。有的作者指出，“蔡元培之所以备受尊崇，与其说是因为他实际上做了些什么，毋宁说是因为他曾经尝试去做些什么”。人们通常所说的北大传统、北大精神，在某种意义上，实际上已经成为人们的一种精神向往与象征，一位作者甚至认为“蔡元培和五四北大的种种话题那么引人注目，以至已经超出了纯粹学术研究的范围，走进传说及神话的领域了”，因此提出了“还原神话背后的历史”这样的命题。谈到蔡元培对当代中国与北大教育的意义，一些作者在强调老校长的教育思想与制度建设今天仍然具有生命力的同时，又认为今天北大面临的问题已不是简单地“回到蔡元培”就能解决的；有的人则更进一步提出，对蔡元培的传统，不仅要继承，同时也要立足于发展。《蔡元培》一剧的文学本的结尾，有这样一段对话：当终于把蔡校长“请回北大”（这一情节本身就具有一种象征性），一位学生拊掌大笑：“北大有救了！”一位教授又加了一句：“中国的教育有救了！”听了这些话，蔡元培苦笑着问夫人：“仲玉，你看我……我真有这样的能耐吗？”这样的描写其实是反映了今日北大人对蔡先生的不同期待的；顺便说一句，在最后的演出本中，蔡先生的“苦笑”被删去了，代之以强烈的追光与雄壮的音乐，这样的英雄化的结尾也许与校庆的气氛更为吻合，人们不希望给人留下过于沉重、悲凉的印象的善良愿望是可以理解的。

有意思的是，在剧本写作与演出中的分歧，似乎已经被敏感的记者捕捉到了；一篇报道就从两代人不同期待的角度这样写道：一些老师“深信自己从事的这一项事业对于北大和中国的重要意义，并怀着一种理想主义的崇高感来予以推行。但是参加话剧的学生没有同样的理解与信仰。一些学生演员坦承，他们对蔡元培怀有敬意，并不认同老师们所主张的那种高度的意义。许多人是为了过一把戏瘾，或者是出于一种建功意识，希望在百年校庆历史上留下自己的身影，或者还有其他的目的来演戏的。一位94级的企管系的学生说，通过演出，他对北大精神的理解上升了一个层次。但他并不赞同老师们将蔡元培的精神当作北大的象征，因为“蔡元培也有他的局限，他不过是群星灿烂的夜空中的一颗明亮的星星”。而这篇报道的最后总结也是客观的：“不同的几代人，当然有不同的理解。如果《蔡元培》能像一位学生说的那样，促使北大人思考北大的传统是什么，我们继承了什么，又失去了什么，那么这正是对百年校庆一种最好的纪念方式。”——北大人之间的相同点毕竟是主要的；和而不同，也正是蔡校长所倡导的“兼容并包”的传统的一个体现。

当然，争论的负面影响也是客观存在的。记得担任过北大校长的蒋梦麟先生在谈到北大的“大度包容”与“思想自由”时，也曾指出“我们有了这两种的特点，因此也产生两种缺点。能容则择宽而纪律弛。思想自由而群治弛”。好争论，而且常常无休止，并且总要夹缠着某种人事的纠葛……这就不仅老是形不成统一意志而误事，而且也会伤害当事人的感情，败坏人的心境。而争论的最后，为了保证演出，总是要形成某种妥协，作出某种决断，这在一些敏感的年轻人的心灵里，也会产生失望感，以至委屈感，以及其他一些更为复杂的感情反应：舞台也是人生，参与者们从中获得了一些意想不到的人生经验与生命体验，这或许也算是一种收获吧。

不过，这一切都已经过去了。百年校庆的热闹过去了，《蔡元培》剧演出的激动也过去了。一位剧组的成员这样写道：“时间慢慢蚕食着记忆，仅存的片段也只能重现于梦中。”但我们却要编一本书，把剧组组织写的观点各不相同的研究论文汇集，把《蔡元培》的剧本及有关资料收入，还让策划、编剧、导演，以及演职员们写下自己的种种感受、体验，借以将我们共同参与的校园里的这段生活，用文字凝定、保存下来：这毕竟是我们的生命的一个部分。同时也为以后人们回顾与研究北大百年校庆这段历史，留下一份别具特色的民间资料。

而且我们还要公开出版——这要感谢四川人民出版社的领导与有关编辑朋友。这自然是出于“蔡先生与北大是中国的”这样一个信念。我们愿意借此机会向读者们介绍蔡元培先生对我们民族的贡献，他的思想的方方面面；我们也相信，北大内外具有不同经历与文化学术背景的老、中、青几代学者，以及90年代的北大学生对蔡先生的认识的相同与相异，不仅具有接受史上的学术价值，而且也是关心北大与中国教育的读者感兴趣的。这本寄寓了我们部分北大人的热情与思考的书，得以在纪念五四新文化运动八十周年的时候出版，大概也是别有一种意义的吧。

1999年3月28日写毕于燕北园

我的告别词

——在北大最后一次讲课

今天是我在北大，在大学正式讲台上，最后一次讲课，所以要利用最后的时间，说一说我最想对北大学生讲的话。主要讲两个问题。

第一个问题，我对北大学生的期待。

关于“北大失精神”的问题，已经谈得很多了。我们都是普通的老师与学生，无力抵挡这一切。我们所能做的，也只是“坚守”：当政治的逻辑、资本的逻辑笼罩一切时，我们还要坚守思想的逻辑、学术的逻辑、教育的逻辑。

因此，我对北大学子有两个期待。首先是——

不要抛弃“独立，自由，批判，创造”的北大精神。

这就是说，同学们可以有不同的选择，毕业后会走向不同的工作岗位，从事不同的事业，人生的道路也会有许多的变化，但有一点，应该是一致的、不变的，就是我们既为北大这块土地所养育，我们就永不抛弃“独立，自由，批判，创造”的北大精神。

你或许从政，但你必须做一个具有独立、自由的思想，批判、创造精神的政治家、公务员，而不是谋求私利、见风转舵的政客和唯唯诺诺、无所事事的官僚。

你或许经商，但你必须做一个具有独立、自由的思想，批判、创造精神的企业家、经营者，而不是投机取巧、谋取暴利的奸商，无所作为的庸商。

你或许治学，任教，从事新闻出版工作，你也必须做一个具有独立、自由的思想，批判、创造精神的学者、教师、编辑和记者，而不是出卖灵魂的帮闲、帮忙文人，混迹文坛学界的无用之人。

当然，如何坚持独立、自由、批判、创造的北大精神，不同的人，有不同的环境，不同的机遇，也有不同的气质和才能，因此，其表现形式，发挥程度是不一样的。有的同学可能表现比较突出，发挥比较充分，成为一个杰出人才；更多的同学则尽职尽责，但也自有操守：有所为（创造），有所不为（怀疑、批判），更有独立、自由的思考与人格。这是我们作为北大人的底线，是不能轻言放弃的。

我知道，在现实中国，要做到这一点，很难，很难，要坚持一辈子，就更难，更难。我们面对的是一个大染缸，是一个没有建立公平、合理的游戏规则，没有民主监督的体制，在这个体制下，人是很容易被腐蚀的；又是一个不允许独立、自由思想，压抑批判、创造精神的体制，在这个体制下，人是很容易被压垮的。因此，真要坚持独立、自由、批判、创造的北大精神，是要付出代价的，这是一条充满艰险的人生之路。我有时又想，我面对同学们，提出这样的期待，是不是过于理想化，甚至会害了大家？但我又真诚地相信，这是一条通往真实的人生，充实的人生之路，那充满丰富的痛苦的人生，才是真正有意义的。这是我一生的经历，经验告诉我的。记得我年轻时候读鲁迅的《与幼者》，他引述日本作家有岛武郎的一句话："幼者呵！……上人生的旅路罢。前途很远，也很暗。然而不要怕。不怕的人的面前才有路。"每回读到这里，我都非常地感动。今天，我在这里向诸位提出这样的期待，也是要告诉大家，这条路，"前途很远，也很暗”，但是，“不要怕。不怕的人们面前才有路”。——当然，我的期待，对诸位来说，只不过是人生选择中的一个参考意见；路怎么走，还是要自己选择的。

而且，我还有第二个期待——

目光永远向前，向下，立足中国的大地。

在1999年12月，我应北大学生会之约，写了篇短文：《新世纪寄语青年》，讲了两点意思。首先是：“新世纪呼唤着新的思维，新的批判力、想象力与创造性，呼唤着更加自由的精神空间，我们每一个人都应为之作出贡献。”——这包含了我的一个判断：新世纪（也就是我们现在已经进入了的21世纪）人类面临着“文化重建”的任务，又是一个知识大发展、大交融，全人类文明大碰撞、大交流、大融合的时代，这样的新世纪是特别呼唤批判、创造、自由的精神的，我之在前面如此强调不要抛弃北大精神，实际是着眼于这样一个新世纪发展的大趋势的，诸位作为一个新世纪的人才，如果抛弃了这样的精神，是有可能被这个大时代抛弃的。

但我这篇短文的重点是表达这样一个意思——

“不想预测新世纪将给这个世界，给中国，给我们带来什么。只是希望北大学子，也希望我自己，目光永远向前——要听得见‘前面的声音’的呼唤，不停地往前走；同时又目光向下——要立足于中国的大地，沉入民间，更关注人民的真实生活，自己也要做一个真实的普通人。”

这里说“不想预测新世纪将给这个世界，给中国，给我们带来什么”，也是包含了我的一个判断的：21世纪，无论是世界、中国，以至我们自己，都会遇到非常复杂的、难以预测的情况，这将是一个既有大发展，又会有许多新的困惑，以至迷茫的时代。这就很容易产生"前方"等待着我们的"是什么"，我们应该怎么办的问题。我今天也把这个问题提出来，和诸位讨论。

当年鲁迅在他《野草》里的《过客》，就讨论过这个问题。文章中的"小女孩"（或许就包括什么都还没有开始的在座的诸位）说：前方是"花园"，但这很可能是一个一厢情愿的美丽的梦；"老人"（大概就是我这样的饱经风霜的一代人）说：前面是"坟"，这或许是反映了更根本的真实。问题是面对这样的前景的态度："老人"宣布，他将"休息"，不再往前走；而鲁迅笔下的"过客"（在一定程度上也是他自己）却在短暂的犹豫以后，表示：我不能"回转去"，也不能"休息"，因为"那前面的声音叫我走"，"我只得走！"——"过客"的这种"明知前面是坟而偏要走"的精神，是很有启发性的。这里所说的"声音"其实是自己内在生命的"绝对命令"，就是说，不管前面是什么，即使是"坟"，也绝不后退，绝不停留，绝不气馁，绝不放弃，要"走"，"往前走"，不断地探索、寻找，在似乎没有路的地方走出路来，"地上本没有路，走的人多了，也便成了路"（鲁迅：《故乡》）。我在这里郑重地把鲁迅的这一"过客精神"推荐给诸位，就是希望大家在今后的人生道路上，无论什么情况下，即使是最困难，似乎绝望的时候，也不气馁，不放弃，"目光永远向前"，"不停地往前走"，保持积极向上，向前，在实践中不断探索的精神状态，这其实也就是鲁迅所说的"常为新的，改进运动的先锋"的北大传统，在我们每一个北大学子身上的体现。

我的"目光向下"的期待，则包含了我的一个隐忧。北大的教育越来越成为"伪精英教育"。本来，北大是应该培养一流人才即社会精英的。按蔡元培先生对大学结构的设计，北大应属于研究型大学，而不是实用型大学（蔡先生称为"专科"）。我曾经说过，"北大首先要培养出一批为我们国家、民族，为学术发展提供新思维的思想家，鲁迅所期待的‘精神界的战士’；同时，北大所培养的各专业的专家、学者都必须是思想者，必须是永远不满足现状，永不停止思想探索的精神流浪汉”，“是本专业新的学术思想、新的研究领域和方向、新的技术和方法的开拓者”。因此“北大的教学和学术研究应更注重于基本的学理、基础的理论，应更具有原创性、开拓性与超前性，更注重自然科学、社会科学、人文科学的相互吸取和综合”。而现在的问题恰恰是北大放弃了自己研究型大学的优势，在所谓“适应市场需要”的口号下，向实用型的专科靠拢，不但造成了学校定位的混乱，而且极大地降低了学校教学、研究的水准与品位，距离前述培养高素质的具有思想与学术开拓性、原创性的精英人才的目标越来越远。而真正的民族思想文化学术的精英，他也必然是人类、民族良知的代表，社会公共利益的代表，必然有着强烈的社会关怀、底层关怀，他的目光是既向上也向下的，即所谓“脚踏大地，仰望星空”。

而让我感到忧虑的北大的“伪精英教育”倾向下所要培养的精英，却是有其名而无其实的“假精英”。所谓“伪精英教育”的要害，实际是“学而优则仕”的传统，通过北大这座桥梁，挤进既得利益集团。这本是蔡元培那一代先驱所反对，所要竭力避免的。所以蔡校长在就任第一天的演说中，就谆谆教导说：“诸君须抱定宗旨，为求学而来。入法科者，非为做官；入商科者，非为致富。”以后他又在许多场合反复强调一点：“大学为纯粹研究学问之机关，不可视为养成资格之所，亦不可视为贩卖知识之所。”大家不妨看看今日之北大，谁入学不是为了做官、致富，北大早已成为养成资格之所、贩卖知识之所了！问题是，北大以及中国大学的这些蜕变是有社会基础的。在应试教育下，诸位吃得“十二年（小学六年，中学六年）寒窗苦”，好不容易通过“千军万马独木桥”，闯进了北大这个最高学府，不要说为此不惜付出一切代价的家长，连你们自己，也都希望“近水楼台先得月”，用北大这块牌子挤进各种既得利益集团。在某种意义上，你们，以及你们的家长，希望通过读北大来改变自己和家庭的命运，被培养成社会精英，即所谓“跳龙门”，或者说社会底层成员的向上流动，这都是正当的、合理的，这也是一种基本权利。问题在挤进既得利益集团的意识（这也是社会培养的）。更严重的是，到了北大以后，所接受的又是前面我们所谈到的，蔡校长竭力反对的极端之国家主义教育和极端之实利主义的教育，而这两大极端教育，表现在北大这样的所谓重点之重点大学，就是我们这里所说的“伪精英教育”，不是培养真正的社会精英所必有的公共利益意识，社会关怀，底层关怀，而是灌输以“他人为敌人”的弱肉强食的所谓竞争意识，鄙视劳动、劳动人民、普通民众，逃离土地、土地上的文化、人民的所谓精英意识（我们已经说过，这其实是假精英）。在这样的教育下，所培养出来的所谓尖子学生，他们身上有两个特点，一是极端的利己主义，而且是建立在高智商基础上的，除了自己的利益之外没有任何信仰、信念的，精密、精细筹谋的利己主义；二是对生养自己的土地、土地上的文化、人民，不仅存在认知上的陌生感，而且在情感和心理上都有一种疏离感，他们似乎都是世界主义者（尽管他们把爱国主义的口号喊得响入云霄），但其实不想、也不能进入他国世界，只有孤立的个人，这样的失根、无根的状态，可能会给他们带来真正的痛苦，但他们在相当一段时间是不会感觉到的，因为这个社会会使他们感到游刃有余，他们正在被这个体制培养为接班人。这也是必然的，能够支撑当下社会的人才，已经不可能是信仰型、盲从型人才，而必然是这样的无信仰的，因而为谋利可以听命一切，但又是具有现代科学知识，管理才能，善于和国际资本打交道，高智商，高水平的极端利己主义者，他们可以高效率地执行国家意志，并成为既得利益集团的骨干成员。培养并输送这样的接班人，是正在贯彻的国家主义教育、实利主义教育之极端的伪精英教育的目标所在。完成这样的国家使命，就是一流大学了，如果进一步还能够执行国际资本的意志，那就是世界一流大学了。

而我们所能做的，依然是绝望的反抗。提出希望北大学子“目光向下——要立足于中国的大地，沉入民间，更关注人民的真实的生活，自己也做一个真实的普通人”，正是要自觉地抵御这样的伪精英教育。这里提出的，是一个立足点的问题，在人们所说的全球化的时代（这是21世纪最基本的特点），立足点是一个大问题。在世界范围内，我们应立足于中国本土，然后才可能真正立足世界；在国内，我们应立足于民间、底层、普通百姓，那是国家、社会的根基，也是我们生命之根。所谓“目光向下”，就是要关注中国这块土地上的大多数人的生存状况，实实在在地为他们谋利益：这是我们做人的根本，也是做一个现代知识分子的根本。而强调“做一个真实的普通人”，则是要强调鲁迅所提倡的“泥土”精神，作为年轻人，既要有高远的理想，所谓“不想做将军的兵绝不是好兵”，也要以一个平常心，更要有不怕做小事情的精神，这对北大人或许是尤其重要的，如许多人都谈到的那样，北大学子很容易犯的毛病，就是志大才疏、眼高手低。其实不肯、不屑、不能做小事情的人，也是干不了大事情的。我们在前面讲的独立、自由、批判、创造精神都是要落实到一件件的小事情上的。我对北大学子的两个期待，是相辅相成的，归结为一句话，就是前面讲的，“脚踏大地，仰望星空”。这是一个真的“人”的境界，也就是要做一个真正的“人”。

以上这番话：关于大学教育，关于北大传统，关于我对北大学子的期待，都是一些胡思乱想，胡说八道，它很不切实际，也很不合时宜，有些话可能会犯禁。同学们也未必同意。但都是我的心里话，已经憋了很久了。也算是我对北大的“告别词”吧，说是“遗言”也可以。

说出来，也就是“立此存照”，表明要一统天下也不那么容易，总还有不同的声音。讲完了，我的使命就完成了。

还有一点时间，讲第二个问题：我与北大的关系。

我是 1956 年考上北京大学中文系新闻专业的，那年，我十七岁，距今已经四十六年了。读到二年级，我们新闻专业和人民大学新闻系合并，1958 年我就转到人大去了。尽管我是人民大学的毕业生，但我始终感到自己是北大的学生。大学毕业后，分到贵州安顺一所卫生学校教语文，业余时间读鲁迅，特别是在文化大革命时期读鲁迅，慢慢地有了自己的一些想法，第一个念头，就是回到北大讲台上，向学生们讲述“我的鲁迅观”。这样一个梦想，支持着我度过了在贵州十八年艰苦的岁月。1978 年，正是我离开北大二十年之后，我作为“文革”后第一批研究生，回到了北大。1981 年留校任教，我的梦想，终于变成了现实。但到了 80 年代末，整个中国知识界惶惶不安，面临着新的选择。当时我就宣布自己的三大选择，叫“三不离开”，第一，不离开中国，不管这个本土多么让你失望，我也要留在这里，和大家一起共渡艰难；第二，不离开北京大学，不离开北大的学生，这是我的根据地，我的精神家园；第三，不离开中国现代文学研究，特别是鲁迅研究，这是我的阵地。这也可以算是我的三个坚守。正是这三大坚守支撑着我度过了 1989 年以后那段最艰难的日子，一路坚持下来，到了现在我最后又要离开北大的讲台。在这二十一年的北大讲学生涯中，除了讲现代文学之外，主要是讲鲁迅，我从 1985 年开始给 81 级学生讲鲁迅，一直讲到现在，讲到今天，此刻。就是说北大有二十一届学生，几代北大人听过我讲鲁迅，这是我的北大讲学史中最大的光荣，最引以为豪的。在《心灵的探寻》（这是我第一次给北大学生讲鲁迅的讲稿）的再版序里，我这样写道：这是连续十几年的“虽有起伏，却从未间断过的心灵的交流，精神的对话”，这十几年“外部世界发生了多么巨大的变化啊，而在北大这里，却奇迹般地坚持了心的追求与精神的传递，贯通其间的正是鲁迅等先驱开创的‘北大传统’”。我由而产生了三个“坚信”：“坚信鲁迅的力量：他活生生地存在于当代中国与世界”；“坚信北大的力量：不管经历怎样的挫折，它永远是中国的精神圣地”；“坚信精神的力量，人性的力量，人之为人，总是要有超越物质的精神的追求”。我最后说，这是“北大学生启示我的这样的信念”，因此，我永远感激北大的学生，永远怀念北大的讲台。

四年前，我为自己六十年的人生旅程，作了这样一个总结：“我的生命就这样与两个空间——贵州与北京大学，一个群体——中国的年青人，建立了血肉般的联系，而与后者联系的主要纽带则是鲁迅。由此构成了我的生命中的‘四大情结’：人生道路的支点，精神的后援，思想、灵感、想象力的源泉，学术的出发点与归属……都在里面了。”我在另一篇文章里也谈到，“我的精神基地有二：一是被人们称作‘精神圣殿’的北京大学，一是处于中国落后边远地区的贵州安顺”。我也在和“社会的顶尖与底层，学院与民间”都保持密切的精神联系中受益，这或许是我的人生之路与治学之路的一个基本经验。

我因此常常吟诵艾青的诗句：“为什么我的眼里常含泪水？因为我对这土地爱得深沉。”——我确实是太爱北大，太爱贵州了。

但这些年，我突然成了北大最有争议的人物，许多人喜欢我，主要是学生，他们曾把我选作1999年“最受学生欢迎的十大教师”之首，或许正因为这样，引起了一些人、一些部门的警惕与关注，于是，就有一种力量想把我赶出北大。之所以会这样，无非是从北大百周年校庆前后开始，我不断地发出对北大、对中国教育的批判的声音，原因也是我太爱北大，爱之愈深，也就骂得愈厉害。其实，我的批判或骂，就是我最后这几次课所讲的内容，不过是有自己的一些不同看法和想法而已。但说不定在有些人看来，我一直到今天还在这里骂北大。我的发言、写作成了“不和谐的声音”，就非得消灭不可。这要感谢北大的学生和老师，正因为你们的支持，我才没有被赶走，还在上课。许多朋友都对我说，如果你不在北大，在全国任何一所大学，你早就被“灭”了。对此我是深信不疑的。“疾风知劲草”：这就是北大！而且我在被封杀之后，北大讲台成为唯一的精神的空间，唯一能说话的地方，以至今天我还在这里发出自己的声音，继续说某些人最不愿意听的话。除了感谢老师、同学们这些年对我精神的支持以外，我还感到了北大传统的力量，北大精神的力量。

我也曾想，我在北大扮演一个什么角色。我曾经说过，燕园的林子很多，各样的鸟都有，我大概是一只乌鸦，北大的一只乌鸦。我说过，北大如果都是乌鸦也不行，都是喜鹊可能也不行，学术、教育的生态平衡需要各种各样的鸟。这就叫“兼容并包”。我希望成为北京大学兼容并包的大的生态环境中有自己独立个性的一个独特的存在。我从来不试图将自己的人生之路、治学之路，自己的思想观点强加给学生，我最喜欢对学生说的话，就是“我姑妄讲之，你们姑妄听之”。记得这门课的一开始，我也是这么讲的。我只是希望通过自己的讲课，显示自己的生命存在，告诉学生，人还可以这样存在。同学们或许会从这样的存在中受到某种启示或者毫无感觉；或者在以后的某个瞬间，回想起在北大的生命历程中还遭遇过这样的一个生命个体，或许早就遗忘，这都不要紧。自己的生命与北大的生命有过联系，这就够了。我是极其珍惜这样的联系的。但无可讳言，这些年我对北大越来越失望。而且，越来越感到，自己似乎不太适合在北大生存了，我大概是该走的时候了。

前两天，我到贵州去，跟贵州师范学院的学生见面，他们提出的第一个问题就是：“北大怎么了？你怎么看？”我当时确实很受震动。

我首先想到的是，在北大百周年校庆时，贵州安顺的一份小报上，就有篇文章表示了对北大的失望：“开风气之先的北大，您为什么没有今天的《新青年》呢？边远小城的书摊上人们看到的是《读书》、《南方周末》、《杂文报》……来自北大的声音是什么呢？”“敢于兼容并包的北大，为什么到后来你所包容的声音就越来越少了呢？”我突然意识到，很多中国的有精神追求的人，还在向往精神的独立、自由的年轻人，他们眼睛是看着北大的，他们依然把北大看作是“精神流浪汉的精神圣地”，“最后一个精神堡垒”。这些年，我和许多北大以外的青年通信，是深感北大在这些年轻人心目中的地位与分量的。我当然知道这是一个神话，我写回信的一个很大的任务就是要打破它；但我又不忍心打破：一个民族，特别是处于政治、经济的双重困惑中的民族，是需要相对超越的一方净土的；一个民族的年轻人，如果失去了梦乡，连梦都不能做，那就太可悲、太危险了。当意识到北大的表现使这么多年轻人失望，我突然感到了自己应负的责任。因为我是北大一个成员，北大的问题和我有关。坦白地说，过去我在北大内部批判北大，就很少联系到我自己，现在听到了北大外的年轻人批评的声音、失望的声音，就觉悟到这就是在批判我自己：我和北大同时站在被审台上，我们辜负了民族的期望，中国年轻人的期望！我毫不犹豫地向贵州的大学生表示了我的负疚感，同时又说，请大家相信，北大是一个有传统的学校，北大开辟的精神独立与自由的传统总会一代一代地以不同的方式传下去的。我当时就作出一个决定，一定要把贵州同学对北大的关注和失望，以及我所受到的震撼，告诉北大的同学：今天我讲出来了。

现在，我要离开北大的课堂、讲台了。这意味着，一段与北大的因缘的结束，一段与课堂的因缘的结束，一段自我生命的“死去”。

但我的生命的活力还在，一段新的生命也就在结束、死去的这一瞬间开始。

有同学问我，老师，退休后你要到哪里去？

我的回答是——

回归到家里去，开始我的新的研究、新的著述，同时要尽享家庭之乐。

回归到我的“第二故乡”贵州去，关注边远地区、社会底层所发生的事情，做力所能及的工作。

回归母校，到中学去，继续关注并参与教育的改革。

这“三回归”就是回归家园，回归生命的起点。

同时要始终守住鲁迅。

此刻，我的一生道路浮现在眼前。特别想起生命低谷时期的几段“座右铭”，这或许集中了我一生的信念，坚守与经验，就送给诸位，作为告别赠言吧。

这是“文革”的三个座右铭——

“路漫漫其修远兮，吾将上下而求索。”（屈原）

“永远进击。”（鲁迅）

“在命运面前，即使碰得头破血流，也绝不回头。”（传说出自青年毛泽东）

这是2000年的“大批判”中所自撰——

“我存在着。我努力着。我们又彼此搀扶着。——这就够了。”

该说的都说了，就到此为止吧。谢谢大家。

2002年6月27日

中国大学的问题与改革

——关于北大改革的一次发言

在这次北大人事改革的讨论中，人们重复得最多的是几个关键词："改革"、"世界一流大学"、"一流教授"等等。这也是当下中国与中国教育界最流行的时代词语，用我们中国人最习惯的说法，这是时代潮流，是顺之者昌，逆之者亡的。这当然不可、也不能反对。而且方案一提出，讨论刚开始，就有了预言：这次北大改革将给北大，以至整个中国教育带来怎样、怎样的辉煌。这也是我们中国人的习惯性思维：凡改革一定改变历史，而改变历史一定具有正面的意义。

但正是这些作为讨论前提的习惯性的说法，习惯性的思维，以及背后的创造历史的冲动，都是可以进行质疑与追问的——

"改革"——"为什么改革？要改革什么？谁来改革或者谁被改革？如何改革？谁从改革中受益，谁从改革中受损？"[1]在改革的背后隐蔽着什么？在21世纪初的当下中国与世界，提出"大学改革"，是与什么样的历史对话？其潜在动机、问题意识、发展方向是什么？[2]现在提出改革的目标是什么？要改到哪里去？是不是只要是改革，就一定具有正面价值？在设想其可能有的正面价值的时候，要不要同时想到可能产生的负面作用，从而采取必要的防范性措施？能不能按照自己的主观意志，不计后果地、满怀信心地一路凯歌行进？"改革就是一切"真的是"硬道理"吗？

"世界一流大学"——什么是"世界一流大学"？其标准是什么？

这里的世界是什么概念？为什么要以世界一流大学为目标？为什么还要定出具体的时间指标？究竟谁想要世界一流大学？[3]改革者试图通过什么样的手段、途径、措施来如期达到自己既定的目标？按照这样的改革思路能够达到这一目标吗？而这背后的问题是，什么是“大学”？大学的功能是什么？

“一流教授”——什么是“一流教授”，依据什么理念、标准与逻辑来评价？怎样评定一流教授，应采取什么游戏规则？这些规则应由什么人来定？或者说，如何建立制定权、执行权、监督权相互制约的合理机制？怎样保证被评定者的合法权利？有了制度、规则，就能解决一切问题吗？用什么体制来保证吸引并留住一流教授，并充分发挥其作用？一流教授应该发挥什么作用？同时又防止学术霸权的出现？如何培育一流教授的后备队伍，建立合理的学术、教学梯队，保证校园内的各类人才都能安居乐业，各得其所，如何形成良性竞争（我们需要怎样的竞争？）以达到健康的学术生态平衡？

这类的问题还可以提很多，而且我自己也没有完全想清楚，自然无力全面展开，只是希望提出问题，引起注意与讨论。这里，我还想推荐两篇文章，即陈平原教授所写的《中国大学百年》[4]与《我看北大百年变革》。事实上，我在这里所提出的问题，在中国大学百年以及北大百年变革的历史中，都是曾经遇到过的，有过不同的探索与试验，其中就有着丰富的历史经验与教训。因此，如果结合我们中国自己的20世纪经验来讨论所提出的前述问题，应该是一个很好的思路。但我自己却缺乏相应的研究，也只能出个题目。我由此而想到，要真正解决由北大这次改革所引发的上述问题，是需要有更深入的现状调查与学理（而且是多学科的）研究的；这样，我们要进行的改革，才可能真正建立在科学与民主的基础上。而缺乏充分的调查研究与学理基础，恐怕正是以往的许多改革产生不少弊端的重要原因之一。

尽管意识到这一点，但我自己由于专业的限制，也只能就所观察、感受、思考的一些问题，作一个经验性、体验性的发言：这是名副其实的抛砖引玉。

（一）北大、中国教育的问题

无论是改革实验，还是学理的研讨，都要从当下中国大学教育的问题出发，这大概也应该是我们的讨论的前提。如果仔细考察，就可以发现讨论中所出现的不同意见，其实是出于不同的问题意识。这里所要谈的是，我对中国大学教育所出现的问题的观察与体认。

北大这次改革的设计者在回答“为什么要进行大学体制改革？”的问题时，有一个很明快的说法：“教育体制（包括高等教育体制）是计划经济体制所唯一没有进行根本性改革的地方。”据说提问的记者听了这话立刻联想起某位北大教授所说，“大学是中国社会转型中的最后一个堡垒”。[5]——这里说得再明白不过，中国的改革发展到今天，自然应该对大学这个计划经济的最后堡垒开刀，开刀就自然要从北大入手。这似乎并无问题，几乎是所有的讨论者都可以认同的。但我的追问，也正要从这里开始。我的问题有三：

其一，什么是计划经济体制在大学管理中的主要表现？或者说，究竟是高校中计划经济体制的哪些弊端阻碍了当下中国教育的健康发展，必须成为我们今天改革的主攻方向和主要理由与根据？

官本位、行政本位导致的大学的官僚化

在这次讨论中，很多朋友都谈到了中国大学的沉疴正在于根深蒂固的官本位、行政本位（还有朋友提到了后勤本位），高度集中的管理体制使大学丧失了独立性，形成了对大学自主权的严重干预和限

制：而在校内行政权力的无所不至又形成了对教师的学术权力与学术自由的严重干预、限制。同时出现的是行政机构的极度膨胀，形成了教学人员与行政人员比例的严重失调，这是造成学校管理中的严重的官僚主义与形式主义的重要原因。在我看来，这才是计划经济在大学管理中的主要表现，如果不触动这方面的问题，或者避开了这方面的改革，或因其有难度而将其悬置，那就根本不可能使所谓“计划经济的最后一个堡垒”有根本性的变革，如果仍然用计划经济的管理逻辑、思维与办法来进行改革，恐怕还会加强计划经济的堡垒的力量。

教师的权利贫困

我想要强调的是，计划经济的弊端的背后，有一个教师在学校中的地位与权利问题。实际上现在高校里的普通教师是既无地位，也无权利的，更没有维护自己权利与利益的组织，工会的职责被缩小为每年举办一两次联谊活动，所谓“职工代表大会”也最多起一点咨询作用。对教师的教学与研究具有根本意义的教学民主与学术民主似乎还没有提到议事日程上。特别是青年教师，实际上已经成为学校里的弱势群体——这里所说的弱势绝不是讨论中的某些人所说的“智力的弱势”：这种说法本身就是带有歧视性的偏见；我所说的是一种权利的贫困与弱势。在当今的中国大学，即使是教授，也都缺乏独立的利益欲求和自由表达的权利，以及参与学校各级行政领导人的选聘，参与决策过程，制定游戏规则的权利；但教授因其学术地位还有一点有限的发言权，青年教师连学术上的发言权也没有。正是这种状况，严重地影响了教职员工的积极性，成为束缚教学与学术研究生产力的主要原因。在我看来，这才是非改不可的主要理由。也就是说，大学要根本克服计划经济管理的弊端，是必须同时推进校园里的民主改革的。

用计划指标、群众运动的方式，经济、军事的逻辑管理学术

而且还要看到，我们现在对学校的学术、教学工作的组织、领导方式，还是计划经济时代搞计划指标、群众运动的方式。首先，规定在某个时间内（北大规定的时间是十年）“实现创建世界一流大学的目标”，这本身就是一个计划指标，是用对发展工农业生产的方式（而且有极强的计划经济印记）来规范学校教育，是根本违背教育、学术发展规律的，其结果只能是把这样的赶超计划变成形象工程、政绩工程，或者其实质也就在于此。于是，又有了这些年十分盛行的“精品工程”，“造大船”，还有什么“誓师大会”，“春种秋收”等等层出不穷的花样。这也许正是中国特色：最喜欢用工、农业生产的词汇（“工程”、“造船”、“种收”）与战争词汇（“誓师”）来讲学术，这或许正是一种隐喻：有些官员们就是用经济与军事的逻辑和方式来管理学术的。所谓“精品工程”，就是由某一名教授挂帅（更多的情况下是挂名），搞“大兵团作战”，这是大跃进时代的大搞科研群众运动的做法，不知道为什么现在又重来了。劳民伤财不说，更是败坏了学风，这些年学术研究上的急功近利、好大喜功，形式主义、浮夸之风，实际上都与这种领导方式有关。

还应该指出，这种领导方式有一个背景，就是这些年国家加大了对学术研究的资金投入，这本是一件好事，但有些掌握了权力的官员就产生了“有钱不花，过时不用”，“国家的钱不用白不用”的心理，说穿了，这类学术工程有不少（当然不是全部）就是花钱工程，少说也是用纳税人的钱来买自己的政绩，这其间的弊端也是显见的。

面对这样一种学术生产的组织方式，我常常要想起赵丹在离世前所说的一句话：“管得太具体，文艺没希望”。按我的理解，他就是针对计划经济时代领导文艺的根本性弊端说的。这背后是包含了深刻

的、甚至是血的历史教训的。要知道，学术研究是既不能像生产一样组织，也不能像时销商品一样讲速效的——至少人文学科是如此。在我看来，领导学术的最好办法就是无为而治：只要有一个宽容的政策，营造一个宽松的学术环境与氛围，提供相对宽裕的生活与工作条件，其他都不用管，放手让教师去教自己的书，学者去做自己的学问，积以时日，自会产生精品。

其二，我要问的是，我们能不能把当下中国大学的问题简单地归结为或局限于计划经济体制的弊端？这样的一种认识和提法，会不会遮蔽一些重要问题？

黄子平先生在这次讨论中，提出了他对中国大陆教育状况的一个很深刻的观察："官衙门积疾未除，又添洋商场新疾。"[6]我在面对当下中国大学教育问题，甚至整个中国问题时，总要想起鲁迅在20世纪初所表达的一种忧虑："往者为本体自发之偏枯，今则获以交通传来之新疫，二患交伐，而中国之沉沦遂以益速矣。"[7]事实上，一百年后（鲁迅的文章写于1907年），我们所感受到的也还是这个"二患交伐"的忧虑，尽管具体内涵不尽相同。这样的历史循环，是让人沮丧与无奈的，但我们只能直面。

警惕校园既得利益集团的形成

值得注意的是，积疾与新疫是常常交织在一起的。就拿前文所说的官本位来说，同样是官，今日之官，与计划经济时代的官，既有基本的相同，却也与时俱进，有了新的时代特点。比如，今日之官——自然是指大有雄心壮志（或曰"野心"）者，而不是忠于职守（或曰"安分守己"）者，已经不满足于只当官（书记或校长、主任），还要当教授、博导，以至董事长，将政治、思想、组织的权力与学术的权力，以及经济的权力集于一身，把所有的利益全部捞到手，而且还想世世代代传下去。而且还要官官相护，以形成一个利益集团。他们人数不多（但有与时俱增的趋势），但能量极大，在官场上颇能呼风唤雨，对同事中的正派人、老实人的打击是不择手段的，同时也很懂得笼络人心，即所谓利益分享，以扩大既得利益集团的社会基础。在我看来，这就是这次讨论中，很多朋友谈到的这些年在高校十分盛行的所谓不上课、不做研究的“官员教授”现象的实质所在。高校里的学术腐败，使人们有理由提出这样的问题或担忧：在中国的校园里，是否有可能形成一个以权力作支持与保护的，试图占尽大学资源（包括政治、思想、文化、学术与经济诸方面）的既得利益集团，或者正在悄悄地萌生？

我们通常只注意社会上的既得利益集团的问题，而往往忽略了校园里也会有既得利益集团的问题。人们总是自觉、不自觉地把校园看作是一块净地——在下文中还要谈到，就我个人的理想，我还是希望校园能保持相对的干净；但我们不能因理想蒙蔽了自己的眼睛：在当下这个一体化的社会里，社会上发生的一切，都会在校园里发生；校园内外的勾结（说好听点，是“沟通”）是不可避免的。

校园腐败问题

这就说到了高校学术腐败的另一个重要方面，也是人们议论比较多的，即所谓卖文凭、学位或变相卖文凭、学位。这样的买卖文凭，从高校方面说，有的时候是被迫的；更多的情况下，却是双赢，即买卖双方都得到利益：卖方（校内的官员）所得到的不仅是经济收入，更是与买方（地方官员、企业家……）的社会关系：这可是一个更大的无形资产。

于是，我们又要讲到校园腐败的一个更加重要的，但却是未能更充分曝光的腐败，即这些年大学里盛行产、教、学的三结合所产生的腐败。自办产业可能有它的必要性，据说这是学校自筹资金的主要手段；也可能正是因为这个原因，人们对校办产业中的腐败现象采取了睁一只眼、闭一只眼的态度，生怕得罪了财神爷。但从这次讨论中，知情人在网上揭露的问题看，确实已经到了不能再视而不见、听之任之的地步。在我看来，校园内的种种经济腐败现象，越是捂着掩着，越是暴露它的严重性：不仅是教职员工的利益，学校、国家的利益受到了巨大的损失，而且还会加速既得利益集团的形成。这很可能是当下中国大学的一个脓疮，且看何时能够捅破吧。

“竞争机制”质疑：新的科举制度与学术体制化

在这次讨论中，还有一个似是而非的说法：仿佛至今为止，中国大学校园内还没有竞争，因此，必须引入西方的竞争机制，以作为改革的突破口。然而，这是不符合事实的。每一个对当下中国大学稍有了解的人，更不用说我们这些校园中人，都会知道并感受到，这些年大学里的竞争不但十分激烈，而且已经形成了某些竞争机制。评定与竞争大体上有这样几个方面：职称（教授、副教授、讲师）的评定与竞争；学科带头人、人才工程的成员……的评定和竞争；硕士点、博士点，重点学科，学术基地……的评定和竞争；不同级别（学校级、省市级、国家级）的科研项目的评定与竞争；不同级别（学校级，省市级，国家级）的评奖的评定与竞争……其中的竞争机制则有以下几点：1. 竞争确实和每一个人的利益挂钩：对个人来说，这直接涉及个人待遇与地位；对单位及各级领导，则是考核政绩的主要指标。因此，这是谁也逃脱不了的。2. 有一个建立在等级基础上的量化的评价标准，如发表多少文章，特别是在核心刊物上发表过多少文章（有具体篇数要求）；出版过多少著作；获得多少、什么级别的学术奖；承担了多少、什么级别的研究项目，获得了多少基金等等。3. 在评选过程中，虽然也有专家评审，但依然是以行政权力为主导的。4. 越来越注意与国际接轨，而所谓接轨主要是指国际交流，如评基地、重点学科、博士点，通常都有一个指标，即召开过多少国际学术会议，接待过多少外国学者，有多少人、次参加国际交流，等等。应该说，通过职称的评定，确实有不少具有真才实学的人得到了其应有的地位与待遇，一旦评上副教授，生活就有了基本的保障，或者说有了安居乐业的物质基础：这些年大学里的教师生活条件和研究条件的改善恐怕是有目共睹的，这也是国家经济发展的结果。但是否因此而调动了教师的积极性，则很难说，至少是没有预期的那样明显。

而现有的评选、竞争机制其副作用也是有目共睹的：就我所熟悉的人文学科而言，等级式的量化评价标准实施的结果，不但每一个环节都要开后门，这些年学术腐败的增长速度可以说达到了惊人的地步，而且助长了重量不重质的倾向，成批生产了大量的平庸之作，甚至是学术垃圾，完全败坏了学风。烦琐的评选与检查，各类表格成灾，使所有的被评审人、评审人，以及系与教研室的领导（他们有许多是业务骨干），都疲于奔命；管理者的文牍主义、形式主义、官僚主义，被管理者（主要是学者、教师）的精力浪费都达到了惊人的地步。而无数的名目繁多的学术会议，有许多是所谓国际学术会议（其实是请几位外国学者来撑场面，没有可能进行真正的学术交流），更是使学者们忙于到处赶会，不但浪费了大量纳税人的血汗钱，而且助长了空谈的浮华之风，造成了虚假的学术繁荣景象，实际上是在制造学术泡沫。

更为严重的是，这样一种评价标准与机制，是压制学者的独立思考与批判力、创造力的，因此，我曾说这是一种新的科举制度。一些真正想认真做点学问，并且特立独行，有自己的理想、学术见解与追求，而淡泊名利的学者，特别是他们中的年轻人（在我看来，这样的人才是中国未来学术的真正希望所在），在这样的竞争面前，常常显得无能又无奈，而且经常是失败者。而另一些人，则是如鱼得水，他们是我的导师王瑶先生所说的学者中的“社会活动家”，或者根本没有学问，但极会公关，或也有点学问，开始阶段还下了点工夫，也取得了一些成绩，然后就通过广泛的社会活动，极力推销自己的产品，以取得最大报酬（经济的与政治的报酬），通常情况下，还要超值。而这样的人，还往往被选中充当学术官员的接班人，一旦有权，就充分利用现有竞争体制，为自己捞取更大利益，同时拉帮结派，武大郎开店，排斥异己，压制才华高于自己的同辈或年轻人，有的甚至成了学霸。这样的学术新贵，人数并不多（尽管也有与时俱增的趋势），目前尚处于萌芽状态或形成过程中，但很值得注意，他们很有可能成为我前面所说的也在形成中（或可能形成）的校园里的独占资源的既得利益集团的重要组成部分。

在这次讨论中，很多朋友都直言不讳地指出了这些年中国大陆学术水平下降与整体水平不高的问题。尽管这是颇让人尴尬而惭愧的，但我们也只能正视。在我看来，这是与前述学术管理方式和竞争机制中的问题是直接相关的。其所造成的学术体制化，是当下中国学术危机的一个重要方面。这个事实，也许有助于我们打破对竞争的迷信，不是任何竞争都会产生我们一厢情愿的效果，它会有良性与恶性之分；也不是对别的国家有效的竞争规则搬到我们国家就一定有效，鲁迅早就说过，中国是一个“大染缸”，再好的东西到中国也会变质。应该对这些年所推行的竞争机制的得失首先作一个清醒的反省，我们并不反对竞争，但绝不认为竞争就能解决一切问题，而且应该建立公平、合理的竞争规则，以促进良性的竞争，而非恶性竞争。

学术水平的滑坡与教师的精神状态

学术水平滑坡的问题，原因当然是复杂的。比如说，这些年，在以教育作为产业的思想指导下，实行大学的扩招，其所产生的负面作用已经显露；对于教师来说，其直接影响，就是除少数大城市少数大学以外，绝大部分学校里的大部分教师都以主要精力来应付繁重的教学任务，同样是疲于奔命，根本不可能下工夫认真提高教学质量与科研水平。这背后也还有一个所谓创收的问题。本来，提高教师的收入，使学术研究与教学工作获得基本的物质保证，是无可非议的。但当创收成为目的本身，也促使某些教师（包括一些青年教师）把主要精力放在二职业的创收上，对科研工作敷衍塞责、粗制滥造，教学工作更是极不负责，引起了学生的强烈反应。另一面，当创收也成为学术研究唯一的动力时，也就同时导致了学术商业化的危机，花样百出的学术包装、炒作与学术腐败，制造了大量的假冒伪劣的学术产品，已经引起了人们的公愤。

从更内在方面看，这些年高校教师（特别是副教授以上的教师）生活水平有了较大的提高，如前所说，这本身是社会发展的一个结果，但也会产生新的问题。记得鲁迅曾经说过，“豢养文士仿佛是赞助文艺似的，而其实也是敌”，他并且特地引用了裴多菲写给瓦·山夫人的诗句，对“苦恼的夜莺，而今沉默在幸福”里表示忧虑。[8]鲁迅当然不是主张学者与文人应该越穷越好，相反，他认为“余裕”（我理解是指有物质保证的精神的余裕）是文学与学术发展的必要条件。[9]但如果沉湎于优裕的生活，“沉默在幸福里”，放弃或削弱了精神的更大关怀与追求，又确实会造成学者的精神软化，学术批判力、创造力与独立性的减弱，学术境界的狭窄化，使学术成为智力游戏，高雅生活的点缀，这样的来自学者自身精神危机的学术危机，是应该引起警觉的。

警惕“中国学术西方化、美国化”

中国大学里的学者（至少是我所熟悉的人文学者，可能还不只人文学者）的精神与学术危机，还有一个方面也是不可忽视的。这些年，我们一直在高喊与国际学术接轨。尽管在我看来，接轨的说法的科学性很可怀疑，它很容易产生歧义与误解，但有一点是必须肯定的，即我们的研究要有一个世界的人类的视野，要有国际交流，要自觉、主动地吸收世界各时代、各民族、各地区的一切思想、文化与学术的成果，而且事实上，我们至今对世界他民族文化（包括炒作得最热的西方文化，以至美国文化）的了解、认识还是极其肤浅的，吸收也还停留在表面的层次上，在这方面还有很多的工作要做，有很长的路要走。但如果在“与国际学术接轨”的口号下，将外国的学术界，包括西方汉学界理想化、绝对化，甚至产生新的迷信，以中国学术的西方化、美国化为目标，这不但会从根本上丧失学术自信力，而且有失去学术独立性的危险。这些年所出现的学术研究中的中国历史、现实问题的淡出，创造性思考的退化，将用中国的材料来证明西方某种流行的理论的有效性作为学术规范与追求的倾向，就充分显示了这样的危险。在这样的学术倾向与气氛下，只能培育出当年王瑶先生尖锐批评的，“向中国贩卖西洋货，向外国贩卖中国货”的学术上的“二道贩子”，而且所贩卖的都是一知半解的劣质产品。这样的学术在国际交流中，是不可能得到严肃、认真的外国学者的尊重的。要知道，学术上的亦步亦趋，不管表面的装潢如何精致，模仿如何惟妙惟肖，都是没有学术价值的，更无法得到被模仿者的尊重。在这次讨论中，有的朋友十分沉重地指出，这些年，我们越是高喊与国际学术接轨，我们的国际学术地位反而在下降。在我看来，最重要的原因，就在于我们一方面对世界各民族的文化与学术缺乏真正深刻的理解与吸收，同时又将自己理解得十分肤浅的西方文化与学术奉为神灵，以学得皮毛而沾沾自喜。学术自主性的丧失的背后，是学术精神动力的丧失，学术创造力与想象力的匮缺。

大学生的问题：文化重建与信仰重建的迫切性

这里，还需要谈到中国大学里的学生。这次讨论中，也还有一个颇为可疑的说法，即所谓“一流学生，二流教师”。作为北京大学的教师，我确实是以自己的学生为骄傲的；尽管我对于北大有诸多不满，但却始终难以割舍，最基本的原因就在于我在这里可以尽享得天下英才而教之与教学相长之乐：这正是从孔夫子与孟夫子以来的中国所有的教师的共同梦想。但我同样清楚地知道，这样的天下英才的高度集中本身就是人才分配中的等级制度的产物，其可议之处是颇多的。更重要的是，我们不能以所谓一流学生这类似是而非的提法来掩盖中国大学生（包括北大学生）中真实存在的问题；如果进一步将教师与学生对立起来，利用学生对教学的不满来获取学生对自己的支持，就是更不可取了。这些年，我和北大与全国各地的大学生有许多接触与大量通信，我发现，很多有思想、有理想、有追求的学生对他们所处的教育环境，当今大学生们的精神状况，有很多的不满，因而陷入了深刻的痛苦中。这里，随便抄录一位外地学生来信中附录的一篇文章中的一段——

“这个时代，大学生差不多早已变得不大会说属于自己的话了。有个朋友说：从我们进大学的那一天起，我们就不断被教导、被灌输、被暗示、被诱逼，哪些话该说，哪些话不该说，见到甲该怎么说，见到乙该怎么说，在台上该怎么说，在台下该怎么说。我们已经丧失了大学生自己的灵魂。‘告别万岁’的大学生并没有成为真正的自我，没有塑造出自我健康的人格。告别权威，他们又走向了另一个极端：盲从社会，迷信流行，没有自己的观点，缺乏智慧的思想。”“他们成为了什么？”“他们在实践中追随一种普遍流行的服从，满足于自我精神深度模式的消解和平面化的现状，虚伪、形式化的思想行为正成为一种流行的时尚”，“一些人‘平日则放荡冶游’，考试则熟读讲义，不问学问之有无，唯争分数之多寡”，“一些人放纵着自己的情欲，寻求生活的刺激和伪先锋式的潇洒”，“一些人醉心于‘理论联系实际’所获取的可观报酬，他们过早地走进了商业操作的流程”，“一些充当‘学生精英’的学生干部，以锻炼能力的谎言和借口，满足权力的角逐欲和官瘾，沉醉于发号施令和振臂一呼应者云集的精神鸦片之中”。

于是，又有了我的如下回信——

坦白地说，读了你的大作，我的心情颇为沉重：至少你说出了相当程度（当然不会涵盖大学生的全部）的真实，我在北大这块被称为精神圣地的地方，也看到了许多这样的学生。我曾经因此感叹北大教育的失败：许多学生都是满怀理想与激情考入北大的，四年教育的结果使学生失去了追求。上学期一位学生在作业中的一段话曾使我震惊：“我很欣赏老师的这门课，这种生活方式。虽然有现实生活中的种种的束缚，还是能活得很自由自在，在思想上始终坚持一种自由的状态，永远对自己的爱好、自己的事业充满激情，对自己的生命也充满激情。而回想我这几年的大学生活我觉得我的心态已经老了，我对一切都抱着一种顺其自然的心情，这可以说是宽容，更残忍也是更确切的说法是，这是一种消极的生活态度。现在的我还是在这样的心态中生活着，自己觉得很可悲，但已经很懒再去改变了，我想等我跨出校门之后我或许会改变。”这年轻人心态的衰老与倦怠是可怕的，而且我相信它具有一定的代表性，这就更使我感到悲哀。你在信中也谈到了你的困惑：“我不明白的是，现今的大学生不是不知道自身的浅薄，工具化。但他们为什么甘于这样，为什么安于这样的状态，存在总有其合理性，更深层次的心态到底是什么？”这确实值得探讨。你和你的朋友自身就是大学生，当然更有发言权。我想到的有两方面。一是外在的社会的原因。尽管我们现在口头上也在大谈“创新人才”，但实际上在现行体制下需要的是有效率的工具，国家与商业机器上有用的“螺丝钉”；另一方面，“官本位”的体制也从根本上扼杀了人的创造性与积极性，再加上不公平的竞争，由此产生的腐败，人与人之间的敌意、相互伤害等社会风气的毒化……这都会造成年轻人的工具化、浅薄化与老化。从大学生自身来看，我以为根本的问题在于缺乏信仰，失去了追求的目标与动力。没有了精神的信念、信仰与追求，失去了生活的目标感，人成了“空心人”，只能把人本能的欲望膨胀到极端，或者依靠利益的驱动，不择手段地在名利场（官场与商场）上追逐，有的则消极退缩，陷入遁世或混世。因此，现在的中国，最迫切的是“文化的重建”，其中一个重要方面就是价值观、理想、信念与信仰的重建。如你所说，即使有的大学生不满于自身的状态，但只要“新”的精神信念未“立”起来，他们也就必然处于迷茫中，或按照现有生活的惯性继续生活下去。但这样的重建，是不能靠他人来“指点”的，只能由青年人自己来寻求、创造。因此，我非常赞同鲁迅当年的观点：“青年又何须寻那挂着金字招牌的导师呢？不如寻朋友，联合起来，同向着似乎可以生存的方向走。你们所多的是生力，遇见深林，可以辟成平地的，遇见旷野，可以栽种树木的，遇见沙漠，可以开掘井泉的。问什么荆棘塞途的老路，寻什么乌烟瘴气的鸟导师。”你在信中说你们已经有了一个民间的思想村落，这就是一个好的开端——路正在你们的脚下，这是确实如此的。

这里所提到的文化重建，价值理想、信仰的重建，本应该是大学的任务。因此，大学生的问题，正是大学教育的问题的折射；用廉价的赞颂来掩盖大学生的问题，其实质就是要掩盖中国大学教育的问题。

那么，中国的大学，包括北京大学，是不是就一无是处呢？这也正是我要追问的第三个问题：能不能把中国的大学，特别是北京大学，简单地看作是所谓“计划经济的最后一个堡垒”，必须做大换血式的大手术？

不可丢失的学术独立、思想自由、兼容并包的北大传统

我在前面说过，我这样的教师对北大确实有一种迷恋，除了学生之外，最主要的原因就是因为北大有蔡元培所奠定的学术独立、思想自由、兼容并包的传统。这个传统在20世纪80年代的北大曾有过较好的恢复，我自己也深受其益：当时我所在的中文系，就拥有一大批真正是一流的老教授，但他们无论是治学，还是为人，都有不同的追求，而且把这样的追求发展到极端，从而形成极其鲜明的个性，他们之间相互对立，又相互补充，形成了兼容并包的格局。在这个格局中，每一个教授都有明显的长处、特色，同时又有某些方面的不足与偏颇，但由于他们之间的相互制约，即从整体上保证不会将某种倾向发展到极端，从而达到较为合理的学术生态平衡。所谓相互制约，包括两个方面的含义：一方面，在学术上谁也不敢稍有懈怠，总要不断努力，将自己的学术向前推进；另一方面，也从其他教授的不同学术思路中受到启发，对自己的学术做某些调整，或对可能出现的偏颇有所警戒：这样，就达到了良性的竞争。这正是最有利于我们这些学生的健全发展的：我们可以从有着不同的（甚至是相互对立）的追求与风格的教授那里，各有所取，又各有所不取，我们与每一个教授的关

系，都是既受其影响，同时又保持独立的批评态度。当然，在实际的教学过程中，每一个学生和教授的关系，也会出现不平衡状态：学生会根据自己的气质、性格、爱好、自我设计与选择，对与自己有着更多的共鸣处的教授产生更大的亲和力，受到某位教授更大的影响，这自然会产生某种特殊的崇敬感，但他也会受到其他教授的影响，并从其他教授的不同追求中，看到这位教授的某些不足，这就会有效地保证不会将崇敬发展为盲目崇拜。这样就既可享受追随自己心仪的教授的从游之乐，又能够保持自我精神与学术的相对独立性，师生之间的关系，也就能够达到亦师亦友的境界。我和我的同代学者之所以得到较为健康的发展，可以说全仰赖于这样的学术环境与传统。

这里还要说到所谓北大的散漫之风，据说这就意味着无效率，是不适应竞争社会的要求的，也是北大必须改革的理由之一。我的看法则相反：这正是北大之为北大，是北大能够出人才的重要原因，因为这背后不仅有着学术自由的理念，即放任学者按自己的兴趣与性情，在没有任何外在干预与压力的情况下，做自己的学问；而且也包含着对学术逻辑的深刻理解与尊重：学术（至少是人文学科）是不能急功近利，不能求速效，不能以数量计，不能计划生产与组织的，而且大多数情况下，都是个人的独立、自由的精神劳动。所谓散漫，看似漫不经心，其实是一种沉潜状态，是在淡泊名利、不急不躁的沉稳心态下，潜入生命与学术的深处，进行自由无羁的探讨与创造。这样做出来的学问，看似无用，却有大用、真用；看似无效（率），却有大效、真效。这也是真正的成才之道，北大的老一辈学者就是这样培养我们的：记得刚入王瑶先生的师门，王先生的第一个师训，就是不要急于发表文章，他还特意对我说：你年龄比较大（当时已三十九岁），急于得到学术界的承认，我能理解；但一定要沉住气，要厚积薄发，后发制人。待我毕业留校，王先生又再次打招呼：你处在北大这个位置，会有很多机会，比如不断有人向你约稿之类，你一定要拒绝诱惑，要有定力，把握好自己，心无旁骛地做学问。而王先生留给我们的最后遗训，也是“不要瞻前顾后，不受风吹草动的影响，沉下来，做自己的学问”！应该看到，正是在这一代一代的一流校长、一流学者的努力下，北大已经形成了一套自己的培育学术、培养人才的理念、机制，并且逐渐形成了最有利于学术发展、人才成长的学风、校风与传统，这是我们最可宝贵的财富，是成为一流大学的最坚实的基础，甚至可以说，这些方面已经是一流的，而且是世界一流的。我在和一些外国学者与留学生接触中，他们中许多人都对北大看似松懈，实则给教师的学术研究留下了较大的空间，与比较充裕的时间的学术环境，以及我们师生之间的亦师亦友的关系，表示十分倾慕；而据说在他们那里，在竞争的压力下，已很难按自己的意愿从容地做学问，师生之间的关系也越来越商业化了。我当时曾开玩笑说，这可能正是我们的社会主义的优越性吧。我们当然要反对干好干坏都一样的大锅饭现象，这正是前面所说的计划经济管理模式的弊端之一，因此，需要有压力与竞争；但还有一个要有什么样的压力与竞争的问题。学术问题上显然不能有政治的压力与竞争；同时，恐怕也不能简单地将商业的竞争规则用于学术，比如就不能简单地以市场上的需求来要求与评价学术；我们需要的是学术的压力与竞争，而在这方面，北大是有很好的经验与传统的：我自己在北大的二十多年的工作中，就时时刻刻地感受到来自学术与教学方面的压力与竞争，并且已经化为自身内在生命的要求，从不敢有半点懈怠，而无须政治与经济的诱惑。

不要用资本的逻辑摧毁“最后的精神堡垒”

而我感到痛苦的恰恰是这些优越性在90年代以来，特别是近年来，逐渐丧失了：政治的干预时有发生；无所不至的行政干预与商业竞争的渗入，学术的体制化与商业化使学术研究的自由空间与时间被极度地挤压，北大越来越留不住、也吸引不了一流人才，师生关系逐渐成了老板与打工者的关系：这些都使我产生了“北大失精神”的隐忧。因此，很多深受应试教育之苦的中学生、大学生要考北大时，我都劝他们要打破对北大的幻想。但他们都众口一词地说：他们清楚这一点，但北大毕竟还有自己的独立、自由、批判、创造的传统，他们还愿意保留这样一个精神圣地的乌托邦。我终于明白，一个民族，特别是处于政治与经济的双重困扰中的民族是需要相对超越的一方净土的；而北大，正是许多仍然在追求理想、信仰，追求思想的独立与自由的人们，特别是年轻人心目中的最后的精神堡垒。这些年，我和大量的北大之外的年轻朋友通信，是深感北大在这些年轻人中的地位与分量的，这是北大的真正力量与魅力之所在。我当然知道这是一个神话，我写回信的一个很大的任务是要打破它，但我又实在不忍心打破：一个民族的年轻人，如果连梦也不能做，恐怕就太可悲也太危险了。无论怎样，北大毕竟还有一点供人做梦的条件和资本，北大在当今的中国大学里，还多少保留一点蔡元培的学术独立、思想自由、兼容并包的传统；有很多朋友都对我说，像你这样的不合时宜的教授，只有北大能容纳你：这一点我自是深有体会，这也就是我无论怎样批评北大（包括本文在内），仍不能摆脱北大情结的原因。但或许正因为北大还是这样一个精神堡垒，总是有一些力量，要想摧毁它。曾有过政治大换血的改革计划，终于未能奏效。今天当人们提出要把北大当作计划经济的最后一个堡垒来彻底改革时，一定要注意：不要用经济的力量去大换血，用资本的逻辑，将最后一个精神堡垒也一起摧毁，那我们就真的要重演“从这个门走进去，从那个门走出来”的悲剧了。

事情就是这样：中国大学的问题确实很多，北大的问题确实很多，因此，中国的大学必须改革，北大必须改革；但一定要把问题即病症看准，才能对症下药，药到病除，如果诊断错了，或者没有抓住要害，该治的病不治，或者不及时治，甚至将健康的肌体也当病治了，那就会病上加病，后果是不堪设想的。

最后，我还有一个疑问——多疑正是我这样的人文学者的毛病：当有人将包括北大在内的“大学”比作“国营企业”，我就不免产生这样的疑惑：会不会有一天，也在大学（例如北大）推行股份制，作为根本出路呢？

（二）北大、中国教育改革问题

“创办世界一流大学”改革目标质疑

现在，我们可以进一步来讨论改革的目标问题。

坦白地说，我对“创办世界一流大学”这一战略目标本身，就颇有疑惑：这里面需要追问与澄清的问题太多。

首先，这里所说的世界，是一个什么概念？记得当年周作人曾写过一篇文章，谈到北大在“大家只知道尊重英文的时代”，“添设德法俄日各文学系”，以后又开设朝鲜、蒙古语班，这都是中国教育界、学术界的“重大事件”，他希望“北大的这种精神能够继续发挥下去”，他还特别提出要加强对希腊、印度、阿拉伯与日本的研究。他说：“近年来大家喜欢谈什么西方文化和东方文化，我不知两者是不是根本上有这么些差异，也不知西方文化是不是用简单的三两句话就包括得下的，但我总以为只根据英美一两国现状而立论的未免有点笼统。”[10]可见在北大的传统里，世界也是一个兼容并包的大概念。但以后的世界就越变越狭窄了，记得1956年我考上北大，录取通知书上就写着“祝贺你考上了东方莫斯科大学北京大学”这句话：那时候中国的政治、经济、文化、教育……都是向苏联“一边倒”的，50年代的中国大学教育改革（当时叫“院系调整”），其指导思想之一，就是要把苏联大学的教育理念与制度全盘搬到中国来，把北大改造成“东方莫斯科大学”自然就成了北大改革的目标：按当时的理解，莫斯科大学的标准就是“世界第一流大学”的标准。这样的“一边倒”的后果，我们今天已经看得很清楚；甚至可以说，正是这些后果才引发了今天的改革。但奇怪的是，在这次改革的讨论中，我们似乎又听到了当年的声音的重现：美国的教育就代表了当今世界第一流水平，甚至代表了世界教育发展的潮流，中国大学要进入国际主流，就是要瞄准美国顶尖级大学，把美国哈佛大学的理念与体制，稍加改变，搬到中国来，把北大改革成“中国的哈佛”——从思路到语言都没有变，只是把当年的苏联莫斯科大学变成今天的美国哈佛大学。或许今天的“向美国一边倒”的鼓吹者，似乎更要理直气壮：当年还有社会主义和资本主义两大阵营的对立，今天却是世界一体化了，按照某些人的观点，世界一体化就是美国化，美国就是当今的天下，自然是只能顺从与跟随。这恐怕也是当今中国的主流意识。但在我们这些有着沉重的历史记忆的人看来，实在是十分可疑的，我们所担心的正是历史的重演，如果有一天再来对新的一边倒的后果进行再改革，那付出的代价就太大了：中国的大学教育实在经不起这么来回折腾了。什么时候我们真正能够跳出一边倒的依附性思维，走独立自主的中国大学教育之路呢？

反对一边倒当然不是反对吸取他国的经验，也包括美国的经验。但第一，必须是大世界，真正面向世界一切国家、一切民族、一切地区，而不能是小世界，局限于某一国；第二，要学其根柢，而不是其皮毛。就以这次讨论中经常提到的终身制来说，欧美各国实行这一制度，是以学术自由为其内在理念的；如果我们只搬来终身制，而不同时实行学术自由，那么，终身制在中国很可能就变成维护既得利益的制度，而完全变质，这就会发生许多朋友所担心的南橘北枳的悲喜剧。这次讨论中，很多朋友都引用了美国哈佛大学校长查尔斯·艾略特的一段话："一所名副其实的大学，必须是发源于本土的种子，而不能在枝繁叶茂、发育成熟之际，从英格兰或德国移植而来。……美国的大学在成立之初就决不是外国体制的翻版。"如果我们真的要向美国学习，是不是应该认真地听取一下这位校长对哈佛大学的基本经验的总结呢？

这里，还有一个从哪里去吸取大学教育的思想资源的问题。除了要有开阔的世界视野以外，中国传统的经验自然也是不能忽视的。而我所想强调的是20世纪的中国经验。听说有人把这次北大的人事改革称作是继蔡元培之后的第二次改革。在北大，要搞改革，必要打蔡元培的旗帜，这是可以理解的；但要知道蔡元培的改革不仅有学术独立、思想自由、兼容并包的大学理念作支撑，而且有教授评议会这样的大学制度作保证，如果离开了这些基本理念与制度，或者借口时代变了而不准备认真实行，那么，继承蔡元培的传统不过是宣传而已。除了经验以外，中国大学（包括北大）的百年改革留下了不少教训，如果不认真总结，重走老路的可能性并不是不存在的。

而最感不解，也是一直想追问的是，为什么我们的某些教育家、教育改革家总是有一个赶超先进国家的情结，而且要追求跨越性的发展？这样的赶超思维和战略本来是来自经济建设方面的：1958年的大跃进其实就是赶美超英、实行跨越性发展的一个尝试，其结果是引发了全国性的大灾荒、使国家元气大丧。可见即使是经济建设，这样的赶超战略还是有许多问题的。现在，又要用于教育与学术、思想与文化，可疑之处就更多了。如果说，经济的发展水平，在世界不同国家与地区之间，确有先进与落后之分，文化、教育的问题就比较复杂：

在某些方面（如教育发展的规模、受教育者在总人口中的比例，等等）也有可比性，但就总体而言，却很难有先进与落后的区分，“先进的西方文化，落后的东方文化”，或者“先进的西方教育，落后的东方教育”这类说法是很难成立的。这里有一个文化与教育的民族性的问题；在不同民族的文化、教育之间，是不能区分优、劣，先进与落后的，自然也不存在落后向先进单向赶、超的问题，只有相互吸取、交流的问题。正是在这样的各自独立发展，又相互吸取、交流的过程中，各民族的文化与教育都对世界文化与教育的发展作出自己的独特贡献。正是在这个意义上，我对创建世界一流大学的提法与目标是有疑惑的，我以为，“创建一流大学”的提法与目标也许是更科学、更切实际的。中国这样的大国的一流大学自然会产生世界影响，用不着预设一个所谓世界标准。

这样的世界标准落实下来，一定会是以某一个国家（例如20世纪50年代人们心目中的苏联，以及今天某些人心目中的美国）或某个地区（通常是西方世界）的教育作为样板，如前所说，这就有丧失我们的教育、学术、文化的独立自主性的危险。或者是以那些具有可比性的硬件指标作为标准，事实上，这些年有关方面创建世界一流大学的主要努力，也是集中在硬件建设上，我不否认这方面的工作的意义与价值，但如果以为硬件上去了，就办成了世界一流大学，甚至以为硬件建设规模越大、越豪华，就越具有世界性，那就进入了一个大误区，这不但会因忽略软件建设，有可能导致空有大楼，而无人才，更失精神的恶果；而且会将创建世界一流大学的问题简单地归结为一个投资的问题：坦白地说，明眼人早就看出，这次北大改革，其动因之一，就是向国家要钱。在有些人看来，只要有了钱，就能办成世界一流大学。这其实也是一个误区：教育投资固然是办学的基本条件（我们国家也确实存在教育投资不足的问题，在这方面还需要做许多努力），但最根本的还是一个大学的理念、制度与人才的问题。而且如果我们前面所说的中国大学在体制上的弊病不革除，投资多未必产生好的经济效果，大量的资金的流失，在各种名目下被私有化，是不可避免的。人们在私下议论最多的大学腐败就是这么产生的。说得更严重点，现在上上下下都有一种心理：国家现在经济发展了，有了钱了（在我看来，这是一个出于各种动机，被夸大了的事实），谁都在打国家的主意：如何将国家大金库，变成单位小金库，最后按权力大小分流到个人。前文所说的大学里的利益集团就很有可能在这一过程中逐渐形成。所谓创建世界一流大学的改革最后或在一定程度上变成一个分钱运动，这样的可能性与危险也是存在的。

还是回到赶超情结与战略上来。这里有一个发人深思的现象：在20世纪50年代，当时的赶超基本上是限于经济的范围，在文化、教育上，倒是自认为由于自己政治上的先进，自然在文化、教育上先天的是世界第一流的。如果有不足，也是与同样在政治上先进的苏联有差距，因此，要以“苏联的今天作为我们的明天”，以东方莫斯科大学作为改革目标。而当时对西方国家，特别是美国的教育是要竭力藐视的，因为它经济上固然先进，生产力发展水平高，但政治上落后，文化、教育上自然也落后。但到了20世纪最后二十年，以及21世纪初，我们却要把经济上的赶超扩大到文化、教育上的赶超，这背后也是有一个理念的，即“经济落后，一切都落后，文化、教育也必然落后”，反过来，“只要经济发展了，一切都上去了”。这样的经济决定一切的思维与20世纪五六十年代的政治决定一切，看似相反，但在不承认文化、教育、学术具有独立的逻辑、独立的价值，将其视为或政治或经济的附属这一基本点上，则是完全一致的。也就是说，教育、文化、学术独立自主性的匮缺，正是中国大学教育几十年不变的根本问题；因此，在这次讨论中，很多朋友发现以创办世界一流大学为旗帜的大学改革的思路里，依然是沿用政治的逻辑与经济的逻辑，而不是教育的逻辑、学术的逻辑，就绝不是偶然的了。

至于为实现这一目标而采取的跨越式发展的策略，其实也是一种政治思维与经济思维的产物。它追求的是政治与经济（市场）的轰动效应，而很少考虑教育与学术的循序渐进，积累式的发展这样一些基本逻辑，欲速则不达这类基本常识。企图通过所谓新举措，就能实现新突破，开拓新局面，上一个新台阶，如果仅仅是作为套话，不过是宣传而已，如果真的作为改革的指导思想，那是十分危险的。事实上，由此造成的好大喜功、华而不实、形式主义、文牍主义、浮躁、浮夸……已经严重地败坏了中国大学的学风与校风，这是一种极其可怕的消解力量：当人们（从各级领导到教师）都忙于应付花样百出的新举措，忙于应付各类检查而不得不作出种种表演姿态时，不仅改革成了一句空话或一堆报表，连日常的教学工作都无人也无暇过问了。其实任何一个生活在大学校园里、有现实感的人，都知道，中国大学现在最需要的是，坐下来，静下心来（一个多世纪以来中国大学始终流传着“偌大的校园放不下一张平静的书桌”这句老话，过去是由于政治的混乱，现在则是商业的冲击与行政的干预），老老实实教书、做学问；“赶超”、“跨越式发展”之类的口号，都显得过于高远，弄不好还是“皇帝的新衣”：这是许多人心里都明白，谁也不愿说破的。

根本的问题是大学理念与制度

中国的大学当然要改革，创建第一流大学仍然应是我们的努力目标，但在我看来，首先要做的，一是前文所说，先要弄清中国大学的现实的问题在哪里，以便对症下药；更准确、全面地说，要弄清现状：哪些是必须改的，哪些是应该坚持与发展的。二是要从根本上思考中国大学的理念与制度问题，就“什么是教育？什么是大学，大学应该是什么？大学的目的、作用何在？什么是一流大学？”这样一些基本的学理进行深入的讨论与研究，从而使改革真正建立在科学的基础上，最大限度地减少盲目性与主观性，这对中国大学的健康、持续的发展，也是至关重要的。可惜的是，我们（包括我自己在内）总是忙于应对现实中的各种具体问题，而缺少这样的有距离的、超越性的根本思考，缺少探索基本理论、原理问题的兴趣与迫切要求。但事实上只要是办教育，搞教育改革，就会有理念的支撑；结果，我们很容易就与时俱进，追逐各种时尚理念，于是，就有了许多似是而非的说法。例如，北大就曾宣布过“面向社会，适应市场”，“使学科建设和教学更好地服务于经济建设为中心的社会发展的需要”这样的改革的“指导思想”[11]。最新的说法则是大学里的社会学科、人文学科的任务是为国家决策做贡献——面对这样的要求，我立刻想起了鲁迅两篇文章的题目：《同意和解释》、《宣传与做戏》。[12]这些指导思想、要求，看似很新，其实不过是“教育为政治服务”再加上“教育为经济服务”，核心还是“服务”，仍然没有教育本身的自主与自足。但仔细看看我们这些年教育的实际，包括教育改革的实际，也还真的是贯彻与体现了这两大服务要求。其威力实在不可低估：现实的逻辑远比我们这些书生的思想与学术的逻辑强有力得多。

尽管如此，作为一个不可救药的理想主义者，我仍然要在这里固执地谈我的大学理念，尽管我同时深知，自己也是缺乏超越性思考的，因此，所要谈与所能谈的依然是经验层面的思想的碎片，是缺少内在的深刻性的。

培养什么人才：“和谐的人，而不是专家”

谈到大学的目的与作用，一个最简单的常识性的说法，就是为国家培养人才；第一流的大学就要培养第一流人才。这似乎也是人们的共识，但追问下去："什么是人才？我们需要培养什么样的人？"等等，就会突现出分歧。一位朋友的文章中，提到爱因斯坦的名言："学校应该永远以此为目标：学生离开学校时是一个和谐的人，而不是一个专家"，据说许多人都不以为然。[13] 我是赞成爱因斯坦的观点的。前几年在给北大理科学生讲"大一语文"时，就说了这样一番话："我们所确立的大学目标，不能局限于做一个合格的专业技术人才，更要努力做一个健全发展的人。这就是说，不仅要努力学习专业知识，更要有'人文关怀'。所谓'人文关怀'就是要关心人之为人的精神问题，注重自我与他人的精神发展。具体地说，就是要思考、探索'人生的目的，人活着为什么'，思考'人与人之间，人与社会，人与自然，人与宇宙世界之间，应建立起怎样合理、健全的关系'这样一些根本问题，进而建立起自己的精神信念，以至信仰，从而为自己一辈子'安身立命'奠定一个坚实的基础。同时也要不断地开拓自己的精神的自由空间，陶冶自己的性情，铸炼自己的人格，在发展个人爱好与兴趣中充实与发展个性，提高精神境界，开掘与发展自己的想象力、审美力、思维能力与创造力。"我接着又这样提醒学生："作为理科学生，你首先得进入专业，而且专业本身就会把你带入一个你所不熟悉的新的世界。但是如果眼光完全局限在专业范围内，发展到极端，就会把专业的、技术的世界看作是唯一的世界、世界的全部，唯知专业而不知其他，这就把自我的精神天地压缩在极小的空间，知识面越来越窄，兴趣越来越单调，生活越来越枯燥，最后导致精神的平庸化与冷漠化。这种情况也最容易产生'靠技术吃饭'的观念，把专业知识与技术功利化了，实际上也是把自己（掌握了专业知识的人）工具化了。人的这种精神的狭窄化与自我工具化，正是意味着人最终成了科学技术、专业知识的奴隶。"[14]

我这样说，是有针对性的；在我看来，科学主义的思潮，对中国的大学教育，以至中学教育的影响，是很值得注意的。我曾经通过对高考语文试卷的分析，指出："这样的'标准化'的试题，实际上已经规定了一种所要培养的'人才标准'：他们有一种很强的能力，能够正确无误、准确无偏差地理解'他者'（在学校里是老师、校长，在考试中是考官，在社会上就是上级、老板）的意图；然后把它化作自己的意图与要求，如果做不到，也能自觉地压抑自己的不同于'他者'要求的一切想法；然后正确、准确、周密地，甚至是不无机械死板地贯彻执行，所谓一切'照章（规定、社会规范）办事'，做到恰当而有效率……这样的人才，正是循规蹈矩的标准化、规范化的官员，技术人员和职员，他们能够提供现代国家与公司所要求的效率，其优越性是明显的；但其人格缺陷也同样明显：一无思想，二无个人的创造性，不过是能干的奴隶和机械的工具。在这个意义上，他们也是'齿轮和螺丝钉'，而且是国家机器与商业机器上的双重'齿轮和螺丝钉'。这里，我们所面对的正是现代教育的一个悖论：一方面，它确实需要培养有能力、有效率的专门的科学技术人才（包括技术官员），但同时它又存在着使人工具化与奴隶化的陷阱与危险。我们今天高考的弊端所暴露出来的教育危机，并不在于知识、能力训练本身，而是我们走向了'科学主义'的极端：一方面知识能力的训练陷入了烦琐哲学，一方面又忽略、排除了作为教育的根本的对人的心灵智慧的开发，对人的性情的陶冶，人格和个性的培养，独立、自由精神的养成，甚至有可能走向窒息与控制受教育者心灵的反面。"[15]这样的危机也同样存在于大学，前几年所出现的震惊海内外的北大高才生卢刚杀人的事件，以及为媒体广为关注的清华大学的高才生残害动物的事件，都足以警示我们，如果忽视"立人的教育"，把教育变成技术、能力的培训，就很有可能培养出高分、高能而失精神的一代，从而出现人的危机，这是会导致整个民族的危机的。——在我看来，这个问题已经到了非常令人忧虑的地步，以后将作专文详尽讨论。

一流大学在民族精神、文化发展中的地位与作用

下面，我想着重讨论大学，特别是一流大学在民族精神、民族文化发展中的地位、作用的问题。记得杜威对北大校长蔡元培曾有过这样的评价："把全世界各国大学校长比较一下，牛津、剑桥、巴黎、哈佛、哥伦比亚等大学的校长之中，他们有的在某一学科确有成就；但是以一个校长的身份而能领导那个大学，并对那个民族，一个时代起到转折作用的，除了蔡元培，恐怕还找不出第二个。"这自然是对蔡校长本人的一个极高、也十分确切的评价；但同时，我们也可以从中看到大学，特别是北京大学这样的有影响力的大学，对民族与时代所起到的巨大的，有时甚至是转折性的作用。从大学的功能的角度来看，我以为主要有两个方面。

大学的保守性：民族文化、人类文明的积淀与传承

首先，大学承担着民族文化与人类文明的积淀与传承的任务。这又包括相互依存的两个侧面，一是知识的传授，也就是将思想文化转化为知识，并将其规范化与体制化；一是精神的传递。这个方面的功能，是表现了大学的保守性特质的。

这里，需要对"保守"做一点辨析。长期以来，我们都把保守作为一个贬义词来使用，仿佛保守就意味着落后，守旧，不与时俱进，因而就是愚昧，等等。这背后有一个"新比旧好，越新越好"的观念，其实是大可质疑的。从知识的发展的角度说，是必须先有学习、继承、借鉴、积累，而且在学习的初期，还要经过一个模仿、重复前人的过程，没有旧知的积淀，绝不可能出新知，是不能处处

创新的；从精神的发展的角度，更是不能与时俱进，而必须有坚守，也即有所进、也有所不进的。从这一层面说，大学在民族、国家、社会的总体结构中是一个文化、精神的象征，是坚守（保守）文化、精神的堡垒。

这样的精神堡垒在一些特殊的历史时刻，还会发生特殊的作用。从中国大学的百年教育的历史上看，20世纪40年代的西南联大在民族危难之际，就“自觉承担起民族精神象征的重任，以刚毅、坚韧、持久的努力，沉潜于文化（学术与文学）的传承与创造，维系民族文化的血脉，保持民族文化创造的活力”[16]，成为抗战时期中华民族文化坚守与文化抵抗的堡垒。

在我看来，西南联大的这一传统，在当今的中国，是有特殊的意义的。因为我们正面临着两个严峻的挑战。首先我们正处在一个价值崩溃与混乱的时代，面对滚滚而来的金钱至上、物质崇拜、物欲横流的大潮，坚持独立、自由的思想，坚持信念与乌托邦的理想，坚持精神与道德的操守……就有着特殊的紧迫性。在这样的整个民族面临严重的精神危机的时刻，以精神追求作为自己的本职的大学应该起民族精神的中流砥柱的作用；我在90年代中期写的一篇文章里，曾发出“保留一块‘精神流浪汉’的精神圣地”的呼吁，并且说：我们必须“坚守这一块精神的最后的立足之地；如果再后退一步，我们就什么都没有了”。不难看出，这样的呼吁背后，很有点悲凉的意味：因为当时许多国人心目中，北大仍是这样的精神圣地，我自己则是既希望如是又心存怀疑，为种种不祥的预感所困惑的。

在全球化时代坚守民族文化的独立自主性

时至今日，我的困惑又多了一层：据说我们现在到了一个全球化的时代，这大概是谁也不能回避的事实。但同时必须正视的是，围绕着全球化的走向，存在着两种根本不同的努力方向：一种是试图以国际资本的力量，铲除一切差异性，包括各民族文化、教育上的差异性，以实现全球的单一化，即美国化；与之相对抗的，则是主张各民族的文化既相互吸收，又保持相对的独立性，坚持差异性，以形成全球文化的多元互补的格局，并因而实现世界文化的合理的生态平衡。因此，在全球化时代强调各民族文化的独立自主发展，绝不是狭隘的文化民族主义，每一个民族文化的发展其实都是在对世界文化多元发展作出自己的贡献。

其实，在这次北大改革的讨论中，也存在着两种趋向。有的文章就向我们介绍“采取英语教学，英语是工作语言”的经验，据说“这就使得学校整套体制完全跟国际接轨，是国际化、现代化的管理”的必要条件。我们在北大人事改革方案的初稿中，也看到了今后的北大教授必须能够用外语讲课的硬指标，尽管后来因反应强烈而取消，但背后的理念是否也变了则不得而知。于是，有的学者在文章中引述了金耀基先生《大学之理念》中的观点：“华人的高等教育在国际化的同时，在担任现代大学的普遍的功能之外，如何使它在传承和发展华族文化上扮演一个角色，乃至于对建构华族的现代文明秩序有所贡献，实在是对今日从事华人高等教育者的智慧和想象力的重大挑战。”并且指出：“华人大学的根本的根本使命在于必须一方面学习西方大学的优良制度和成果，但在另一方面，这种学习的目的是要加强中国人在思想、学术、文化、教育的独立自主，而绝不是要使华人大学成为西方大学的‘附庸藩篱’。”[17]

我是同意这样的观点的，我在大学校园里就深切地感受到，在全球单一化即美国化的趋向下，中国民族文化所受到的严重挑战。这就说到了人们私下谈话中经常提到的所谓北大、清华这样的中国一流大学成了留美预备班的问题。在我看来，青年学生希望有机会到国外留学，这本身并无问题，事实上，20世纪几次留学高潮都对中国文化、教育、学术的发展带来了新的生机，今后我们在教育改革中，还需要注意吸取国外留学的优秀人才（即人们所说的“海归派”），以与本土培养的优秀人才相互补充，这对更好地吸收人类文明的成果，促进良性的学术生态平衡的形成，是大有好处的。在这方面确有不足（包括我所在的北大中文系），还有许多工作要做。但是，我也说过这样的话：“此海归不是彼海归”，这并不是着意贬低今日的海归派朋友，而是包含了我的一个隐忧，也是对我自己以及同代学人的一个自我反省：在改革开放以后出国的学人，是经历了文化断裂以后的一代人，与中国传统文化联系的稀薄是一个先天的不足，其传统文化的修养是不能与当年的留学生相比的。由于底气的不足，在强势的西方文化面前，就很容易丧失文化的自信与自主性。这也是我们这些所谓本土学人的弱点，这样的底气不足与文化自信和自主性的不足，是一代甚至几代学人的共同隐痛。这正是我们的学术不能有更大的发展，学术自主性不足的一个更内在的原因。

问题的严重性还在于，尽管从表面上看，我们似乎已经告别了文化断裂的时代，但在一切与西方，特别是美国接轨的时代风气影响下，校园里的年轻一代与中国文化传统联系的稀薄，已经成为一个必须正视的新问题，如我在一篇文章里所说：“逃离自己生长的土地，远走他乡和异国，成为越来越多的年轻人的生命选择和文化选择，这种情况就造成了许多人，特别是年轻一代与生养、培育自己的这块土地，其中蕴含着的深厚的民族文化，坚守在其上的人民，在认识、情感，以至心理上的疏离、陌生。这不仅可能导致民族精神的危机，更是人自身存在的危机：一旦从养育自己的泥土中拔出，人就失去了自我存在的基本依据，成为‘无根的人’。”这或许才是真正让人忧虑的。[18]这正是我们绝对不能接受用外语作为大学里教学用语以至工作用语的经验的最基本的理由：语言更是关系着文化的根的问题；现在在大学校园里，已经出现了一些年轻人，他们能够熟练地应用英语对话，有的还具有较强的英语写作能力，这本身是件好事；但他们对本国文化的了解，对汉语的掌握，却存在着严重的不足，这就有了问题。我想起了诗人欧阳江河的诗句："为什么如此多的人移居英语？/努力成为黄种白人，而把汉语/看作离婚的前妻，看作破镜里的家园？究竟/发生了什么？我独自一人在汉语里幽居，/与众多的纸人对话，空想着英语，/并看着众多的中国人跻身其间，/从一个象形人变为一个拼音的人。"如果我们的大学教育也要削弱母语教育，那就真的面临民族文化的危机了。这同时也必然是大学的危机：它是与大学的文化、精神传递与坚守的基本功能完全背道而驰的。

大学的革命性：在质疑与创造中提供新思维、新的想象力

大学的功能、作用还有第二个方面：即要对社会发展的既定形态，对已有的文化、知识体系，以至人类自身，作不断的反省、质疑与批判，并进行思想文化学术的新的创造；不仅要回答现实生活中提出的各种思想理论问题，更要回答未来中国以及人类发展的更根本的问题，思考看似与现实无关、却是更具有原创性的所谓纯理论（包括自然科学理论）的问题，以为民族、国家、人类社会与人自身的发展与变革，为思想、文化、学术的发展与变革，提供精神资源，提供新思维、新的想象力与创造力。这是大学教育功能中的"革命性"的方面。

在百年中国大学的历史上，五四时期的北大，即是在中国社会从传统向现代的转型时期，"重新估定价值"，对中国的传统文化进行深刻的反省、质疑和批判，同时，又以全新的眼光与博大的胸怀，在最广泛的吸取基础上，激发出前所未有的思想与学术的活力，创造了全新的校园文化：新的世界观、新思维、新伦理、新方法、新学术，从

而为新的时代变革提供了新的文化理想、新的价值体系，并通过现代传播媒体（主要是《新青年》与《新潮》），将新的校园文化转化为社会文化，这就是影响深远的五四新文化运动，用前引杜威的说法，是对整个民族与整个时代“起了转折的作用”的。后来，鲁迅将北大的传统概括为“常为新的，改进的运动的先锋”，“常与黑暗势力抗战的，即使只有自己”，强调北大的希望与前途就在于它永远“是活的，而且还在生长的”[19]，他主张要培养“思想革命的战士”，[20]以后又提出大学里“平静的空气，必须为革命的精神所弥漫”，[21]都是意在突显大学的革命性功能。

这里，似乎也需要做一点正名。如鲁迅所说：“‘革命’这两个字，……有些地方是一听到就害怕的。但这和文学两字连起来的‘革命’，却没有法国革命的‘革命’那么可怕，不过是革新，改换一个字，就很平和了。”[22]革命也并不是如有些人理解的那样，只有否定而无肯定，只有破坏而无建设，对既成规范的批判，与新的创造是同一个过程：没有批判（质疑与否定）就不会有创造（立新、建设）；而批判的目的正是为了创造。因此，在我的理解里，所谓“革命精神”，就是永远不满足现状，不断革新、向上的精神，就是自由、独立、怀疑、批判与创造的精神。大学如果不能如鲁迅希望的那样，弥漫着这样一种革命的精神，就会丧失生命活力，甚至自身存在的理由。而为了坚守这样的革命精神与功能，大学就必须在关注社会和思想、文化、学术现实形态的同时，又保持一定距离，如有的朋友所说，“大学的应然与社会现状之间，有一个本质上的张力关系，这可能是大学与企业最大的不同。国外一些著名的学府远离政治经济中心的大都会，很有象征意义。也许，与其他机构相比，最应该自足自律的机构，是大学”。[23]大学与社会的关系，应该是北大老校长蔡元培所说：是“教育指导社会，而非追逐社会”。[24]至少大学里的一部分教授与学者应该是自觉地处于社会与学术的边缘位置，以保持思想与研究的超越性、彻底性与超前性，以及本质上的批判性的。

批判精神与原创性匮缺的危机

在我看来，大学革命性功能的削弱，以至丧失，正是当下中国大学一个带有根本性的问题。首先，前述“教育为政治服务”与“教育为经济服务”论，就是对大学的革命性这一理念的否定；而学术自由、民主的不充分，实利主义、实用主义，以及与现实妥协、迎合的犬儒主义……之风在校园的弥漫，更是极大地压抑了大学所应有的革命精神。在学术上，由于怀疑精神、批判精神与创造精神的不足，更是造成了学术原创性的匮缺，这正是我们这些年学术上没有突破性进展，没有出现真正的学术大师的症结所在。而另一方面，如前所说，我们正处在一个价值崩溃与混乱的时代，价值理想以至信仰的重建，文化的重建的历史要求，正在呼唤着原创性的新思想、新文化与新学术；在我看来，这不仅是中国，也是当今世界思想、文化与学术界共同的历史性课题。

在这方面，中国的大学，特别是北京大学这样的曾经创造了五四新文化的学校，应该而且可以作出自己的重要贡献；我们不仅有博大、深厚的中华民族文化传统，而且我们更拥有空前丰富与复杂的20世纪的中国经验，而中华民族，以及它的知识分子从来就是具有智慧与创造力的，再加上在这世界多元化的时代，我们又有可能以更加自由、开放的形态，对世界所有国家、民族的文化，对人类文明的一切成果，进行最广泛的吸取。如果我们能够充分地发挥我们的以上优势，真正从当今中国与世界的问题出发，从总结中国的经验入手，又超越这些经验，最终是有可能如五四时期一样，创造出回应新的时代要求的新文化、新学术，不仅为变革中的中国，提供批判性资源与新的想象力和创造力，而且这也是中国的思想与学术真正走向世界之路。在我看来，中国的大学的改革，创办一流大学的努力，从根本上说，就是要增强自信力与自主性，解放思想与学术的生产力，为这样的新文化、新学术的创造提供更加自由而广阔的天地。

当然，这样的目标的实现，是需要长期的，甚至是几代人的扎扎实实的努力的；但问题是，我们的眼光已被眼前的实利所遮蔽，而缺乏这样的创造新文化、新学术的自觉与胸襟。而且更应该正视的是，这样的创造新文化、新学术的时代要求与前述中国大学的现状之间，也就是大学的应然与已然之间是存在着巨大的反差的，本来，改革的理由就存在于这样的反差之中。如果我们的改革不但不能缩短，反而加大了这样的差距，那就变成南辕北辙了。这样的可能性并非不存在。

一流大学：民族精神、文化堡垒与新思想、新文化发源地

以上所说的大学的保守性与革命性两个方面的理解，就构成了我的基本大学理念。在我看来，坚持大学的自主自足，充分发挥大学的文化、思想、学术的积淀与传承，精神的传递与坚守与新文化、新思想、新学术的创造这两个方面的功能，达到了较高的水平，就是一流大学的基本条件与标准；真正的第一流大学在民族和国家的文化结构里，是同时担负文化、精神的堡垒、圣地与新思想、新文化的发源地的双重重任的。需要补充的是，大学功能的这两个方面，总的来说自然是统一的，而且是相互渗透，很难截然分开的。但也存在着某种紧张关系：如前所说，要完成思想、文化、学术的积淀与传承，在一定程度上，需要将思想、文化、学术转化为知识，并将其规范化与体制化；而新思想、新文化、新学术的创造，又是以对既成的、被体制化的思想、文化、学术提出质疑与批判为前提的，这样的规范化、体制化与对规范与体制的突破的双重要求，就形成了大学与学院学术的内在紧张；

这就提醒我们：创办一流大学，是在内在的张力中进行的，是在运动中实现其相对平衡的过程。在我看来，当下中国大学的危机，一方面是对怀疑、批判精神的压抑，导致了对学术创造性的压抑；另一方面学术的积淀与传承，又受到各种非学术因素的干扰。这样，就既缺少学术与精神的坚守，更是怀疑、批判精神和新思想、新学术的创造的匮缺，这样的大学的保守性与革命性品格的双重不足，就是我们通常所说的“大学（与北大）失精神”，是引起社会对大学与北大的失望与不满的主要原因。

大学教育的内在张力

当然，大学在前述基本的精神性功能之外，也需要满足社会的功用性要求。这也构成了大学教育的内在张力。我们不妨看看当年蔡元培的认识与应对。我们知道，蔡元培对“极端之实利主义教育”是持严厉的批评态度的，[25]强调重建终极价值体系的“世界观教育”是教育的根本目标，他在北大校长就职演说中即指出：“大学为纯粹研究学问之机关，不可视为养成资格之所，亦不可视为贩卖知识之所。”但他又不能不面对这样的现实：“我国地宝不发，实业界之组织尚幼稚，人民失业者至多，而国甚贫。而实利主义之教育，固也当务之急也。”[26]面对这样的对教育的不同层次的要求，蔡元培在高等教育中区分了“大学”与“专科”两种体制：专科偏重于培养“实用型”人才，而大学则以“研究学理，养成人格”为主。他还因此而将商科、工科等偏于实用性的学科从北大分离出去（原计划还有法科，因教员反对而未实行）。我以为，蔡元培的思想与高等教育的体制设想是可以借鉴的：我们的大学教育在坚持统一的基本要求（如必须坚持“立人的教育”等）的同时，还应因侧重于不同方面，满足社会的不同需求而采取多样的教育体制与模式，不可一刀切。强调统一而忽略以至不承认差异，强调共性而忽略个性，其实正是所谓计划经济式的管理的一个弊端，本就应该是改革的对象。甚至可以说，进行教育改革，首先就要找准自己的学校在整个国家与民族，以至世界的教育格局中所处的地位，为自己的学校定位。

北大的定位：研究型大学的职业教育化、市场化问题

而我认为，北大这些年的教育改革的一个基本问题，就是没有解决好定位问题。从表面上看，北大应是研究型大学，这似乎并无异议；但事实上，这些年却越来越向实用型教育方面靠拢，市场需求几乎成了学校一切教育措施的基本出发点与归宿，北大越来越向高等职业大学的方向倾斜，越来越成为蔡校长谆谆告诫万不可做的“养成资格之所”、“贩卖知识之所”。——我这里并无轻视职业大学教育的意思（而且职业学校也不能办成“养成资格之所”与“贩卖知识之所”）；相反，在我看来，大力发展各级职业学校，是一个十分急迫的任务。这是关乎中国教育的总体格局的大问题，以后或有机会作专门讨论。但我却反对研究型大学的职业教育化与市场化。尤其是北大这样的学校，在某种程度上，它应与所谓政治需要和市场需求保持适度的距离，这也是当年蔡元培一再强调要反对“极端之国民教育”与“极端之实利主义”，反复告诫北大学子：“诸君须抱定宗旨，为求学而来。入法科者，非为做官；入商科者，非为致富。”要有“独立不惧之精神”和“安贫乐道之志趣”的意思。蔡先生说得很好，这正是为了要“担负将来之文化”的发展的重任。[27]按我的理解，北大如果希望自己成为真正的一流大学，继续在整个国家，以至世界思想、文化格局中占据重要地位，发挥独特作用，就要着眼于国家、民族，以至人类的思想、文化、学术的长远发展，绝不能目光短浅，追逐眼前的实利与时尚——应该承认，任何时代都会因时代风气与需求所致，形成某

种热门学科，如“五四”时期的哲学，80年代的文学，以至当下的经济、法律等，大学教育当然应回应这样的时代需求，但不同类型的学校应有不同的回应方式。比如，实用型的职业教育可以以培养经济师与律师为目标，而北大这样的研究型大学就应以培养经济、法律的研究人才为己任。而另一方面，一些市场需求很少甚至没有任何市场效应的所谓冷门学科，这当然不能进入实用型大学、职业大学的编制，但研究型大学，至少是北大这样的少数大学，就绝不能也弃之不顾。说极端点，即使一门学科，只有一个教授，两三个学生，也必须坚持办下去。课程也是如此：记得当年朱自清先生在西南联大讲《文辞研究》课，只有王瑶一人选修，还有一位季镇淮是旁听生，总共两个学生。[28]按今天的市场标准，可谓没有任何效率，应在淘汰之列。但就是这样的超越市场需求的教育，培养出了王瑶、季镇淮这样的为国家、民族的学术与教育的发展作出了杰出贡献的一流教授。这就是我们前文所说的“无用之大用”、“不服务的大服务”。在我看来，保存与保护学术稀有物种，应是北大义不容辞的学术使命，也是一流大学题中应有之义。这是需要眼光与勇气的。

定位的混乱与大学结构的破坏

这里并没有将北大的这种定位神圣化与崇高化的意思；无非是强调不同类型、模式的大学要各归其位，各得其所，各自发挥自己的作用，并获得应有的价值。现在中国大学的问题正是定位的混乱：一方面，是各类学校纷纷升级，扩大范围，扩充势力：专科升成本科，师范大学变成综合大学（在我看来，这又是中国教育的一大失误，以后再作专文讨论），各大学不顾自身的条件，不断增设各种新系、新学科，不惜代价、用尽手段地争取硕士点与博士点，盲目地向综合性、研究性大学发展；另一方面，像北大这样的基础很好的研究性大学，却不肯在自己的优势系、科的健全与发展上下大工夫，也热衷于增设各种有市场时效的新系、新学科，办各种服务市场的培训班——从学术长远发展的需要，开拓新学科当然是必要的；但问题是许多新系、新学科的设置，其着眼点不是研究，而是实用，这就有可能导致研究型向实用型的倾斜。这构成了当下中国大学的纷纷转型、转向的奇观，规模与经济效用成了办学者的主要追求与动力，其结果是严重地破坏了中国大学的结构，形成巨大的人力、物力、财力的浪费，并且已经完全谈不上各类学校、各个学校的个性（这本来是教育健全发展与成熟的一个标志），有的只是不伦不类的大杂烩。大发展的表面繁荣，所掩盖的正是教育质量（包括教学质量与学术研究的质量）的下降。这样的教育泡沫现象，是应该引起警惕的。

还是回到北大的定位上来。曾经有好几年，北大新生入学，都要我去给学生作报告，我也总要向学生讲述我对北大的培养目标的一个理解与设想："作为现代中国教育的最高学府的北京大学，理所当然地要培养这样的具有独立思想、人格与自由意志的现代知识分子。我们已经说过，北大应该培养一流的专家、学者，现在我们还要补充说，这将是一代有思想的专家、学者——有思想的自然科学家、社会科学家，有思想的人文学者，等等，而不是单纯的操作型的技术人才。北大首先要培养出一批为我们国家、民族，为学术发展提供新思维的思想家；同时，北大所培养的各专业的专家、学者都必须是思想者，必须是从不停止思想探索的精神流浪汉"，"是本专业新的学术思想，新的研究领域和方向，新的技术和方法的开拓者"；"北大的教学和学术研究应更注重于基本的学理、基础的理论，应更具有原创性、开拓性与超前性，更注重自然学科、社会学科、人文学科的相互吸取和综合。为此，应该特别呼唤作为北大传统的兼收并蓄、容纳多元思想文化的宽容精神，呼唤'拿来人类文化宝库中的一切'的宽阔胸怀，为更大胆的、更解放的、更富有创造性的思想学术开辟道路”。尽管我声明“这是一个理想的梦”，但学生的反应依然十分活跃与热烈；那时候，北大的学生大概是愿意和我一起做梦的。[29]后来，却不允许我对北大学生演讲了；因此，我也不知道今天的北大学生们如何设计自己的未来。我只知道自己仍痴心不改，还在固执地做着这样的更加不合时宜的北大之梦。

（三）制度建设的关键：大学立法

我要说的第三个大问题，是“什么是一流教授”，以及“如何培育、选拔一流教授”。由于文章已经写得太长，只能略略谈一谈了。

“胡思乱想”与“胡说八道”：一流教授的原创性与异质性

在网上看到这样一个对大学各类职称的评定标准：“正教授的资格是，在你的学术领域有所创新，并开出一条像样的道路，有人选择并跟进这一条路。副教授的资格是，在你的学术领域有公认的贡献，并保持着水准以上的质和量。而助理教授的资格则是，在你初出茅庐之际，一定表现得有活力、有潜力，让人觉得假以时日，你会有贡献也有创新。”[30]我以为这一标准基本上是合适的。我所要讨论的，是“一流学者教授”，或者说是“大师级的学者教授”。不用说他们有极为深广的学养，一般都是学贯古今中外的；而其最重要的、本质性的特点，则是他们的思想与学术都是具有原创性、开拓性的。而这样的原创与开拓的起点，又必然是对既成的思想、学术体系的怀疑、批判，以至反叛。在这个意义上，我们可以说，真正的一流教授、大师级的学者，都有异乎寻常、不拘一格的想象力与创造力，必然具有某种异端性。特别是开创学术新路的初期，他们必要向已被普遍认同并多少被凝固化的学术定论与权威挑战，在既定思想、学术秩序的维护者的眼里，他们的新思想、新学术，都是“野狐禅”，是“胡思乱想”和“胡说八道”。这就是说，一流教授、大师级学者都必然有一个从不被承认到承认，从边缘到主流的过程；而真正的大师即使在自己的思想、学术成为正宗以后，仍然保持着科学的怀疑精神，包括对自己的学术也在不断地反省中寻求新的突破，从而保持着不断开拓的创造活力，在某种意义上，也可以说，仍然保持着某种异端性，对新的甚至是挑战自己的权威的异端，也能够采取宽容以至扶植的态度。

大学立法：保证思想自由，学术无禁区，保护学术新生力量

一流教授、学者的这种与其原创性、开拓性相联系的异端性，正是提醒人们，大学要培育与拥有第一流的教授、学者，必须创造良好的学术环境与氛围，其中最重要的，就是真正保证思想自由与学术无禁区，并实行保护少数的原则，而且要写入《大学法》（为大学立法也是中国大学改革的一个迫切任务），以得到法律的保证。不然的话，就有可能压抑甚至扼杀最具有创造力的一流人才，而鼓励循规蹈矩的平庸之才，并且形成不敢触及思想与学术上的重大问题，不敢独立思考，谨小慎微、瞻前顾后、唯唯诺诺、人云亦云的委靡之风，这是我们的学术多年来缺少大格局、原创性，批判力、想象力、创造力不足的一个重要原因。

这也是在大学里必须实行兼容并包的最重要的理由。蔡元培对此有一个十分重要的解说：“近代思想自由之公例，既被公认，能完全实现之者，厥惟大学。大学教员所发挥之思想不但不受任何宗教或政党之拘束，亦不受任何著名学者之牵制。苟其确有所见，而言之成理，则虽在一校中，两相反对之学说，不妨同时并行，而一任学生比较而选择，此大学之所以为大也。”[31]值得注意的是，在蔡校长看来，

影响大学的思想与学术自由的，不仅有“宗教或政党之拘束”，还有“著名学者之牵制”。如前文所说，真正的大学者，不但自己敢于挑战权威，而且也容忍甚至鼓励新的一代挑战自己。但不是任何著名学者都能做到这一点。这里有一个学术权力的问题：多年的媳妇熬成婆，是很容易在新媳妇身上显示权威的，如果新媳妇还想反叛自己，就更要行使淫威了：这正是学术等级制度所特有的现象。这里也还有一个学术判断力的问题：真正的大学者，在面对年青一代的挑战时，他可能并不同意或不能接受挑战者的新观点，但却能够看出其内在的潜力，其所能提供的新的可能性，从而采取宽容与鼓励的态度；而另一些学者，他自己的学问可能做得不错，但却为一己的学术思路所拘，从而对不同于己的新的学术追求失去了判断力，常常因其存在某种不足和缺憾而予以简单的否定，而任何一个新的创造，在其草创阶段，总是毛毛糙糙，显示出某种不成熟性的。因此，提出“兼容并包”的理念，不仅是使不同的学术选择形成互补与相互制约，以实现学术的生态平衡；而且具有保护学术新生力量的作用。

从我们这里所讨论的一流教授、学者的培养的角度来说，只有坚持兼容并包才能使具有不同的学术追求、风格的一流人才在大学校园内都能获得自己的发展空间。这里还涉及一个评价机制的问题。在这次讨论中，许多朋友都强调要建立以本专业的国际、国内的权威学者的评议为主的评价体系，这是我也能同意的；但我想补充的是，为了避免蔡元培所说的某一或某些著名学者的偏见而产生的牵制现象，还需要对权威教授评议实行某种制度性的制约，例如必要的回避制度，申请人的申诉权等基本权利的保障等等；在我看来，这次北大教改中提出的“避免近亲繁殖”的原则，也是一种制约性的规定，尽管执行起来也会产生新的问题，但其基本精神我还是赞同的。

在一流教授的聘选中，还有一个校长与系主任的权力与作用的问题。蔡元培校长当年凭着梁漱溟的一篇论文就聘请这位连大学学历都没有的年轻人来北大任教的例子，是人们经常提及的。这至少给我们这样一个启示：大学人才的评选，当然要有一定的制度与程序，但又不能将其凝固化与绝对化，变成制度万能，而必须以“不拘一格选人才”的做法作为补充。这实际上是对校长与系主任这些掌握了一定学术权力的学术领导人和组织者提出更高的要求：他们需要更广博的学养，兼容并包的胸襟；他们自身不一定是一流学者，但却需要有很好的学术判断力与决断力，能够识才、用才。这同时涉及校长与系主任本身的民主选聘的问题。这个问题，特别是大学校长的民主选聘，目前似乎还没有提到中国大陆大学的议事日程上来，这是与我们在前文中提到的校园民主改革问题相联系的，这里也不能详尽讨论了。

我的言说立场与担忧：北大不要时时“领天下风气之先”

在结束这篇长文时，还要简单地说及我的言说立场。在我看来，任何言说，在有其特有价值的同时，都会有其限制。我的这篇文章首先是一个思想者的言说；我曾经说过，思想者和实践者是有各自不同的逻辑，因而发挥不同的作用的：思想者着眼于新的教育理念的建设，并从自己的教育理念出发，对现行教育的弊端作出批判，从而形成一种思想和舆论的压力，并为其所呼唤的改革提供思想资源；因此，要求思想的彻底，并具有一定的超前性，因而带有理想主义的色彩，而不考虑现实的操作。实践者所面对的是教育的现状，不仅感受到改革的必要性与迫切性，更要考虑在现实的主客观条件下，改革的可能性与有限性，因而奉行逐步推进的改良策略，这其中也包括必要的妥协，而不可能像思想者那样彻底。这样，改革才可能稳步而有效地进行，最大限度地避免可能产生的负面作用。很明显，对于中国的教育改革，思想者与实践者都是不可缺的，他们既互补又相互制约：

如果没有思想者所提供的大视野与新理念，及其锐利的批判所形成的巨大冲击力，改革或者根本不可能进行，或者只能在既有框架内打转，变成换汤不换药的表演，而改革如果没有理想主义作为支撑，更可能变成鲁迅所说的“盗寇式的破坏”与“奴才式的破坏”，[32]并且会陷入一味的妥协而在事实上维护了既得利益，从而产生根本变质或走到主观愿望反面的危险。反之，如果没有实践者对思想者的理想的调整和具有可行性的操作和试验，也会因思想与实际脱节、过于超前而带来灾难性的后果。我因此提出了“思想要激进，行动要谨慎”，“开始要早，步子要慢”的主张，就是试图将思想者与实践者的逻辑统一起来。[33]

我的言说，是理想主义的，同时又是怀疑主义的：可能是受鲁迅的影响，我总不相信表面宣传的东西，要追问背后可能隐蔽着什么；对任何事情，我更多的是想到它的负面，即可能存在的陷阱。特别是当改革、与时俱进成为一种时髦的时候，我更想提醒人们注意其背后可能存在的危险。我赞同、可以说渴望北大的改革，因为在我看来，北大的积弊已深，再不改，真的要被时代所淘汰；但我又忧虑于北大的改革，我担心改革如果不能对症下药，甚至下错了药，就会旧病未除，新疴又至，北大就真的承受不住，连那点老底都要赔进去了。在这种情况下，有时候冷一冷，看一看，保守一点，也不见得不好，北大不要任何时候都领天下风气之先。心有所惧，不得不言：我所说的是“可能”，而非“已然”与“必然”。或许是杞人忧天，我自己也但愿是杞人忧天；也许有人会认为是危言耸听，我也只希望人们能认真听一回，在这个“欢迎喜鹊，憎厌枭鸣，只拣一点吉祥之兆来陶醉自己”的时代，[34]听听不祥之音是有好处的。其实不过是说说而已——我对自己的言说，特别是言说的作用，也是怀疑的。

2003 年 7 月 18—21 日，8 月 9—12 日，8 月 19—28 日陆续写成

注释

［1］ 这些问题是庞中英先生在《北大改革的政治学及其他——一个北大校友的几点疑问》中提出来的，我以为这是抓住要害的，因此，抄录于此，并向庞先生致谢。

［2］ 这是陈平原先生在其《我看北大百年变革》一文里从“百年变革”的历史中提出的问题；在我看来，也是要对当下改革所提出的问题。

［3］ 这是韩水法先生一篇文章的题目，这个问题提得很好，故也引用于此，并向韩先生致意。

［4］ 文收《中国大学十讲》，复旦大学出版社，2002 年版。

［5］《张维迎教授纵论人事制度，北大学生关注大学改革》，文载《世纪沙龙论坛》。

［6］ 黄子平：《从北大到 McBeida》。

［7］ 鲁迅：《文化偏至论》，《鲁迅全集》1 卷《坟》，57 页，人民文学出版社，1981 年版。

［8］ 鲁迅：《诗歌之敌》，《鲁迅全集》7 卷《集外集拾遗》，239 页，人民文学出版社，1981 年版。

［9］ 参看《革命时代的文学》，《忽然想到·二》，《鲁迅全集》3 卷，420、15 页，人民文学出版社，1981 年版。

［10］ 周作人：《北大的支路》，《周作人自选文集·苦竹杂记》，河北教育出版社，2002 年版。

［11］ 参看陈平原：《我看北大百年变革》。

［12］《同意和解释》，收《鲁迅全集》5 卷《准风月谈》；《宣传与做戏》，收《鲁迅全集》4 卷《二心集》，人民文学出版社，1981 年版。

［13］ 参看王乾坤：《大学的自足与自律》。

［14］ 参看钱理群：《追求文理的融通》，《学魂重铸》，文汇出版社，1999 年版。

［15］ 参看钱理群：《“往哪里去”？！》，收《中学语文教育门外谈》，广西师大出版社，2003 年版。。

［16］ 参看姚丹：《西南联大历史情境中的文学活动》，广西师大出版社，2000 年版。

［17］ 参看甘阳：《华人大学的理念与北大改革》。

［18］《认识你脚下的土地——〈区域文化中学生读本〉序》，收《中学语文教育门外谈》，广西师大出版社，2003 年版。

［19］ 鲁迅：《我观北大》，《鲁迅全集》3 卷《华盖集》，158 页，人民文学出版社，

1981年版。

［20］ 鲁迅:《通讯》,《鲁迅全集》3卷《华盖集》,22页，人民文学出版社,1981年版。

［21］ 鲁迅:《中山大学开学致语》,《鲁迅全集》8卷《集外集拾遗补编》，159页，人民文学出版社，1981年版。

［22］ 鲁迅:《无声的中国》,《鲁迅全集》4卷《三闲集》，13页，人民文学出版社，1981年版。

［23］ 参看王乾坤:《大学的自足与自律》。

［24］［25］ 蔡元培:《一九〇〇年以来教育之进步》。

［26］ 蔡元培:《对于新教育之意见》。

［27］ 参看蔡元培:《一九〇〇年以来教育之进步》,《北大一九一八年开学式演说词》。

［28］ 季镇淮:《回忆四十年代的王瑶学长》,《王瑶和他的世界》，18页，河北教育出版社，2000年版。

［29］ 参看《周氏兄弟和北大精神》,《想起了七十六年前的纪念》，均收《拒绝遗忘：钱理群文选》，汕头大学出版社，1999年版。

［30］ 参看孔宪铎:《香港科技大学：以人为本》。

［31］ 蔡元培:《大学教育》。

［32］ 鲁迅:《再论雷峰塔的倒掉》,《鲁迅全集》1卷《坟》，193页，人民文学出版社，1981年版。

［33］ 参看钱理群:《我与清华大学的“网络评价”试验》，收《中学语文门外谈》，广西师大出版社，2003年版。

［34］ 鲁迅:《天平歌诀》,《鲁迅全集》3卷《三闲集》，104页，人民文学出版社，1981年版。

寻找失去了的大学精神

——北大一百一十周年民间纪念会上的讲话

又一次民间纪念

今天我们是几代的北大人在这儿聚会，我是30后的一代，今天到会的老校友蔡恒平他们是60后的一代，还有70后的一代，在座的大都是80后的一代，这么几代人这样聚在这里，来纪念北大的一百一十周年。这是一个民间的纪念。所以我很自然地想起十年前北大的百周年校庆，那是非常热闹、非常轰动的。当时实际上也有两种纪念，一种就是官方的纪念，可谓规模宏大，气势磅礴，另外还有一种民间的纪念，我们当时专门演出了一出话剧叫作《蔡元培》，并围绕演出，开展了很多活动，其中心就是要寻找老校长，寻找失落的北大精神，大学精神，民族的精神。刚才主持人讲到我当时写了一篇文章，题目叫《想起了七十六年前的纪念》，说的是在北大二十五周年校庆的时候的纪念，胡适是当时的北大的教务长，他在纪念会上提出，我们应该反省，其实我们北大是徒有其名。我看了很震撼：老一辈人把校庆日当成一个反省的日子，北大的百周年校庆却是一片颂扬之声，而且压制不同的声音。因此，我写这篇《想起七十六年前的纪念》，就发出一个不和谐的声音，提出要反省北大，寻找北大的真声音。本来这是一个很平常的命题，但是没有想到掀起了轩然大波。但是我想十年前的这个民间的纪念，它是会留存在北大的校史上的。今天我们又在这里进行十年后的一百一十周年的一个民间的纪念。听说今年上面有规定，奥运会之前不能有大规模的纪念活动，所以今年北大一百一十周年的校庆，校方准备低调处理，我也同意这样的做法，不一定每一次都搞得那么热闹。那么，我们今天在这里在一个小范围内举行民间纪念，就有一种特殊意义。为准备这次纪念，如主持人所说，我们编辑出版了一本《寻找北大——温习一些故事和一种精神》，大家推我作主编，其实我什么事都没有做，就写了一篇序言。

刚才许秋汉说这本书是遗老遗少的书，那么我就是属于遗老，所以对于北大历史大概是有一点发言权的，但是北大的现实我确实没有发言权，因为我在2002年8月从北大退休以后，基本上就和北大隔绝了。我记得在一篇文章里，就有这样一段话："在我的感觉中，北大已经变得十分地遥远，更准确地说，现实的北大对于我是越来越陌生了。因此我需要将心中的北大推到远处，成为一个永恒的记忆，一个永远给我带来温馨的梦。尽管明知其虚妄，却如鲁迅之于他的故乡的记忆，愿意被它哄骗一生，并时时反顾。"大概就因为有了这点"时时反顾"，就欣然同意担任《寻找北大》的主编，并且今天在这里讲北大。

今天的中国不能没有梦

讲到北大，我想还是从许秋汉刚才演唱的这首歌说起。以前我看了歌词就很激动，今天听了他自己演唱之后，就更受震撼，我真的想建议，把这首歌作为我们的校歌。这首歌，最能表现北大精神，最让我们感动的，自然是那句反复的吟唱："就在这里，就在这里，/就在这里，就在这里。/我的梦，就在这里。"我在序言里说，北大是每一个北大人，所有的中国人精神的梦乡。我就想到这样一个问题，一个人不能没有梦，一个无梦的人生是很难想象的，但是更重要的是一个民族，特别是民族的年轻人，如果没有一个地方可以做梦的那样一个精神的净土，精神的圣地，那可能是更加可悲的。前几年，我几乎每年都要收到大量的外地的中学生给我写信，他们都表现对北大的无限的向往之情，我每次看到这些信，心里的感情都很复杂，因为我在北大，我知道，这些青年梦中的那个北大已经不复存在了，所以我每次写信都给他们去泼冷水，我说我欢迎你们来北大，但是你们先别做梦，你们做好准备，来了北大以后你们会大大地失望的。但我老这么回信，就转而一想，这不对，你老向别人泼冷水也不行，年轻人总要做梦，总要找一个地方，作精神的寄托，一个精神的圣地，让他做梦。如果这个地方都没有了，那这个国家就成问题了，这个民族就成问题了，所以哪怕这个梦多少带有点虚幻性，可能也得让它保留着，必须有一个精神的梦乡，一个人是这样，一个国家、一个民族也是这样。我想，这就是所有的北大人感到骄傲的地方：我们生活在一个精神的梦乡里。

我今天要说的是，尤其在当下的中国，不能没有梦。这个话好像说得有点不大对，有点太脱离现实，不合时宜，因为今天的中国实在是一个无梦的国家。但是我还是固执地认为今天的中国尤其需要做梦。什么意思呢？所谓梦就是对现实的超越，梦本质上就是超越于物质之上的一种精神的追求。这种追求为什么对今天的中国特别重要呢？这就需要对中国的这三十年的历史作一个回顾。今年正好是改革开放三十周年，回顾这三十年，我们可以说，我们国家经济获得了快速的发展，人民生活得到很大提高，这大概就是最基本的主要的收获，是来之不易的，中国终于基本上解决了温饱问题，基本上进入了一个小康社会，这是一个非常巨大的进步。当然，今天的中国还有很多的贫困的地区，还有很多的贫困的人群，还有很多很严重的问题，但是就大多数人来说，或者就大多数地区来说，我们已经基本上解决了温饱问题。在一个国家一个民族基本上解决温饱问题以后，这个社会应该向哪里走，这个国家应该往哪方向去发展，就成为一个非常大的问题，或者说今天的中国正走在一个十字的路口。我这几年一直在思考这个问题。我想提出一个我的想法，当然可能是梦，又是一个新的梦，我这人就是不断地做各种各样的梦。我觉得我们现在需要的是四大重建。一个是制度重建，一个是文化重建，而文化重建的核心是价值重建，还有一个是生活重建，就是说我们需要建立一个让中国这块土地上的大多数老百姓能够安居乐业的，比较合理的、比较健全的社会制度、文化、价值和生活。这样四大重建，无论是制度重建，文化重建，价值重建还是生活重建，其实都是一个精神问题，都提出一种超越于物质的精神的追求，而这样的追求它是需要用理想之光（也就是梦之光）来照耀的。我常常想，一个人最合理的生存状态应该是什么样的？我想用两句话来形容，就是应该“脚踏大地，仰望星空”。我们现在就要解决这两个问题，作为人来说，或者作为一个知识分子来说，或者作为一个大学生来说，要使我们获得健全的发展，最重要的就是这两条，一个是如何脚踏大地，如何和我们生存的这块土地、土地上的人民、土地上的文化保持密切联系，另一个就是如何仰望星空，有一种超越于物质现实生活的精神的追求，我想这就是今天的中国特别需要这样梦的精神的我的理由。

今天大学的精神危机

那么，在这样一个制度重建、文化重建、价值重建和生活重建中，中国的大学，或者说中国的北京大学，它应该承担什么责任，有什么使命，应该发扬一种什么样的精神，这就是我们今天要讨论的第二个层面的问题。

按我的理解，或者我的大学的理想，我认为大学之为大学，就是它有两大功能，一个是保守性的功能，就是思想文化学术精神传统的传递和坚守。因此大学，特别是北京大学这样一所大学，它应该成为民族精神的一个堡垒，一个圣地。另外，大学还有革命性的功能，应该有一种批判和创造的精神，应该对社会发展的既定形态，对已有的文化知识体系，以及人类自身，作不断的反省、质疑和批判，并且进行新的创造，这样，它就能够成为新的思想、新的文化、新的学术的发源地。简单说就是两句话，一个是坚守，坚守民族精神，坚守思想文化传统；一个是批判创造，创造新的思想、新的文化、新的学术。——这个问题，我在许多文章里，都有论述，这里就不重复了。

我今天要补充的是，要做到坚守和批判、创造，大学就必须关怀现实，同时和现实保持一定的距离。这里主要谈距离。在我看来，大学应该保持两个距离，一是要和时尚、和世风流俗保持距离，我是不主张不赞成大学要与时俱进的，大学有时候需要保守，不能那么时髦、摩登。大学还必须和现状保持距离，包括政治、经济、思想、文化、学术的现状，既成形态，这样才能保持一种批判的态势。

而要保持这两个距离，就应该有一些相应的精神。在我看来，大学特别需要三种精神：沉静，清洁，定力，也就是沉、清、定三个字。当整个社会陷入喧闹的时候，大学里的老师和学生应该沉静；当整个社会的风气被腐败所污染的时候，大学里的老师和学生应该清洁；当整个社会陷入浮躁的时候，大学里的老师和学生应该有定力。也就是应该“洁身自守”，保持自我精神的清洁和纯正，同时要守住一些基本的规范，学术的规范，做人的规范，它是不受外界影响的，不受任何压力和诱惑左右的，也是决不放弃决不让步决不妥协的，要守住一些基本的东西。

当然今天说这些话是有些近于痴人说梦，因为现实的中国，现实的大学，也包括现实的北大完全反其道而行之：社会喧闹，大学更喧闹；社会腐败，大学更腐败；社会浮躁，大学更没有定力。这就是我们现在面对的现实。我觉得我们中国的大学弥漫着两种可怕的思潮，实用主义和虚无主义的思潮。所谓实用主义就是完全被个人利益所驱使，有用就干，无用不干，因此必然是虚无主义，就是除了时尚和利益之外一切都不可信，一切都不足靠，一切都可以在与时俱进的口号下放弃抛弃。实用主义和虚无主义就导致了大学的两个结果，一个是知识的实用化，一切与实用无关的知识都被大学所拒绝，既被大学里的老师所拒绝，也被大学里的学生所拒绝。还有精神的无操守，拒绝一切精神的追求和坚守。我觉得这样的实用主义和虚无主义两大思潮所导致的知识的实用化和精神的无操守，是现在大学里的两个基本的弊病。同学们身在其中，必须有所警惕，这样才能真正做到“洁身自守”。

另一方面是大学的批判功能、创造功能的削弱，以至丧失。在我看来，大学里的老师学者，应该是公共知识分子，大学里的学生也应该努力培养自己成为公共知识分子。公共知识分子代表的是公共利益，所坚守的是民族文化和人类文明中的普世性的价值和理想，以及生命个体的思想与学术追求，大学绝不能代表国家意志，绝不能代表某一个利益集团的意志，更要防止自己成为一个既得利益集团，这样大学才能真正保持自己精神的独立和思想学术行为特立独行。我觉得大学里的老师和学生一个基本的品格、基本的风格就是独立，精神独立和学术、思想、行为的特立独行，这样才可能有出于公心的批判和创造，才可能真正创造出能够成为社会公器的新思想、新文化、新学术。

而我这样的理想同样是远离现实的，因为今天的社会正要求大学里的老师、学者、学生，成为现状的维护者和辩护士。我曾经用鲁迅的话来形容今天对教授，特别是文科教授，可能也包括大学生的要求，也是八个字：赞成（拥护），解释（用你的学术解释这个理论何等伟大正确，赋予合理性合法性），宣传，演戏。这就是今天对于大学教师与学生的要求，而这是得到制度的支持的。今天大学这种评职称、博士点种种制度，在我看来是新的科举制度，请君入瓮，你只要服从、同意、解释、宣传、做戏，那你一切都有：有房子，有职称，有地位，就成为重点学科，就能评奖；如果你拒绝同意、解释、宣传、做戏，一切都没有。就是这样一个制度的诱惑下，应该说相当多的教授学者都被收编，开始有点扭扭捏捏，后来越来越舒服，慢慢地就习惯了，最后就舒舒服服地被收编。当然坦白地，我今天来敢说这个话原因在于我已经退休了，如果我现在还在当教授，可能我还没有勇气说这番话。我们现在面对的问题，是制度造成，不单是个人的品德的问题。是教育体制使大学失去应有的独立自由创造的精神，这就是我们正在上演的，还会继续上演的大学失精神、失灵魂的悲剧，而且很多的悲剧今天都很难说是悲剧了，因为悲剧还能给你悲壮感，现在都成了滑稽戏了，现在大学里上演的滑稽戏太多了。同学们身在其中，自然有比我更多的体会。我在同学们面前常有羞愧之感，因为大学老师不能为人师表，不能坚守住最基本的东西，是会影响学生的。这些年我们前面所说的实用主义、虚无主义的思潮，在大学生中很有市场，其中一个重要原因，就是大家目睹学校里校长、老师中的这些腐败现象，是很容易产生看透一切，调侃一切，进而自己也玩世不恭，放弃一切的情绪的。因此，我们今天在这里讨论大学失精神，提出要寻找失去了的大学精神，北大精神，并不是和大学生无关的问题，而是直接关系着在座的每一个同学的精神成长的。我们必须明辨是非，追求大学所应该有的独立坚守的精神，自由批判创造的精神，这样才能有效地抵制实用主义和虚无主义，把自己培养成独立的现代知识分子、现代公民。我想这就是我们今天在这里纪念北大一百一十周年校庆，寻找北大精神、大学精神的意义所在。

大学的自由言说空间和校园民主

以上所说，是从我的大学理想出发的；下面，我想从更现实的层面，谈谈我的一些忧虑。

2007年，关于大学教育我心中有三大疼痛。尽管这些年我的注意力已经不在大学，我更关注中小学教育，更关注农村教育、边远地区的教育，因为我对大学已经失望了，也许在农村、在边远地区还有说话的某种余地，但我还是很关心大学教育，有三件事让我非常痛心，我称为“我的2007年之痛”。

第一痛是关于我们北大的，北大三角地被取消，这件事引起我很大的震动，我想不只是我，应该说引起了所有的老北大人的心中之痛，因为三角地凝聚了我们最神圣最美好的记忆。我说北大历史上有两个标志性的地方，一个是老北大，解放前的北大，今天沙滩那里的北大民主广场，第二个地方就是今天的北大三角地，这两个地方可以说是北大的圣地，北大最光辉的历史瞬间都发生在这里。我在前面曾经说过，北大历史有两次辉煌，我现在要补充，北大历史有五次辉煌，但是在座的同学可能只知道1917年的五四新文化运动，还有前面说的和清华、南开共有的西南联大的辉煌，其实还有三次辉煌，一次就是1957年北大“五一九”民主运动，这是一个北大学生发动的自下而上的社会主义民主运动，这个运动就发生在当年的大礼堂，即今天的百年讲堂和三角地。第二次辉煌，大家更不知道了，1980年北大有一个选举运动，当时正是中国改革开放初期，要改革什么，怎样进行改革，改革的方向是什么，这都关系着中国向何处去，就在这样的历史转折点上，北大学生站出来说话了，提出对中国改革的种种设想。今天改革开放三十年了，再回过头来看，就发现当年提出的许多预警，都不幸而言中，当年提出的许多任务今天还没有完成。我写了一篇《被遗忘的思想——1980年中国校园民主运动述评》，在网上发表了，同学们有兴趣，可以去看。再一次就是80年代末，那也是中国改革的关键时刻。这些都是北大历史上应该记住的日子，都是和三角地联系在一起的。这样，三角地就成为了北大的精神象征。现在这个象征在整顿校园的合理合法的名义下被撤销了。要整顿校园秩序，好像你也没有什么话可讲，但背后却隐含了巨大的问题。问题不在于三角地撤不撤，由此提出了两个问题，一个问题是北大还要不要建立一个师生们自由表达思想、交换思想的精神空间，如何重新建立一个自由的精神空间。第二个问题，就是我们要不要实行校园民主，我们怎样实行校园民主。这就已经不仅是北大的问题，而是关系着中国大学校园建设的大问题。

我们已经很多年不提校园民主了，我觉得非常奇怪，因为民主已经是当下流行的词语，已经进入十七大报告，我们要建立社会主义民主，但是为什么校园民主就很少提呢？我在退休之后写的唯一一篇关于北大的长文，没有人注意，那篇文章中谈到了这个问题，题目叫做《中国大学的问题与改革》，我说现在有一个非常重要的问题，是教师在学校中的地位和权利的问题，实际上现在高校里的普通教师是既无地位也无权利的，更没有维护自己权利和利益的组织，工会的职责被缩小为每年组织一两次联谊活动，所谓职工代表大会最多是一种咨询作用，特别是青年教师，实际上已经成为学校里的弱势群体，当今的中国大学，即使是教授也缺乏独立的利益诉求和自由表达的权利，以及参与学校各级行政领导的选聘，参与决策过程，制定游戏规则的权利，教授因其学术地位还有一点有效的发言权，而青年教师连学术上的发言权都没有，这种状况严重地影响了教职员工积极性，成为束缚教学和学术研究生产力的主要原因。

这里有两个问题我百思而不得其解，我觉得中国知识分子也很怪，中国的大学也挺怪，中国的知识分子老想为别人争取权利（当然公共知识分子是有义务为公众争取权利的），却很少想为自己争取权利，不争取自己的民主权利，这是我不理解的。第二个，好像中国的大学是一个特别的地方，中国的教育部门老是例外，现在全国都在谈政府部门的转变职能，要分权，要放权，然而教育部越来越扩大自己的权力，几乎扩大到难以想象的地步，比如前不久竟然宣布，要规定中小学音乐课都要唱京戏，这种事该教育部来管吗？还提倡在中学跳华尔兹舞，权力扩张到可怕的地步。还有所谓的“教育评估”，更是有计划、有领导的，大规模、长时间的权力扩张，管了许多教育部不应该管的事情，弄得怨声载道，连大学生、研究生都受到牵累，但仍然坚持到底，舆论监督也没有用。全国政府改革的方向是要放权，这都是写在《政府工作报告》里的，作为中央政府职能部门的教育部，却反着来，这到底是为什么？这背后有没有既得利益问题？

现在全国进行政治体制、社会改革，要搞基层民主选举，我想大学能不能进行民主选举呢？我不知道你们现在研究生会、学生会是怎么选的，研究生会、学生会是不是可以直选，是不是可以搞竞选（前面说过，北大本来是有竞选传统的），在农村可以搞，为什么大学不能搞呢？你说农民没有文化，那大学生总有文化吧。还有校长、系主任能不能民主选举，我刚刚说十七大报告已经提出来了，要政治体制改革，要民主，那大学能不能成为民主实验区呢？北京大学是不是可以做试验，民主需要素质，北京大学师生素质最高了，而且成本也不高，都在一个校园里。所以我百思而不得其解，也许我又在做梦，我早就提出建议，认为北大应该成为民主改革的特区，可以做些试验，可以先走一步。

这些事，并非和大学生无关，因为你们也是大学的主人，你们也有自己的民主权利。实际上，今天大学里最缺的，就是“主人”意识，大学教师没有，大学生也没有。没有这样的意识，不仅是观念上不提“谁是中国大学教育的主体”这样的问题，更是因为没有制度的保证。我们现在都在讲依法治国，大学也应该依法治校。那么，我们究竟有没有“大学法”，如果有，是否应该根据今天大学教育的新问题，进行修订？这些，都是我们应该关心与追问的。同学们是未来中国公民社会的主体，中国社会的民主化，要依靠你们，你们在学校期间，至少应该关心自己的民主权利，关心校园民主的发展，这也是你们的一个自我教育、自我成长的过程。我们不能空喊民主，民主是需要学习的，这里不仅有民主理念的问题，而且有履行民主的能力和习惯问题。所以大学民主，是更具有教育意义的：在实行校园民主的过程中培养具有民主意识、民主能力和习惯的未来的民主治国的人才，这关系到每一个同学的长远发展，更直接关系到中国的未来，是不可以掉以轻心的。

大学教育与就业

去年有两条新闻看得我毛骨悚然。先说第一条。这是暑假以后新学年开始的一个报道，说是大学新生一报到，有些学校领导就约见学生家长，提出现在开始就要为学生未来的职业做准备，要对学生进行职业的训练和指导，好像我们北大还有专门的组织，指导学生根据求职的需要来设计自己四年的大学生活，还要让这些学生提前和招工单位的人事部门见面，以便公关。这真的让我大吃一惊，我曾经感慨应试教育之外的教育都进不了中学教育，现在我又看到了新的危机：要求大学生按照就业的需要来设计自己的大学生活，与就业无关的教育是不是也进入不了大学教育呢？

这就使我想起了暑期我在一个全国高校通识教育培训班讲我在大学讲鲁迅的情况。讲完了一位大学老师举手提问题，要我介绍一下在大学里讲鲁迅课，怎样有利于学生求职就业。我当时听了目瞪口呆，不知所措，心里却凉透了。我无意责怪这位青年教师，因为他在上课的时候别人也这么问他：你这个课和就业有没有关系，有关系我来听，没关系我不来了。这就非常可怕。当年蔡元培先生提出警告，说大学不能成为职业培训班。我想北大还不至于，然而北大也有这个趋势，今天的整个的教育是围绕着应试和就业来展开，这是一个非常可怕的现实。

这里涉及一个严重的，我们不能回避的问题：就业和大学教育的关系问题。我曾经多次对80后的大学生讲，我非常同情你们这一代，你们中学碰到应试教育，好不容易考上大学，又面临着毕业以后可能没有工作。这在过去没有过，都集中到你们这里了。我1956年中学毕业考大学，当年大学招生人数比中学毕业人数要多，我们那一代人不存在应试问题。再早几年，我想蔡恒平他们那个时候，可能也不存在毕业后的就业问题。你们恰好碰到了，两个东西都给你们遇上了，这是这一代大学生所必须面临的现实的问题。因此我们不能否认就业问题给我们大学教育提出了许多新的问题，新的挑战。正是这一严峻的现实，出现了很多似是而非的论调，需要在理论上进行澄清。这里我想谈谈对大学教育和就业关系的四点看法。

首先，我认为大学就业难，确实暴露了大学专业课程设置、教学内容比较陈旧，不能适应社会经济科技发展的新要求，造成了大学生知识结构的缺陷和不足。因此大学应该进行教学内容、课程设置上的更新调整。这是大学教育改革必须有的一个内容。第二，我们要具体分析一下，大学生不能适应现代社会发展需要的原因在哪里。在我看来，一个重要方面是精神素质的问题。很多就业单位，对大学生的素质有许多批评，我觉得我们大学生应该听一听这样的批评。他们主要认为现在的大学生，一个是独立自主能力比较差，一个是缺少团队精神，不善于和他人合作，还有知识面太狭窄，独立思考和创新能力不足。这些问题，其实都是精神素质问题。而这种精神素质问题，就是独生子女家庭教育和中小学应试教育的后果。正是因为这样，大学教育就应该补这个课。中学的应试教育造成了你们这些毛病，这些弱点应该在大学里弥补，大学不仅仅使你成为一个有知识有技术有技能的人，更重要的是成为一个健全发展的现代公民。如果不着眼于这一点，只是按职业知识、技能的要求来设计自己的大学生活，那么，你们中的许多人就很有可能在中学成了应试机器，到大学又成了就业机器，这样来度过自己的青春时代，且不说会影响自己一生的长远发展，单就个人生命而言，也太委屈自己了。

第三，我们对就业问题的看法，应该有一个长远的眼光。我们常说未来社会是一个知识社会，信息社会，这个社会有什么特点呢？就是职业转换很快，很少有固定一个职业的人，因为随着社会科学技术知识的发展，不断有一些新的专业、新的课题、新的职业出现。这使得每个人必须不断变换自己的职业、自己的社会角色，这是现代知识、信息社会的一个很大的特点。这和我们那时候不一样，我们那个时代分配到哪里，就永远不动了，一辈子做这个事儿。现在不行，它是不断变换的。你们可以问问蔡恒平这些师兄，他们从北大毕业以后换了多少职业。他们现在的职业所需要的知识、技能，都不是在北大学的，但北大训练了他的基本观念、能力，他们就能不断地变换自己，适应社会发展和自我发展的变化着的需要。这就是说，未来的知识社会、信息社会对人才是有自己的要求的，简单地说，它要求两种能力，一方面应变能力要强，另一方面创新能力要强，这是新的人才观。如果你过早的只顾及某一个职业，某一方面的训练、过分狭窄的训练，就不能适应未来的竞争。未来社会的竞争，是一个素质的竞争，一个学养的竞争，一个创新能力和应变能力的竞争。因此仅仅从就业的角度来考虑，也应该为自己设计一个全面的发展的规划。在我看来，大学里，除了我刚才说到的一些精神层面的问题、要成为现代公民之外，至少应该具备三大能力。一个是终身学习的能力，这里包括中外语言的听说读写能力，还有利用文献、工具书等能力。第二是研究能力，发现问题、提出问题、解决问题的能力，实验、计算的基本方法和能力。第三是思维能力，具有开阔性、广泛性、创造性、批判性和想象力的思维能力。具备了这三大能力，你的适应能力和创新能力就强了，可以不断变化自己的工作和社会角色，这才是未来社会所需要的人才。如果大家放弃这一点，只一味追求眼下的市场需求，把自己的视野、知识面、能力训练弄得非常狭窄，那么即使取得了一时之效，可能找到了一个工作，但是底气不足，在持久竞争中迟早要被淘汰。所以我要提醒在座的诸位，你们已经吃够了应试教育的苦了，在应试教育之下，你们的学养、素质已经非常地狭窄了，如果在大学里再浪费大好时光，只关注一些眼前的利益，而忽略对自己长远发展的培养，那你是目光短浅，你要抱恨终生。

第四，当然，我们也不可否认具体技能培养的问题，但我觉得只要在工作之前进行训练就行了，大家必须建立终身学习、终身进行职业技能培训的理念。具体的培训是可以通过训练班来解决的，不是在大学里来解决的。大学适当开一点这种课我也不反对，但大学主要的，我想还是我刚才所提到的两方面的发展，一个是作为人的现代公民的全面发展，一个是基本能力的培养。否则的话，眼光狭窄地把我们的大学办成一个职业培训班，那可能再度耽误大家，而且可能整个地耽误我们国家民族的发展。这是我去年感到沉痛的第一条新闻。

大学教育究竟要培养什么人才尖子?

第二条新闻也让我吃了一惊。说新生未入学，家长和学生就忙成一团，通过一切途径，找各种关系以求打点、照应。据说很多大学生，还没上大学，就开始打听，大学英语课，是某某老师教的？哪个给分数高？团委和学生会哪一个比较有前途？评奖学金是不是只看成绩还要在学生会混得很好？还没进学校就开始打听这些消息。据说有一个没有正式报到的新生，把学校里主要领导、团委书记、班主任都摸得清清楚楚。这真让我目瞪口呆。公关思维、搞关系思维，已经渗透到大学一年级学生中，这是不能不引起警戒的。

因为背后隐藏着一个更加严重的问题。这个问题和我们北大是有关系的，人们经常说北大是全国的尖子的集中地，北大要培养尖子，要培养精英。我自己并不一般地反对精英，但是就我个人来说，我更重视非精英，更重视普通的学生。正像鲁迅所说，可能有天才，但是没有泥土就没有天才；而且，“天才大半是天赋的；独有这培养天才的泥土，似乎大家都可以做”。但是像北大这样的学校，培养精英是无可厚非的。我们现在需要讨论的是，我们要培养什么样的精英，或者我们每个同学要把自己培养成为什么样的尖子？这个问题是更加重大，也许是更加严峻的。

我现在恰好对这些尖子学生非常担心——当然不是全体——但是相当一部分尖子学生，也包括北大的尖子，让我感到忧虑。在我看来，真正的精英应该有独立自由创造精神，也是上次我在北大中文系演讲时所提出的，要有自我的承担，要有对自己职业的承担，要有对国家、民族、社会、人类的承担。这是我所理解和期待的精英。但是我觉得我们现在的教育，特别是我刚才说的，实用主义、实利主义、虚无主义的教育，正在培养出一批我所概括的“绝对的、精致的利己主义者”。所谓“绝对”，是指一己利益成为他们言行的唯一的绝对的直接驱动力，为他人做事，全部是一种投资。所谓“精致”指什么呢？他们有很高的智商、很高的教养，所做的一切都合理合法无可挑剔，他们惊人的世故、老到、老成，故意做出忠诚姿态，很懂得配合、表演，很懂得利用体制的力量来达成自己的目的。

坦白地说，我接触了很多这样的学生，甚至觉得这都成了一种新的社会典型，是可以作为一种文学的典型来加以概括的。下面就是我的文学概括，并不具体指某一个人。比如说吧，一天我去上课，看到一个学生坐在第一排，他对我点头微笑很有礼貌，然后我开始讲课。在一个老师讲课的时候，他对教学效果是有一些期待的，讲到哪里学生会有什么样的反应，等等。因此，我很快就注意到，这个学生总能够及时地作出反应，点头，微笑，等等，就是说他听懂我的课了，我很高兴，我就注意到这个学生了。下课后他就迫不及待地跑到我的面前来，说：“钱老师，今天的课讲得真好啊！”对这样的话，我是有警惕的，我也遇到很多人对我的课大加赞扬，但我总是有些怀疑，他是否真懂了，不过是吹捧而已。但是，这个学生不同，他把我讲得好在哪里，说得头头是道，讲得全在点子上，说明他都听懂了，自然也就放心，不再警惕了。而且老实说，老师讲的东西被学生听懂了，这是多大的快乐！于是我对这个学生有了一个好感。如此一次，两次，三次，我对他的好感与日俱增。到第四次他来了：“钱先生，我要到美国去留学，请你给我写推荐书。”你说我怎么办？欣然同意！但是，写完之后，这个学生不见了，再也不出现了。于是我就明白了，他以前那些点头微笑等等，全是投资！这就是鲁迅说的“精神的资本家”，投资收获了我的推荐信，然后就“拜拜”了，因为你对他已经没用了。

这是一个绝对的利己主义者，他的一切行为，都从利益出发，而且是精心设计，但是他是高智商、高水平，他所做的一切都合理合法，我能批评他吗？我能发脾气吗？我发脾气显得我小气，一个学生请你帮忙有什么不可以？这个学生有这个水平啊。但是，我确实有上当受骗之感，我有苦难言。这就是今天的北大培养出来的一部分尖子学生。问题是，这样的学生，这样的人才，是我们的体制所欢迎的，因为他很能迎合体制的需要，而且他是高效率、高智商，可怕就在这里。那些笨拙的、只会吹牛拍马的人其实体制并不需要，对不对？就这种精致的、高水平的利己主义者，体制才需要。这样的人，正在被我们培养成接班人。我觉得这是最大的、我最担心的问题。我讲这番话的意思，也不是要责备他们，这也不是这些学生本身的问题，是我们的实用主义、实利主义、虚无主义的教育所培养出来的，这是我们弊端重重的中小学教育、大学教育结出的恶果，这是罂粟花，美丽而有毒，不能不引起警觉。

我今天讲这番话是希望在座的同学，你们应引以为戒，并且认真思考，自己究竟要追求什么，要把自己塑造成什么样的人才？不要只注意提高自己的智力水平，而忽略了人格的塑造。这样的绝对的、精致的利己主义者，他们的问题的要害，就在于没有信仰。没有超越一己私利的大关怀、大悲悯、责任感和承担意识，就必然将个人的私欲作为唯一的追求、目标。这些人自以为很聪明，却恰恰聪明反被聪明误，从个人来说，其实是将自己套在名缰利锁之中，是自我的庸俗化，而这样的人，一旦掌握了权力，其对国家、民族的损害，是大大超过那些昏官的。而我们的大学教育，我们北大的教育，培养出这样的尖子人才，就不仅是失职，那是会对未来国家、民族的发展带来不可预计的危害，从根本上说，是犯罪的。问题是，我们的教育者对此毫无警戒，而我们的评价、选才机制，又恰恰最容易将这样的“有毒的罂粟花”选作接班人。在我看来，这构成了中国大学教育，特别是北大这样的重点大学至今未引起注意的重大危机。我个人，退休以后，在一旁冷眼观察中国的中小学教育、大学教育、北大的教育，最感忧虑的就是这个问题，但我一直没有机会提出来。因此，我要感谢今天的座谈会能让我说出自己郁结已久的焦虑。

好像我说得实在太长了，这一番又是梦话，又是忧患之词，就此打住吧。谢谢大家！

（2008年5月19日在《我们社》同学的录音稿基础上整理，略有发挥）

辑二

心灵净土

承担，独立，自由，创造

——谈谈民国那些人

今天，我是来和大家一起读一本书的。

这是中央翻译出版社最近出版的《民国那些人》。作者徐百柯原来是北大中文系的研究生，毕业以后在《中国青年报》“冰点”副刊当编辑，他应该是大家的同代人。据说他写这本书，是因为感觉到自己，以及周围年轻人的生活中，好像缺少了什么东西，主要是一种精神的缺失。于是，就想去看看“民国那些人”，当年那些大学里的老师、学生，那些知识分子，他们是怎么生活，怎么求学、教书、治学，怎么工作，怎么为人、处世，他们追求什么，有什么理想，有着怎样的精神、风范，对我们今天重建自己的生活、理想，有什么启示？……我想，这些问题，也是在座的诸位想过，并且感兴趣的。

而“我”今天来领着“大家”一起读这本书，和“民国那些人”相会，这本身就有一个时空的交错，是很有意思的。“民国那些人”是上一世纪初，即“1900后”的一代人；我出生在1939年，是“1930后”一代人；而诸位则大多数是“1980后”一代人。这三代人相遇会出现什么情况呢？（全场活跃）

为什么“并不遥远”又“相距甚远”？

我们先来读书的封底的这段话，它是引起了我的强烈共鸣的：

“曾经有那样一个时代，曾经有那样一批人物。他们那样地想着，那样地活着。他们离我们今天并不遥远，但他们守护、在意、体现的精神、传统、风骨，已与我们相距甚远。读着他们，我们感到恍然隔世；抚摸历史，我们常常浩叹不已。”

我的问题是，为什么“时间上他们其实离我们很近”，而我们又觉得他们“与我们相去甚远”呢？——然而，真的很远吗？我们能不能拉近这样的距离，由远而近？

我们面对的，正是现实生活中的当代大学老师、学生、知识分子和历史上的大学老师、学生、知识分子的关系。讲到这里，我突然想到，假设“民国那些人”，今天真的来这里参加聚会，在座的大学生、研究生们，和这些前辈有共同的话题吗？这共同话题又是什么呢？（全场活跃）

这就是今天我要和诸位讨论的问题。

“我们”的问题在哪里？

于是，我注意到书中提到的一位当代大学生的反应，他说：“我们这些自由而无用的灵魂，不会感应那些老先生的。”

这话说得很坦率，也很令人深思。我在很多场合，都谈到我对当代大学生，也即所谓“80后一代人”的看法。我总是强调每一代人都会有自己的问题，这些问题要靠自己解决。但也总有学生对我说，我们也很想听听你作为一个年长者对这一代人存在的问题的看法，至少可以提供我们来思考吧。那么，我就姑妄说之，诸位也就姑妄听之吧。

这一代人是在应试教育下成长起来的，从小就以考大学，特别是名牌大学作为自己人生的全部目的；现在如愿以偿，进入了大学，在最初的兴奋过去以后，就突然失去了目标与方向。这背后其实是一个信仰的缺失的问题。（全场活跃）这个问题，不仅你们这一代有，我们也有，“上帝死了”，是一个全球性的问题。我们这一代曾经以革命为自己的信仰，现在我们却发现革命有许多问题，需要反思、反省，也就有一种失落感。不过，我们年纪已经老了，可以按原先的惯性生活；而诸位不行，一切都还没有开始，不能这样糊糊涂涂地过下去，于是，就有了许多苦闷与烦恼。我读过一位大学生的自述：“岁月让我们变得对一切麻木，变得对一切冷漠，变得对一切无所谓，失去了许多作为人的最纯洁的感动”，“我现在对自己的将来却毫无所知，而且不愿意去知道。就这样，让我们年轻的生命消逝在每天每时的平庸里，整天就这样飘来飘去，没有方向，漫无目标……”或许这里说得有些夸张，但没有信仰，没有目标，什么都不在意，都无所谓，这确实是个大问题，生活中没有了依赖，人就失去了主心骨，脊梁也就挺不起来了。（全场活跃）

这一代人的人生道路上，所面临的，就是这样一个“如何建立信仰，确立生活目标与方向”的问题。或许我们正可以带着这个问题，去请教我们的前辈，和他们进行心的交流。

“生活里边有个东西，比其他东西都重要”

我们一起来读这一篇：《曾昭抡：不修边幅的名教授》。从表面上看，这都是名教授、名士的怪癖传闻：“他曾经站在沙滩红楼前，和电线杆子又说又笑地谈论化学上的新发现，让过往行人不胜骇然；一次他带着雨伞外出，天降暴雨，他衣服全湿透了，却仍然提着伞走路；（笑）在家里吃晚饭，他心不在焉，居然拿着煤铲到锅里去添饭，直到他夫人发现他饭碗里有煤渣；（笑）他忙于工作，很少回家，有一次回到家里，保姆甚至不知道他是主人，把他当客人招待，见他到了晚上都不走，觉得奇怪极了；（笑）而他所穿的鞋，联大学生几乎都知道，是前后见天的；他平日里走路，总是低着头，不是不理人，而是根本就看不见。”（大笑）

且莫把这些都看成逸闻趣事仅作谈资——我知道，做学生的，最大的乐趣，莫过于晚上熄灯以后，躺在床上，回味、谈论某位教授的逸闻趣事。我们当年做学生的时候就是这样，我深信诸位现在也是如此，这也是学生的传统。（大笑）但我们又不能仅止于此，还要想一想隐藏在其背后的东西。

费孝通先生有一个十分精到的分析。他说：“在他心里想不到有边幅可修。他的生活里边有个东西，比其他东西都重要，那就是‘匹夫不可夺志’的‘志’。知识分子心里总要有个着落，有个寄托。曾昭抡把一生的精力放在化学里边，没有这样的人在那里拼命，一个学科是不可能出来的。现在的学者，当个教授好像很容易，他已经不是为了一个学科在那里拼命了，他并不一定清楚这个学科追求的是什么，不一定会觉得这个学科比自己穿的鞋还重要。”“生活里边”有没有“比其他东西都重要的东西”，有没有“不可夺”之“志”，这是一个关键、要害：有了，你的心就有了着落，你的精神就有了寄托，人就有了安身立命之处，于是，就总要有所在意、有所守护；没有，心无所系，精神无所寄托，你就没着没落，既无法安身，也无以立命，也就不在意什么，一切都无所谓，也就自然谈不上要守护什么了。（全场活跃）

可以看得很清楚，对曾昭抡这样的学者，学术，就是他的“比什么都重要的东西”，就是他的“不可夺”之“志”。他对化学学科，有一种使命感，有一种生命的承担，因此他愿意为之拼命、献身。前面说到的他的那些逸闻趣事，正是这样的拼命、献身，以至达到忘我境地的一个外在的表现。学术、学科，对于他，就不仅是一种谋生的职业，谋取名利的手段，而是他的情感、精神、生命的寄托、依靠，是安身立命的东西。这就是这一代学者和费孝通先生所说的“现在的学者”根本不同之处。

我最近写了一篇文章，也是讲这一代学者、知识分子，题目是《有承担的一代学人，有承担的学术》。也就是说，这一代人，做人做事，都是有承担的。我还谈到这样的承担，是有三个层面的：对国家、民族、人类，对历史、时代、社会、人民的承担；对自我生命的承担；对学术的承担。

我读这本《民国这些人》，感触最深的，也就是这“三承担”。——让我们一一道来。

“铁肩担道义”：对社会、历史、民族的承担

这本书写到了几位以身殉道、殉职的学人、报人，其中就有因拒收张作霖三十万元“封口费”而惨遭杀害的民国名记者邵飘萍。他有一句座右铭：“铁肩担道义，辣手著文章。”我想，“铁肩担道义”是可以概括这一代人共同的不可夺之志的，也是他们对国家、民族、人类，对历史、时代、社会、人民的承担意识的集中体现。这也是对自我在社会、历史中的角色、立场的一个选择、认定：用今天的话来说，他们都自命为“公共知识分子”，他们代表的，不是某个利益集团的利益，更不是一己的私利，而是社会公共利益，是时代的正义和良知的代表，即所谓“铁肩担道义”。

本书在写到被公认为“宋史泰斗”的北大历史系教授邓广铭时，特地提到他的老友季羡林先生在回忆文章中所提到的一个词：“后死者”。——这是一个极其深刻的概念。这里讨论的是一个学者，特别是历史研究者，他和他的研究对象的关系：不仅是“研究者”与“被

研究者”的关系，更是“后死者”与“先行者”的关系。因此，先行者对后死者有托付，后死者对先行者有责任和承担，后死者不仅要研究、传播先行者的思想、功业，还负有“接着往下讲、往下做”的历史使命。在这里，我可以向诸位坦白我的一个追求：我研究鲁迅，不仅要讲鲁迅，而且要接着鲁迅往下讲、往下做（鼓掌）。这就是一种历史的承担意识；在我看来，这才是一个历史学者、一个知识分子，他所从事的历史研究的真正意义和价值所在。

知识分子、学者，对社会、国家、民族、人类的承担，我觉得在两个时刻，特别显得重要。一个是民族危难的时刻。本书写到曾任辅仁大学校长，北京师范大学校长和故宫博物院图书馆馆长的史学大师陈垣老先生，在北平沦陷时期就这样对启功先生说：“一个民族的消亡，从民族文化开始。我们要做的是，在这个关键时刻，保住我们的民族文化，把这个继承下去。”另一位复旦大学的老校长马相伯在抗战时期逝世，弟子于右任的挽联中赞誉他“生死护中华”，说的就是他在民族危亡中对民族文化的承担。

在社会道德失范的时候，在某种意义上，也是一种民族危难的时刻，所以我们的国歌：“中华民族到了最危险的时候”，是时刻有着警醒的意义和作用的。危难中显本色，越是社会道德失范，知识分子就越应该承担精神坚守的历史责任，大学，也包括北京大学，就越应该发挥转移社会一时之风气的精神堡垒、圣地的作用。但现实却恰恰相反，许多令人痛心的丑闻都发生在大学校园里。因此，那些有节操，甚至有洁癖的老一代学者，就特别令人怀想。在林庚先生九五华诞时，我写过一篇文章，题目就叫《那里有一方心灵的净土》。我这样写道：“无论如何，老人们仍然和我们生活在这个世界上，这个事实确实能够给人以温暖”，“因为这个越来越险恶，越来越令人难以把握的世界，太缺少他这样的人了——这样的好人，这样的可爱的人，这样的有信仰的、真诚的、单纯的人了”，因为“经不起各种磨难，我们心中的‘上帝’已经死了，我们不再有信仰，也不再真诚和单纯，我们的心早就被油腻和灰尘蒙蔽了”。这就是北大校园里的林庚和他那一代人的意义：“幸而还有他，不然，我们就太可怜、太可悲了。当我陷入浮躁，陷入沮丧、颓废、绝望时，想起燕南园那间小屋里那盏灯，我的心就平静起来，有了温馨与安宁，有了奋进的力量。是的，那里有一方心灵的净土”。（全场动容）

“把心思用在自己怎么看待自己”：对自我生命的承担

这本书给我印象最深刻的，是作者所描述的两位教授的两堂课，我想把它称为“最迷人的课”。

第一堂课，是西南联大的刘文典教授开设的《文选》课。刘老先生讲课不拘常规，常常乘兴随意，别开生面。有一天，他讲了半小时课，就突然宣布要提前下课，改在下星期三晚7点半继续上课。原来

蒙文通　　刘文典

那天是阴历五月十五，他要在月光下讲《月赋》。——同学们不妨想象一下：校园草地上，学生们围成一圈，他老人家端坐其间，当着一轮皓月，大讲其《月赋》，俨如《世说新语》里的魏晋人物：这将是怎样的一番情景！

第二堂绝妙的课是四川大学教授蒙文通的考试课：不是先生出题考学生，而是学生出题问先生，往往考生的题目一出口，先生就能知道学生的学识程度。如学生的题目出得好，蒙先生总是大笑不已，然后点燃叶子烟猛吸一口，开始详加评论。（笑）考场不在教室，而在川大旁边望江楼公园竹丛中的茶铺里，学生按指定分组去品茗应试，由蒙先生招待吃茶。（大笑）

这样的课，绝就绝在它的不拘一格，它的随心所欲，显示的是教师的真性情，一种自由不拘的生命存在方式，生命形态。因此，它给予学生的，就不只是知识，更是生命的浸染、熏陶。在这样的课堂里，充满了活的生命气息，老师与学生之间，学生与学生之间，生命相互交流、沟通、撞击，最后达到了彼此生命的融合与升华。这样的生命化的教育的背后，是一种生命承担意识。（全场活跃）

这是能够给我们以启示的：那一代人，无论做学问、讲课、做事情，都是把自己的生命投入进去的，学问、工作，都不是外在于他的，而是和自我生命融为一体的。这样，他们所做的每一件事情，都会使他自身的生命不断获得新生和升华，从中体会、体验到自我生命的意义、价值和欢乐。本书就记述了这样一个很有名的故事：金岳霖教授在西南联大讲逻辑学，有学生（我记得这是后来成为巴金夫人的萧珊）觉得这门学问很枯燥，就问先生："你为什么要搞逻辑？"金教授答："好玩"。（笑）大语言学家赵元任也是对他的女儿说，自己研究语言学是为了"好玩儿"。诚如作者所说，"在今人看来，淡淡一句'好玩儿'背后藏着颇多深意。世界上许多大学者研究某种现象或理论时，他们自己常常是为了好玩。‘好玩者，不是功利主义，不是沽名钓誉，更不是哗众取宠，不是一本万利’”。还可以补充一句：不是职业式的技术操作，不是仅仅为了谋生，而是为了自我生命的欢乐与自由。

本书特地提到了费孝通先生对他的老师潘光旦的评价：“我们这一代很看重别人怎么看待自己，潘先生比我们深一层，就是把心思用在自己怎么看待自己。”——这话颇值得琢磨：“看重别人怎么看自己。”在意的是身外的评价、地位，那其实都是虚名；而“心思用在自己怎么看待自己”，在意的是自己对不对得住自己，是自我生命能不能不断创造与更新，从而获得真价值、真意义。我们一再说，对自我生命要有承担，讲的就是这个意思。而我们的问题，也恰恰在这里：许多人好像很看重自己，其实看重的都是一时之名利，对自己生命的真正意义、价值，反而是不关心、不负责任的，因而也就无法享受到“民国那一代”人所特有的生命的真正欢乐。“自己对不起自己”：这才是真正的大问题。

“舍我其谁”：对学术的承担

关于学术的承担，前面在讲曾昭抡先生时，已有论及；这里再作一点发挥。

又是刘文典先生在西南联大的故事：一日，日本飞机空袭昆明，教授与学生都四处躲避。刘文典跑到中途，突然想起他“十二万分”佩服的陈寅恪目力衰竭行走不便，就连忙率几个学生折回来搀扶着陈先生往城外跑去，一边高喊：“保存国粹要紧，保存国粹要紧！”（笑）这时只见他平素最瞧不起的新文学作家沈从文也在人流中，便转身怒斥：“你跑什么跑？我刘某人是在替庄子跑，我要死了，就没人讲庄子了！你替谁跑？”（大笑）

这大概有演义的成分，但刘文典的“狂”却是真的；所谓“狂”无非是把自己这门学科看成“天下第一”，自己在学科中的地位看得很重：我不在，这门学科就没了！这种“舍我其谁”的狂傲，气概，其实是显示了学术的使命感，责任感，自觉的学术承担意识的。所谓“天生我才必有用”，天生下我来就是做学问的；所谓“天将降大任于斯人也”，这些学者就是为某个学科而生的，如曾昭抡为化学而生，刘文典为《庄子》而生，林庚为唐诗而生，等等。

因此，在他们眼里，学术就是自己的生命，学术之外无其他。哲学家金岳霖如是说：“世界上似乎有很多的哲学动物，我自己也是一个。就是把他们放在监牢里做苦工，他们脑子里仍然是满脑子的哲学问题。”

这里还有一个例子。具有世界声誉的古希腊经典著作翻译家罗念生，人们说他的一生，只有一个单纯的主题：古希腊。他自己也说：“每天早上，我展开希腊文学书卷，别的事全都置诸脑后，我感到这是我平生的最大幸福。”他一生充盈着古希腊，用古希腊著作的精神来对待世界。儿子小时候接受的故事全是古希腊的；和友人聚会，他讲的笑话全部不出古希腊；好友失恋要自杀，他劝好友：“去看看《俄底浦斯王》吧，你会明白人的意志多么宝贵。”（笑）他儿子回忆说，当年自己劝说父亲不妨去争取一些头衔和荣誉，父亲凑近他，带着一种混合着顽皮、满足和欣喜的神态，轻声说：“我不要那个，那个是虚的。”他的生命中有了古希腊，就足够了。18世纪，德国艺术史大师温克尔曼称，古希腊艺术是“高贵的单纯和静穆的伟大”；罗念生的一生浸泡于其间，他的生命也获得这样的“高贵的单纯和静穆的伟大”。（鼓掌）

什么叫“学院派”？这就是真正的学院派！什么叫“为学术而学术”？这样的以学术为生命的自足存在，才是真正的“为学术而学术”！没有生命承担的学术，谈不上真正的学术！

对这样的把握了学术真谛的学者，学术是无所不在的，他们无时无刻不处在学术状态中。这里又有一个“建筑史上应该记录的有趣的饭局”：20世纪50年代初，中国最负盛名的两位建筑师杨廷宝和梁思成，以及他们的学生辈，在北京东安市场一家饭馆就餐。谈话间，杨廷宝突然从座位上站起来，又坐下，又站起来，打量着面前的桌椅，然后从怀中掏出卷尺，量好尺寸，一一记录在小本上。——原来他发现，这套桌椅只占了极小的空间，而坐着甚为舒服，这在餐厅建筑设计上是有参考价值的，而他总是随身带着量尺与小本子，以便随时记录的。

我们在前面谈到过的著名记者邵飘萍也有这样的经验：记者要时刻生活在角色中。闲谈中，众人皆醉，唯我独醒，“新闻脑”始终紧张活动；一旦提笔行文，则又“状若木鸡，静穆如处子”，倾注整个身心。

这时时刻刻倾注整个身心，其实就是一种对学术、对自己的工作的痴迷。痴迷到了极点，就有了一股呆劲、傻气。人们通常把这样的学者称为“书呆子”，在我看来，在善意的调侃中，是怀有一种敬意的：没有这样的书呆子气，是不可能进入学术、升堂入室的。——希望在座的研究生，切切记住这一点。（笑）

这篇讲话实在太长了，但我还有话要说。（笑）那就再简要地讲一点吧。（鼓掌）

我要讲的是，这样的有承担的学者、教授、知识分子，就自有一种精神。在我看来，主要是独立精神、自由精神与创造精神。

独立精神：“匹夫不可夺志”

还是先讲几个小故事吧。

1944年，著名的历史学家傅斯年在参政会上向行政院长孔祥熙

傅斯年

发难，揭发其在发行美金公债中贪污舞弊，会后，蒋介石亲自请他吃饭，为孔说情。席间，蒋介石问："你信任我吗？"傅斯年答曰："我绝对信任。"蒋介石于是说："你既然信任我，那么就应该信任我所任用的人。"傅斯年立刻说："委员长我是信任的，至于说因为信任你也就该信任你所任用的人，那么，砍掉我的脑袋我也不能这样说。"（鼓掌）——有人说，这样的对话，"当今之士，且不说有过，又可曾梦想过？"（鼓掌）

还是那位刘文典教授。1928年蒋介石掌握大权不久，想提高自己的声望，曾多次表示要到刘文典主持校务的安徽大学去视察，但刘拒绝其到校训话。后来，蒋虽如愿以偿，可是他在视察时，校园到处冷冷清清，并没有领袖希望的那样隆重而热烈的欢迎场面。一切皆因刘文典冷冷掷出的一句话："大学不是衙门！"（鼓掌）后来安徽发生学潮，蒋介石召见刘文典。见面时，刘称蒋为"先生"而不称"主席"，蒋很是不满，进而两人冲突升级，刘文典指着蒋介石说："你就是军阀！”蒋介石则以“治学不严”为由，将刘当场羁押，说要枪毙。后来多亏蔡元培等人说情，关了一个月才获释。——后人叹曰：“今天，这样的知识分子已无处寻觅，所谓‘风流总被雨打风吹去’。”（鼓掌）

名士习惯于“见大人，则藐之”：不仅“笑傲王侯”，对“洋大人”也如此。研究现代英美诗的叶公超教授在出任驻美大使时，对朋友说：“见了艾森豪威尔（美国总统），心理上把他看成大兵，与肯尼迪（美国总统）晤谈时，心想他不过是一个花花公子，一个有钱的小弁而已。”（笑）

小故事里有精神。什么精神？孔夫子说的“三军可夺帅，匹夫不可夺志”的独立人格，气节和风骨也。（鼓掌）

我还要向诸位郑重介绍一篇北大校史上不可忽视，却长期湮没的雄文，我也是在读本书时才知道的。1939年前后，国民政府教育部三度训令西南联大必须遵守教育部核定的应设课程，全国统一教材，举行统一考试等等。——这样的在当今中国教育中已被视为“理所当然”的行政干预，却遭到了联大教务会议的拒绝，并公推冯友兰教授起草《抗辩书》。其文写得不卑不亢：对教育部的训令，“同人所未喻”，不明白者有四：“夫大学为最高学府，包罗万象，要当同归而殊途，一致而百虑，岂可刻板文章，勒令从同”：此“未喻者一也”。“大学为最高教育学术机构”，“如何研究教学，则宜予大学以回旋之自由”，岂可由“教育行政机关”随意指令：此“未喻者二也”。“教育部为政府机关，当局时有进退；大学百年树人，政策设施宜常不宜变。若大学内部甚至一课程之兴废亦须听命教部，则必将受部中当局进退之影响，朝令夕改，其何以策研究之进行，肃学生之视听，而坚其心智”：此“未喻者三也”。“今教授所授之课程，必经教部指定，其课程之内容亦须经教部之核准，使教授在学生心目中为教育部一科员之不若”：此“未喻者四也”。最后又归结为一点：“盖本校承北大、清华、

冯友兰

南开三校之旧”，自有其传统，“似不必轻易更张”。

作者说：“今人读之，拍案称绝，继而叹息良久。知识分子的尊严应该是这样的，政府官员尽可以发号施令，但请注意，我们不敢苟同更拒绝执行——此之谓‘同人不敏，窃有未喻’。知识分子的矜持也应该是这样，不滥说成绩，但内心怀有对学术的自信和对传统的期许——故‘不必轻易更张’。”

我们已经有了陈寅恪纪念王国维的雄文，为学人立出“独立之精神，自由之思想”的境界，让我们永远怀想；而现在，面对冯友兰这篇“抗辩”雄文，所立起的“力争学术自由，反抗思想统制”的标杆，不禁发出感叹：魂兮胡不归，大学之独立精神！（大鼓掌）

“还是文人最自由”

这是叶公超教授的一句醒悟之言：他先当教授，后又去从政；但终因“放不下他那知识分子的身段，丢不掉那股知识分子的傲气”而弃官，回来当教授，于是，就有了“还是文人最自由”的感叹。——然而，“毕竟文人最天真”，不久，有关方面便来干预，向校方施压。叶教授的课匆匆上了一个学期，便被迫收场。

但说“还是文人最自由”，仍有部分的道理：我们在包括叶公超先生在内的这一代学人身上，还是可以看到一种自由精神：所谓身子被捆着，心灵是自由的。

这样的自由精神，在我看来，不仅表现在这一代人大都具有的传统名士的真性情、真风流，更是一种大生命的大自由。

我们谈到了这一代的大承担；其实，大承担的背后，是一个大生命的观念。如鲁迅所说：“无穷的远方，无数的人们，都和我有关。”所谓“心事浩茫连广宇”，在他们的心目中，整个民族，整个人类，整个宇宙的生命都和自己的生命息息相关。只要国家、民族、人类、宇宙有一个生命是不自由的，他们自己也是不自由的。有人说，真正的诗人是能感受到天堂的欢乐和地狱的痛苦的；看到别人被杀，是比自己被杀更苦恼的。因此，他们追求的个体精神自由是包含着博爱精神，佛教所说的大慈悲情怀的。这是一种天马行空的境界，独立不依他的，不受拘束的，同时又可以自由出入于人我之间、物我之间的，大境界中的大自由状态：这是令人神往的，也是这一代人的魅力所在。相形之下，我们一些人所追求的一己之自由，就显得太猥琐了。

人的创造力究竟有多大

读这本书，最强烈的感受，就是“民国那些人”的创造力，实在惊人。

请看这位语言学大师赵元任教授：他一生最大的快乐，就是到世

赵元任

界任何地方，当地人都认他作“老乡”。“二战”后，他到巴黎车站，他对行李员讲巴黎土语，对方听了，以为他是土生土长的巴黎人，于是感叹：“你回来了啊，现在可不如从前，巴黎穷了。”（笑）后来他又去德国柏林，用带柏林口音的德语和当地人聊天。邻居一位老人对他说：“上帝保佑，你躲过了这场灾难，平平安安地回来了。”（笑）赵元任的绝活，是表演口技“全国旅行”：从北京沿京汉路南下，经河北到山西、陕西，出潼关，由河南入两湖、四川、云贵，再从两广绕江西、福建到江苏、浙江、安徽，由山东过渤海湾入东三省，最后入山海关返京。这趟“旅行”，他一口气说了近一个小时，“走”遍大半个中国，每“到”一地，便用当地方言土语，介绍名胜古迹和土货特产。这位被称为“中国语言学之父”的奇才，会说三十三种汉语方言，并精通多国语言。（惊叹）人们说他是一个“文艺复兴式的智者”。——恩格斯早就说过，文艺复兴是一个出巨人的时代，而思想文化学术上的巨人，是不受学科分工的限制的，是多方面发展的通才：而未来学术的发展，将越来越趋向综合，所呼唤的正是新一代的通才。

还可以举一个例子：前面提到的北大西语系的吴兴华教授也是这样的多才多艺的通才，全才。别的不说，他打桥牌的做派就是朋友圈里的美谈，十足“谈笑风生，睥睨一切”：他一边出牌，一边讲笑话，手里还拿着一本清代文人的诗集，乘别人苦思对策的间隙，扭过头去看他的书。（笑）——你可以说这是逞才，但却不能不叹服其过人的才气，而才气的背后，是充沛的创造活力。逼人的才情，逼人的创造力，人活到这个份儿上，就够了。

面对这一代思想学术上的创造，我常想：人的创造力究竟有多大，真的是无穷无尽，无穷无尽！在前辈面前，我们也不必自惭形秽，因为就人的本来的资质而言，我们并不缺乏创造力。前人做得到的，我们也能做到：年轻人应该有这样的志气。

把“承担、独立、自由、创造”的精神化为日常生活伦理

这就是“民国这些人”：这是有承担的一代学人，这是有独立、自由、创造精神的一代知识分子，他们因此而成为民族的脊梁，中国现代思想文化学术的顶天大柱，并且如鲁迅说的那样，为我们“肩住了黑暗的闸门”。作为后人，得以得到这一代人精神的守护与滋养，是人生之大幸。但斯人远去，黑暗依在，只有我们自己来肩住闸门，自己来承担，自己来坚守前辈留下的独立、自由、创造的精神：这是你们这一代，80 后的这一代的历史使命，也是你们建立信仰，确立生活目标与方向的一个关键。

我最后要说的是，体现在这一代身上的承担，独立，自由，创造精神，也就是我们所要追寻的大学精神，所要倾听的知识分子的真声

音。追随这样的精神，倾听这样的真声音，将把我们带入人生的大视野，大境界，大气概——如果我们只是咀嚼一己的悲欢，并且视其为整个世界，我们就太卑琐，太可怜了。但我们还要自觉于，善于把这样的承担，独立，自由，创造的北大精神化为日常生活伦理，落实到具体而微的生活实践中，这就是我经常说的“想大问题，做小事情”。今天的中国大学生，应该继承这样的大学精神、知识分子精神，发扬光大，使自己成为既目光远大，又脚踏实地的更为健全的新一代大学生：这都是“后死者”应有的历史承担。

我的讲话完了，谢谢大家。（长时间的鼓掌）

（2007 年 9 月 13 日在北大中文系讲，2007 年 10 月 30 日在北京师范大学讲，2007 年 11 月 18 日在苏州大学文学院讲，2007 年 11 月 20 日在常熟理工学院讲）

2007 年 9 月 16—20 日整理，略有补充，2008 年 3 月 20 日再整理，有删改

北京大学教授的不同选择

——以鲁迅与胡适为中心

我们要说的是发生在北京大学的故事。不知道有多少同学参加过前年的北大一百周年校庆，那时讲了很多“老北大的故事”：主要讲“五四”时期，也就是北大最辉煌的那段时间的故事；在我看来，这些故事在某种程度上都被神化了。这也很自然：面对现实的北大许许多多的问题，人们谈论过去的辉煌，也就是对自己心目中的北大理想的一种追寻与坚守。我们今天要继续往下讲，不讲“五四”这一段，而是讲“五四”之后的老北大的故事。既然是讲故事，我姑妄讲之，大家就姑妄听之。作为今天的北大学生，听听当年“五四”之后北大教授的不同选择，或许是饶有兴味的。

“五四”时期北大的教师是分为两派的，即所谓“新派”和“旧派”；在蔡元培兼容并包的思想指导下，两派相争也相互制约，达到某种程度的平衡。我们今天讲的是新派教授内部的不同选择，连蔡元培自己也卷入其中。而北大教授的不同选择，在某种意义上也意味着中国知识分子在“五四”之后的分化：北大在“五四”时期是整个思想文化界的中心，北大教授的分歧，影响自不可低估。我们的讨论以鲁迅和胡适为中心，他们都是五四新文学的主要人物，对青年学生都有重要影响，他们之间的矛盾和冲突当然也就格外引人注目。

（一）

在讲他们的不同选择之前，我想先讲一下“五四”时期当年他们是怎样相处的：我们先来感受鲁迅与胡适。

先说鲁迅怎么会来到北大，这就需要说说他和蔡元培的关系。他们俩是绍兴的小同乡。据蔡元培回忆，他大概是1907年在德国留学时，第一次从他弟弟的通信中知道了周氏兄弟的名字，就引起了他的注意。后来，蔡元培当了中华民国的第一任教育总长，他就接受了许寿裳的建议，把鲁迅请到教育部在教育司里工作。后来国民政府从南京迁到北京，鲁迅也随之到了北京，后来任社会教育司第一科科长，曾负责整顿、建设京师图书馆（今北京图书馆），筹办历史博物馆，并且是蔡元培“美育代替宗教”思想的有力支持者和实践者，在教育部主办的夏期美术讲习会里，鲁迅先后四次讲“美术略论”。最后一次讲时，那天下着大雨，鲁迅去了之后，竟没有一个人来听。鲁迅还写有《拟播布美术意见书》，这是他早期的美学思想重要部分。鲁迅还筹办了全国儿童艺术展览会。1917年，蔡元培主掌北大，聘请了一批教授。周作人于1917年4月先来北大，在鲁迅协助下开设“欧洲文学史”等课程；1917年8月鲁迅应蔡元培之约，为北大设计了校徽，至今还在用：中间是一个人，两边是两个人的侧影。鲁迅是1920年12月24日，才来北大担任讲师的。当时有个规定：兼课的教师只能担任讲师不能聘为教授。鲁迅在北大主要上两门课：一门是“中国小说史”——这在中国大学中文系教育中尚属首创；后来又讲“文艺理论”，以《苦闷的象征》为主要教材。鲁迅上课是非常受学生欢迎的。据当年的学生回忆，不仅是本系的学生，外系的学生都赶来听课，教室里两人坐的位子经常挤坐着三四个人，没座的或站着，或坐在窗台以至地上。鲁迅有一个习惯，每次提前半个小时到教员休息室，往往他一到，等在那里的学生就围拢来，鲁迅打开他那黑底红格的小布包，将许多请校阅、批改的文稿拿出来，一一细细指点，又接受一批新的文稿。等上课钟响，就在学生簇拥下走进教室。一位学生这样回忆他的最初印象——

在青年中间夹着一个身材并不高，穿着一件大概还是民国初年时代"时新"的小袖长衫的中年先生。他的头发很长，脸上刻着很深的认真和艰苦的皱纹。他离开这群青年走到讲台上，把两只虽不发光却似乎在追究什么的微微陷入的眼睛，默默地缓缓地扫视着渐渐静下来的学生群众，这是一个道地中国的平凡而正直的严肃先生，既无名流学者自炫崇高的气息，也无教授绅士自我肥胖的风度。这典型，我们不仅只在《呐喊》这本著作中到处可以看见，即在中国各地似乎也处处都有着他的影子。[1]

安然地站在北大讲台上的，就是这样一个没有绅士风度，也没有名流学者气息的普通中年人，他上课非常自然，既不滔滔不绝，也不大声疾呼，只是从容不迫地一一道来，还经常穿插着一些笑话，几句闲话，像春日晴空里的风筝，一丝线似的，随意扯开去，又毫不经意地拉回来。课堂气氛是轻松的，学生可以无拘无束地听，或者不听，也是非常从容的。而且还经常有师生之间的当场对话。比如他讲《红楼梦》，讲完了，顺便提一个问题："你们爱不爱林黛玉呀？"学生就七嘴八舌地说起来。一个调皮的学生反问道："周先生，你爱不爱？"鲁迅毫不犹豫地回答："我不爱。"学生又问："你为什么不爱她？""我嫌她哭哭啼啼。"于是哄堂大笑起来。[2]讲课中也常常插入一些非常深刻的议论，道他人所不能道，往往让学生终生难忘。当年听他讲过课的冯至到了晚年还记着他“跟传统的说法很不同”的“中肯剀切”之论：“许多史书对人物的评价都是靠不住的。历代王朝，统治时间长的，评论者都是本朝的人，对他本朝的皇帝多半是歌功颂德；统治时间短的，那朝代的皇帝就很容易被贬为‘暴君’，因为评论者是另一个朝代里的人了。秦始皇在历史上有贡献，但是吃了秦朝年代太短的亏。”[3]这些言论在当时也算惊人之论吧。鲁迅上课中间是不休息的，讲完之后，学生就围着他，问各种各样的问题。比如说，有一次学生问他：“你是作家，你写作有什么奥秘，怎么写作……”问了一大堆。最后鲁迅一句话没说，在黑板上写了一个字“删”。[4]……

在北大上课同样受到欢迎的就是胡适。胡适上课是另一番风采。学生回忆说，“胡先生个子不高，戴眼镜，穿皮鞋，着长衫、西装裤，干净整齐，风度极为潇洒”。一位学生这样谈到胡适上课给他留下的印象——

胡先生在大庭广众间的演讲之好，不在其演讲纲要之清楚，而在他能够尽量地发挥演说家的神态、姿势，和能够使安徽绩溪化的国语尽量地抑扬顿挫。并且因为他是具有纯正的学者气息的一个人，他说话时的语气总是十分地热挚真恳，带有一股自然的傻气，所以特别地能够感动人。

这位学生还保留了胡适讲课的一段课堂实录——

现在要说到《水浒传》。现在《水浒传》的故事，完全是四百年，到五百多年的，演变的历史。最初呢，是无数个极短极短的故事，编成了一部。到了明朝，——到了明朝中叶——，才

> 有一个整个的，大的故事。这个时候，《水浒》的本子呢，就是一百回的，一百二十回的，一百二十五回的，后来又删改成一百回，七十一回的故事。元剧里面的李逵很风雅，会吟诗，也会逛山玩水。从这个样子的李逵，变到双手使板斧的黑旋风的李逵，而宋江呢，由人人敬爱，变到被骂。这种演变，都是由于一点点的，小小的差异 Variation。[5]

确实讲得清晰、简洁，没有半句废话，是别具风采的。

当时鲁迅和胡适在北大处于不同的地位。在北大，尽管胡适没有蔡元培那样主掌一切，也没有陈独秀那么显赫，但他确实是处于北大的中心位置。北大的几件大事都与他有关：最早建议成立北大评议会，创办《北京大学月刊》，我们今天所见的选课制度等等都是胡适初建的。后来胡适当了北大校长，地位自然更高。而且月工资也非常高，当时他给他老婆写了一封信，很得意地说我刚来就得到了北大教授的最高工资，月俸两百八十元。

而鲁迅呢？不过区区讲师，处在客串的、边缘的位置。事实上，鲁迅在《新青年》同人中，以至整个五四新文化运动中，都处在“客卿”的位置。陈独秀对周氏兄弟在《新青年》当中的地位和作用的估价是客观的——

> 鲁迅先生和他弟弟启明先生，都是《新青年》的作者之一，虽然不是最主要的作者，发表的文章也很不少，尤其是启明先生；然而他们两位，都有他们自己独立的思想，不是因为附和《新青年》作者中哪一个人而参加的，所以他们的作品在《新青年》中特别有价值。[6]

可以说周氏兄弟在《新青年》群体中，一方面保持了自身的独立性，同时也是尽可能主动地去配合的，用鲁迅的话说，就是“听将令”，所以在“五四”时期，他和陈独秀、胡适、李大钊之间都有一种非常好的默契。上次我们讲过《我之节烈观》这篇文章，就是与周作人翻译的《贞操论》、胡适的《贞操问题》相呼应的。鲁迅在“五四”时期还写有《我们现在怎样做父亲》，胡适也写过一首诗叫《我的儿子》，也是相互呼应的——

我实在不要儿子，
儿子自己来了，
“无后主义”的招牌，
至今挂不起来了！
比如树上开花
开落自然结果。
那果便是你，
那树便是我。
树本无心结子，
我也无恩于你，
但是你既来了，
我不能不养你教你，
那是我对人道的义务，
并不是待你的恩谊。
将来你长大时，
这是我期待于你的，
我要你做一个堂堂正正的人，
不要你做我的孝顺儿子。

这里所表达的思想，与鲁迅强调父亲无恩于子，强调父母对子女一要理解，二要指导，三要解放，使他们“合理地做人，幸福地度日”是完全一致的。更能说明他们彼此关系的，是胡适在编定《尝试集》（增订四版）时，曾约请了五位朋友为他删诗和选诗，老友、学生之外，就有周氏兄弟。胡适早就说过：“我所知道的‘新诗人’，除了会稽周氏弟兄之外，大都是从旧式诗、词、曲里脱胎出来的。”[7]这个“大都是”是包括他自己在内的。自称对于新诗“提倡有心，创造无力”的胡适在日记里也竭力赞扬周氏兄弟“天才都很高”，并有“豫才兼有鉴赏力与创作力，而启明的鉴赏力虽佳，创作较少”的评语。[8]就像陈平原先生所说，胡适“重事而轻文”，他的鉴赏能力是不够的。这也影响到他的小说研究：如果从整体描述和具体作家作品的评价来看，胡适要远逊于鲁迅。[9]但就影响而言，胡适更大：真正把中国传统小说提高到一个和经学平起平坐的地位，这个功劳是胡适的。胡适起了开风气的作用，而鲁迅是用他的研究实践，他的《中国小说史略》来支持胡适的。不仅是学术研究，连创作也这样：鲁迅说他的贡献是以《狂人日记》等小说创作“显示了‘文学革命’的实绩”。在某种意义上可以说，在五四文学革命中，陈独秀、胡适是登高一呼的倡导者，而鲁迅则是最出色的实践者，他们是互相支持与补充，因而是缺一不可的：五四新文学既不能没有胡适，也不能没有鲁迅。

我们刚才说鲁迅处于客卿的位置，对新文化运动中的人，他就能够冷眼旁观。看看鲁迅观察中的胡适是个什么样子，是很有意思的。鲁迅在纪念刘半农的文章里说过这样一段话——

《新青年》每出一期，就开一次编辑会，商定下一期的稿件。其时最惹我注意的是陈独秀和胡适之（可见陈、胡二位确是中心人物）。假若将韬略比作一间仓库罢，（既是“主将”，自然有“韬

> 略”）独秀先生的是外面竖一面大旗，大书道：“内皆武器，来者小心！”但是那个门却开着的，里面有几支枪、几把刀，一目了然，用不着提防。适之先生的是紧紧的关着门，门上粘一条小纸条道“内无武器，请勿疑虑”。这自然可以是真的，但有些人——至少是我这样的人——有时不免要侧着头想一想。半农却是令人不觉其有“武库”的一个人，所以我佩服陈胡，却亲近半农。[10]

从这里我们可以看出鲁迅冷眼旁观的态度——他对“浅而清”的刘半农的“亲近”，对有“武库”的陈、胡的佩服，以及对陈的“不提防”和对胡的要“侧着头想一想”，都耐人寻味。特别是对于胡适，他要看一看，“想一想”，这一看一想之后，就引出了许多分歧，或者说预伏着此后的种种不满与分化。

（二）

现在，我们就可以进入正题，讲“五四”以后的“老北大的故事”了。——我想从一个不大不小的“讲义风潮”说起。[11]

风潮是由讲义引起的：蔡元培主掌北大后，对老师提出一个要求，就是上课必须发讲义。——而发讲义，鲁迅和胡适的风格也不一样。据学生回忆，鲁迅的大纲非常简要，没几个字，而胡适的讲义总是开一大堆书单，非常详细，这样的讲义当然受学生欢迎。但是日子久了以后，校方就发现了两大弊病：有些学生以为反正有了讲义，到考试了只要一背就混过去了，这就给一些偷懒的学生有可乘之机；另外北大上课都是敞开的——从过去到现在都是如此；甚至形成一个传统：该听课的不听，不该听的（即不在籍的）听课反而更积极。蹭课的学生来得早，把讲义全拿光了，正式的学生来了，就没有讲义了。

只得不断地印，讲义费用就吃不消了。基于这两方面的考虑，北大经蔡校长提出，校评议会通过决议，要收讲义费。不料却引起了学生的不满，1922 年 10 月 17 日下午，就有几十个学生拥到红楼前请愿。当蔡元培先生赶来时，学生已经散了。第二天上午，又有数十学生到校长室要求学校取消讲义费，人越聚越多，最后达到几百人，秩序大乱。蔡元培解释说："收讲义费是校评议会做的决定，我只能把你们的要求转达给评议会，由评议会作出最后决定。"并且答应暂时先不收费，将来评议会作出最后决定再收，这段时间的费用由自己个人支付，这算是仁至义尽了。但是年轻气盛的学生不听，坚持要他当场作出决定，而且话越说越激烈，越说越极端。平时温和的蔡元培勃然大怒，将写好的字据撕掉。据在场的蒋梦麟回忆，蔡先生拍案而起，怒目大叫："我跟你们决斗！"校长要和学生决斗，这在北大，以至中国教育历史上是从来没有过的。而且第二天他就宣布辞职，并在辞职书里指责学生"威迫狂号，秩序荡然。此种越轨行动，出于全国最高学府之学生，殊可惋惜。废止讲义费之事甚小，而破坏学校纪律之事实大"，并自责"平时训练无方"，"惟有恳请辞职"。紧接着总务长和其他行政负责人都纷纷辞职，全体职员也宣布暂停办公辞职，事情就闹大了。学生召开大会商量对学校局势的态度。当时有三种意见：有的认为我们学生是有点过激，但校长要走，我们也不挽留。有的则认为应承认过失，力挽蔡校长。第三派主张有条件地挽留，条件是取消讲义费、财务公开。这三派辩论了一个多小时，毫无结果。——这也是北大传统：好辩论而无结果。于是就有学生建议，大家都到操场上去，分成三队，每派站一队。当时学生还不懂民主的程序，没办法就站队，结果秩序更乱。不过，看起来主张挽留和有条件挽留的占多数。于是赞成者又集合起来派代表去见蔡元培。但蔡元培当天就走了，到西山去了，找不到了。

而且校务会议已经作出决定，将此次风潮定性为“学生暴动”，并认定学生冯省三“唆使在场外学生入室殴打”，“应即除名”。同时宣布“兹为确知暴动责任者之姓名起见，要求全体学生于本星期内各以书面向系主任声明曾否与闻；如不声明，认为与闻暴动，应请校长照章惩戒”。

在校方的强大压力下，几个学生领袖商量对策。据说有人出主意将责任推到因劝袁世凯称帝声名狼藉的杨度身上，说他想来当校长，当天鼓噪的人群中就有杨派来的人起哄。这样的无端诬陷显然不够正大光明。最后学生一致通过决议，说是“二三捣乱分子，别有用意，利用机会，于要求取消讲义费时作出种种轨外行动”，因此同意将冯省三除名，并称“如再有捣乱行为者，誓当全体一致驱逐败类”。蔡元培和评议会对此结果表示满意，蔡校长又回到了学校，这场风潮也就在皆大欢喜中结束了。

今天我们重看这场“讲义风潮”，或者会发现一些很有意思的问题。

首先五四新文化运动中的几个主要人物——蔡元培、胡适、周氏兄弟对这场风潮的不同反应和态度，就很耐人寻味。

蔡元培是当事人。他的态度有两点值得注意。一是他在激愤之中宣布要与学生决斗，这就很能显示他的独特思想与个性。后来，他在全校大会上，曾把这次风潮称为“蔑视他人人格，即放弃自己人格”的“暴举”。可见他之提出要与对他非礼施压的学生决斗，正是为了维护自己人格的独立与尊严。在他看来，他与学生，不仅存在着校长与学生的不同身份，更是独立的个体的人之间的关系，彼此是平等的，学生绝没有权力因为自己是学生，或者凭借人多势众来围攻自己，他也绝不能屈服于来自任何方面的压力，即使是自己的学生。蔡元培的这一态度是自有一种感人的力量的。但是蔡元培毕竟不是普通的个人。当他和校行政方面把学生的过激行为，宣布为“暴动”，并加以“借端生事，意图破坏”等罪名，不但未经充分调查，即以冯省三作为替罪羊而除名，还要求所有的学生声明“曾否与闻”，并以辞职相威胁，显然是运用校长的权力对学生施压。据说他曾对校长室秘书章川岛说，他所以要辞职是因为“纸老虎哪能戳一个洞”，这时他所要维护的就不是个人的人格，而是校长的权力与权威了。

胡适的反应很有意思。事情发生时，他不在北京。但事情发生后，他马上在《努力周刊》上发表文章，认定这是“少数学生”的“暴乱”，并且提出“几十个暴乱分子即可以败坏二千六百人的团体名誉，即可以使全校陷于无政府的状态，这是何等的危机？”[12]但私下在日记中，又表示校方“用全体辞职为执行纪律的武器”是“毫无道理的”。[13]在学潮平定后的全校师生大会上，胡适又进一步批评“这次风潮，纯粹是无建设的”，因此他希望从此“趋向建设一条路上，可以为北京大学开一个新纪元，不要再在这种讲义费的小事情注意了”。[14]他显然希望把学潮引向制度建设。据说后来他曾建议学生组织自治会，由各班代表组成众议院，以每系一人、每年级一人组成参议院，在北大内部实行西方民主实验，对学生进行民主的训练，以防被少数人利用。这是典型的胡适的思路。但他的主张遭到了实际主持校务的总务长蒋梦麟的反对，说搞什么参议院、众议院，学生就更要捣乱了。冯省三被开除后，曾经找到胡适求助，要求回校当旁听生，但遭到胡适的拒绝。胡适显然不喜欢冯省三，把他看成是暴乱分子。有的研究者说，胡适可以容忍弟子思想上的异端，却不能容忍行为上的过激，这大概是符合胡适的思想实际与处事原则的。

最有意思的是周氏兄弟的反应。我们说过，鲁迅和周作人无论在《新青年》内部，还是在北大，都是“客卿”，讲义事件本跟他们无关，在风潮发生过程中，他们也未置一辞，与胡适“非表态不可”的心态完全不同。但风潮过去，几乎所有的人——校长，老师，学生——皆大欢喜，以为没事儿了，鲁迅却提出了问题：他在1922年11月18日，也即风潮结束一个月以后，在《晨报副刊》上发表一篇文章，题目叫《即小见大》，抓住这件已经被人们淡忘了的“小”事情不放，追问不止：讲义收费的风潮“芒硝火焰似的起来，又芒硝火焰似的消灭了，其间就是开除了一个学生冯省三。这事很奇特。一回风潮的起灭，竟只关于一个人。倘使诚然如此，一个人的魄力何其太大，而许多人的魄力又何其太小呢”。——这次风潮难道真是冯省三一个人掀起的吗？鲁迅提出了质疑。其实，所有的人心里都明白：冯省三不过是一个替罪羊，把一切都推到他身上，大家——从闹事的学生到宣布辞职的校长、教职员——都可以下台。这本是心照不宣的游戏规则，鲁迅却偏要点破：这正是鲁迅不识相之处，也是鲁迅之为鲁迅。而且他还要进一步追问：“现在讲义费已经取消，学生是得胜了（其实，校方也得胜了——钱注），然而并没有听得有谁为那做了这次的牺牲者祝福”；就是说，你们大家都满意了：校方满意了，维护了你的威严；学生满意了，达到了你们的要求；但是你们就没有想到那作为牺牲者的冯省三，他个人的处境与痛苦。这正是要害所在：“凡有牺牲在祭坛前沥血之后，所留给大家的，实在只有‘散胙’这一件事了。”[15]“散胙”，就是中国古代祭祀以后，散发祭祀所用的肉。为群众牺牲的人，最后反而被群众吃掉——“即小见大”，鲁迅从北大讲义风潮所看到的，正是这血淋淋的“吃人肉的筵席”。这样的历史悲剧在辛亥革命中发生过，鲁迅因此写有《药》；现在，又在被称为“五四”发源地的北京大学重演了，鲁迅的忧愤也就格外的深广。

与鲁迅站在一起，关注被牺牲者的，仅有周作人。周作人关注的是在整个事件中被忽略与遮蔽的作为真实的个体存在的冯省三。他后来专门写文章为冯省三这个“人”作辩护。他介绍说，冯省三是“爱罗先珂君在中国所教成的三个学生之一，很热心于世界语运动，发言最多，非常率直而且粗鲁，在初听的人或者没有很好的印象"，但是接触多了，就"知道他是个大孩子，他因此常要得罪人，但我以为可爱的地方也就在这里"。他是山东人，据他说家里是务农的，五岁时，父亲就给订婚了，他是到北京来逃婚的，靠打短工读书，在北大预科上法文班，因为没有钱交学费还没有毕业。就是这么一个苦学生，闹讲义风潮那天，他还在教室上英语课，下课时听见楼下喧吵，去看热闹，不知不觉地就卷进去了，还以山东大汉固有的激烈，说了几句"我们打进去，把他们围起来，把这事解决了！"这样的带有煽动性的话，后来真谋事者都溜走了，他还在那里大喊大叫，就被校方与群众选作了替罪羊。周作人回忆说，冯省三曾很热情地问他："周先生你认为我有什么缺点？"周作人回答说，你的缺点就是"人太好，——这也是一个很大的缺点，——太相信性善之说，对于人们缺少防备"。[16]无论是在蔡元培，还是在胡适的眼里，冯省三都是一个"暴徒"，但在周氏兄弟眼中，他却是一个有缺点的可爱的"大孩子"。在蔡元培将其开除，胡适将他拒之门外的时候，周氏兄弟写文章为他辩护是很自然的：他们重视的是个体的人，对于学生，即使他们犯了错误，也是抱有理解与同情的态度的。后来冯省三办世界语学校，周作人为他编的《世界语读本》作序，鲁迅不但应允担任学校董事，还免费教书达一年之久。有意思的是，蔡元培也担任了冯省三的学校的董事：当年他为维护校长的权威，将冯省三开除；现在大概是了解真相，又对他表示同情与支持，这也同样是很能表现蔡元培的为人的。

我们还可以把讨论再深入一步：本来讲义风潮是一件不大的事情，但为什么蔡元培和胡适都看得这么重，认为这是"暴动"，非要用这样的非常手段（从以辞职相威胁，到向替罪羊开刀）将其压下去不可？这需要对蔡元培的基本教育思想及其内在矛盾，以及由此造成的"五四"以后的北京大学的校内矛盾这两个方面来做更深入的考察。

大家都知道，蔡元培是抱着教育救国的思想来北大的，所以他在就任北京大学校长的演说中，首先谈到的就是“大学之性质”。他强调“大学者，研究高深学问者也”，要求学生“打破做官发财思想”，“抱定宗旨，为求学而来”，在大学期间“植其根，勤其学”，打好基础，刻苦学习。[17]从这样一个理念出发，他当然反对学生参与政治。1918年5月，北大和北京高师等校学生为反对北洋政府与日本签订《中日共同防敌军事协定》决定游行请愿，蔡元培即竭力阻止，说“你们有意见，可以派代表到我这儿来陈述，我会转告政府。你们不能随意上街”。但是学生们不听他的，还是去了。蔡元培于是宣布辞职。在他看来，大学里学生应该埋头读书，不要去管政治；现在学生不读书上街游行，校长管不住学生，是为失责，就应该辞职。

但是蔡元培的教育思想是存在着矛盾的，一位外国学者分析蔡元培对北大的期待就存在着矛盾的两个方面：一方面他期待北大成为一个“献身学术研究和自我修养的一个封闭的圣地”，与社会隔绝，静心做学问；但同时他又希望大学（特别是北京大学）能够担负起“指导社会”的责任。[18]因此，他支持北大的老师办《新青年》，学生办《新潮》，通过现代传媒把北大校园里的思想传播到社会中去。他还提倡平民教育，鼓励学生走出校门，对平民进行宣传、教育。他想通过这些方式，把北大的校园文化转化为社会文化。这背后的理念就是知识分子应该对国家和社会发挥领导作用。在蔡元培看来，这正是中国的“清流传统”：“往昔昏浊之世，必有一部分之清流，与敝俗奋斗，如东汉之党人，南宋之道学，明季之东林。”[19]这就是说，作为北大校长，蔡元培既想把校门关起来，成为一个封闭的学术圣地；又想打开校门去影响社会。他的初衷是希望这种影响限制在思想、学术、文化范围内，期待北大成为思想文化学术的中心，最好不要干预政治。但思想文化学术和政治有时就很难区分，比如说有名的林蔡之争是纯思想文化学术问题吗？显然后面是有政治背景的。既想要学校影响社会，又要把影响限制在思想学术范围内，同政治拉开距离，这在中国的现实中，几乎是不可能的。而且更复杂的是，到最关键的时候，连蔡元培自己也要发动学生去干预政治。根据现在看到的材料，当中国在巴黎和会的外交谈判中失利时，蔡元培一反常态，在1919年5月2日就召集学生开会，说这是国家存亡的关键时刻，号召大家起来奋起救国。当天晚上，外交部长秘密派人告诉蔡元培，当时的国务总理已决定要中国代表团在巴黎和会上签字。情况万分危急，蔡元培唯一的办法就是靠学生起来唤醒民众，于是当夜召集学生代表开会，把这个消息告诉大家；紧接着又召集北大教职员开会，一致决定支持学生运动，对学生行动不加阻挠，其实是鼓励学生上街游行，最后就发生了五四爱国运动。在某种程度上，五四运动这把火是蔡元培点起来的，尽管这是违背他的初衷，不得已而为之的。因此，完全可以理解当学生被捕时蔡元培内心的痛苦，他显然有一种内疚感，万一学生有个三长两短，他就不是辞职的问题了。良知与责任使他必须挺身而出，保护学生。但是，当学生一旦被释放，他就立刻提出“读书不忘救国，救国不忘读书”，在《告北大学生暨全国学生联合会书》中重申“以研究学问为第一责任”，“使大学为最高文化中心”，并告诫学生：“诸君唤醒国民之任务，至矣，尽矣，无以复加矣”，万不可为“参加大多数国民政治运动之故而绝对牺牲”自己的学业，要求学生回到课堂埋头读书。[20]但学生并不是可以要救国就去救国，要读书就立刻回来读书的，蔡校长再有威信，想招之而来，挥之而去也是不可能的：这是蔡元培教育理念的矛盾使他陷入了困境。另一方面，五四运动发生以后，当时政府教育部即通令各校对学生要严尽管理之责，稍有不遵守约束者，应即以教训，不得姑息。蔡元培固然没有听从教育部的指令，但仍然是承受着巨大的压力的。更重要的是，蔡元培作为北大一校之长，他还有另一层考虑。据蒋梦麟回忆，他当时担心“今后将不容易维持秩序，因为学生很可能因为胜利而陶醉。他们既然尝到权力的滋味，以后他们的欲望恐怕难以满足了”。[21]后来蔡元培离开北大，学生竭力挽留；当时他的老朋友也劝他不要回来，说现在学生“气焰过盛”，将来很难“纳之轨范”。[22]蔡元培自己则从大家的挽留中，发现事情似乎成了“有蔡元培就有北大精神，没有蔡元培就没有北大精神”，校长个人的进退可以影响整个学校的存在与面貌，在蔡元培看来是不可取的。正是从以上两个方面的考虑，一是对学生的控制，二是着眼学校的根本发展，蔡元培感到了建立一个比较稳定的秩序和完备组织系统、规范的重要与迫切；用我们今天的话来说，就是要进行学校体制的建设。其首要任务就是把学生拉回校园专心读书，不要总是参与外面的政治活动；另一方面则要加以制度与纪律的约束。由此形成了在“五四”之后蔡元培治理北大的战略思想和基本方针，即要把北大引向学院化与体制化的轨道。这可能是必要与合理的，但体制化的过程也就是一种新的权力关系的确定，建立秩序的过程，也就必然要与学生发生一定的冲突。如前述蒋梦麟的回忆，他最担心的就是不易维持纪律，学生难以纳入规范。讲义风潮之所以引起蔡元培如此强烈的反应，并且要采取这么强硬的态度，就是因为在他看来，这是关乎能否维护他的校长权威，更关乎他的将北大，特别是学生纳入学院化体制的大局的。

那么，“五四”以后，北大学生的状态如何，有什么样的动向与选择呢？

这里再讲一个很有意思的细节：蔡校长回来后，全校师生开了一个欢迎大会，北大学生运动领袖，也是著名的演讲家，一个叫方豪的学生，作了一篇热情洋溢的演讲——

回忆返里之日，人争走相问曰："蔡校长返校乎？"生等叹大学前途，每悲不能答。今先生返矣，大学新纪元作矣！生等新生命诞矣！生等于此有无穷之欢乐，无限之兴奋，祝先生健康！大学万岁！

接着，他又说了一段话——

昔者，先生之治大学者以兼收并容，训学生者以力争报国。生等亦深信大学生之贡献，在增进世界文化，以谋人类之幸福；而对于国家社会之现象，惟负观察批评之责。奈何生居中国，感于国难，遂迫而牺牲神圣学术之光明，以从事爱国运动。

这段话很有意思。正如一位研究者所说，这里显示了学生与校长在认识和选择上的错位："学生并非不理解蔡校长的良苦用心，也并非不能接受蔡校长的教育理念，只是国难当头，热血青年不可能'两耳不闻窗外事'"；[23]表面上谁也没有反对"读书救国"，但校长强调的是"救国不忘读书"，学生强调的是"读书不忘救国"；校长要学生"回来"，学生却欲罢不能，因为国家还是这个样子，没有变。这就发生了学生和校长认识上的错位。

但是话又说回来，这只是少数学生，大多数学生的状况，却是像胡适在讲义风潮发生后写的那篇文章里所描写的那样，"'五四'、'六三'以后，北京大学'好事'的意兴早已衰歇了。一般学生仍回那'挨毕业'的平庸生活；优良的学生寻着了知识上的新趣味，都向读书译书上去，也很少有闻外事的了。因此，北大的学生团体竟陷入了绝无组织的状态，三年内组不成一个学生会！"[24]

在这种情况下，少数能量很大的激进学生在学校里的活动就特别引人注目。“五四”之后，北大的学生中，有两种思潮影响最大：一是无政府主义，一是马克思主义。

有无政府主义倾向的学生主要聚集在《北京大学学生周刊》周围，从1919年冬天到1920年春天，曾展开了关于教育革命的讨论，发表了一批文章，集中批判权力主义，批评北大是“一个等级森严的学府”，批判北大正规的毕业制度、考试制度，以至批判学校要收学生住宿费等等。这些文章反映了学生的无政府主义倾向，同时也是对前述校方体制化努力的一个抵制和反抗。

这里可以讲一个小故事。当时北大哲学系二年级有一个信奉无政府主义的学生，叫朱谦之。他认为考试是对学生的一种束缚，提出要“罢考”。学生大概十之八九都是厌恶考试的，因此有很多人支持他，或者暗地表示同情，事情闹得很大。最后还是总务长蒋梦麟出来说话，提出一个折中方案：“如果不要学分，可以不考，如果要学分就必须参加考试。”于是，朱谦之宣布“我只要听课，不要学分”，自然也就不必考试了。朱谦之还写了一篇文章，从反对学校的制度，进一步发展到鼓吹“反智主义”。他说，知识是一种“赃物”，本身就是知识私有制度产生的“罪恶”，因此要废止知识私有制的最好办法就是“取消知识”，而“知识的所有者，无论为何形式，都不过盗贼罢了”。[25]有意思的是，朱谦之的这番根本否认知识与知识分子的高论引起了鲁迅的注意，于是写了一篇杂文叫《知识即罪恶》，予以反驳。最近有人研究，认为这其实是一篇小说，是“没有编进《呐喊》的鲁迅小说”，[26]自然也无妨这样说，文章确实讲了一个虚构的故事：“我”本来是一个给小酒店打杂，混一口安稳饭吃的人，不幸识了几个字，受到新文化运动的影响，居然想到北京来求学，以增长点智识。突然听“虚无哲学家”说知识是有罪的，还没有来得及逃回去，半夜就被“活无常”与“死有分”带到地狱里去了。一看那个阎罗王，就是隔壁的大富豪朱朗翁。大富豪不由分说就把我推下地狱。地狱里满是拌着桐油的豆子，我一下去就打滚，还看到无数人在打滚，都是知识分子。其中一个还气喘吁吁地对我说："你在阳间的时候，怎么不昏一点？"一昏就没有罪恶了……[27]这故事自然是充满暗示性的：所谓"反智主义"无非是"朱朗翁"这类统治者的愚民政策。当然，鲁迅可能考虑到作者还是个学生，就笔下留情，只编个小故事嘲弄一下就完了。但鲁迅自己还是很认真的：直到1927年鲁迅在《关于知识阶级》的演讲中，还在批评这类"知识就仿佛是罪恶"、"要打倒知识阶级"的论调。[28]

还有相当一部分激进学生走向了马克思主义。这本也与蔡元培有关：北大学生中的马克思主义者，大都是蔡元培平民教育思想的积极实践者。他们组织平民演讲团，走到北京的郊区，跟农民有所接触，由"走向民间"而最后走向马克思主义。但也就和蔡元培"回到图书馆"的学院化、体制化的指导思想相抵触。

于是，五四运动以后，北大学生的政治活动依然欲罢不能，北大始终没有平静下来：1919年10月，北京大学学生发动了"面包运动"；1919年11月到12月，一直到1920年春天，北大学生连续不断地发动反抗日本帝国主义侵略的运动，学潮一直不断，而且波及全国。如果翻看这个时期的报刊，就可以发现全国的各个大学学潮迭起。而且开始主要是对外、对上，是由爱国激情所引起，这还是蔡元培们所能理解的；但后来就慢慢把矛头转向内部，很多学校都发生了驱赶某个教授或某个校长的学潮，而且必然是有的学生要驱赶，有的学生就要维护，造成了很大的混乱。不仅是学生，老师也要闹风潮。由于北洋政府总是欠薪，连续几年发生索薪风潮，学校内部也为要不要罢教而争论不休：胡适就坚持老师无论怎样也不能罢教，因为这会影响学生的学业。

一个学校主要是由三部分人组成：校长、教授和学生。现在校方学院化、体制化的努力，与学生激进化之间经常发生冲突，处于二者之间的教授作何反应，就成了一个引人注目的问题。

（三）

首先作出反应的是胡适。这恐怕是理所当然的，不仅因为胡适处在北大中心位置，而且他自己也自称"我想要做学霸"。这个"学霸"不是贬义词，意思是要影响整个学界，并进而"在人民的思想上发生重大的影响"，[29]把自己当成学界领袖、知识分子的代表和民众的指导者。他既有这样的雄心，自然会觉得在这样混乱的时候，自己责无旁贷要出来"指导学生"。五四运动一周年的时候，他和蒋梦麟联合写了一篇文章，题目就叫《我们对学生的希望》。文章首先肯定了五四学生爱国运动的合理性和巨大作用，但同时指出："社会若能保持一种水平线以上的清明，一切政治上的鼓吹和设施，制度上的评判和革新，都应该有成年人去料理。未成年的一班人（学生时代的男女），应该有安心求学的权利，社会也用不着他们做学校生活之外的活动"，只有"在变态的社会国家里，政府太卑劣腐败了，国民又没有正式的纠正机关（如代表民意的国会之类），那时候干预政治的运动，一定是从青年的学生界发生的"。而文章的重心却在强调："不要忘记，这种运动是非常的事，是变态社会里不得已的事"，是"不可长期存在的"。那么，作为正常状态，学生需要干什么呢？胡适提出了三点：第一，要过"学问的生活"，认真读书。第二，要参加"团体的生活"，进行基本的民主训练，比如讲究民主秩序，"要容纳反对党的意见"，"人人要负责任"等等。第三，参加"社会服务"，如举办平民夜校，进行通俗演讲等。——可以看出，胡适的引导，还是坚持了蔡元培的基本教育理念：要使北大成为学术的圣地，社会思想文化的中心，而把政治参与作为一种“暂时不得已的救急办法”；在现实的层面，也是与校方把学生引回教室，实现北大的学院化、体制化的努力相配合的，胡适并不隐晦他的目的就是要“改变活动的方向，把‘五四’和‘六三’的精神用到学校内外有益有用的学生活动上去”。胡适一直到晚年都坚持这个观点：五四新文化运动发展为政治运动，是对新文化运动的一种干扰；因此，他要“拨乱反正”。但是胡适却永远面临一个历史的尴尬，因为他的理论和主张的前提：一个政治清明的，能够充分表达民意的现代民主制度在中国始终没有出现；相反，他一次又一次地寄以希望的政府，都偏偏是对外妥协投降，对内镇压人民的专制政权。从 1926 年北洋军阀政府制造“三一八”惨案，到国民党政府 1935 年“一二·九”运动、1948 年“一二·一”运动中残杀学生，都使胡适陷于极端被动的境地：他要学生别管政治，但政治要管学校，并且不断地屠杀学生；他的“不干预政治”的主张，和政府的观点事实上很难划清界限，像国民党政府就正式发布命令不准学生干预政治。但是我们也要看到，即使在这种情况下，胡适总体上还是站在学生这一边的：无论是“三一八”惨案，还是“一二·九”运动，以至 1940 年代学生运动，胡适都是出来努力地保护学生的，基本上维护了他的民主的自由的立场。但他在保护学生的同时，还是坚持要学生回到课堂，不要干预政治。这样，他这一生和学生的关系，就形成了一个循环：学生闹事，政府镇压，他支持学生；支持完学生还是要学生回来；政府又镇压，他又出来。最后弄得两头不得好——他为学生说话，政府当然不喜欢；他老叫学生回到教室，而血气方刚的学生总是觉得“偌大个中国放不下一张平静的书桌”，怎么会听他的话？并且会觉得他太软弱，甚至为政府说话。这大概就是胡适这样的知识分子的悲剧所在吧。

正当胡适急于出来“纠偏”、“引导学生”时，鲁迅却保持了沉默：翻阅《鲁迅年谱》就可以发现，在“五四”之后的几年间，大概到1924年，鲁迅主要精力在从事创作、翻译与中国小说史的研究（从1920年开始他在北大上课也主要是讲小说史），杂文写得很少，也就是说，他很少对社会问题和思想文化界的问题发表意见，对于北大，也只是就讲义风潮发表了那一次颇为特别的看法：对于校方与学生群体他都提出了质疑，他关注与同情的只是作为牺牲品的学生个人。鲁迅的沉默是颇耐琢磨的：研究鲁迅，固然要注意他的言说，但他的不言恐怕也不能忽视。不言首先与他的自我定位有关：我们已经说过，即使是“五四”时期，鲁迅也是处于相对边缘的位置：他是客卿，是听将令、打边鼓的；他从来就没有过胡适那样的当学阀、导师，引领社会的冲动，和“舍我其谁（我怎能不讲）”的意识。对于北大，他也只是一个讲几节课的讲师，不到非讲不可的时候，是不会随便说话的。更内在的原因，当然是鲁迅的思虑更为深广：他对“五四”以及“五四”以后的中国（包括中国的思想、文化、学术、教育界）都要再看一看，想一想。于是，我们注意到了1920年5月4日，也就是“五四”一周年那一天，鲁迅写给他在浙江两级师范学堂任教时的一位学生的一封信（将这封信与前述写于同一时刻的胡适等的文章对照起来读，应该是格外有意思的）。在信中，他这样写到了自己的冷眼观察——

比年以来，国内不靖，影响及于学界，纷扰已经一年。世之守旧者，以为此事实为乱源；而维新者则又赞扬甚至。全国学生，或被称为祸萌，或被誉为志士；然由仆观之，则于中国实无何种影响，仅是一时之现象而已；谓之志士固过誉，谓之乱萌，亦甚冤也。

要之，中国一切旧物，无论如何，定必崩溃；倘能采用新说，助其变迁，则改革较有秩序，其祸必不如天然崩溃之烈。而社会守旧，新党又行不顾言，一盘散沙，无法粘连，将来除无可收拾外，殆无他道也。

要而言之，旧状无以维持，殆无可疑；而其转变也，既非官吏所希望之现状，亦非新学家所鼓吹之新式：但有一塌糊涂而已。

仆以为一无根柢学问，爱国之类，俱是空谈；现在要途，实在熬苦求学，惜此又非今之学者所乐闻也。[30]

这里，鲁迅对“五四”的低调评价，对现状的冷峻审视，对“将来”的不敢乐观，其实都是内含了他非改革不可的坚定与对中国改革的艰难、曲折的清醒认识的。他强调“根柢学问”，注重的还是中国改革的基础工作：这在永远是浮躁的中国思想文化界，自然是难有知音的。

于是，人们又注意到，“五四”以后中国思想文化界的几次颇为热闹的论争，从“问题与主义”之争，“科学与玄学”的论战，到“非宗教大同盟”的辩驳，鲁迅都没有卷入。这里可能有两个方面的原因。一方面，这些讨论背后都有一个非此即彼的二元对立的模式，某种程度上就是要人们表态，站队：不是赞成问题就是赞成主义，不是科学派就是玄学派，二者必须其一，必须有一个鲜明的态度与立场。而鲁迅，恰好他的思虑是多方面的，他的思维方式是在反复质疑中旋进，因而他的观念是复杂的，没有办法明确表示站在哪一边。比如说科学和玄学的论战，鲁迅既很难赞同玄学派对东方文明的强调，对其内在的复古主义倾向怀有警惕，同时也很难认同科学派对科学主义的鼓吹：如第二讲所说，鲁迅在日本时期就对科学崇拜提出了自己的批判：他自然很难按当时的要求表态。在非宗教大同盟问题上，鲁迅对周作人主张宗教信仰自由当然有着深刻的理解与同情，但他对问题的复杂性也许看得更为清楚：对于现实的中国来说，宗教问题的背后，确实又存在着外国势力的干预与利用问题，这正是周作人有意无意忽略了的。因此，他既不能简单地认同周作人的观点，却又不赞成周作人的批判者们的独断逻辑，他就只有沉默。鲁迅思维的复杂化，以及由此决定的立场的相对化，决定了他在中国知识分子习惯的二元对立的论争中，经常处于难以言说的境地。在另一方面，鲁迅对中国问题的思考有着自己独特的思路，也使他无法纳入处于主流地位的知识分子的思考、论争范围中。即以“主义与问题”的论战而言，在鲁迅看来，“中国人无感染性，他国思潮，甚难移植”，因此，主义的提倡与输入完全是徒劳，对主义输入的疑惧更是多余。[31]而胡适们讲问题，强调具体的制度建设，鲁迅却看透了中国是一个“大染缸”，任何好的制度到了中国也会变质。鲁迅关注的是现在中国人的生存和发展，在鲁迅看来，对当下中国人来说，无论是问题和主义，还是科学和玄学，都是过于高远的问题。也就是说，当李大钊们高谈“主义”，胡适们高谈“问题”的时候，鲁迅始终在关注人的灵魂，现在中国人的生存困境，鲁迅的沉默、不介入，实质上是反映了他的思考与处境的边缘性的。

（四）

我们讲到了“五四”以后的鲁迅的沉默与冷眼旁观，而胡适却始终活跃在思想文化界的中心位置，而且他可以说是自觉而主动地追求领导的地位，而且是一种全方位的领导。他当时是写了一批重磅型的文章的。除了我们已经提及的《我们对于学生的希望》、《问题与主义》之外，还有《新思潮的意义》。这是试图对五四新思潮作出自己的解释，提出了他的“研究问题，输入学理，整理国故，再造文明”的纲领性的主张，实际上是他对整个新文化运动的长远发展的一个总体的设计。他特意强调“新思潮对于旧文化的态度，在消极一方面是反对盲从，是反对调和（所以大家注意胡适并不是把传统文化美化，他是有自己的批判态度的）；在积极一方面，是用科学的方法来做整理的功夫”，而他认为“新思潮的唯一目的”就是“再造文明”。[32]这样一个思路，和鲁迅在本世纪初提出的“取今复古，别立新宗”大体是一致的，并不矛盾。后来胡适在《〈国学季刊〉发刊宣言》中对如何整理国故提出具体的意见，特别强调“专史式的整理”，而鲁迅恰恰是“治中国小说史”的第一人；胡适还强调“历史家须要有两种必不可少的能力：一是精密的功力，一是高远的想象”，[33]而在这两方面鲁迅都是第一流的。所以胡适始终对鲁迅的中国小说史的研究给以极高的评价，并且一再地为他辩诬，绝不是偶然的。更能说明胡适本人对整理国故的态度的是他那篇《整理国故与“打鬼”》。他说，为什么要提倡“整理国故”?“我披肝沥胆地奉告人们：只为了我十分相信‘烂纸堆’里有无数无数的老鬼，能吃人，能迷人，害人的厉害胜过柏斯德发现的种种病菌。只为了我自己自信，虽然不能杀菌，却颇能‘捉妖’、‘打鬼’”。[34]和鲁迅一样，胡适对中国传统文化中的“鬼气”，对于中国传统文化所造成的中国人的精神创伤、精神病痛是有深切的理解的。可以说，在坚持对中国传统文明的批判，坚持最大限度地接受外来文化这两个方面，鲁迅和胡适是基本一致的，这也是五四新文化运动的两个基本点。这里有一个很有趣的现象：研究鲁迅和胡适的关系就会发现，虽然鲁迅对胡适时有批评，但是胡适却至死都认为鲁迅是他的同道。这不是没有道理的，胡适看得很清楚，不管发生多大冲突，他们毕竟都是五四新文化运动的同人，并且都是将五四精神坚守到底的。

但是即使在这两个基本点上，他们也有不同。比如说到“打鬼”，对胡适来说，这是一个从西方盗来打鬼武器的文化英雄与传统文化中的鬼魂的一场打斗，是限于思想文化范围的批判和论战。而在鲁迅，他首先感受到的是自己生命中的鬼气和毒气，也就是说，传统文化的鬼气和毒气已渗透到国民灵魂深处，而且首先是自己的灵魂之中。因此，对鲁迅来说，要打鬼，首先是打自己心里的鬼，所谓打鬼运动不仅是学理上的争论、批判，更是灵魂的搏斗、生命的搏斗。鲁迅打鬼文章里刻骨铭心的生命感，是胡适所缺少的。正因为如此，在胡适那里，只是一种焦虑，鲁迅就充满了无以摆脱的绝望感。另一方面，同样是输入学理，在胡适来说，其实是非常简单的，只要把美国的学理输入过来就行了：他对美国的思想文化、制度，是坚信不疑的。也就是说，尽管胡适提倡怀疑主义，但他有两个不怀疑：一是美国，一个是他自己。而鲁迅，却是对什么事都要想一想的。从本世纪初开始，他就一方面输入学理，另一方面不断提出质疑，是信而疑的。因此，胡适可以坚定不移地、不屈不挠地、信心十足地按照自己选择的路去走。他从不气馁，他有一种自信；他从不动摇，他很坚定；他从不失望，他很乐观。而鲁迅则不能，他是一边走着，一边怀疑着，怀着深刻的悲观与失望地探索着前进。两个人都在坚守，胡适是充满希望的坚守，自有一种吸引人之处；鲁迅则是绝望的坚守，是一种反抗绝望的挣扎，更别有一番震撼力。

鲁迅对胡适整理国故的主张，确实提出了批评，而且是很尖锐的批评，但已经是胡适提出了“整理国故”口号的五年之后——这大概是鲁迅对胡适的言行“侧着头想一想”以后的结果吧。这很典型反映了鲁迅的作风：一种观点、口号提出来了，他不是立即作出反应，而要冷一冷，看看这种观点（口号）提出以后，在社会上引起什么反响，实际发生什么作用，再想一想它的真实意义是什么，然后发表意见。

这样经过静观默察得出的结论，就再也不改变，如果关涉大局，就必定扭住不放，一有机会就要点它几句。“整理国故”的口号就是这样从 1924 年开始成为鲁迅的批评对象的；第一个反应是在北师大附中的校友会上所作演讲中作出的，他是这么说的——

现在社会上的论调和趋势，一面固然要求天才，一面却要他灭亡，连准备的土也想扫尽。举出几样来说：

其一是“整理国故”。自从新思潮来到中国以后，其实何尝有力，而一群老头子，还有少年，却已丧魂落魄的来讲国故了，他们说，“中国自有许多好东西，都不整理保存，倒去求新，正如放弃祖宗遗产一样不肖”。抬出祖宗来说法，那自然是极威严的，然而我总不信在旧马褂未曾洗净叠好之前，便不能做一件新马褂。就现状而言，做事本来还随各人的自便，老先生要整理国故，当然不妨去埋在南窗下读死书，至于青年，却自有他们的活学问和新艺术，各干各事，也还没有大妨害的，但若拿了这面旗子来号召，那就是要中国永远与世界隔绝了。倘以为大家非此不可，那更是荒谬绝伦！我们和古董商谈天，他自然总称赞他的古董如何好，然而他绝不会痛骂画家、农夫、工匠之类，说是忘记了祖宗；他实在比许多国学家聪明得远。[35]

仔细看鲁迅这段话，有两点值得注意。鲁迅首先是把“整理国故”看作是一种社会思潮。它当然与作为倡导者的胡适有关，但又包括了更广的范围，如鲁迅这里所说，既有胡适这样的“少年”，也有“老头子”，他们之间的意见也并非完全一致，如鲁迅这里所说的只讲保存而反对求新，就未必是胡适本人的意见；但作为一种社会思潮来考察，这样的差异就并不重要，也就是说，关注的是在现实生活中发挥的实际作用，所产生的实际影响中所显示出来的实际意义，而这种实际意义与倡导者的初衷未必一致。以前我们讲过鲁迅在“五四”时期批判儒家学说时，他并不关心与讨论孔子当初是怎么想的，即所谓“原初儒学”的教义，而是着眼于“儒效”，儒家学说在中国产生的效果；现在，他又把这样的方法来考察胡适的主张了。这本身也就很有意思：胡适正是以做孔夫子那样的“当代圣人”为自己的追求的。

那么，作为一种社会思潮，“整理国故”这一口号所产生的实际效果是怎样的呢？也在1924年，曹聚仁在《民国日报》的《觉悟》副刊上发表过一篇文章，有这样的描述与分析：“国故一名词，学者各执一端以相答应，从未有确当的定义。于是，那班遗老遗少都想借此为护符，趁国内学者研究国故的倾向的机遇，来干‘思想复辟’的事业。”[36]胡适的朋友陈源后来也说，胡适作为“民众心目中代表新文学运动的唯一的人物”（这话自然有些夸张），他自己研究国故不要紧，“其余的人也都抱了线装书咿呀起来，那就糟了”。[37]其实，早在1922年，周作人就写过文章，指出：“要整理国故，也必须凭借现代的新学说新方法”，如仍一切依照“中国的旧说”，“整理国故”就“只落得培养多少复古的种子”；他特别提醒人们警惕“国粹主义的勃兴”，强调“现在所有的国粹主义的运动大抵是对新文学的一种反抗”，而且会发展为“国家的传统主义，既是包含着一种对于异文化的反抗”。[38]胡适当即写文章反驳，认为“国粹主义”“差不多成了过去了”，周作人举的许多例，“都只是退潮的一点回波，乐终的一点尾声”。[39]不过，胡适自己后来还是发现了他的倡导所带来的弊端的；“现在一般少年人跟着我们向故纸堆里乱钻，这是最可悲叹的现状。我们希望他们及早回头”。[40]他同时又写了我们前面已经提及的《整理国故与“打鬼”》，也就为了作一弥补吧。但这已是1927、1928

年，也就是鲁迅等提出批评三五年之后；而胡适公开承认这样的“可悲的现状”本身却是表现了他的坦诚，说明这确非他的本意，这里所发生倡导者的初衷与实际效果之间的错位，真是“最可悲叹”的，这也算是胡适的悲剧吧。

现在，再回到1924年鲁迅的批评上来。鲁迅的观点其实是很明确的：作为个人，或出于兴趣，或出于学术研究的需要，要整理国故，甚至要读死书，都是无可非议的；问题是，拿整理国故作为一面“旗子来号召”，进而引导青年，以为“大家非此不可”：这正是胡适的要害所在，也正是鲁迅要加以辩驳之处：在鲁迅看来，它是会扼杀人的生机，并“使中国永远与世界隔绝”的。

于是，又有了1925年“青年必读书”的事件。这本是由《京报副刊》征求“青年必读书”的活动引发的，在这之前，胡适和梁启超都分别开过关于“最低限度的国学书目”，鲁迅的回答，在某种程度上也可以看作是针对胡适的，至少是他对“整理国故”思潮的某一反应吧。他先回答说：“从来没有留心过，所以现在说不出”，交了张白卷；但又加了一段“附注”——

> 我要乘这机会，略说自己的经验，以供若干读者的参考——
>
> 我看中国书时，总觉得就沉静下去，与实人生离开；读外国书——但除了印度——时，往往就与人生接触，想做点事。
>
> 中国书虽有劝人入世的话，也多是僵尸的乐观；外国书即使是颓唐和厌世的，但却是活人的颓唐和厌世。
>
> 我以为要少——或者竟不——看中国书，多看外国书。
>
> 少看中国书，其结果不过不能作文而已。但现在的青年最要紧的是“行”，不是“言”。只要是活人，不能作文算不了什么大不了的事。[41]

鲁迅的这一意见在当时以至今日都引起很大的争论。许多人都以此作为鲁迅全盘否认传统的证据，似乎是鲁迅的一大罪状。但如果仔细读原文，就不难看出，鲁迅在这里主要不是讨论“如何评价中国传统文化”这样的学理问题，而是一个“现在的青年最要紧的是什么”这样一个现实的问题。这正是我们讲过的鲁迅的基本命题：“现在中国人的生存与发展”的延伸。在他看来，当下的中国青年最要紧的是要做“活人”而不是“僵尸”，是要“行”而不是“言”，这就必须和实际生活相联系，而不能脱离实际生活。正是从是否有利于现在中国青年的生存发展的角度，他对中国书与外国书对青年人的精神的影响与作用，作出了不同的评价。而他认为中国书总是使人“沉静下去，与实人生离开”却并非一时偏激之言，而是他长期考察、思考的结果：大家该记得，早在20世纪初鲁迅对中国文化就有过“不撄人心”的概括与批判。[42]这更是他最为痛切的生命体验与人生记忆；因此，他反复强调“我主张青年少读，或者简直不读中国书，乃是用许多苦痛换来的真话，决不是聊且快意，或什么玩笑，愤激之辞”，“自己正苦于背了这些古老的鬼魂，摆脱不开，时常感到一种使人气闷的沉重”，“我觉得古人写在书上的可恶的思想，我的心里也常有”，“我常常诅咒我的这思想，也希望不再见于后来的青年”。[43]——可以看出，鲁迅不是以指导者的姿态出现，更不是把自己当作“前途的目标、范本”，他是将心交给青年，把自己的痛苦经验告诉年轻人，不希望曾经纠缠自己，给自己带来了极大痛苦的古老的鬼魂再来纠缠年青的一代，期望他们不要重走自己的老路，而能走出一条不同于自己与前人的新的路来：他依然坚守了“自己背着因袭的重担，肩住了黑暗的闸门，放他们到宽阔光明的地方去”的基本立场与态度。他担心，如果号召青年人都读古书，钻到故纸堆里去，而青年又缺乏必要的批判精神与科学方法，结果进去了却出不来，被故纸堆所俘虏，就可能由活人变成僵尸：对此，他确实有“大恐惧”。

后来，鲁迅又把这种鼓励青年钻故纸堆，与实际生活脱离的倾向概括为“进研究室”主义，进行了更为尖锐的批判。在1925年的《通讯》里，他这样写道——

> 前三四年有一派思潮，毁了事情颇不少。学者多劝人踱进研究室，文人说最好是搬入艺术之宫，直到现在还不大出来，不知道他们在那里面情形怎样。这虽然是自己愿意，但一大半也因为新思想而仍中了“老法子”的计。[44]

这里说的“学者”是应该包括胡适在内的——但查胡适的著作，似乎并没有“进研究室”这样明确的说法；[45]所以这仍然是对一种思潮的概括，它大体包含两个含义，一是鼓励年轻人钻入研究室里，两耳不闻窗外事，和社会实际、现实生活脱离，闭门读书；另一就是读死书，使人成为“书橱”，结果思想“逐渐硬化，逐渐死去”。鲁迅后来说，“我先前反对青年进研究室，也就是这意思”。[46]

一个月以后，鲁迅在《春末闲谈》中，把“进研究室”主义置于中国历史与现实的专制体制中来考察它的实际作用，就提出了更为锋利的批判。他说，专制的统治者对他的臣民（被统治者）有两个方面的要求：一方面，要绝对服从自己，另一方面，又要贡献玉食供自己享受，这两者是可能存在某种矛盾的：“要服从作威就须不活，要贡献玉食就须不死；要被治就须不活，要供养治人者又须不死。”因此，最好的办法就是“发明一种奇妙的药品”，注射在臣民的身上，既使其知觉神经“完全的麻痹”，不能思想，但保留运动神经的功能，还能干活，也就是“没有了头颅，却还能做服役和战争的机械”。鲁迅指出，这样的替统治者着想的“良药”，除了“遗老的圣经贤传法”，就是"学者的进研究室主义"，还有"文学家和茶摊老板的莫谈国事律，教育家的勿视勿听勿言勿动论"之类。[47]——这样的批判，已经跳出了具体的人和事，真正把"进研究室"主义作为一种社会思潮，而揭示了它的实质：初初一听，似乎提得太高，似难接受；但仔细思索与回味，却不能不承认，它是击中了要害的。

（五）

我们已经说到了在"现在的青年最要紧的是什么"这一问题上的分歧。我们不妨再从"五四"以后胡适与鲁迅对青年的几次演讲中所表现出来的思想倾向的比较中，对这一问题做更深入的展开和讨论。

先说胡适。"五四"之后他连续对北大学生作了几次演讲。——作为今天北大的学生，重听几十年前北大讲台上的声音，这大概也是很有意思的。

在 1920 年北京大学开学典礼上，胡适明确地提出，北大要真正成为"新思潮之先驱"、"新文化的中心"，必须"从现在这种浅薄的'传播'事业，回到一种'提高'的研究工夫"。他说——

> 若有人骂北大不活动，不要管他；若有人骂北大不热心，不要管他。但是若有人说北大的程度不高，学生的学问不好，学风不好，那才是真正的耻辱！我希望诸位要洗刷了它。我不希望北大来做那浅薄的"普及"运动，我希望北大的同人一齐用全力向"提高"这方面做工夫。要创造文化、学术及思想，惟有真提高才能真普及。[48]

1921 年北大的开学典礼上，胡适又有一个讲话，谈到"年来因有种种的风潮，学校的生命几致不难维持，故考试不严，纪律也很难照顾得周到”，因此强调要严格考试和加强纪律。接着又针对“外界人说我们是学阀”，讲了这样一番话——

> 我想要做学阀，必须造成像军阀、财阀一样的可怕的有用的势力，能在人民的思想上发生重大的影响；……所以我们一方面要做蔡校长所说的为知识而求知识的精神，另一方面要造成有实力的为中国造历史，为文化开新纪元的学阀，这才是我们理想的目的。[49]

1922年，在北大成立二十五周年纪念大会上，胡适再次表示“最感惭愧的是（北大）在学术上太缺乏真实的贡献”。他引用龚定庵“但开风气不为师”的诗句，强调“国立大学不但要开风气，也是应该立志做大众师表的。近数年来，北大在‘开风气’这方面总算已经有了成绩；现在我们的努力应该注重在使北大做到‘又开风气又为师’的地位”。[50]

不难看出，胡适对北大学生的引导和要求，显然有两个重点，一是要以“为知识而求知识”的精神，“求高等学问”，“创造文化、学术及思想”，同时建立严格的制度与纪律：这与我们前面所说的蔡元培的指导思想是完全一致的，即是要致力于学院化、体制化的建设工作。这样的追求和努力，就使得胡适成为中国的现代学院派的最主要的代表，其影响自是十分深远。另一方面，胡适又号召学校里的师生“要当学阀”，这当然也指他自己。这就是说，胡适提倡学院派的学术，其意并不在纯粹的学术，而是要通过学术造成一种“像军阀、财阀一样的可怕的有用的势力”，借学术“实力”来影响社会，“在人民的思想上发生重大的影响”，即所谓“为（天下）师”，进一步利用学术权力来取得政治权力，用后来胡适的一篇演讲中的说法，就是“社会送给我们的领袖的资格，是要我们在生死关头上，出来说话做事”，[51]“为中国造历史，为文化开新纪元”。因此，他对北大学生的期待，不是一般的专家，而是有“势力”的“学阀”，而且有可能还要当“领袖”，用我们今天的话来说，就是培养精英，技术精英与政治精英，而这两者又是可以相互转化的。

我们再来看鲁迅。鲁迅在“五四”以后主要有两次演讲，一次是 1923 年 12 月 26 日在北京女子高等师范学校文艺会讲《娜拉走后怎样》；一次是 1924 年 1 月 17 日在北京师范大学附属中学校友会讲《未有天才之前》。此外，在同时期的杂文中，也有一些有关青年的话。

读鲁迅当年的演讲，人们首先注目的是演讲者的态度。你看在《娜拉走后怎样》这篇演讲，一开始就说：“人生最痛苦的是梦醒了无路可走”。——后来，鲁迅在给年轻人的信中也说：“我自己也正站在歧路上”，何谈给年轻人指路？[52]接着讲“在目下的社会里，经济权就见得最要紧”；但又立刻承认“可惜我不知道这权柄如何取得，单知道仍然要战斗”。最后说到“不是很大的鞭子打在背上，中国自己是不肯动弹的”，也还是坦诚直言：“但是从那里来，怎么地来，我也是不能确切地知道”。[53]——不仅说自己“知道”什么，更说自己“不知道”什么；不是自己已有真理在手，有现成的路指引学生去走，而是自己也是寻路者：只知道要向前走，怎么走，走到哪里，却是要和学生一起来探讨、实践的。——听鲁迅演讲，或许比听胡适演说更为吃力，因为一切都不明确，要自己去想。

当然，鲁迅是有自己的观点的。在《未有天才之前》里，他就对学生这么说——

天才并不是自生自长在深林荒野里的怪物，是由可以使天才生长的民众产生，长育出来的，所以没有这种民众，就没有天才。……在要求天才的产生之前，应该先要求可以使天才生长的民众。

在座的诸君，料来也十之九愿有天才的产生罢，然而情形是这样，不但产生天才难，单是有培养天才的泥土也难。我想，天才大半是天赋的；独有培养天才的泥土，似乎大家都可以做。做土的功效，比要求天才还贴近；否则，纵有成千成百的天才，也因为没有泥土，不能发达，要像一叠子绿豆芽。

做土要扩大了精神，就是要收纳新潮，脱离旧套，能够容纳，了解那将来产生的天才；又要不怕做小事业，就是能创作的自然是创作，否则翻译，介绍，欣赏，读，看，消闲都可以。……

泥土和天才比，当然是不足齿数的，然而不是坚苦卓绝者，也怕不容易做；不过事在人为，比空等天赋的天才有把握。这一点，是泥土伟大的地方，也是反有大希望的地方。[54]

这确实是不同的眼光：胡适关注的是少数精英，天才；鲁迅尽管并不否认天才，但他更关注如何培育能够生长天才的民众：他认为这是更为基础的工作。因此，他更鼓励青年人做“收纳新潮，脱离旧套”的“泥土”，对“不怕做小事业”的“坚苦卓绝者”寄以更大的希望。他同样也把自己摆了进去：鲁迅自己的定位就是做一个“俗人”、“常人”，也即“泥土”：他绝不是一个“天才”的“领袖”。

对于青年，包括他们的问题，鲁迅也自有看法。在一篇文章里他这样说——

> 近几年来，常听到人们说学生嚣张，不但是老先生，连刚出学校而做了小官或教员的也往往这么说。但我却并不觉得这样。……其实，现在的学生是驯良的，或者尽可以说是太驯良了。[55]

所谓“嚣张”，大概就是指连蔡元培、胡适都颇为头疼的学潮不断，难以纳入规范吧。鲁迅并不无条件地赞同学潮，他尤其不赞成游行、请愿——但他是另有理由的：他出于爱惜学生的生命，反对无谓的牺牲，并且在对学生的演讲中，明确表示“我们无权去劝诱人做牺牲”[56]；但他并不主张将学生纳入规范，相反，如上文所说，他是更担忧年轻人过于驯良的。而在他看来，这正是源于“读书人家的家教”：“屏息低头，毫不敢轻举妄动。两眼下视黄泉，看天就是傲慢，满脸装出死相，说笑就是放肆。”在鲁迅的教育理念中，这样的教人“读死书，读书死”的愚民教育是再也不能继续下去的。相反——

> 世上如果还有真要活下去的人们，就首先应该敢说，敢笑，敢哭，敢怒，敢骂，敢打，在这可诅咒的地方击退了可诅咒的时代！[57]

这样一种精神的自由状态，生命的无羁的反抗的状态，才是一个活的健全的生命所应有的精神状态；在鲁迅看来，真正的教育是应该“教人活，而不是教人死”的。也就是从这样的教育观出发，鲁迅对教人不要动的古训提出了质疑——

> 我以为人类为向上，即发展起见，应该活动，活动而有若干失错，也不要紧。惟独半死半活的苟活，是全盘失错的。因为他挂了生活的招牌，其实却引人到死路上去！

我想，我们总得将青年从牢狱里引出来，路上的危险，当然是有的，但这是求生的偶然的危险，无从逃避。[58]

这里的意思也是十分明确的：当然再不能将学生关进“牢狱”里。

在谈到许多人（年青人也在内）“不满意现状”时，鲁迅提醒人们注意，这里有一个引导的问题，就是“向着那一条路走”的问题。鲁迅说，看看那些“国学家的崇奉国粹，文学家的赞叹固有文明，道学家的热心复古”，他们是要引导年青一代向后走，都去“神往于三百年前的太平盛世”的。但鲁迅提了一个不能回避的问题：什么是“太平盛世”？并且一语道破：所谓“太平盛世”就是“暂时做稳了的奴隶的时代”；人们生活在“想做奴隶而不得的时代”，也就把“暂时做稳了奴隶的时代”美化，心向往之了。于是，中国也就永远也走不出在“想做奴隶而不得的时代”与“暂时做稳了奴隶的时代”之间循环的历史怪圈。这也就给我们的教育提出了一个尖锐的问题：是引导学生向后走，纳入历史循环之中，还是引导学生向前走，打破这一循环？鲁迅的观点是鲜明的——

无须反顾，因为前面还有道路在。而创造这中国历史上未曾有过的第三样时代，则是现在青年的使命！[59]

同时，鲁迅更以自己的经验一再告诫青年：要爱惜自己的生命，不要“自以为有非常的神力，有如意的成功”，而必须坚持“韧性战斗”；[60]他还提醒“点火的青年”，“对于群众，在引起他们的公愤之余，还须设法注入深沉的勇气，当鼓舞他们的感情的时候，还须竭力启发明白的理性”。[61]——这些地方，都可以看出，鲁迅在与青年的交往中，是始终坚持“五四”的理性精神的，并且处处表现了对青年的爱护：

鲁迅绝不是有人所说的激进的鼓动者。

（六）

我们还可以把讨论再深入一步：在对青年的不同期待与引导的背后，还有着怎样更深刻的分歧？

比较明显的自然是教育理念、大学功能的追求上的差别，其中或许也包含着对北京大学传统的不同阐释和想象。

胡适的大学观是十分明确的：大学的职责就是培育“专门的技术人才”与“领袖人才”；到了1930年代，他又更进一步提出了他的“专家的政治”、“研究院的政治”的理想：“不但需要一个高等的‘智囊团’来做神经中枢，还需要整百万的专门人才来做手足耳目。”[62]这就表明，他所追求的是为“专家政治”（“研究院政治”）服务的精英教育。

而鲁迅则另有期待。在1925年所写的一封通信里，他这样写道：“我想，现在的办法，首先还得用那几年以前《新青年》上已经说过的‘思想革命’”，“而且还是准备‘思想革命’的战士”。[63]他显然期待大学在“准备‘思想革命’的战士”上发挥特殊的作用，一如五四时期的北京大学那样。因此，他在《中山大学开学致语》中这样写道——

> 中山大学与革命的关系，大概就等于许多书。但不是死书：他须有奋发革命的精神，增加革命的才绪，坚固革命的魄力的力量。
>
> 现在，四近没有炮火，没有鞭笞，没有压制，于是也就没有反抗，没有革命。所有的多是曾经革命，将要革命，或向往革命的青年，将在平静的空气中，度着探求学术的生活。但这平静的

> 空气，必须为革命的精神所弥漫；这精神则如日光，永永放射，无远弗到。
>
> 否则，革命的后方便成为懒人享福的地方。
>
> 中山大学也还是无意义。
>
> 不过使国内多添了许多好看的头衔。
>
> 我先只希望中山大学中人虽然坐着工作而永远记着前线。[64]

这里所说的“革命”自然不是狭隘的，按我的理解，似乎应该包含永远不满足于现状，不断革新、向上的精神[65]，以及批判、怀疑与自由创造的精神。大学的功能绝不只是限于知识的传递和社会合法性知识的生产，更是要为思想、文化、学术与社会的变革、发展提供批判性与创造性的精神资源：鲁迅把“大学”与“革命”联系起来，这是有一种深刻的意义的。鲁迅显然并不反对学生“在平静的空气中，度着探求学术的生活”，这样的平静本也是正常的学习与研究的必要条件；但鲁迅确实又看到了平静的空气可能潜在的危险：一旦凝固下来，就会形成自我封闭，使校园里的师生陷入“无问题，无缺陷，无不平，也就无解决，无改革，无反抗”的状态，[66]从而根本丧失了知识分子的批判与创造的功能，导致精神的平庸与萎缩；因此，他强调“这平静的空气，必须为革命的精神所弥漫”，以始终保持生命与学术的活力。鲁迅还针对“只有有了学问才能有资格救国”的观点（胡适大概就是这样的观点的鼓吹者之一吧）指出：“‘束发小生’变成先生，从研究室里钻出，救国的资格也许有一点了，却不料还是一个精神上种种方面没有充分发达的畸形物”，[67]这也正是鲁迅所担心的：如果培养出来的是塞满了知识，精神却是畸形的所谓专家，那就真的不过是添了几个好看的学者的头衔，或者若干“没有了头颅，却还能做服役和战争的机械”，[68]这样的大学真是无意义的。

由此产生了鲁迅对北京大学的传统的独特理解、阐释和想象。1925年鲁迅应北大学生会的约请，写了《我观北大》这篇重要文章，提出了他的北大观——

> 第一，北大是常为新的，改进的运动的先锋，要使中国向着好的，往上的路走。虽然很中了许多暗箭，背了许多谣言；教授和学生也都逐年地有些改换了，而那向上的精神还是始终一贯，不见得驰懈。自然，偶尔也免不了有些很想勒转马头的，可是这也无伤大体，"万众一心"，原不过是书本子上的冠冕话。
>
> 第二，北大是常与黑暗势力抗战的，即使只有自己。自从章士钊提了"整顿学风"的招牌来"作之师"，并且分送金款以来，北大却还是给他一个依照彭允彝的待遇。……那时固然也曾显出一角灰色，但其无伤大体，也和第一条相同。
>
> ……仅据我所感得的说，则北大究竟还是活的，而且还在生长的。凡活的而且在生长着，总有着希望的前途。[69]

鲁迅在这里强调北大的精神是一种向上的活的精神，与前述他一贯的强调教育要培养"活人"，是"教人活，而不是教人死"的思想是完全一致的；而强调北大"是常为新的，前进的运动的先锋"并"常与黑暗势力抗战"，也是与前述对大学和革命的联系的思想一脉相通。这里所讲的"新的，前进的运动"当然首先指的是新的思想、文化运动，但同时强调的是与新的社会运动的联系；所谓"与黑暗势力的反抗"，当然是包括思想、文化、教育上的与政治上的黑暗势力在内。这本来就是"五四"时期北大的传统：当时北大不仅是新文化运动的中心，而且直接引发了五四爱国学生运动。现在，鲁迅强调的是，北大始终一贯地坚持了这样的五四传统，这是因为在北大内部在这一问题上是存在着争论的，鲁迅文章里一再说并不存在“万众一心”的局面，说有人“很想勒转马头”，“也曾显出一角灰色”，这是确有所指的。《胡适文集》里收有胡适与王世杰、丁燮林、李四光、陈源等人联合署名的《这回为本校脱离教育部事抗议的始末》，对北大因反对教育总长彭允彝、章士钊而脱离教育部提出了抗争，其理由是“本校应该早日脱离一般的政潮与学潮，努力向学问的路上走，为国家留一个研究学问的机关”。[70]这确实是另一种北大观，也可以说是以胡适为中心的这群北大教授对北大精神、北大传统的另一种阐释与引导：如我们在前面所说，胡适直到晚年都坚持这样的观点：五四新文化运动发展为政治运动，是对新文化运动的干扰；而对新文化运动他也力图将其由“浅薄的‘传播’”引导到“‘提高’的研究工夫”上来。这就是说，如果说，蔡元培对北大的定位原有两个方面，一是献身学术研究和个人修养的封闭的圣地，一是政治文化活动中心，[71]这构成了一个矛盾；而现在胡适们却试图用取消北大后一方面的功能与作用的办法来根本消解这一矛盾，使北大成为纯粹的研究学问的机关，北大传统也就限制在纯粹学术这一范围内。

（七）

鲁迅与胡适教育观念的分歧，对于北大的不同想象，其实是根源于他们对现代中国知识分子两种模式的不同选择与自我定位的。

这集中体现在“好政府主义”的提出与争论上。

胡适等在前述《这回为本校脱离教育部事抗议的始末》里，在要求北大“早日脱离一般的政潮与学潮”的同时，还有一个保留，即“本校同人要做学校以外的活动的，应该各以个人的名义出去活动，不要牵动学校”。这样的补充是必要的，因为他们自己在此以前就已经参与了政治，而且不是一般地参与，而是自觉地、主动地掀起一股政潮，这就是1922年胡适等创办政治、思想、文化刊物《努力周刊》，并且在上面发表了《我们的政治主张》。署名者中标明北大身份的占68.75%，其中有北大校长蔡元培、教务长胡适、图书馆馆长李大钊等；除了人文学者外，相当多的是社会科学学者，而且大都有欧美留学的背景；因此，《我们的政治主张》可以看作是北京大学欧美派知识分子的政治宣言，其引人注目之处即在于提出了政治改革的目标。由提倡思想改革转而强调政治改革，这对于五四新文化运动的领袖的胡适，自然是一个重大的转变。这表明，胡适并不满足于做学阀，他更愿意充当指导国家政治的国师。正是这个国师情结，成了胡适不断地宣称“不谈政治”，进而反对青年学生干预政治，而自己终于免不了谈政治，进而实践政治的内在的思想与心理的动因：真正热衷于政治的，其实正是胡适自己。胡适等政治改革主张的核心，就是提倡“好政府主义”。这可以说是贯穿胡适一生的政治目标。其要点有二。首先是强调政府（国家）的地位与作用，强调“政府是有组织的公共的权力。权力为力的一种，要做一事，必须有力”。[72]胡适在1922年所写的《五十年来之世界哲学》最后一节“五十年的政治哲学的趋势”里谈到了“从放任主义到干预主义”的发展，也是强调国家对政治、经济、文化生活的全面干涉。胡适认为“干涉主义”可能会引起误会，因此可以称为“政治的工具主义”，即“现代政治的问题不是如何限制政府的权限的问题，乃是如何运用这个重要工具来谋最大多数的福利的问题”。[73]胡适等因此提倡一种“有计划的政治”，[74]要求把人民的社会、政治、经济、文化生活都纳入到国家的统一计划中去。1928年胡适访问苏联，曾对苏联式的“有理想，有计划，有方法的大政治试验”表示“心悦诚服”，这并不是偶然的；胡适甚至还提出了一个“新自由主义”或“自由的社会主义”的概念。[75]

胡适提倡强有力的政府的计划政治，其背后是一个中国实现现代化的模式，即是依靠国家强权和强有力的政治领袖，实行社会总动员与高度的组织化，以集中全国人力物力，实现现代化。这一思路是贯穿20世纪的：我们曾经说过，从洋务运动、戊戌政变，以至辛亥革命说走的都是这一条路。直到五四新文化运动，才开辟出另一条路，即通过思想启蒙，唤起国人的自觉，自下而上地进行中国社会的变革。现在胡适等人提出的“好政府主义”实际上正是要回到依靠国家强权实现现代化的这条道路上来。而鲁迅也正是在这一点上，提出了他的质疑；他在1925年的一封通信里，指出：“大约国民如此，是决不会有好的政府的；好的政府，或者反而容易倒”，“我想，现在的办法，首先还得同那几年以前《新青年》上已经说过的‘思想革命’”。[76]显然，鲁迅坚持的仍是五四新文化运动的启蒙主义，坚持依靠民众的自下而上的改革道路，与胡适确实有着不同的思路。

但对于胡适们来说，袁世凯个人独裁、复辟的历史教训也是无法回避的；强权政府的建立会不会导致权力的滥用呢？胡适自己也意识到这个问题，他说：“人类有劣根性，不可有无限的权力”，“‘一朝权在手，便把令来行’，免不了滥用权力以图私利了”。[77]胡适的对策，一是提出“宪政的政府”、“公开的政府”（财政公开、公开考试等），试图通过这样一些制度性建设来起监督与管束的作用；但他认为最根本性的，“政治改革的惟一下手工夫”还是“好人”执政。[78]所谓“好人”，据胡适等在《我们的政治主张》里的说明，是指“国内的优秀分子”，其实就是他们自己这样的知识分子精英。胡适对此是当仁不让的；在我们前面引述过的《学术救国》的演讲里，他就是这么说的：“社会送给我们的领袖的资格，是要我们在生死关头上，出来说话做事”，“我们就应该本着我们的良心、知识、道德去说话”。[79]这是胡适的一个一贯的最基本的思想，也是他的好政府主义的核心：据有良心、知识、道德优势的知识分子精英，应该对政府起监督与指导作用，也应该是民众与年青人的导师。在1929年所写的一篇评论孙中山“行易知难说”的文章中，他一再强调“知的作用便是帮助行，指导行，改善行。政治家虽然重在实行，但一个制度或政策的施行，都应该服从专家的指示”。[80]而在另一篇题为《再论建国与专制》的文章里，他把自己的意思表达得更为清楚：“应该有第一流人才集中的政治，应该有效率最高的‘智囊团’政治，不应该让第一流的聪明才智都走到科学工业的路上去，而剩下一批庸人去统治国家。”[81]胡适因此提出了“专家政治”的概念，[82]他的所谓好人政府其实就是实行专家政治的政府，是一个强者、贤者统治的政权。前面我们说过，胡适所设计的现代化模式是以国家强权为中心的，这一点与洋务运动、戊戌政变的思路存在着内在的相通；但这也是相对的，其中一个重要的区别是，知识分子在这样的国家强权为中心的现代化模式中的地位：无论是洋务运动，还是戊戌政变，知识分子实际扮演的都是幕僚的角色，他们对处于中心位置的皇权或政治强权人物，依然存在着一种依附关系；但胡适可能是受到五四新文化运动中知识分子在民间的中心地位的历史经验的鼓励，他现在所要追求的是知识分子在国家政权中的中心地位，是要成为政治家的指导者，甚至自己就来充当拥有强权的领袖。如果说洋务运动以来的知识分子的位置都在国家、政府的权力中心的周围，五四新文化运动是知识分子第一次从国家、政府走向民间，并试图建立北京大学这样的民间思想文化中心，以与国家权力中心相对抗；那么，现在，胡适又试图回到国家、政府的权力结构，并试图自己去占领中心位置。

我们的讨论再深入一步，就会遇到这样两个问题：其一，胡适们的专家政治的实质是什么？其次，在现代中国的历史条件下，胡适们的专家政治的理想能够实现吗？在中国现代政治的结构中，他（他们）

最后将实际扮演一个什么角色?

先谈第一个问题。

我们首先注意到，前面引述的那篇《再论建国与专制》的文章，是在1930年代关于“开明专制”问题的论争中发表的。有意思的是，这场争论的发动者，都是胡适圈子里的朋友，他们鼓吹开明专制的主要理由是：欲达到工业化的目的，“则国家非具有极权国家所具有的力量不可”，[83]这与胡适好政府主义强调强有力的国家是同一思路。但胡适本人却是明确表示了反对的意见；他在《再论建国与专制》等文中陈述的理由却很耐人寻味。他说他“不信中国今日有能专制的人，或能专制的党，或能专制的阶级”，并且“不信中国今日有什么大魔力的活问题可以号召全国人的情绪或理智，使全国能站在某个领袖或某党某阶级的领导之下，造成一个新式专制的局面”。不难看出，他只是认为中国今日并不具备实行开明专制的条件，却没有否认开明专制本身。当进一步阐述他的观点时，就说得更清楚：他认为，“民主宪政只是一种有幼稚的政治制度，最适宜于训练一个缺乏政治经验的民族”，它“不甚需要出类拔萃的人才”，可以“给多数平庸的人有个参加政治的机会”，“最适宜于收容我们这种幼稚阿斗”，因而是当下中国所需要的；但从根本上说，胡适所追求的还是“英杰的政治”，[84]“这种政治的特色不仅仅在于政权的集中与宏大，而在于充分集中专家人才，把政府造成一个完全技术的机关，把政治变成一种最复杂纷繁的专门技术事业，用计日程功的方法来经营国家人民的福利”。[85]这就是胡适一直鼓吹的专家政治，他又称之为“研究院的政治”——这一命名所揭示的正是进研究室主义与好政府主义的内在联系：胡适说得也很明确，“现代教育”（大学教育与研究院教育）就是“专门人才的训练”，“领袖人才的教育”，[86]径直说，就是要训练“中国的诸葛亮”，为从阿斗们的民主宪政过渡到诸葛亮们的开明专制创造条件与机会。[87]胡适并不回避：他所提倡的专家政治就是开明专制，他称为“现代式的独裁”或“新式的独裁政治”。[88]这本是专家政治的必然逻辑：既然“把政治变成一种最复杂纷繁的专门技术事业”，就必然要排斥阿斗的参与，将权力集中在少数政治精英（领袖人才）、技术精英（专门技术人才）手里，实行精英专制独裁。但胡适又宣称，这样的专制是开明的，是能够为大多数人民谋福利的——其实，不过是中国传统中的为民做主而已。很显然，在胡适的知识分子精英的开明专制的现代化模式里，是根本拒绝公民（即他所说的“阿斗”）的政治参与的；他也直言不讳：“独裁政治的要点在于长期专政，在于不让那绝大多数阿斗来画诺投票。”[89]曾有一位学生在读了胡适的《爱国运动与求学》的文章后，给《现代评论》写信，对胡适的观点作了一个概括：“民族解放的命运应完全取决于政府之手；人民做到民气的表现，就算尽了天职，其余都可以不问而惟从事于个人的修养了。”应该说，这一概括是相当准确并且抓住了胡适的要害的；但胡适在写信回应时，却有意无意地回避了。[90]在胡适这样的有着强烈的精英意识的知识分子眼里，民众与民众运动总是非理性的，他们有着几乎出于本能的防备与疑惧；在他们看来，民众运动如果有意义的话，不过是表达一种可供利用的民气，最后还是要靠自己这样的“负有指导之责者”。而这，其实也正是一切独裁的统治者的逻辑：国家大事由他们来掌管，老百姓只要做好本职工作，“救出你自己”（这是胡适《爱国与求学》里的话）就行了。这就暴露了一位研究者所说的自称五四“科学”与“民主”精神代表的胡适“潜在的反民主的倾向”，构成了他的内在矛盾。[91]

而更使胡适陷于尴尬的，是他无法回避的现实：不管他怎样鼓吹好政府主义，提倡专家政治，在他所生活的时代，他所面对的中国政府，无论是20世纪20年代的北洋政府，还是20世纪30—60年代的国民党政府，都是他自己所说的“领袖的独裁”、“一党的专政”政权。[92]按胡适的理想，知识分子对政府的责任是“监督，指导与支持”；但独裁政权是根本不允许监督，更谈不上指导的，于是，就只剩下了支持。20世纪30年代，胡适在与宋庆龄等在保障人权问题上发生争议时，胡适就提出了这样的原则：“一个政府要存在，自然不能不制裁一切推翻政府或反抗政府的行为，向政府要求革命的自由权，岂不是与虎谋皮？”[93]这样，国民党的独裁政权对反抗力量的“制裁”、镇压，在胡适这里就具有了合法性；胡适也就走向了为一切“事实上的统治政权”辩护的立场。在1920年代，胡适在最初提出好政府主义时，还曾坚持“政府坏了，可改一个好政府”这样的“浅显的革命原理”，[94]甚至表示：“（政府）太坏了，不能改良的，或是恶势力偏不容纳这种一点一滴的改良的，那就有取革命的手段的必要了”；而到了1930年代，他竟转而为独裁政府镇压反抗的合法性辩护，这正是表明了胡适政治上的日趋保守，某种程度上，也是他的好政府主义逻辑发展的必然结果。

胡适的好政府主义的另一个不可解的矛盾是，他的专家政治、知识分子参政，并指导国家、政府的主张，在专制体制下，始终是一个一厢情愿的梦想。在胡适等人在《我们的政治主张》中提出了好政府主义以后不久，签名者中的王宠惠、罗文干、汤尔和等人在吴佩孚的支持下就获得了一次组阁的机会，胡适们也确实兴奋了一阵子，组织了不定期的茶话会，经常在一起议论政治。但很快王宠惠内阁就一事无成而倒台，罗文干本人还被诬陷而入狱。据胡适说，汤尔和在王内阁下台以后，曾对他说：“从前我读了你们的时评，也未尝不觉得有点道理；及至我大家到了政府里面去看看，原来全不是那么一回事！你们说的话，几乎没有一句搔着痒处的。你们说的是一个世界，我们走的又另是一个世界，所以我劝你还是不谈政治了罢。”[95]不仅是政治（政治家）与学术（学者）有着完全不同的思维与行为逻辑，更重要的是，大权掌握在军阀手里，这些被视为好人的学者参政，事实上是不可能起任何作用的，相反，却会有被利用的可能。胡适对此似乎有所警觉，他转而赞同蔡元培的“不合作主义”，特别是他对“有奶便是娘”的“助纣为虐”的“胥吏式机械式的学者”的批判，支持他“至少要有不再替政府帮忙的决心”的号召。[96]胡适显然看到了在专制体制下知识分子的参政有成为独裁政治帮忙的危险，因而对拟想的位置作了一个调整：议政而不参政。其实他在此之前所写的《政论家与政党》里，就已经提出了作“‘超然’的，独立的”，“身在政党之外”，却通过“造舆论”，发挥“调解、评判与监督”作用的“政论家”的设想。[97]现在，胡适更是断然将《努力》停刊，宣布“为盗贼上条陈也不是我们爱干的事情”，“我们今后的事业”在于“直接《新青年》三年前未竟的使命，再下二十年不绝的努力，在思想文艺上给中国政治建筑一个可靠的基础”。[98]但胡适事实上并没有放弃议政以至参政的努力。1930 年代，他先是创办《现代评论》以政论家的身份从事舆论的监督，但同时又几度试图与国民党政府及其领袖对话，以后就始终与国民党政府保持着一种若即若离的关系。可以看出，直接进入政治权力中心，以发挥对国家的指导作用，这一专家政治的理想，对于胡适，有着永远的诱惑；但他又时时小心地要维护自己作为知识分子的独立性，这构成了胡适的选择的基本矛盾。他因此多次跃跃欲试地准备参政（入阁、组阁），但到关键时刻，又总是抽身而出，最后还是保持了自己的相对独立性。这样，在现代中国的政治结构中，胡适最终扮演的角色，或者说他的最后定位，是充当国家的“诤臣”与掌权者的“诤友”。[99]

而鲁迅却作出了另外一种选择，并且对胡适的选择提出了自己的质疑。

鲁迅首先质疑的，是他的精英意识，导师情结。在一篇题为《导师》的文章里，鲁迅这样说道——

> 要前进的青年们大抵想寻求一个导师。然而我敢说，他们将永远寻不到。寻不到倒是运气；自知的谢不敏，自许的果真识路么？凡自以为识路者，总过了“而立”之年，灰色可掬了，老态可掬了，圆稳而已，自己却误以为识路。假如真识路，自己就早进他的目标，何至于还在做导师。……
>
> 当时我并非敢将这些人一切抹杀；和他们随便谈谈，是可以的。说话的也不过能说话，弄笔的也不过能弄笔；别人如果希望他能打拳，早已打拳了。但那时，别人大概又要希望他翻筋斗。[100]

这正是鲁迅一贯的观点：知识分子必须有一种自我限制，弄清楚自己能做什么，不能做什么，不要轻易越界。在鲁迅看来，文人学者不过是“能说话”、“能弄笔”而已，像胡适们那样，想做导师，乃至国师，对青年以至国家起指导作用，那就真是缺乏自知之明了。

这里，也包含着鲁迅的自我审视与痛切体验：他在好多文章中都反复谈到，“自己也正在歧路上”，“政治上的事，我其实不很了然”，“如果盲人瞎马，引入危途，我就该得谋杀许多人命的罪孽”；[101]“我觉得我若专讲宇宙人生的大话，专刺旧社会给新青年看，希图在若干人们中保存那由误解而来的‘信仰’，倒是‘欺读者’，而于我的痛苦的”。[102]——这样一种唯恐谋杀年青人的生命，唯恐欺骗读者的罪孽感与痛苦，是典型的鲁迅心理，却积淀着极其深刻的中国历史的惨痛经验。因此，鲁迅说“或者还是知道自己之不甚可靠者，倒较为可靠罢”，[103]是内含着一种历史责任感的。

因此，他对胡适这样的自以为可靠，自命为导师、领袖、先觉者的文人学者，就提出了极为尖锐的质问：你们真的就这么可靠吗？在一篇题为《碎语》的文章里，鲁迅以胡适为例，指出，当年你们高谈“干，干，干”的“名言”，高喊“炸弹，炸弹！”的口号（见胡适《四烈士冢上的没字碑歌》）；如果真有青年听了你们的话，“傻子”般地去买了手枪，你们却又改变了观点，号召青年“救国先必求学”，“进研究室”去了；但一旦“傻子”似的青年又真的按照你们的教导，先钻进研究室，待发现了“一颗新彗星”（这也是胡适的话：“发明一个字的古义，与发现一颗恒星，都是一大功绩”）以后，又准备“跳出来救国”时，恐怕你们这些“先觉者”又“杳如黄鹤”，不知跑到哪里去了。鲁迅说，“如果只有自己，那是都可以的：今日之我与昨日之我战也好，今日这么说明日那么说也好”，但如果“以‘领袖’‘正人君子’自居”，要去指导年青一代，那就“难免有多少老实人遭殃”，成为一种欺骗了。鲁迅尖锐地指出，如果进而鼓吹文人学者本来就有变来变去的特权，“庸人”、“常人”即普通老百姓则有“给天才做一点牺牲”的“义务”，这不过是“天才，或者天才的奴才的崇论宏议”。[104]

鲁迅质疑的另一方面，是胡适们与权力者的关系。

当胡适从批评国民党政府违反人权转而鼓吹“任何一个政府都应当有保护自己而镇压那些危害自己的运动的权利”（详见前文分析）时，在瞿秋白执笔、用鲁迅的笔名发表的《王道诗话》里，当即一针见血地指出，这正是“人权抛却说王权”。[105]

当蒋介石召见胡适等，“对大局有所垂询”，胡适也写文章鼓吹专家政治，希望国民党政府“充分请教专家”（详见前文分析）时，鲁迅又撰文指出，这不过是皇帝“做倒霉的时候”，“病急乱投医”，和“文人学士扳一下相好”；文人学士这一边，却想以“牺牲掉政治的意见”作为代价来参政，这又将是怎样的参政呢？[106]

鲁迅早就打过这样一个比方："耶稣说，见车要翻了，扶他一下。尼采说，见车要翻了，推他一下。我自然是赞成耶稣的话；但以为倘若不愿你扶，便不必硬扶，听他罢了。"[107]对于一个腐败到了不能自拔地步的政府（例如北洋政府、国民党政府），鲁迅作为一个远离权力中心的民间批判者，他的态度是听其自行垮掉，不必硬扶；而作为接近权力中心的诤臣、诤友，胡适的态度则是"知其不可为而为之"，必须维护既成的政府的权威，政府有弊病可以批评，但无论怎样也要扶起来。这大概就是他们之间的区别吧。

这背后有着他们对于知识分子与权力、有权力者的关系的不同理解与追求。1922年胡适写有《我的歧路》，1927年鲁迅又写有《文艺与政治的歧途》，将这两篇文章对照着看，应该是很有意思的。胡适说他的歧路在"谈政治"还是"谈思想文学"这样一个选择上的困惑，这涉及胡适（以及知识分子）自我定位的问题：是把自己的作用限于思想文艺的范围，还是要扩大到政治的领域。在胡适看来，"没有不在政治史上发生影响的文化；如果把政治划出文化之外，那就又成了躲懒的，出世的，非人生的文化了"，因此他是更注意政治的；但他又说他的"精神不能贯注在政治上"，因为"哲学是我的职业，文学是我的娱乐"。更重要的是，胡适认为，他的思想文艺活动与政治活动是统一的：都是在"实行我的实验主义"。[108]也就是说，在胡适这里，看重与强调的是政治与思想文艺的统一性。而鲁迅则注重政治与文艺本身的"歧途"：在他看来，"政治是要维持现状，自然和不安于现状的文艺处在不同的方向"，"政治想维系现状使它统一，文艺催促社会进化使它渐渐分离；文艺虽使社会分裂，但社会这样才进步起来"。[109]在写于同一时期的《关于知识阶级》里，鲁迅更明确地指出，"知识和强有力是冲突的，不能并立的；强有力不许人民有思想自由，因为这能使能力分散"，"各个人思想发达了，各人的思想不统一，于是命令不行，团体的力量减少，而渐趋灭亡”。[110]这其实是无意中说出了胡适的内在矛盾的：他的思想文艺观是强调自由的，而他的政治观，如前所说，是强调“强有力”的，而要强有力就必然要在一定程度上限制个人自由。这里存在着强调“分离”与“自由”的思想的逻辑，与强调“统一”与“强有力”的政治权力的逻辑之间的根本区别。在鲁迅看来，这二者是不能兼得的，而他认为，真的知识分子必须坚持思想文化上的革命的批判的立场，一旦“颂扬有权力者”就不再是知识分子。他自己就是自觉地选择了永远“不安于现状”，因而具有永远的批判精神的独立、自由的知识分子的立场，因此自觉地将自己放逐于权力体制之外，并且准备承受被掌握权力的政治家视为“眼中钉”，因而不断被排挤、迫害，以至逃亡的命运。[111]胡适则企图兼有二者，在现代中国的专制体制下，既渴望政治权力又追求思想自由，从而使自己陷入了矛盾与尴尬之中。

最后，回到本讲的题目上来：“五四”之后，胡适与鲁迅终于作出了不同的选择，而走上了不同的道路，这本身即意味着发动五四新文化运动的北京大学教授的分化。

于是，研究者注意到了 1925 年胡适与鲁迅的不同走向——

2 月 1 日，胡适参加段祺瑞政府组织的“善后会议”。

2 月 13 日，北京各界国民会议促成会来函，请胡适任国民会议组织法研究委员。

3 月，被聘为“中英（退还）庚（子赔）款顾问委员会”中国委员。

4 月中旬，沿太平洋各国在夏威夷举行国民会议，胡适被推为代表。[112]

年初，鲁迅因写了《咬文嚼字》（1 月）、《青年必读书》（2 月）

遭到围攻，鲁迅说他“碰了两个大钉子”，“署名和匿名的豪杰之士的骂信，收了一大捆”，[113]被横加“卖国”的罪名。[114]

8月14日，因支持女师大学生，被段祺瑞政府教育总长章士钊非法免除教育部佥事职。

9月1日至次年1月，因气愤和劳累过度，喝酒太多、抽烟太多、睡觉太少，致使肺病复发，前后计四月余。[115]

当胡适日渐接近于权力中心，不免有几分春风得意时，鲁迅却被免职，并陷入身心交瘁之中：这或许是有某种象征意义的。

（选自《与鲁迅相遇》，北京三联书店，2003年）

注释

［1］尚钺：《怀念鲁迅先生》，《鲁迅回忆录》“散篇”上册，133—134页，北京出版社，1999年版。

［2］转引自孙世哲：《鲁迅教育思想研究》，120页，辽宁教育出版社，1988年版。

［3］冯至：《笑谈虎尾记犹新》，《鲁迅回忆录》“散篇”上册，331—332页。

［4］孙席珍：《鲁迅先生怎样教导我们的》，《鲁迅回忆录》，“散篇”上册，352页。

［5］柳存仁：《记北京大学的教授》，原载《宇宙风乙刊》27、29、30期，1940年8、9、10月。

［6］陈独秀：《我对鲁迅之认识》，原载《宇宙风》52期，1937年11月。

［7］胡适：《谈新诗》，《胡适文集》2卷《胡适文存》，138页，北京大学出版社，1998年版。

［8］《胡适日记全编》3卷，755页，安徽教育出版社，2001年版。

［9］陈平原：《作为文学史家的鲁迅》，收《鲁迅研究的历史批判》，357页，河北教育出版社，2000年版。

［10］《忆刘半农君》，《鲁迅全集》6卷，71—72页。

［11］张华、公炎冰先生写有《1922年北京大学讲义风潮述评》，载《鲁迅研究月刊》

2000年12期，以下讲述利用了该文的材料，特此说明，并向作者致谢。

[12] 胡适:《这一周·43》,《胡适文集》3卷《胡适文存》2集，438—439页，北京大学出版社，1998年版。

[13]《胡适日记全编》3卷，856页，安徽教育出版社，2001年版。

[14] 胡适:《在北大学潮平定后之师生大会上的讲话》,《胡适文集》12卷，445—446页。

[15]《即小见大》,《鲁迅全集》1卷，407页。

[16] 周作人:《世界语读本》,《自己的园地》，118—119页，河北教育出版社，2002年版。

[17] 蔡元培:《就任北京大学校长演说词》,《蔡孑民先生言行录》，163—164页，山东教育出版社，1998年版。

[18] 魏定熙:《北京大学与中国政治文化》，191、171页。

[19] 蔡元培:《北京大学之进德会旨趣书》,《蔡孑民先生言行录》，172页，山东教育出版社，1998年版。

[20] 蔡元培:《告北京大学学生暨全国学生联合会书》,《蔡孑民先生言行录》，190—191页，山东人民出版社，1998年版。

[21] 蒋梦麟:《西潮》，收《西潮·新潮》，125—126页，岳麓书社，2000年版。

[22] 张菊生致蔡元康函，转引自高平叔:《蔡元培年谱长编》中册，221页，人民教育出版社，1996年版。

[23] 郑勇:《蔡元培：在“读书”和“救国”之间》，收《触摸历史：五四人物与现代中国》，65页，广州出版社，1999年版。

[24] 胡适:《这一周·43》,《胡适文集》3卷《胡适文存》2集，438页，北京大学出版社，1998年版。

[25] 朱谦之:《教育上的反智主义》，文载1921年5月19日《京报》副刊《青年之友》。

[26] 胡尹强:《〈智识即罪恶〉：没有编进〈呐喊〉的鲁迅小说》,《鲁迅研究月刊》1999年2期。

[27]《智识即罪恶》,《鲁迅全集》1卷，371—374页。

[28]《关于知识阶级》,《鲁迅全集》8卷，187页。

[29] 胡适:《在北大开学典礼上的讲话》,《胡适文集》12卷《胡适演讲集》，439页，北京大学出版社，1998年版。

[30][31] 致宋崇义,《书信·200504》,《鲁迅全集》11卷，369—370页。

[32] 胡适:《新思潮的意义》,《胡适文集》2卷《胡适文存》,558页，北京大学出版社，1998年版。

[33] 胡适:《〈国学季刊〉发刊宣言》,《胡适文集》3卷《胡适文存》2集，14、15页，北京大学出版社，1998年版。

[34]《整理国故与打鬼》,《胡适文集》4卷《胡适文存》3集，117页，北京大学出版社，1998年版。

[35]《未有天才之前》,《鲁迅全集》1卷，167页。

[36] 见1924年3月26日《民国日报》“觉悟”副刊。

[37] 西滢:《闲话》，载《现代评论》3卷63期（1926年2月20日）。

[38] 周作人:《思想界的倾向》,《周作人自选文集·谈虎集》，88—89页，河北教育出版社，2002年版。

[39] 胡适:《读仲密君〈思想界的倾向〉》,《胡适文集》11卷《胡适时论集》，64、66页。

[40] 胡适:《治学的方法与材料》,《胡适文集》4卷《胡适文存》3集，114页，北京大学出版社，1998年版。

[41]《青年必读书》,《鲁迅全集》3卷，12页。

[42]《摩罗诗力说》,《鲁迅全集》1卷，67、68页。

[43]《写在〈坟〉后面》,《鲁迅全集》1卷，286、285页。

[44]《通讯》,《鲁迅全集》3卷，25页。

[45] 1919年6月29日胡适曾在《每周评论》上发表过一篇《研究室与监狱》的文章，引用陈独秀的说法：“青年要立志出了研究室就入监狱，出来监狱就入研究室，这才是人生最高尚优美的生活”，见《胡适文集》11卷《胡适时论集》17页，北京大学出版社,1998年版。但这一说法似与鲁迅概括的“进研究室”主义无关。

[46]《读书杂谈》,《鲁迅全集》3卷，443页。

[47]《春末闲谈》,《鲁迅全集》1卷，204、205、206页。

[48] 胡适:《普及和提高》,《胡适文集》12卷《胡适演讲集》，436、437页，北京大学出版社，1998年版。

[49] 胡适:《在北大开学典礼会上的讲话》,《胡适文集》12卷《胡适演讲集》，438、439页。

[50] 胡适:《在北大成立二十五周年纪念会上的讲话》,《胡适文集》12卷《胡适演讲集》，447—448页，北京大学出版社，1998年版。

[51] 胡适:《学术救国》,《胡适文集》12卷《胡适演讲集》,454页，北京大学出版社，1998年版。

[52]《北京通信》,《鲁迅全集》3卷，51页。

[53]《娜拉走后怎样》,《鲁迅全集》3卷，159、161、164页。

[54]《未有天才之前》,《鲁迅全集》3卷，169页。
[55]《华盖集·后记》,《鲁迅全集》3卷，177—178页。
[56]《娜拉走后怎样》,《鲁迅全集》3卷，163页。
[57]《忽然想到（五）》,《鲁迅全集》3卷，42、43页。
[58]《北京通信》,《鲁迅全集》3卷，52—53页。
[59]《灯下漫笔（一）》,《鲁迅全集》3卷，213页。
[60]《补白（三）》,《鲁迅全集》3卷，106页。在《娜拉走后怎样》的演讲里，鲁迅也同样强调了“韧性”精神，参见《鲁迅全集》1卷，162页。
[61]《杂忆》,《鲁迅全集》1卷，225页。
[62] 胡适:《中国无独裁的必要与可能》,《一年来关于民治与独裁的讨论》,《胡适文集》11卷《胡适时论集》，504、509—510页。
[63]《通讯》,《鲁迅全集》3卷，22页。
[64]《中山大学开学致语》,《鲁迅全集》8卷，159—160页。
[65] 鲁迅曾经说过：“‘革命’这两个字”有人觉得很可怕，其实“不过是‘革新’，改换一个字，就很平和了”。参见《无声的中国》,《鲁迅全集》4卷，13页。
[66] 这里是借用鲁迅《论睁了眼看》里的说法，参看《鲁迅全集》1卷，238页。
[67]《碎语》,《鲁迅全集》3卷，161页。
[68]《春末闲谈》,《鲁迅全集》1卷，206页。
[69]《我观北大》,《鲁迅全集》3卷，158页。
[70] 胡适等:《这回为本校脱离教育部事抗议的始末》,《胡适文集》11卷《胡适时论集》，123页，北京大学出版社，1998年版。
[71] 魏定熙:《北京大学与中国政治文化》，191页，北京大学出版社，1998年版。
[72]《好政府主义》,《胡适文集》12卷《胡适演讲集》，716页。
[73]《五十年来之世界哲学》,《胡适文集》3卷《胡适文存》2集，308—310页。
[74]《我们的政治主张》,《胡适文集》3卷《胡适文存》2集，329页。
[75]《欧游道中寄书》,《胡适文集》4卷《胡适文存》3集，42—43、47页。胡适晚年对此有一个反省，提出“一切计划经济都是与自由不两立的，都是反自由的”,《从〈到奴役之路〉说起》,《胡适文集》12卷《胡适演讲集》，831—832页，北京大学出版社，1998年版。
[76]《通讯》,《鲁迅全集》3卷，21—22页。
[77]《好政府主义》,《胡适文集》12卷《胡适演讲集》，718页，北京大学出版社，1998年版。
[78]《我们的政治主张》,《胡适文集》3卷《胡适文存》2集，328、329页，北京大

学出版社，1998 年版。

[79]《学术救国》,《胡适文集》12 卷《胡适演讲集》，454 页，北京大学出版社，1998 年版。

[80]《知难，行也不易》,《胡适文集》5 卷《人权论集》，598 页，北京大学出版社，1998 年版。

[81]《再论建国与专制》,《胡适文集》11 卷《胡适时论集》,376 页，北京大学出版社，1998 年版。

[82]《知难，行也不易》,《胡适文集》5 卷《人权论集》，600 页，北京大学出版社，1998 年版。

[83] 钱端升:《民主政治乎？极权政治乎？》，原载《东方杂志》31 卷第 1 号。

[84] 胡适:《再论建国与专制》,《胡适文集》11 卷《胡适时论集》，374—378 页，北京大学出版社，1998 年版。

[85] 胡适:《一年来关于民治和独裁的讨论》,《胡适文集》11 卷《胡适时论集》，509 页，北京大学出版社，1998 年版。

[86] 胡适:《中国无独裁的必要与可能》,《胡适文集》11 卷《胡适时论集》，506 页，北京大学出版社，1998 年版。

[87] 胡适:《再论建国与专制》,《胡适文集》11 卷《胡适时论集》，378 页，北京大学出版社，1998 年版。

[88] 胡适:《中国无独裁的必要和可能》,《胡适文集》11 卷《胡适时论集》，504、505 页，北京大学出版社，1998 年版。

[89] 胡适:《答丁在君先生论民主与独裁》,《胡适文集》11 卷《胡适时论集》,530 页，北京大学出版社，1998 年版。

[90] 参看刘治熙:《〈爱国运动与求学〉及胡适“附言”》，载《现代评论》2 卷 42 期(1925 年 9 月 26 日出版)。胡适的“附言”收《胡适文集》11 卷《胡适时论集》，题为《刘治熙关于〈爱国运动与求学〉的来信附言》。

[91] 格里德:《胡适与中国的文艺复兴——中国革命中的自由主义(1917—1950)》，206、249 页。

[92] 胡适:《再论建国与专政》,《胡适文集》11 卷《胡适时论集》，375 页，北京大学出版社，1998 年版。

[93] 胡适:《民权的保障》,《胡适文集》11 卷《胡适时论集》，295 页，北京大学出版社，1998 年版。

[94] 胡适:《好政府主义》,《胡适文集》11 卷《胡适时论集》，718—719 页，北京大学出版社，1998 年版。

［95］胡适:《这一周·63解嘲》,《胡适文集》3卷《胡适文存》2集，465页。

［96］胡适:《这一周·55》,《胡适文集》3卷《胡适文存》2集，455页，北京大学出版社，1998年版。

［97］胡适:《政论家与政党》,《胡适文集》11卷《胡适时论集》，70、71页。

［98］胡适:《与一涵等四位的信》,《胡适文集》3卷《胡适文存》2集，397、398页。

［99］在1935年所写的《为学生运动进一言》中，胡适明确地提出，“我们这个国家今日所缺少的，不是顺民，而是有力量的诤臣义士”。见《胡适文集》11卷《胡适时论集》，660页，北京大学出版社，1998年版。

［100］《导师》,《鲁迅全集》3卷，55页。

［101］《北京通信》,《鲁迅全集》3卷,52页。《可笑与可惨》,《鲁迅全集》3卷,270页。

［102］《咬嚼之余》,《鲁迅全集》7卷，60页。

［103］《导师》,《鲁迅全集》3卷，56页。

［104］《碎语》,《鲁迅全集》3卷，160—161页。

［105］《王道诗话》,《鲁迅全集》5卷，47页。

［106］《知难行难》,《鲁迅全集》4卷，339、340页。

［107］《渡河与引路》,《鲁迅全集》7卷，36页。

［108］胡适:《我的歧路》,《胡适文集》3卷《胡适文存》2集，363—366页。

［109］《文艺与政治的歧途》,《鲁迅全集》7卷，113、114页。

［110］《关于知识阶级》,《鲁迅全集》8卷，189页。

［111］《文艺与政治的歧途》,《鲁迅全集》7卷，119页。

［112］参看孙郁:《鲁迅与胡适》，254页，辽宁人民出版社，2000年版。

［113］《〈华盖集〉题记》,《鲁迅全集》3卷，4页。

［114］参看《聊答“……”》,《鲁迅全集》7卷，248页。

［115］《鲁迅年谱》(增订本)2卷，173、181、232—233、242页，人民文学出版社，2000年版。

那里有一方心灵的净土

——我心目中的林庚先生

游学于“三巨头”之间

回顾自己的一生，最大的幸运就是在70年代末，文化大革命结束以后，能够回到燕园，直接受到承接了五四传统的一代学人的精神熏陶与学术训练。我在一篇文章中曾谈到70年代末与80年代的北大中文系，“拥有一大批真正是一流的教授，他们无论是治学，还是为人，都有不同的追求，而且把这样的追求，发展到极端，形成极其鲜

林庚

明的个性，他们之间既相同又不同，既相互对立，又相互补充，形成了兼容并包的格局。在这个格局中，每一个教授都是偏至的（既有明显的长处和特色，同时也有明显的偏颇与不足），但由于他们的相互制约，即从整体上保证不会将某种倾向发展到极端，从而达到较为合理的学术生态平衡”。“这正是最有利于学生的健全发展的。他们可以从有着不同的追求与风格的教授那里，各有所取，又各有所不取，他们与每一个教授的关系，都是既受其影响，同时又保持独立的批评态度。当然，在实际的教学过程中，每一个学生和教授的关系，也会出现不平衡状态：学生会根据自己的气质、性格、爱好、知识结构、自我设计与选择，对和自己有着更多共鸣处的教授产生更大的亲和力，受到某位教授的更大影响，这自然会产生某种特殊的崇敬感，但他也会受到其他教授的影响，并从其他教授的不同追求中，看到这位教授的某些不足，这就会有效地保证不会将崇敬发展为盲目崇拜。这样就既可享受追随自己心仪的教授的‘从游’之乐，又能够保持自我精神与学术的相对独立性，师生之间的关系，也就能够达到‘亦师亦友’的境界。我和我的同代学者之所以得到较为健康的发展，可以说全仰赖于这样的学术传统与环境”（《中国大学的问题与改革》）。

我在说这番话时，心中想到的，就是文学专业的“三巨头”：吴组缃先生，林庚先生与王瑶先生。他们之间是那样地相通——不仅私交很好，而且都同是五四精神的传人，有一种内在的心灵的契合；但他们的精神气质，为人处世的方式，以及学术的追求，以至治学方法，又是那样地不同：都是不可重复的活生生的“这一个”。有幸作为他们的学生，我从内心对他们怀有同样的崇敬之情，但彼此的关系与所受影响，却又不同。王瑶先生是我的导师，毕业留校后又长期担任他的助手，交往自是十分密切，先生作为一个鲁迅式的知识分子与学人，其精神与治学态度、方法对我的影响，也非常明显，我曾写有《从麻木中挤出的回忆》等多篇文章。因为我的大嫂是吴组缃先生的老学生，我和吴先生也就有了更多的私人的家庭式的交往，吴先生的敢说真话和学术、创作上的务去陈词滥调，绝不人云亦云，无论如何要有自己的东西，言他人所不能言，写他人所不能写的独立创造精神，一直是我追求的目标。这些在我所写的《吴组缃“时代小说”序》及一篇未发表的悼念文章中都有所论及。

唯独林庚先生，我个人和他接触并不多，也从不写像写王先生、吴先生那样的文章；却不断地鼓励我的年轻朋友与学生去接近他——我曾经建议郭小聪写研究林先生诗歌理论的学术论文；介绍我的学生谢茂松去拍摄有关林先生的录像片；我最年轻的学生张慧文则在我的指导下，作过关于“林庚与北京城”的研究，她写的读书笔记至今我还保留着。我总是这样对他们说，不了解林庚，你们对北大及中文系的精神传统和学术传统的理解就是片面的，作为北大中文系的学生，你们会感到终生遗憾。而学生们一旦直接、间接地接触了林先生，就都毫无例外地为先生的风采和智慧所倾倒，在我面前讲个不停，而我总是默默地听着，发出会心的微笑……

我愿意就这样在一定的距离之外，远望林庚先生。这里其实是存在着一种颇为微妙的心理的：我自知自己在精神上和林庚先生的亲近，我早就在心中将他圣洁化了，或许保持这样一种欣赏、赞叹而不过于密切的关系，从而获得一种自然而松弛的感觉，是更美好的。

那里有一方心灵的净土。

诗化学术的魅力

我赞叹的是林庚先生身上诗人与学者的统一，我欣赏的是林庚先生将诗学术化和学术诗化所达到的人生境界，诗歌境界与学术境界。林先生有深厚的学术功底，他的《天问》研究就足以显示他的考证的功力。但更让我动心的，却是他的学术研究中表现出的感悟力，直觉判断力和想象力。我曾经半开玩笑地说过，学术研究也可以分为“现实主义”与“浪漫主义”两大流派，林庚先生就是“浪漫主义学派”的代表。

我曾经饶有兴趣地注意到王瑶先生写的《评林庚著〈中国文学史〉》（文收《王瑶文集》第二卷）中的批评意见：在王先生看来，“这一部《中国文学史》不仅是著作，同时也可以说是创作”，“贯彻在这本书的整个精神和观点，都可以说是‘诗’的，而不是‘史’的”，其主要理由就是全书出于“沟通新旧文学的愿望”，贯穿了“反映着五四那时代”的“生机的”历史观，“作者用他的观点处理了全部文学史，或者说用文学史来注释了他自己的文艺观”。因此王先生举了许多例子批评作者“由自己的主观左右着材料的去取”。这大概就是过去通常所说的“六经注我”与“我注六经”之争吧；用今天人们习惯的语言来说，就是所谓“主观”与“客观”之争。

如果去掉学术批评与论争中必然有的主观色彩，客观地看两位先生的文学史观、研究方法和实践，作为学生辈，我是分明地感到先生们的研究既有相通的方面，更有明显的不同，而又都各具特色，各有魅力，又多少有些不足，正可以相互补充。因此，如何最大限度地学习、吸收两位先生的长处，又警惕可能存在的偏颇，就成为我在学术研究中经常考虑的问题。但吸取什么，怎样吸取，又和个人的精神气质直接相关；我因此而折服于王先生治学中的历史感，同时又对林先生的诗化学术有着情不自禁的向往。

“诗的本质就是发现”

而最让我醉心，并深刻地影响了我的教学工作和学术研究的，是林庚先生最后一次讲课所提出的文学观与学术观。大概是1985年，当时的系主任严家炎老师让我参与全系性的“学术讲坛”的组织工作，其中一个重要任务就是约请已经退休的林庚先生作演讲。林先生非常重视这次重上讲堂的机会，足足准备了一个月，反复斟酌讲稿，讲题都换了好几次。上课时，先生衣着整洁大方，神采奕奕，一站在那里，就把学生震住了。先生开口就问：“什么是诗？”然后，随口举出几首唐诗，逐字逐句赏析，先生讲得有声有色，学生听得如痴如醉。先生这才缓缓点出这堂课的主旨：“诗的本质就是发现；诗人要永远像婴儿一样，睁大了好奇的眼睛，去看周围的世界，去发现世界的新的美。”此语一出，所有的学生顿有所悟，全都陷入了沉思。而先生一回到家里，就病倒了。

我这才明白，这是林庚先生的“天鹅绝唱”，他把自己一生写诗、治学、做人的经验，生命的追求，都凝结在这句话里了。也正是林先生的这句话，照亮了我的人生道路与治学之路。

以后，我几乎每一次向研究生、大学生和中学生讲课，都要反复地申说林先生的这一观点：“这里所说的‘婴儿状态’，就是要保持婴儿那样第一次看世界的新奇感，用初次的眼光和心态去观察、倾听、阅读、思考，从而产生不断有新发现的渴望与冲动。”这里的关键词是“好奇”与“发现”：“只有有了对未知世界的好奇，才会产生学习、探索的热情和冲动：这正是一切创造性的学习、研究与劳动的原动力”；“发现”则“包含了文学艺术、学术研究、科学、教育与学习，以至人生的秘密与真谛”。

我还这样对年轻人说：“如果你每天都这样像婴儿一样重新看一切，你就会有古人所说的‘苟日新，日日新，又日新’的感觉，也就是进入了生命的新生状态。长期保持下去，也就有了一颗人们所说的赤子之心。人类最具有创造性的大科学家、文学家、艺术家、诗人、学者，其实都是一些赤子，永远的赤子。北大‘大’在哪里？就因为有一批‘大学者’。这些学者‘大’在哪里？就因为他们始终保持‘小孩子’般的纯真、无邪，好奇心与新鲜感，因而具有无穷的创造力，这就是沈从文所说的‘星斗其文，赤子其人’。”（《与南师附中同学谈心》）这些话在不同层次的青年学生——从中学生到研究生中都引起了强烈的反响；其实我所做的，不过是在向年青一代宣扬林庚先生的精神与思想，林庚先生的基本创作经验和治学经验。

我们幸而有这一盏灯

而这正是显示了林庚先生对我们中文系，对北大，以至对当下中国文学界、学术界、教育界的意义。在某种程度上，这是一个逐渐消失，因而弥足珍贵的传统。这生命是这样地纯净而从容，又是这样地永远充满创造的活力，幸而我们还有他，不然，我们就太可怜、太可悲了。

每当我陷入浮躁，陷入沮丧、颓废、绝望时，想起了燕南园那间小屋里的那盏灯，我的心就平静下来，充盈起来，有了温馨与安宁，有了奋进的力量。

是的，那里有一方心灵的净土。

2004年12月10日急就

永不停息的探索者、创造者

——追怀吴组缃先生

今天我们在这里纪念吴组缃先生诞辰一百周年，而今年正是北大建校一百一十周年，人们很自然地要想到吴先生和北大的关系。记得在先生远行以后，我在一篇文章里，有过这样一段话："吴组缃先生是我最为崇敬的先生之一：我一直把他与其他几位先生视为北大精神的当代传人。吴组缃等先生的先后离世，甚至使我感到北大精神已经随之而去，我为此痛苦不已，一直不愿、也不能公开表达我内心无尽的哀情；但我又为自己的这一沉默而感到有愧于先生。"坦白地说，我今天也还是怀着这样的有许多的话想说，却不能尽性地说的痛苦和不安，在这里发言的。

但我还是在这个会上听到许多老师和朋友，谈到了吴先生身上所体现的北大精神，真的知识分子的精神。他是鲁迅说的"真的猛士"，"敢于直面惨淡的人生，敢于正视淋漓的鲜血"，一生努力说真话，说自己的话，始终保持了思想和人格的独立。这里，我想从吴先生小说创作的角度，谈谈他的独立自由创造精神，这也是北大思想传统和学术传统非常重要的一个方面。

在现代文学史上，吴先生是属于以作品的质量取胜的作家，不轻易动笔，而每有一作，必在对于生活、人生、人性的开掘与艺术形式上，都有新的探索、新的创造。在这一点上，其实是接近鲁迅的。作为一个学生，我至今还不忘先生在课堂上发表的惊人之论：说“吴组缃是人”，这话的正确性谁也不能否认，却不能提供对吴组缃的任何新认识，属于废话；说“吴组缃是个车夫”，这显然不正确，但却能引发人们对“吴组缃究竟是什么”的思考，因而后者比前者更有价值。这虽是句戏言，却相当生动地反映了吴先生做人与作文的追求：务去陈词滥调，绝不人云亦云，无论如何要有自己的东西，言他人所不能言，写他人所不能写。可以说，吴组缃先生是完全自觉地要在现代文学史、小说史上打下个人的独特印记的。

那么，吴先生的文学创作为中国现代小说提供了什么新的东西呢？——我们试从宏观与微观两个方面来说。

吴先生对茅盾的《子夜》有一个评价：茅盾的最大特点是懂得时代与社会，能抓住巨大的题目来反映当时的时代与社会。在我看来，这也是吴先生的夫子自道。可以说吴先生和他的前辈、同辈作家茅盾、沙汀等人，共同创造了一种新的小说范式，即严家炎老师所概括的“社会剖析小说”，以小说作为“时代的画卷”、“社会的缩影”，成为时代的史诗艺术。从对个人价值、人生意义的思考转向对社会性质、出路、发展趋向的探索，从偏重主观抒情到客观写实，理性因素的注入，典型环境典型性格的注重，等等，“时代（社会）小说”所显示的这些特点，在当时确实给小说创作注入了新的活力，打开了新的天地。不同于鲁迅所批评的“咀嚼着身边小小的悲欢”的某些小说“顾影自怜”的偏窄格局，这些时代（社会）小说给中国文学带来了广阔的视野与磅礴的大气度——这种气势是我们读吴先生的小说所能强烈感受到的。另一方面，吴组缃先生和它的同道者们又以对小说艺术的刻意追求，弥补了前一时期一些反映时代的作品在艺术上相对粗糙的不足，做到了寓大气于精细之中。在广阔的社会历史内容与相对完美的艺术形式的结合上，吴组缃先生及其同代作家所积累的丰富经验，对后来者自然是一笔宝贵的财富。

以上的概述也许失之笼统，还是来看看吴先生的每一部作品所做的具体探索。

《官官的补品》是作者以明确的阶级观点去观察、表现农村生活的一次尝试。作品选取了一个“成年人吃人奶”的特异情节，相当尖锐地揭露了阶级剥削的残酷性，从而使这个情节本身就有了某种象征意义。作品在艺术上的独特之处，在于叙述者的选择：作者没有选择第三人称的权威叙述，也没有选择以被压迫者为主人公的第一人称叙述：这些本来都是最便于表现作家的主观情感与控诉主题的；作者偏不走这样的艺术捷径，却选择了吃奶的剥削者“官官”作为叙述者，以他的扭曲的眼光，讲一个被歪曲了的故事，使整个小说叙述有一种非客观性，但读者却能从中读出相反的意义。这里，“叙述者—隐含作者—读者”三者关系的处理是相当巧妙的。

《菉竹山庄》的反封建礼教的主题是“五四”的，但它在艺术上的精致却超越了“五四”时期的小说。全篇着重于鬼气森森的氛围、意象的营造，细节的刻画，特别是最后的情节突变，人与鬼的戏剧性转换，于传统形式中注入了现代性变态的内容，十分耐人寻味。

《黄昏》是既可以看作小说，又可以视为散文的，是通常研究者所说的“小说的散文化”与“散文的小说化”。据说吴先生本人别有见解。他说：“其实散文何止抒情？它也叙事，也说理，也描写。古代散文的名篇是如此，看《古文观止》就知道。”（《谈散文》）那么，我们就不妨把本文看作是“也叙事，也说理，也描写”的散文。还可以补充的是，本篇的叙事与描写都集中在一个时间：“我”归家不久的黄昏；一个地点："我"家的庭院，以我为中心，各个人物穿插上场与下场，这结构又颇类似一个独幕剧。各种文体——小说，散文，戏剧——就这样在吴先生的笔下互相渗透，融合为一个有机的整体：一个真正具有自由创造活力的艺术家是绝不会为文体的分工所拘束的。

《一千八百担》把"五四"时期胡适提倡的"横截面"式的小说结构发挥到了极致。全篇小说集中在宋家祠堂一个场面，前后几个小时，如此有限的时、空中，却展现了一个大时代的无限广阔的社会图景：从农村到城镇，从乡绅到饥民，从官场到民间，从社会、经济到文化、教育……近代中国的方方面面无不收纳其中。而作者的创造力，更在于这一切不是经由作者的叙述，而几乎完全是通过人物的对话来表现的。这样，吴先生也就把语言的叙事功能发挥得淋漓尽致。而方言、俚语、行当语、歇后语……的熟练运用，显示了作者驾驭口语的功力，更为文艺界同行所称道。

《天下太平》与《樊家铺子》一般认为是最能显示吴先生的时代小说特点的代表作：作者对时代的关注，始终集中于对处在时代中的人的精神的关注，更确切地说，他关注的中心是时代与人的关系，也即时代变动中的人心（人性）的变动。两篇小说都写了一部社会变迁史与相应的人的精神（心灵）变迁史：《天下太平》讲述了一个老老实实的小店员怎样随着农村经济的破产而变成不安分的窃贼的故事；《樊家铺子》更在农村社会大动乱的背景下，展示了一个"女儿怎样走上弑母的罪恶道路"的血淋淋的过程。作者正是通过在社会的逼迫下，人性的堕落、道德的沦丧，尖锐地提出了"谁之罪"的问题，从而达到了社会剖析与人的心理剖析的有机结合。

《铁闷子》在抗战题材的小说中是相当特别的：在"写抗战英雄人物"的创作潮流中，吴先生却写了一个集"逃兵"与"英雄"于一身的人物，这是自有深意的。据说吴先生最喜欢引用刘知己"爱而知其丑，憎而知其美”这句话来表述自己的艺术追求：他正是在继承古代传统美学的基础上，提出了“妍媸必露，清浊必闻”的人物审美原则。《铁闷子》就是一次自觉的艺术实践：如研究者所说，小说中的“那个没有姓名的逃兵和参谋长，都是善恶并存、美丑融合，交织着现实与历史的丰富色彩，带着实际生活的原汁原味，不改色，不串味，呈现出生活中的活人的丰富性与复杂性”（方锡德：《吴组缃先生对中国现代文学的贡献》）。这里的艺术经验对今天的作者也是有启发性的吧。

吴组缃先生在其漫长的写作生涯中留下的就是这样一个永不停息的探索者、创造者的巨大身影。其启示意义，当然不止于小说创作。

“挣扎”的意义

——读《王瑶文集》

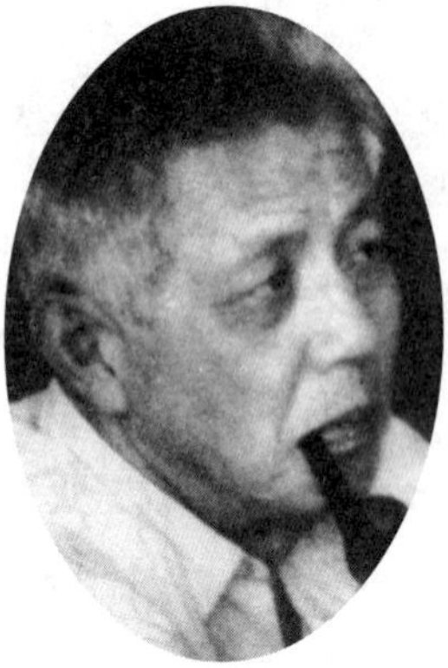

王瑶

七卷本《王瑶文集》（北岳文艺出版社1996年版）放在我们面前，沉甸甸的。

二百七十八万九千个字，五十度春秋——从1936年5月3日二十三岁在《清华副刊》上发表第一篇时事评论《二十五周年纪念感言》，到1989年8月8日七十三岁高龄写下了《〈现代中国文学史论集〉后记》最后一个字。

这首先是学术的分量。当人们重读早已熟悉了的《中古文学史论》、《中国新文学史稿》、《鲁迅作品论集》，以及《陶渊明集》、《李白》、《中国诗歌发展讲话》、《鲁迅与中国文学》；又读到第一次出版的由作者生前亲自编定的《中国现代文学史论集》，由文集编辑小组重编的《中国文学论丛》，新编的《竟日居文存》、《王瑶书信选》时，特别是作为一个整体，来总览王瑶先生的学术成果时，不能不惊异于，一个学者，竟然能同时在中国古代文学与中国现代文学两个领域，都取得突破性的成就——前者博大精深，有久远的学术传统，王瑶先生却能在众多的专家中脱颖而出，开拓出中古文学研究的新天地；后者处于急剧的变动中，既难把握，又无现成借鉴，王瑶先生又能自创体系，成为这门新学科的奠基者之一。如此健全的知识结构，这样丰厚的创造活力，在中国现代学术史上，即使不是仅有，也是不多见的。

这更是一种精神的力量。王瑶先生在所写的《念闻一多先生》中，高度赞扬闻先生的作品也是他“生命的诗”，用“为真理与正义奋斗不懈的精神”写下的庄严、壮丽的诗。这同样适用于王瑶先生自己。在某种意义上，王瑶先生（以及像他这样的成长于三四十年代的知识分子）一生的境遇，比之“五四”那一代人也许是更为曲折，所面临的问题也许更加复杂；因而他（们）在现实生活与学术工作中，坚持真理与正义的努力，在后来者看来，就显出一种格外的分量。

于是，我们在阅读《王瑶文集》时，就不能不在为他的精到的学术见解所折服的同时，更关注于他的著作所显示的生命轨迹，一位追求真理的学者在现代中国所走过的坎坷之路。

（一）

《王瑶文集》里根据手稿收入的先生写于1942年的《坷坎略记》，1947年于父亲出殡之日所作的《守制杂记》，第一次收入的，曾发表在《清华副刊》、《清华周刊》上的《我的故乡》、《这一天》，以及《慰劳大会》、《关于日记》（均见《文集》第七卷），这六篇文章为我们提供了有关王瑶先生的第一手传记材料，自然格外引人注目。在王瑶先生的笔下，那座曾养育了自己，距离同蒲路一个车站只有十里路的村子，是那样地平凡，村里的人，因为铁路之便，曾纷纷外出经商，却又陆续归来。唯有自己，为着生活，也为着渴求真理，一直流浪在外，并且时时有一种与幼时同伴“隔离的孤独的感觉”——这孤独感其实是伴随了先生的一生的。给青少年时代的王瑶，甚至他的一生以深刻影响的，无疑是他的父亲。在先生的回忆中，“父亲并不是位名人，更不是英雄，但如果说能和生活挣扎的人都是英雄的话，他也未尝不可称为英雄”，一位“受惯贫穷而又挣扎出来”的英雄。父亲不屈不挠的“挣扎的精神”，与之相联系的绝对的自信与固执，任何情况下都绝不气馁，以及放任子女“自由地去摸索”的态度，都在王瑶先生的生命史上，留下了鲜明的印记。——我们甚至也可以用“挣扎”二字来概括先生的一生。连一些细节也能引起后来者的联想。例如先生回忆说，在与父亲最后一次告别时，先生哭了；父亲却“涨红了脸喊着说，‘哭什么？没有出息……’”——读到这里，我的脑海里，立刻浮现出类似的一幕：在先生生命的最后阶段，我曾当着先生的面，失声痛哭，先生也是涨红了脸，怒斥道：“要奋斗总会有牺牲，哭什么？没有出息……”这样的从父辈那里承继下来的顽强的奋斗精神与生命意志，与作为学者的王瑶之间，又有着怎样的联系？这也许是王瑶传记研究中的一个饶有兴味的问题。我现在所想到的是，这或许能显示王瑶的学者之路的某些特点。即他并非出身世家、因而顺理成章地走上学者之路的；相反，他是从社会底层挣扎出来的，因而，学术对于他，首先是一种自我生命的挣扎，并且是自我力量的一种确认方式。

因此，王瑶先生在确定地走上学术之路之前，曾有过不断挣扎，多方寻求出路的过程。于是，在学者王瑶之前，还有过一个革命者的王瑶，这也就是先生在晚年所写的《自我介绍》（也是第一次收入文集）里所说，在清华大学读书（1934—1937，21—24岁）期间，“曾两系囹圄，又一度主编《清华周刊》”，一面参加实际革命活动，一面又从事革命文化活动：作为中共地下党员，大学生中的革命分子，王瑶先生是十分活跃的。对于他的这一选择，王瑶先生在《在思想改造运动中的自我检查》（已收入文集）中，有过明确的说明：“我上中学的时候，正是大革命失败以后，有许多从革命战线上撤退下来的进步的知识分子当了中学教员，当时国民党的思想统治还不严格，传播马列主义社会科学和左翼文学的书籍都非常流行，因此我比较早地接受了一些概念式的马列主义的知识”，并终于走上了革命的道路。对王先生的这一段经历与活动，过去人们知之不多；而这一次，《文集》收录了先生在《清华周刊》、《清华副刊》、《清华暑期周刊》上的全部著述，从而给研究这一时期的王瑶先生的革命文化活动提供了第一手资料，而这些革命文化活动又是为先生以后的学术工作做了必要的准备的。

最引人注目的，自然是那时期所写的大量的时事评论，这是最能显示作为革命者的王瑶先生的政治热情，政治敏感与政治判断力的。例如，西安事变刚刚发生，在只看到“中央社的片面简短消息，对于张学良的动机和主张都尚不大清楚”的情况下，王瑶先生即写了《西安事变》一文，“根据过去事实的推测”，指出，“这并不是单纯的争权夺利的叛变与内战”，很可能是“为了要对敌抗战，为了反妥协外交”，“对蒋作最后谏诤”。文章还明确表示，“我们不希望由此发生任何内战”，希望“和平处理”西安事变。先生在历史事件发生的“当时”所作的这些判断，已为以后历史的发展所证实；人们由此而看到了先生敏锐的历史眼光，透过纷繁复杂的现象抓住实质的思想穿透力，这在以后的学者王瑶那里都有了更为充分的发挥，而对政治的热情与关注也是一直保持到晚年的。

今人更感兴趣的也许是先生这一时期所写的文艺评论。人们首先注意到的是《当前的文艺论争》与《表现在作品中的时代和艺术》，这是先生参加30年代两次重大论争——关于“两个口号”及“差不多”问题的论争，所写的文章。这些文章同样经得住历史的检验，如强调“两个口号不同的相辅作用，目标既然相同，便不必为了正统而争执”，呼唤“创作自由”，首先是“言论和发表自由”等等。王瑶先生这段“亲自参与”的经历，对他以后作为文学史家来描述这一时期历史，自然会有深刻的影响：某种程度上，王瑶这一代文学史家（也包括李何林、唐弢诸先生）是当代人写当代史，与以后的几代学者后人看前人的眼光自是大不相同的。而在与沈从文的论战中，王瑶先生所坚持的“统一了时代和艺术才能创造出伟大的作品”的文学观，事实上也成为先生以后文学史研究，特别是《新文学史稿》写作的基本价值尺度，这都是可以明显看出的。

《一二九与中国文化》一文也许是这一时期王瑶先生所写的文学评论中最重要的一篇；先生自己在前述《思想改造运动的检讨》中曾特意提及，足见也很重视此文。这篇文章一开头即强调学生运动对中国现代文化发展的重要影响：这确实是一个很有意思的，至今仍有待深入研究的课题。我们却因此注意到王瑶先生与大学（特别是清华大学与北京大学），青年学生，以至学生运动的密切的，甚至可以说是天然的联系。后年北大将迎来自己的百周年校庆；人们因此而关注与议论近百年来北大的名教授在创建与传递北大传统中所起的作用。王瑶先生无疑是这样的北大精神（还包括清华精神）的传人之一，这也是学者王瑶的一个鲜明特色。先生在当年所写的这篇《一二九与中国文化》中，正是从中国现代文化发展的角度，对本世纪前半期的两大学生运动给予了极高的评价。他首先充分肯定了五四运动（包括五四新文化运动与五四学生爱国运动）的意义，认为它是彻底地反封建的，“它反对一切迷信与独断，‘为什么’是这时的中心”，“留下了许多宝贵的战绩”。——以后我们将会看到，对五四传统的坚持，正是学者王瑶全部研究工作的基本立场与出发点。同时，他更高度评价了“一二·九”学生运动的意义，他认为，“一二·九”运动彻底地反对帝国主义的特质，它的更为广泛的社会动员，以及“新兴的社会科学”（按，这显然指马克思主义）的指导作用等，都是“五四在中国历史中的一个发展”，并使中国文化产生了一些新的质。人们不难注意到，王瑶先生的这些看法，与以后毛泽东的《新民主主义论》确有相通之处；王瑶先生在他写作《中国新文学史稿》时，以毛泽东的《新民主主义论》的有关论述作为全书的理论依据，应该说是有思想基础的。在一定的意义上，这篇《一二九与中国文化》已经具有了“史”的性质；或者说，这是王瑶先生对中国现代文化、文学进行史的描述的最初尝试。这篇文章中所显示的某些特点，例如，对能够揭示文化、文学发展的新特点、新趋向的，重要的文化、文学现象的特别关注（如文中所说“通俗的救亡刊物的发达”、“中国语文运动”的开展、“新启蒙运动与救亡哲学”的提倡，等等）；对论述理论深度与高度的自觉追求：这些，后来都成为王瑶先生文学史研究的重要特色。这正是表明，王瑶先生前期的革命文化活动中，已经包含了若干学术的因素，一个学者的王瑶正在孕育之中。

王瑶先生从政治转向学术，是有一个过程的。而且看起来，似乎是出于外在的原因。如“七七事变”的突然发生，使正好在家的王先生与学校失去了联系，进而与党组织失去了联系（参看《坷坎略记》），等等。但有没有内在的因素呢？目前，这方面的材料尚缺，难以作出什么判断。但先生在清华读书时的“一起在城内大街上游行示威，一起组织会社、编刊物、写文章”的同窗挚友赵俪生先生在回忆文章中，也有所透露。据说先生在“七七事变”之前情绪即有所低落，除了主编的《清华周刊》被勒令停刊、个人恋爱上遭到挫折外，也还因为“当时的革命，……左倾关门主义的残余仍很严重，组织对成员的看法有时很片面，有时也引起成员对基层组织有看法”（参看赵俪生：《宛在的音容》，收《王瑶先生纪念集》）。或许正是对革命现实的某种失望，改变了先生的人生道路。据前述《坷坎略记》透露，王瑶先生在失去了组织联系以后，曾有过几年的辗转流徙，几经挣扎而毫无出路。最后才下定决心，“赴滇完成学业”，“如能得诸名师之启发，及高等学府生活氛围之熏陶，或可于学术途径上，得一启示之机，亦求进步之欲望有以趋之也”。而先生在思想改造运动的检讨中则透露，在他决心走上学术之路时，即已确定了要做一个以“马列主义文艺理论”为指导的“中国古典文学研究方面”的“第一流的学者”。这说明，先生尽管脱离了革命实际运动，但他对马克思主义的信念，对革命的追求并没有变。在一定的意义上，甚至可以说，先生40年代以后的学术活动，也是他30年代革命文化工作（也即立足于革命立场的社会、政治批判与文化批判）的一个继续；革命者王瑶与学者王瑶区别是明显的，也确实存在着深刻的内在联系。正像樊骏先生所说，王瑶先生“从实际政治运动转向学术研究”的道路，在现代中国并不乏先例，人们很容易就可以举出李达、陈望道等人的名字。正因为王瑶先生有过这样的革命经历，并始终没有放弃对革命的理想与追求，就决定了先生不同于学院派的学者，而是“兼有战士与学者两种品格”——当然，在不同的时期、不同情况下，又有不同的侧重。樊骏先生在他的《论文学史家王瑶》一文中，已有详尽论述，我基本同意他的意见，不再赘述。

（二）

王瑶先生的学者之路的开端是顺畅的。《王瑶文集》第2卷新编《中国文学文学论丛》里收入了先生在攻读研究生阶段所写的《读陶随录》与《读书笔记16则》，足见他用功之深。大学毕业论文《魏晋文论的发展》（1943）、研究生毕业论文《魏晋文学思想与文人生活》（1946），都深得导师朱自清、闻一多先生的好评。在此基础上写成的《中古文学史论》，一举而奠定了先生在中古文学研究中的地位。与此同时，他仍以极大的政治热情，支持"一二·一"学生运动，加入民主同盟，参加党所领导的民主运动。建国以后，他更是积极地以学术研究为现实思想文化建设与政治服务。例如，在抗美援朝运动中，他写了《反美运动在近代文学上的反映》、《真实的镜子——从几篇新文学作品看中朝人民的友谊》；为响应"向广大青年进行文学教育"的号召，他写了普及性的《中国诗歌发展讲话》等。也正是适应"厚今薄古"的现实需要，他服从组织安排，把学术研究方向由古代转向现代，在极短的时间内，写出了《中国新文学史稿》，成为中国现代文学这门新学科的奠基者之一。正如先生后来回忆说，在50年代初，他几乎一年写一本书，达到了学术研究的第二个高峰。

但他的这种为新中国文化、学术发展献身的积极性，很快就遭到了严重的挫折：他的《中国新文学史稿》在事实上得到普遍欢迎的同时，又从一开始就受到严厉批判，并从此难逃新中国学者的三大劫难：被迫删改自己的著作，被迫不断做检讨，被迫参加对学术界、文艺界的无休止的批判运动。身处逆境的王瑶先生，又像当年他的父亲那样，进行着顽强的挣扎：一面尽量忍苦受气，一面努力寻找间隙，以求生存。这其间的种种辛酸，绝非亲历者所能想象。

王瑶先生的著作，每次再版，均有删改或增补。《王瑶文集》采用的是作者的改定本，但都与初版本进行了校勘，重要删改处均在注释里加以说明。有的是补充新材料，有的纠正失误，有的出于作者学术思想、观点的变化：这都是正常的学术工作。但也有的是出于政治上的敏感，有意删去了有可能犯忌之处。这里仅举一书的删改为例。先生《李白》一书，曾于1954年由上海人民出版社初版，1979年由原出版社再版。尽管此时文化大革命已经结束，但先生仍心有余悸，自己为文章动了手术——

1954年版"仗剑远游"一章中原有"任侠表现了一种对于自由

快意的生活的追求和对于一些不合理现象的反抗；求仙就其积极方面的意义说，是表现了一种对于现实生活的蔑视，要求在精神上解放自己”一段，1979年版删去。

1954年版同章中，有“蔑视一切束缚人的既定社会秩序”一语，1979年版删去。

1954年版同章中有“从这里可以看出诗人的人道主义精神和对于劳动者的同情态度来”一语，1979年版将“人道主义精神”改为“对社会现实的关注”。

1954年版原有“他这时的饮酒和任侠行为一样，都是一种要求自由与解放的豪放情绪的表现”一句，1979年版将“要求自由与解放”这一修饰语删去。

仅此一章的删改，即可见一斑。难怪先生晚年一再提及鲁迅先生在谈到“文章的骨气”的时候所说的一句沉重的话：“我是自己先抽去了几根骨头的。”

王瑶先生在《中国新文学史稿》一书的“重版后记”里，曾有“本书出版较早，自难免‘始作俑者’之嫌，于是由之而来的‘自我批判’以及‘检查’、‘交代’之类，也层出不穷”一语，“层出不穷”背后，自有说不尽的屈辱。《王瑶文集》收入了先生分别写于1952年思想改造运动、1955年“肃清胡风反革命集团及一切暗藏的反革命分子”运动、1958年“拔白旗”运动，以及1967年“文化大革命运动”的“检讨”与“自我批判”，以为王瑶先生（以及几乎所有的共和国知识分子）的这段不堪回首的经历留下一份历史的真实记录。先生在《在思想改造运动中的自我检讨》里透露，最初对这样的“改造”还有所“抗拒”（今天的说法就是“抵制”）。据说先生曾以他所特有的语言方式说过这样的话：一个人的改造像戒大烟一样，过程是减速度的，是越来越慢的，而且是很难根除的。先生还说“小资产阶级思想是有其社会基础的，在新民主主义阶段是合法的，是不可能完全消灭的”，看来是在严密的思想统治下仍想保留一块“小资产阶级的个人天地”。这自然只能是一个幻想。一个接着一个的运动，压力越来越大，改造的速度不是减慢，而是越来越快，从表明“我是一个思想上存在着很多毛病的知识分子”（1952）到检讨自己的“资产阶级的客观主义的立场和观点”（1955），再到承认“我的立场、观点和方法都是资产阶级的”（1958），据说在60年代又有了反复，继续在教学与学术研究中散布资产阶级思想，“替资产阶级争夺青年”。于是就有了文化大革命的总清算，终于供认自己“在意识形态领域内充当了资产阶级思想的吹鼓手的可耻角色”，“所起的客观效果与社会影响当然也只能是为资产阶级服务、为资本主义复辟做舆论准备”（1967）。尽管仍然以知识分子的狡黠，在文字上做了不少手脚（强调“客观效果”、“社会影响”，不承认“主观动机”，还用了“也只能是”这样的模棱两可的说法，等等），但却改变不了“彻底否定自己，也即彻底投降”的命运。这样，王瑶先生和他的同代知识分子不断挣扎的历史，事实上就成了知识者不断妥协与最终失败的历史。

不仅要自我否定、自杀，而且还被强求去批判他人，参与他杀，最后就形成了互相残杀。这就使从不愿伤害他人的善良的知识分子陷入了十分尴尬的境地。为了保留历史的真实状况，《王瑶文集》收入了先生当年所写的一些批判文章。先生在这些文章里，一方面，不得不按照当时政治斗争和意识形态的需要，对被批判者（自己的同类知识分子）作出政治审判式的批判；另一方面，又竭力使这种批判具有某种学术性，真可谓煞费苦心。《文集》收入了先生在批判胡适与俞平伯《红楼梦》研究的运动中，所写的几篇文章。这些文章都大谈“考据”，有意地选择了一个学术的角度：这正是先生的聪明之处。因此，文章一面按照上面定的调子，给俞平伯先生戴上“胡适的忠实追随者与继承者”的帽子，批判其“彻头彻尾的资产阶级唯心论的观点和方法”；却同时大谈“反对假借考证史料来偷运唯心论的毒素，并不等于说我们就可以不重视材料的搜集和必要的考证工作”，竭力在学术受到政治严重冲击的情况下，仍然坚持学术研究必须“掌握材料，尊重事实与证据”的基本法则；为了不授人以把柄，先生又旁征博引，从恩格斯、鲁迅语录，直到周扬的讲话。这一代学者就是这样在政治需要（对他们自身则是生存需要）与学术良知二者之间，寻找空隙，求得平衡，却陷入了更大的矛盾中：在后人看来，给俞平伯先生戴上的政治帽子本身，就是违背先生所要强调的“尊重事实与证据”的学术原则的。因此，这样的挣扎难能可贵，同时也是可悲的。

（三）

当这一切都已成为噩梦，先生和所有的知识分子一样，希望有一个新的开始。但他却时时感到力不从心之苦。《文集》新编了《王瑶书信选》，除了“文革”期间，包括关在牛棚里时，写给夫人的信（这部分信件当有极大的史料价值）外，大部分都写于先生的晚年。研究这些书信，就可以发现，先生的来往信件，大都是事务性的，并不轻易在信中（哪怕是私人通信）吐露心曲，这自然是先生的性格使然。但在给夫人和一些老朋友、老学生的信中，仍多少透露了他内心的某些痛苦。比如在一封给朋友的信中，即有这样一段话：“事实上自（19）58年被当作‘白旗’以来，廿年间虽偶有所作也是完成任务，已无要打算如何如何之意了，蹉跎岁月，垂垂老矣。虽欲振作，（已）力不从心。”我想，这不仅指身体的日见衰老，更是心灵深处的创伤难以愈合，加之先生过于清醒，对现实看得太透，致使先生无心也无力做自己真正想做的事。这样，先生晚年的写作，就像他自己的戏言（先生的很多真实思想都是通过这种幽默的方式表达出来的）所说，是“与其‘坐以待毙’，不如‘垂死挣扎’”的选择，仍然带有强烈的挣扎色彩。先生曾戏托致悼词的老友朱德熙先生，曾说先生“做学问总带着点逢场作戏的味道”，尽管令人难以接受，实在是深知先生之言。

但先生在进入具体写作时，仍然是认真的。而他的晚年的学术成果也是丰硕的。除了整理旧作外，先生晚年主要写有三部著作，即先生生前出版的《鲁迅作品论集》，与先生亲自编定，收入《文集》，第一次出版的《中国现代文学史论集》，以及先生编定、去世后出版的《润华集》，共有近九十万字。而先生晚年的这些论著对现代文学界的影响则是人所公认的。例如他的《〈故事新编〉散论》对鲁迅研究，以至整个现代文学研究，都是一个最早的突破性、典范性成果，影响了几代学者；他的《关于现代文学研究工作的随想》对新时期的现代文学研究更是一个指导性的文件。研究者对此已有不少论述，不再赘述。我想说的是，先生晚年的著述是对他现代文学研究的一个总结，不仅系统、全面论述了他对现代文学的重大问题与主要作家的基本看法，而且对他自己的文学史观、文学史研究方法进行了系统总结。正像他在《中国现代文学史论集》里所说，“目前新论迭出，诸说纷呈，本书所收各文皆与此无涉”；先生显然十分重视时代思潮对文学研究的影响，但他又始终保持清醒头脑与独立思考，坚守自己的基本学术立场，绝不随波逐流。这里举两个例子。大家知道，新时期的现代文学研究在相当一段时间里，都深受“撞击—回应”的西方汉学界的研究模式的影响，比较注重从西方影响的角度来探讨现代文学的产生、发展，阐释其历史特点，作出历史评价；这样的研究模式的引入，对打破原有的研究禁区，开拓研究思路，是起了很大的历史作用的，王瑶先生一直对此是充分肯定的，他自己也做过一些有关研究。但他从一开始，即明确指出，现代文学同时是中国传统文学的继承与发展，即使受到外来文化、文学的影响，也必须与自己的传统相结合，实现民族化。因此，他从新时期一开始，就把自己的研究重心，放在“现代文学与中国古典文学的历史联系”这一课题上，从70年代末在各高校的演讲，到80年代末最后一篇学术论文，都是探讨这一问题，可谓“十年一贯”。这虽然也有发挥自己的学术优势的考虑，但又确实是出于先生对现代文学特质的一种基本把握；现在随着研究的深入，先生的这一远见卓识就逐渐显示出了它的意义与价值，尽管曾经有一度先生是相当寂寞的。另一个例子与我的研究有点关系。当年我们几个人（大都是王先生的学生）提出“二十世纪中国文学”这一概念时，先生一方面对我们试图打破原有研究格局的努力，表示充分的理解与肯定，但在具体的学术观点上，却从一开始就持有异议。其主要意见是认为把现代文学的起点定在19世纪末、20世纪初，有可能导致对五四新文化运动的开创意义估计不足。后来他还专门亲自写了《中国现代文学史的起讫时间问题》一文，系统地阐述了他的看法（当时我们正受到来自极“左”方面的政治批判，压力很大，先生考虑到这一点，在文章中只字不提我们的文章，而另立了一个“靶子”；先生把讨论严格限制在学术范围内，对我们这些后学的保护态度，使我们深受感动，至今不忘）。从先生对我们的学术观点的批评上，可以看出，先生是始终坚持五四新文化运动的立场的。这也是他的现代文学研究的基本出发点与立足点。因此，当有人提出五四新文化运动对传统否定太多，“有割断民族文化之嫌”时，先生立即在现代文学研究界的一次会议上，提出应开展有关研究，对这种挑战作出回应（《谈关于话剧作品的研究工作》，文收《王瑶文集》第5卷《中国现代文学史论集》）。他自己则念念不忘这一关系着对五四新文化运动的基本评价的重大课题的研究，直到他去世那一年年初，他才写出了《“五四”时期对中国传统文学的价值重估》一文，作出了自己的回答。而这篇力作，也成为他的学术研究的绝笔，这确实是意义重大的。王瑶先生晚年对自己经过长期研究、独立思考而形成的基本学术立场、观点的这种坚守，是令人感动与敬佩的。它表现了一种不屈服于外在压力与诱惑，也不趋从时尚的独立研究精神与姿态。这独立的精神与姿态使先生晚年的生命显示出真正的诗意，而且是庄严、壮丽的诗。

鲁迅曾一再感慨，中国的文人（知识分子）总是走不出或为“官的帮忙、帮闲”，或为“商的帮忙、帮闲”，或为“大众的帮忙、帮闲”的历史怪圈。现在，我们却在晚年王瑶先生以及和他类似的知识分子身上，看到了走出怪圈的第一步。尽管他跨出了这一步，即离我们而去，但这终于走出的一步却是真正历史性的。这最后的觉悟，是王瑶先生一生挣扎的最光辉的结果；更可以视为一个多世纪的中国知识分子坎坷之路的最基本的总结。我以为，这是先生留给我们——他的学生们最重要的精神财富，也是一个世纪遗产，整个20世纪中国知识分子最惨烈的经验教训，都凝聚于其中。只要现实生活中，还存在着使知识者落入官（商、大众）的帮忙、帮闲的陷阱的压力与诱惑，继承这份遗产，就有重要与迫切的意义。这是我读《王瑶文集》的最主要的收获，现在贡献给诸位，也是对先生逝世七周年的纪念。

1996年12月4—10日写于燕北园

（选自《返观与重构——文学史的研究与写作》，上海教育出版社，2000年3月）

从麻木中挤出的回忆

——王瑶师逝世一周年祭

六年前，在先生七十寿辰的祝词中，我称先生为“鲁迅影响下的一代学者”的代表，先生是曾经微笑首肯的。先生一生研究鲁迅，宣传鲁迅，以鲁迅精神启迪后代，这方面的业绩是人所共知的。我想强调的却是先生自身主体精神与治学道路，以至治学方法上所受鲁迅的影响，这也许是更为重要的。作为一位鲁迅专家，先生在很多地方都谈到了“鲁迅的方向”对于现代中国及文学发展的意义；按照我的理解，鲁迅的方向意义，不仅在于他的思想与创作对于后人的典范与启示作用，而且在于鲁迅以他特具的精神力量，影响与造就了一代又一代鲁迅式的作家、学者及鲁迅式的知识分子和鲁迅式的中国人——鲁迅的立人理想正是在这里得到了部分的实现，这也是鲁迅对于中华民族最重要的贡献。所谓“鲁迅精神”，在本质上乃是现代科学民主精神与民族优秀传统的结合，鲁迅式的作家、学者、知识分子和鲁迅式的中国人，是中国历史上从未有过的，而又与传统有着深刻联系的新型知识分子、新的人，他们是建设现代中国的脊梁，是中国现代民族文化的希望所在。在我看来，王瑶师正是一位不可多得的鲁迅式的学者，鲁迅式的知识分子。

在先生的追悼会上，我们几个弟子送上一副挽联：“魏晋风度为人但有真性情，五四精神传世岂无好文章。”“魏晋风度”与“五四精神”正是对先生人格精神、气质的概括，也同时显示了先生与鲁迅内在精神之相通。先生在他的有很大影响的《论鲁迅作品与中国古典文学的历史联系》一文中，曾引用鲁迅的话，以清峻和通脱来说明魏晋风度的特点，并且指出，鲁迅说他自己“有时很峻急，有时又很随便”，“其实就是清峻和通脱，这主要也是受了魏晋文章的影响”。而王瑶师自己，于“清峻”（“峻急”）与“通脱”（“随便”）这两个方面都是有所继承，并且形成了自己的特点的。凡有机会与先生接触过的人，大概都为他那机智的谈锋、诙谐的语言、豁达的气度、潇洒的风姿，以及极有特色的，可以称之为“王瑶之笑”的笑声所吸引。这其实都是先生精神中通脱面的外在表现。在朋友、弟子圈中传诵一时的先生的名文——《自我介绍》（这也是先生自己最满意的文字之一），让我们最为倾心的，也正是这一点。“……迩来垂垂老矣，华发满颠，齿转黄黑，颇符‘颠倒黑白’之讥；而浓茗时啜，烟斗常衔，亦谙‘水深火热’之味。惟乡音未改，出语多谐，时乘单车横冲直撞，似犹未失故态耳。”这里，幽默与通达中暗含着辛酸与倔强，包孕着多么丰厚的人生体验！恐怕只有联系着20世纪以来中国知识分子艰辛曲折的历史道路，才能多少领悟这三言两语背后复杂的内涵。此言此语，当今学者中非王瑶莫为，却很容易使我们想起鲁迅。记得有一次先生突然对我说：“我现在无论做什么事，都是‘垂死挣扎’，什么事也不做呢，又是‘坐以待毙’。——与其‘坐以待毙’，不如‘垂死挣扎’！”说着就哈哈大笑起来。我听了却为之一震，并且立刻联想起鲁迅的《过客》——“过客”不是明知前面是“坟”，还要不停地往前走么？还有，鲁迅在《死火》里，不是同样面临“动则烧完，不动则冻灭”的两难境地，最后断然选择“与其冻灭，不如烧完”么？经历了水深火热的种种灾难，中国知识分子中最敏锐者，早已看透了一切，抛弃了对过去、现实以及未来不切实的幻想，达到了思想的超越，此所谓通脱，也即彻悟，但难能可贵的是，他们并未因此消极隐退，仍然以知其不可为而为之的精神积极进取（或曰“挣扎”）：这就是鲁迅所说的“绝望中的抗战”。在我看来，这是集中地代表了20世纪现代中华民族新的民族精神的，而王瑶师正是这一精神在学术界的重要代表。他的幽默、出语多谐因为内蕴着这种精神而别具深厚的力量和魅力。我常对朋友与学生说，王瑶师的幽默，不仅是一种很高的智慧，而且表现了极高的人生境界，为我辈难以企及，原因就在于此。

因此，先生的通脱（随便）是必然与清峻（峻急）互补的。在先生仙逝后，很多人在回忆中都强调了先生的宽容，这自然是真实的。但在我这样的常在他身边的弟子的记忆中，印象更为深刻的却是先生不宽容的那一面。先生是直接承继了魏晋文人及鲁迅先生的愤世嫉俗、疾恶如仇的传统的；对于他不以为然的人与事，他是径直施以青白眼的。因此，先生让人永远不会忘怀的，不仅是他豁达的笑声，更是他那严厉地审视一切的锐利的给人以威压的目光。先生对人的要求、评价毋宁说是峻急的；先生也和鲁迅一样，特别善于洞察人们表面行为、言辞背后的隐秘心理，当事人或者不察，或者察而不便言、不愿言、不敢言，先生常一语道破，而且采用的是王瑶式的表达方式，就像鲁迅所说的起诨名一样，简括犀利，入木三分，深刻到了刻毒的地步。这类刻毒的批评先生不常说，偶有表露，便让人永远难忘。从外表看，先生是冷多于热的，我甚至觉得，他是有意地把自己对于子女、弟子、朋友的爱包裹起来，甚至连亲近的人也要推到一定的距离之外，他常告诫我不要与学生拉拉扯扯——主要不是指非正常的牵扯，而是指感情的纠缠。记得鲁迅也是竭力摆脱爱之类的感情的牵连的，鲁迅甚至不愿意公开流露自己的感情，包括痛苦在内。王瑶师也如此；我永远不能忘记的是，一次我在他面前流露出我内心的软弱与痛苦，哭了起来，竟遭到了先生严厉的训斥。后来我读了鲁迅的一篇文章，鲁迅说，他不肯公开显示痛苦，是不愿让仇敌感到快意，更不愿成为庸人饭后的谈资，或徒然给亲人增添烦恼。我于是终于懂得了先生的一番苦心。先生自己也确实从未在我面前流露他的痛苦，我也但愿留在我记忆中的，永远是那时而畅怀大笑，时而向人投以锐利一瞥的，通达、坚强的王瑶师，我不愿看见，也不敢想象，老泪纵横的先生将是一个什么模样！……

正在酝酿写这篇文章，收到了一位名叫饶向阳的山区中学语文教员的来信，谈到他对鲁迅精神的理解。他以为，有两类思想家都是不健全的，一类“把思想作为一种手段而随意揉捏”，“不求真”，另一类“醉心于纯思想领域内的设计与构筑，在自己的天地里自足”，“少务实”；而鲁迅精神的可贵之处正在于达到了“求真”与“务实”的统一。——应该说，这是一个相当独到的观察。我却因此而想到了王瑶师，在这一点上他也是与鲁迅相通的。先生对于鲁迅有一个我称之为经典式的评价：“鲁迅的伟大正在于，他的一切都可以公之于众，让人们在光天化日之下予以评论，以至批判——他几乎是唯一可以不加删削、修改地出版全集，而绝不会损害他的形象的现代中国思想家、文学家。”——我至今仍清楚地记得，先生在做这一番评价时，所流露出的无限神往的神情；他接着反过来向我一一列举在中国现代史上声名显赫的政治家、文学家、思想家，结论是：在这一点上，他们都不能与鲁迅相比，先生于是快活地甚至有几分恶作剧似的，哈哈大笑起来。这又使我联想起鲁迅当年对做戏的虚无党的批判与嘲笑；鲁迅说，中国人，特别是中国的知识分子，身上都有一股永远也褪不掉的“做戏的虚无党”的气息。而鲁迅却是绝少（或者没有）这种气息的知识分子之一；他真正做到了表里如一，终生不渝，以求真为生命唯一追求，他的失误也是求真过程中的失误，因此无须删削、修改与掩饰。我不敢说王瑶师已经达到了鲁迅这样的境界，但他理解，并且自觉地追求这一境界，却是毫无疑问的。先生在《鲁迅思想的一个重要特点——清醒的现实主义》一文中，十分小心地将鲁迅式的“清醒的现实主义”与“无理想的爬行的现实主义者”区分开来，并引用鲁迅在《再论雷峰塔的倒掉》里的分析，“把‘破坏’分为‘革新的破坏’与‘寇盗式的破坏’、‘奴才式的破坏’两类”，强调二者的“区别就在于前者的内心有‘理想的光’”。这不仅是先生对鲁迅求真精神的一种深刻理解，而且可以看作是先生的自我写照：他正是一位有理想、有情操的把鲁迅的求真精神化为自己血肉的学者。这一品格对于一位历史学家来说是尤为重要的；我以为，这正是王瑶师的文学史研究（无论是中古文学史，还是现代文学史研究）能够经得起历史的检验的最根本的原因。

王瑶师不是那种醉心于纯思想领域内的设计与构筑的，缺乏现实感的迂阔的学者。先生的务实精神是表现在诸多方面的，但在我看来，最能显示先生的现实感的，莫过于他十分清醒地意识到，自己是在什么样的现实条件、环境下，从事科学研究的；他一刻也没有忘记自己是一位中国的学者，因此，他经常提醒我要注意鲁迅那句名言：“我们目下的当务之急是：一要生存，二要温饱，三要发展。”我要坦白地承认，在很长一段时间，我都没有注意、也不太理解先生的这一提醒。直到后来，经过了一些事实的教育，再重读先生的著述，才略有所悟。王瑶师早在他的《中古文学史论》中，即已注意到中国古代知识分子“志存保己”而处处持“至慎”态度的事实（《文人与酒》）；在中国，首要的是生存，然后才谈得上发展，这是确乎如此的。在一次谈话中，先生还表示十分赞赏鲁迅关于惟其中国少有真正的战士，就更须注意保全战士生命的观点；他以为在思想文化领域也同样如此。每一次文化运动总要损伤一大批极有希望的研究者；这固然是极左路线的恶果，但作为研究者自身，却也不得不考虑如何保全自己的问题。“如何做中国的学者”这实在是一门大学问，先生在这方面有着丰富的经验。他一再告诫我，在学术研究中，既要有求真精神，绝不作违心之论，但也要注意掌握“什么时候，可说，不可说，说到什么程度”之类的分寸。后来，我读先生纪念朱自清先生的文章，发现先生引用朱先生《论气节》一文中所说，“‘气’是积极的有所为，‘节’是消极的有所不为”，说的是同样的意思；先生自己于有所为与有所不为，时机、分寸都是把握得恰到好处的。这使我想起，人们常说鲁迅是一位思想文化战线上的战略家、策略家；其实，一切希望在中国生存下去的文人学者，都是不能不思考战略、策略、方法这类问题的，王瑶师不过是在这方面更为自觉而已。他一贯主张的“打太极拳”、“擦边球”以至“外圆内方”之类，在一定意义上，都是一种自我保全的手段。对于一个一意求真的学者来说，这样考虑，这样做，都是不得不然（而又是必须的），同时伴随着巨大的精神痛苦的。而且，外圆与内方，务实与求真的要求是相辅相成的，甚至可以说，求真、内方的要求是更为根本的，前者以后者为前提。不能两全时，先生是宁取后者的。出卖原则的策略家仍然是鲁迅与先生都嗤之以鼻的做戏的虚无党；坚持真理，爱憎分明，这才是先生的本色。

先生与鲁迅，以及几乎所有的中国现代知识分子一样，有着自己的精神痛苦。只是先生平时总是小心地不让人们（特别是比他年轻的朋友和学生辈）进入他的内心世界——我猜想，这与鲁迅常说的“我的思想太黑暗”，不愿以此影响年青一代的心情，颇有些相近。我只是通过几件事多少感受到或者领悟、理解到他内心的某些痛苦。这种感受、领悟、理解未必准确，而且很难诉说，但我仍然要努力试一试。

那一年陪同先生、师母做了一次西安之游。在参观了秦兵马俑之后，又驱车游览了汉武帝茂陵，唐太宗昭陵，唐高宗、武则天合葬的乾陵，唐中宗定陵，以及霍去病墓前的大型圆雕。在游览过程中，先生兴致很高，一路谈笑风生，但归来的途中，却突然沉默了，开始我以为先生有些疲劳，并不在意；后来偶然一回头，发现先生神色异样的严肃忧郁，似乎含着难言的痛苦，这是在与先生接触中从未见过的，我呆住了。这时，只听见先生低低地说了一句："我们真是不肖子孙，不肖子孙……"我正准备像往常一样听他大作发挥时，先生却戛然止住，并且再也没有说话。我凝望着在暮色苍茫之中先生默默吸着烟斗的侧影，觉得似乎贴近了先生的内心却又说不清楚。几年后，我在先生的《念闻一多先生》一文中看到先生回忆闻一多将其书斋命名为"思唐室"，并且说"就我听他讲唐诗的印象说，他对唐代文化和国力的繁荣强盛，确实是神往的，言辞间充满了感情"，联想起鲁迅所说的"遥想汉人多少闳放……唐人也还不算弱"也是这样的满怀激情，先生痛苦地自责"不肖子孙"的情景重又浮在眼前；我于是懂得了，对于从鲁迅到闻一多到王瑶师这几代中国知识分子，复兴中华民族的要求已经融入生命与血肉，他们为之奋斗终生，献出了自己的一切，虽屡遭挫折，仍矢志不移，但目睹国家、民族依然不能摆脱贫穷落后状态的现实，他们不能不有愧对祖先的感慨，并因此承受着刻骨铭心的精神痛苦。面对先生（以及上溯到闻一多、鲁迅几代人）的这一难以弥合的精神创伤，我不禁肃然起敬；但想到先生们的情感恐难为更年轻的一代所理解（在他们看来，先生们的这类痛苦未免有些空泛），我又不能不产生透骨的悲凉之感……

另一次令人难忘的谈话，题目比较切近——先生突然和我谈起"中国需要大学者，竟又没有产生大学者"的问题（在我看来，这与前述话题本有着内在的相通），而且出乎我的意料，先生竟对于他所熟悉的北大中文系的中青年教师一一加以评点：某某走的不是大学者的路子，某某本身条件不错，但主客观原因使他成不了大学者……先生从不和我议论本系、本专业的同事，这是他的一条原则；因此，这唯一的一次例外的评论给我留下了很深的印象。我十分惊异，先生对每一位被评论者的根本弱点把握得竟是那样准确，常常一语中的，我由此而领悟到，先生平日对学生辈的种种肯定、鼓励，都是从现实条件出发的，而与他内心深处追求的学术理想境界相比，他显然有着更多的保留、不满，以至失望……记得他就曾直率地对我做过这样的评价：“你外文不行，中国古典文学根底不厚，语言文字功夫不深，这限制了你的发展。”说完这话，先生与我心情都有些沉重：我们都明白，这无法弥补的缺陷是怎样造成的；因此先生接着又补了一句：“现在只有这样了，尽自己的最大努力吧。”先生这无可奈何的鼓励态度恐怕不是对我一个人的……

我正陷入自己的遐想中，先生的讲话不知什么时候也中断了，先生只默默地吸着烟斗，不再说一句话。在烟火忽明忽暗中，我突然捕捉到先生眼光中闪过的一丝怅惘，心里一震。我猛然意识到，先生的不满、失望也许更是对他自己的吧……

从此，我的心上留下了抹不去的阴影，在先生去世以后，我更是多次想起这次谈话。在我们接触或了解的前辈学者中，先生无疑是最有才华的，他的胸怀、眼光、学识，都足以成为一代大学者；尽管先生已经尽到了他的最大努力，与同代人以至后几代人相比，他取得了令人称羡的辉煌成就，但我们也必须正视这一严酷的事实：先生在四五十年代达到了一个学术高峰以后，学术研究道路上再没有出现本应出现的新的高峰；他毕竟没有成为时代所要求，也是他自己所追求的一代大学者。当先生与我讨论大学者问题时，一定是感到了这种历史的遗憾的，而且在他看来，这遗憾并不仅仅属于他一个人……

这是一个时代的错误，这一点先生是确信不疑的。因此，当听说有人提倡自我反省，先生的反应异乎寻常的强烈，他几乎是怒不可遏地说：“该负责任的不承担责任，难道要我们这些被批判者自己负责？！我绝不认这个账！”先生只要一谈起在极左思潮影响下的大批判，说话语气顿时就严峻起来；他不止一次地对我说，50年代初，他一年写一本书，以后搞起拔白旗、大批判来，终日战战兢兢，如履薄冰，就什么也写不出来了。他在写给朋友的信中也说：自从被拔了白旗以后，即使写文章也都是被动应付，再也没有主动想如何如何的打算了。而且，据我的观察，在文化大革命结束后的相当长的一段时间里，先生仍然心有余悸，好几次我和先生一起出席某个会议，先生在会上作了发言，会后在私下里总要问我，他说话有没有出格；我有时也直言不讳地指出他的某些不妥之处，先生总要自嘲似的说："我确实老糊涂了。"看着满头白发的先生失悔不安的神色，我心里真是说不出的难过。不过，日子久了，先生似乎也豁出去了，常在公开场合或内部征求意见的会上，仗义执言，有些话惊人的大胆，我们都为他捏一把汗，先生却毫不在意，依然自嘲似的说："我这是倚老卖老！"但在写学术文章时，先生还是十分谨慎的，也确实没有主动想如何如何的计划。他曾对我说：我现在写文章，出席各种会议，老在人们面前晃来晃去，不过是表示我王某人还有用，否则谁也不理我了。——先生说这话时，态度是平静的；我听了以后，却直想哭……

据我的观察，"千古文章未尽才"的历史的遗憾里，似乎还隐藏着先生自身的内在矛盾。在与先生的长期接触中，我逐渐发现先生具有学者与政治分析家两方面的气质、才华与兴趣，这两种不同发展方向的冲突对于先生的思想、情绪、心理、性格，以及先生的人生选择、学术研究的影响，是十分深刻的。提起学者的王瑶，我总要想起1981年协助他写作《〈故事新编〉散论》的情景。工作一开始，先生就拿出一大堆大小不等的纸片，让我熟悉材料。我打开一看，只见这些纸片，有的是剪报，有的是正规的卡片，有的竟是香烟盒、旧日历；上面或密密麻麻地抄录着原始材料，或歪歪斜斜地写着三言两语偶尔掠过的思考，有的就只有有关材料的出处；再仔细看，这些纸片的时间跨度竟长达几十年，我现在能够想起的，就有1956年9月5日《人民日报》上所载徐淦《鲁迅先生和绍兴戏》一文的剪报，1962年4月25日《人民日报》上载佐临《漫谈“戏剧观”》一文的剪报，1963年3月14日《光明日报》载周企何《川剧丑角艺术》的剪报，写着“1980年《戏剧学习》2期丁扬忠《布莱希特与中国古典戏剧》”几个字的纸条；还有几张纸条，则是先生平时在欣赏电台广播的肖长华、姜妙香合演的京剧唱片《连升店》，尚小云、荀慧生合演的《樊江关》时，随手记下的，时间大概总是在五六十年代；另一张好像是文化大革命前先生在观看了拍摄成电影的湖南花鼓戏《补锅》后记下的几句台词……看着这一堆已经发黄的纸片，想到先生为解决《故事新编》中的油滑问题这一鲁迅研究中的难题，竟思考、酝酿、准备了二十五个年头，想到先生几十年如一日地时时刻刻都处在学术研究状态中，连平时看报、听戏、看电影都能随时赋予他学术的灵感，我突然强烈地感受到了学术研究的艰辛与乐趣，学者生涯的特殊魅力，对作为学者的先生似乎也有了更深的理解。把几十年的研究心得写成正式的学术论文，这在先生是一个收获的季节。但他仍然是极其认真，甚至可以说是小心翼翼地做着最后的文字工作。我至今还清楚地记得，文章的每一个小标题，他都与我仔细地推敲过，先生的要求十分严格，既要能概括文中内容，又要文字简明，还要前后字数统一，具有形式上的匀称美，“且说《补天》”这个标题就是先生和我一边散步，一边讨论，琢磨了将近一个小时才最后定下来的。我发现，精心选择、调遣语言文字，对于先生简直是一种享受，他是那样兴致勃勃，甚至是怡然自得地品味、吟哦，陶醉于其间，神态又是那般的洒脱、从容……整整半个月，先生仿佛卸去了外在角色加于他的一切，沉浸在真正学者的单纯与明净之中。我不禁从旁欣赏起来，并且受到了深深的感动。我多么希望将此刻的先生永远定格，并且想，如果先生终生处于这样的学者状态，在他的笔下，将会出现多少天才的创造！但在我与先生相处的十多年中，这样的状态却仅有这一次（《〈故事新编〉散论》也就成为先生晚年最有光彩、最见功力的著作）；我看得更多的，是另一个王瑶：他坐在小小的客厅里，眼观政治风云，纵论天下大事，分析文坛、学界形势，针砭时弊，预测国家、民族命运，探讨历史走向……依然是才华横溢，妙语连珠，并且兴致勃勃。这政治分析家的角色对他同样有着永远的诱惑力，尽管他因此而承担着心灵的重负，长时间地陷入骚动不安与痛苦之中。由于政治在现代中国社会发展中所占有的举足轻重的地位，一切关心中国民族命运的知识分子都几乎是必然地要对政治表示关注；但据我观察，王瑶师对于政治已经超出了一般意义的关注：这实在是他施展才能的场所。这是一种政治分析的才能，早在先生大学读书期间，特别是在他担任《清华周刊》主编期间，他的这种善于对复杂多变的政治形势做出准确的判断与预测的能力，已经得到淋漓尽致的发挥。当然，先生的文学兴趣、学术研究的才能，在大学期间也有了一定的表现。这就是说，就先生在年轻时所表现出来的气质与才华而言，他本是存在着两种可能的选择的。事实上，先生也是首先成为一个政治活动家的，到40年代末从朱自清先生以后才走上学术研究道路。而正像我们所看到的那样，在先生成为一个学者，在学术上取得了很大成就以后，这种内在的政治分析家的气质、才能、兴趣仍然对他产生着潜在的影响与蛊惑。先生由政治活动家向学者的转变，原因自然是复杂的；在我看来，一个重要因素是先生尽管有着政治分析家的禀赋，却不具备政治实践家的气质（包括心理素质）。这种情况与鲁迅很相似：鲁迅无疑是有很强的政治意识的，鲁迅政治分析（当然不止于政治分析）的才华也是十分出众的，但鲁迅却一再地表示他不是政治家，他说："凡做领导的人，一须勇猛，而我看事情太仔细，一仔细，即多疑虑，不易勇往直前，二须不惜牺牲，而我最不愿使别人做牺牲……也就不能有大局面。"鲁迅对自我心理素质、思维方式的这一分析也完全适合于王瑶师。在我看来，鲁迅也存在着如何同时发挥自己多方面的才能的内在要求与矛盾，鲁迅选择杂文作为主要发展方向，除了社会的需要这一基本原因外，也未尝不包含着要让他的文学的才能与政治、思想分析的才能同时得到施展的考虑。但王瑶师主要从事的是学术研究，而且先生总是十分小心地不要让他的政治分析掺入他的学术研究中，以尽可能地保持学术本身的客观性与独立性。先生在客厅里作政治时事分析时的语言表达方式，与他写学术文章时的语言表达方式也是严格区分开来的，这二者间的反差如此之大，常常使有机会经常亲承意旨的学生感到惊异与困惑，这里自有先生的一番苦心。先生卓有见识的政治、时事分析既不能通过他的学术研究对社会产生影响，就只能成为一种清议与空谈，这样，先生就必然地陷入他所研究过的中国历史上的知识分子共同的矛盾与苦闷中：空有高出一般的思想，在思辨中常常能够对历史事变的发展（或其局部）作出惊人准确的预见（猜测），却不能参与历史的变革，对历史发展施加自己的影响。更为严重的是，先生精彩绝伦的政治分析对外既不能产生影响，对内却成为对先生自我的一种束缚；这类终不免是一种清议、空谈的政治分析，不仅牵扯了先生过多的精力，实质上成为一种才华的浪费；而且时时、处处作政治分析的习惯，也弄敏了先生的神经，对瞬息万变的政治形势种种准确的、不准确的分析、猜测，又总伴随着对自己及周围人的实际命运的种种担忧，这就大大加重了先生战战兢兢、如履薄冰的自我感觉，形成了无休止的、不堪承受的心理压力，这自然会妨碍先生进入前述单纯、明净的学者状态。当然，正如先生自己所常说的，政治对学术的干预、影响在现代中国不是一个理论问题，而是实际的客观存在；因此，先生这样的学者不作政治思考与分析是不可能的，这就形成了一个解不开的矛盾。但先生仍然从自己的痛苦经历中总结了经验教训，在他生命的最后阶段，我不止一次地听他不无惋惜地谈到自己在文化大革命十年动乱中，整天战战兢兢地作形势分析，结果浪费了时间，一事无成；他在和我最后一次单独谈话（那是我在参加苏州会议前先去南京，向他告别时）中，这样郑重告诫我："不要到处打听消息，少做无谓的分析，不要瞻前顾后，不受风吹草动的影响，沉下来，做自己的学问！"在苏州会议上，我又听到了先生对现代文学研究界同行的嘱咐："不要问别人你该干什么，怎么干，一切自己选择，自己负责！"我的灵魂再一次受到了震动：我知道这最后嘱咐的分量，我能体味先生说这番话时的心情——我想起了曹禺说过的一句话："让人明白是很难很难的啊！明白了，你却残废了，这也是悲剧，很不是滋味的悲剧。我们付出的代价是太多太大了……"

但我们仍然要记住这一点：先生是在明白了以后离去的，他还是幸运的。既然上帝安排我们依旧活在这个世界上，那么，在我们多少明白了一点以后，就挺起身走下去吧——走自己的路！……

1990 年 1 月至 7 月

［附记］

王瑶师去后很长时间内我写不出一个字。今年 1 月，应《群言》杂志之约，勉强写了一篇短文，本文中的第一二部分即是从中摘录下来的。以后在编《王瑶先生纪念集》过程中，又陆续写了一些片段。接着病了一场，在住院期间，想了很多，却只写了寥寥几行字。本已无心写成文，拒绝了《现代文学研究丛刊》的约稿。不料在病后静养中，竟为感情所驱，拉拉杂杂写了近万言。《丛刊》如不弃，或能发表；不然，压在箱底也好。反正我已写出了我想说的话，心灵的重负可以解脱了。

1990年7月2日于寓所

（选自《世纪末的沉思》，河北教育出版社，1997年）

和当代大学生谈王瑶先生以及我们那个时代所受的教育

我跟北师大大概是比较有缘的，退休以后到北师大来讲话现在已经是第七次了。这次是春秋学社和农民之子学会的朋友给我出的题目，让我讲讲我自己的老师和当年所受的教育。我原来以为这是一个当代大学生不感兴趣的问题，有点怀旧的味道，但是没想到大家愿意听，而且来了这么多人，这使我很受感动。另外，我自己也确实很想和当代大学生讲讲我们的老师对我们的教育。这是因为最近连续发生了大学生与研究生自杀的悲剧，我非常震惊。在接受记者采访时，我谈了一个看法：血的事实迫使我们必须正视我们的教育，大学生教育，研究生教育，出了问题，而且是出了大问题。因此，谈谈我们曾经拥有、却正在失去的教育传统，实在有一种现实的迫切性。但这样的题目毕竟太大，同学们听起来会觉得有些空，所以，我今天主要是来回忆我的导师王瑶先生，讲一些具体的、感性的材料，而把背后的东西，需要思考的问题，留给大家，或许以后有机会再来作专门的讨论。

我从五个方面来讲。

首先讲的第一个问题是——

王瑶是谁？

如果查名人辞典的话，会找到这样的记载：王瑶，山西平遥人。

1934年到1937年在清华大学学习，以后又到西南联大学习，是朱自清先生的研究生。毕业之后就留在清华任教，50年代初院系调整，到了北大。他在学术上的主要贡献有两个方面：一方面是他对中古文学史的研究，他最著名的著作是《中古文学史论》，据有关专家说，可能到现在中古文学史的有关研究还很少有超越他的著作；他另外一个最大的贡献是在建国以后，第一个写《新文学史稿》，是我们现代文学学科的奠基人之一，所以有非常巨大的影响。——这可以说是一个在辞典里看到的，存在于学术史、教育史上的王瑶。

但这样的王瑶未免有些概念化与抽象化，看不到他的精神，更看不到作为一个人的王瑶，他的个性，他的人格魅力。因此，我要在这里向大家介绍王瑶先生自己写的《自我介绍》。1987年，他们1934到1938届的同学，办一个纪念刊，王瑶先生就写了这样一篇短文。我先念一下，然后再做一点解释——

> 在校时诸多平平，鲜为人知。惟斯时曾两系囹圄，又一度主编《清华周刊》，或能为暌违已久之学友所忆及。多年来皆以教书为业，乏善可述，今乃忝任北京大学教席。迩来垂垂老矣，华发满颠，齿转黄黑，颇符“颠倒黑白”之讥；而浓茗时啜，烟斗常衔，亦谙“水深火热”之味。惟乡音未改，出语多谐，时乘单车横冲直撞，似犹未失故态耳。

这里既介绍了他的历史，同时也把个人的精神和性格写出来了。所谓“两陷囹圄”，是指他当时是中共地下党员，积极参与“一二·九”运动，先后两次被国民党逮捕入狱。当时他任《清华周刊》主编，这是一个很有影响力的学生刊物，王瑶先生很早就显示了他的思想的敏锐、判断力与文学的才华与功力。特别有意思的是他的自我描述，既是形象的描述，也是精神的描述。所谓“华发满颠，齿转黄黑”，表面上是说自己头发本来是黑的，现在人老了，就变成白发了——见过王瑶先生的人都会对他的一头银发留下非常深刻的印象。人的牙齿一般都是白的，而王瑶先生因为烟抽得太多，所以他牙齿是黄黑的，这就叫做“齿转黄黑”。这是对自我形象的描述：一个牙齿黄黑、满头白发的老人。但他接下来说：“颇符‘颠倒黑白’之讥”，这就有言外之意了，让人猛然警醒：这一代人是生活在“颠倒黑白”的时代的。那么“浓茗时啜，烟斗常衔”讲的是什么呢？王先生极喜欢喝茶，一天到晚都在那里喝茶，他晚上睡得很晚，大概早上三四点钟才睡觉，睡觉前还得喝茶，同时又喜欢抽烟，老是含着一个烟斗——现在，王先生手衔烟斗的相片，已经构成了他的经典形象。但接着又冷不丁说了一句：“亦谙‘水深火热’之味”，天天喝水，自然“水深”，天天抽烟，自然“火热”——但这背后，又隐含着多少个人的，以及几代知识分子的辛酸！

更重要的是，这里表达了一种精神。这是一种什么样的精神呢？王瑶先生去世以后，我们这些弟子献了一副挽联：“魏晋风度，为人但有真性情；五四精神，传世岂无好文章。”这是我们对王瑶先生精神的一个理解与概括：我们把王瑶先生看作是“魏晋风度”和“五四精神”的一个传人。那么，什么是“魏晋风度”，什么是“五四精神”呢？鲁迅对魏晋风度有个概括，我想很多同学都很熟悉，就是“清峻、通脱”四个字。鲁迅自己也说：“我有时候很峻急，有时候很随便。”因此可以说魏晋风度与鲁迅所代表的五四精神都有两方面。一方面是“峻急”，王瑶先生讲“颠倒黑白”，讲“水深火热”，就是对他所生活的时代，对知识分子的境遇的一个很严峻的判断，这个地方就足以表现了王瑶先生鲁迅式的清醒、冷峻，敢于直面现实的那一面。另一面是“通脱”，王瑶先生说他“出语多谐”，如此严酷的事实却用这样幽默的语言表达出来，这其实是表现了一种心态：看穿、看透了一切以后的坦然自如。

王瑶先生这种危难中的坦然，给人留下的印象是永远难忘的。在他去世以后，老友林庚先生曾撰文回忆他在“文革”时候的表现：“文革”时候他们都被打成“反动学术权威”，并且被勒令在公共场合扫地，以示“斯文扫地”。林庚先生说我们都觉得非常地窘迫、难堪，但是王瑶却泰然处之。他“游刃有余，如入无人之地，穿过无数杂乱的脚下，就这么不急不慢地一路扫去……”

现在王瑶先生又在他的《自我介绍》里，为自己留下了最后一幅图像：“时乘单车横冲直撞，似犹未失故态耳。”——直到今天，我一提起先生，首先想起的就是这个在未名湖畔衔着烟斗，骑着单车，横冲直撞的王瑶。这样一个形象是永远铭刻在我们每个弟子的心灵深处的。这是一个瞬间永恒。

关于王瑶先生的“出语多谐”，也就是他的语言表达方式，我还想多说几句。所有他的弟子回想起先生，常常要想起他的目光，那是非常锐利的，被他看一眼，你就会感到一种威压；另一个就是王瑶的乡音和他的笑声。先生一口山西话，而且还很有特点，讲着讲着自己就哈哈哈地笑起来了。陈平原曾回忆他第一次见到王瑶师，是在中山大学当学生时听先生演讲，平原是广东人，自然听不懂先生浓重的山西口音，他那突然而发的笑声更让人听得莫名其妙。但就是这莫名其妙的笑声，深深地吸引了陈平原，这或许就是他最终成为王瑶先生弟子的最早因缘。

最难忘的，自然还是他的语言，就是我所说的王瑶式的表达方式，那是非常特别的。先生著作里的语言，和他日常生活中谈话的语言是不一样的，有很大的差异。先生著作的语言是标准的学术语言，严谨而简洁；但在日常谈话中，他确实“出语多谐”。鲁迅先生喜欢给人起绰号，入木三分，到了刻毒的地步，王瑶先生也是这样，假如私下讨论一个人，或一类人，他会用一句话概括，概括得也是入木三分，让人终生难忘。我举个例子：他说我们学者中有一类，与其说是学者，不如说是社会活动家，是“社会活动家型的学者”。我们今天就到处遇到这样的社会活动家型的学者，他或者根本没有学问，但极善公关，或者也有点学问，开始阶段还下了点功夫，取得一定成绩，然后就通过社会公关极力推销自己的产品，以取得最大报酬，得到最大限度的好处，包括政治和物质的好处，通常情况下，还要超值。而这样的人却常常被培养为接班人，而他们一旦掌握权力那就很可怕，他会充分利用现有的体制，为自己谋取更大利益，拉帮结派，“武大郎开店”，压制才华高于自己的同辈或年轻人，有的就成了学霸。——可以说，王瑶先生的概括是击中了某类人，以及我们的教育体制的要害的。

王先生还把一些学者称为“二道贩子”，即向外国人贩卖中国货，又向中国人贩卖外国货。他并没有真学问，无论对中国文化，还是外国文化都并无真知、深知，一知半解，抓住一些皮毛，就到处炫耀、糊弄，他的学问全在一个“贩”字。——这话说得非常刻毒，却也击中要害。王瑶先生在80年代就看出了贩卖学术，即学术商业化的倾向，这样的眼光不能不让人折服。我现在在观察当下中国学术界与教育界时，常常要想起王瑶先生取的这样两个绰号，我觉得这都可以称得上某些学者类型的经典性概括。

王瑶先生还有一段话也让我不能忘怀，在很多场合我都谈过。有一天王瑶先生找到我，他说，我现在面临两难选择：我现在年纪已经大了，要是继续努力，发挥余热，不过是“垂死挣扎”；要是什么也不做，那就是“坐以待毙”，你说我该怎么办？他最后的选择是：“与其坐以待毙，不如垂死挣扎。”——我当时听了以后受到了极大的震撼，也反过来问自己：我是不是也面临着这样的两难，虽然我年纪比王先生轻。其实在座的诸位也都一样，这是一个人类共同的生命命题：所有的人，都有同一个“死亡”在等待你，这是毫无例外，不可选择的；但由生到死的路途，却有“有为”（“垂死挣扎”）与“无为”（“坐以待毙”）两种选择。这背后是有一个人生哲理的，即人生意义和价值不在于结局，而在于过程。在“挣扎”的过程中，“有”所“为”，爆发出生命的火花，哪怕是只有一个瞬间，也会带来美感，就有了某种价值；如果选择“无为”，什么也不干，这样的生命就没有一点光彩，就真的“坐以待毙”了。这里有很深的哲理，但王瑶先生用一种玩笑式的幽默的语言表达出来，就具有很大的冲击力。

还有一句话在全国到处流传，但许多人不知道这是王瑶先生说的，发明权属于他，这话就是“不说白不说，说了等于白说，白说还得要说”。这是高度概括了当下中国知识分子言说困境，以及在困境中挣扎的现实的。许多人的感受，被王瑶先生用如此简明、如此准确，又充满调侃意味的语言表达出来，因此，此语一出，就传遍全国，并且经久不衰。

我有时想，我们这些人都是吃文字饭的，你说了一辈子的话，写了一辈子的文章，能够有一句话让许多的人永远不忘，就是很大的成功了。而王瑶先生却说了很多这样的话，这是非常让人羡慕的。这不只是语言的智慧，更是人生智慧，同时也是一种生命境界。这才是真正让人心向往之的。

我要讲的第二个问题是——

“我”与“王瑶”是怎样相遇的

先谈我自己。我 1960 年大学毕业，就分到了贵州的安顺，当时就有一个想法，要考研究生，想继续到北大来读书。但是我这个愿望却一直不能实现，一直到1978年“文革”结束，恢复研究生考试，才有实现的机会，也就是为了实现这个愿望，整整等了十八年。在等待中我在贵州也做了点鲁迅研究，并且产生了一个梦：要到北大的讲坛上来讲鲁迅。这个梦一直吸引着我，“文革”最困难的时候，我还是相信知识总有用，所以一直在为读书做准备。但真正得到报考研究生机会的时候，我已经是三十九岁，而且只有一个月的准备时间，而当时“文革”刚刚结束，什么资料也没有，《现代文学史》教材只找到半本。所以那个时候尽管心里非常想考北大，又实在不敢考，因为我在贵州看北大，觉得真有点高不可攀。但又非考不可，因为在“文革”中我的外语已经荒废了，当时所有的学校都要考外语，独有北大中文系现代文学等几个专业不考外语。后来我才知道，这也是王瑶先生出的主意。据说他找到北大中文系的党委书记，问：“你想不想要人才？”党委书记说：“当然要人才了。”他说：“你想要人才就别考外语，你想想这些有才华的人，在‘文革’当中他的外语肯定是不行的，你考外语就把最有才华的人挡在外面了。”结果这位党委书记听了王瑶先生的话，也就给了我这样的外语不好的考生一个机会。对我来说，更是唯一的最后的机会，即所谓“最后一班车”。

这确实是人生中的一个决定性的关键时刻，可以想见，我是以什么样的心情走上考场的。后来我才知道当时北大现代文学专业准备招六名研究生，报考的却有八百多人，是一百多人取一个。如果当时我知道这个消息，就根本不敢考了。据说中文系的领导也很着急，就找到王瑶先生，要求他出一个“绝题”，能够把考分拉开，不然怎么判分，怎么录取呀？于是王瑶先生就拿出了一个“文革”前研究生毕业考试的题目：“鲁迅先生说，‘五四’时期的散文的成就高于诗歌、小说、戏剧，你同不同意这个论断？如果同意，请用文学史的事实加以说明。”这个题确实相当难，今天的学生也未必能答得上来。当时我看到这个题目就蒙了：对“五四”散文，我只熟悉鲁迅的作品，读过一两篇冰心、朱自清的散文，周作人也只知其名，作品读都没读过，其余的就什么都不知道了。我心想这回要“考砸”了，因为我意识到这是一个关键题，答出来就可能考上，答不出来就完了。可能是急中生智吧，我冷静下来，作了一个分析：这个题目看起来对我不利，但是我也有一个优势，就是我对鲁迅极其熟悉。于是我仔细回想鲁迅提出这个论断的背景，突然产生了一个逆向思维：既然说散文成就比小说、戏剧、诗歌高，那么也就是说，“五四”时期小说、诗歌、戏剧的弱点，大概也就是散文的优点；我进而想，“五四”时期的小说是外国来的，鲁迅说他写小说的准备就是读了几十篇外国小说，诗歌形式也是外来的，话剧更是从外国移植而来，以此反推，散文应该是从传统继承得比较多，因而成就也大，鲁迅也是强调“五四”散文“写法也有漂亮和缜密的”，以“表示旧文学之自以为特长者，白话文也并非做不到”。我就这么答，结果没想到真是答对了。然后要讲历史事实，我就发挥优势，大谈鲁迅的《朝花夕拾》如何如何，《野草》如何如何，然后“顺便”说一句：鲁迅之外，还有朱自清、冰心、周作人等等。就这样，连蒙带猜，就把这个王瑶先生的绝题对付过去了。后来我到了北大，有的参与改卷的老师才告诉我，果然按他们的预料，无数的考生在这个题目上交白卷，得了零分。等来等去，等到一份考卷答上了一点，后来知道这是凌宇的，老师们很高兴，给了一个高分。王瑶先生说，再等等看，或许还有更好的，结果我的卷子出来了，就得了最高分，所以那年北大中文系现代文学专业研究生考试我考了第一名。只有我自己心里明白：这是蒙上的，当然也仰赖我十八年来在鲁迅作品阅读上下的功夫。

但当时我并不知道这一切，心里仍然惴惴不安，生怕蒙错了。后来就接到了参加复试的通知，从贵州跑到北京，我非常地紧张，进北大就像刘姥姥进大观园一样。虽然我在北大读过两年书，但是几十年后再回来，见了图书馆（复试试场就设在图书馆）突然胆怯起来，不敢进去，只在门外徘徊。听见几个北大的老学生在那里高谈阔论，心想这回我大概又要砸了。——或许因为有过这样的体验，后来我自己当了导师和考官，对边远地区来的考生，就有一种特别的理解和同情：我知道，他们走到北大，是多么地不易，要承受多大的心理压力。

这也是当时的我所不知道的：这时候王瑶先生也在找我。因为我的考分最高，又看到了我辗转托人送来的在“文革”期间写的几十万字的关于鲁迅的读书笔记与论文，王瑶先生和另一位导师严家炎老师都觉得这可能是一个可造之才，又听说我原来在北大读过书，就到处打听我的情况。但谁也不知道我是谁，因为我1956年在北大中文系新闻专业读书时，年龄很小，整天埋头读书，从不抛头露面，是个丑小鸭，自然不为人所知。后来一次偶然的机会，王先生遇到了我们班级当年的团支部书记，恰好这位老同学和我关系不错，对我挺欣赏的，说了我的许多好话，给王瑶先生留下了很深的印象，就对我更有兴趣了，口试时把我排在第一个。

但这时我仍然处在什么都不知道的状况，一听说排在第一个，就紧张得不得了。而且王瑶先生一见到我，就用他锐利的眼睛看了我一眼，这一眼就把我吓坏了，其实他就是好奇，好不容易发现一个人才，就想看看长得什么样。而我本来就是战战兢兢的，被他这么一看，就更是手足无措了。在口试时，先生仍以他固有的严厉，抓住一个问题，穷追不舍，弄得我狼狈不堪。记得在回答一个关于鲁迅的问题时，我不知说了什么，王瑶先生突然打断我的话，问道：“钱理群你说说看，鲁迅可不可以一分为二？”那个时候“文革”刚结束，思想解放运动刚开始，讲鲁迅能不能一分为二，是一个非常尖锐的问题，我只得含糊其辞，企图蒙混过关，但先生不依不饶：“你不要王顾左右而言他，明确地回答：可以还是不可以，理由是什么？”其实这个问题我是思考过的，在先生的逼视下，就做了肯定性的回答，并谈了我的理解。但没想到先生仍不放过，紧接着又提了一个更尖锐的问题：“毛泽东可不可以一分为二？”面对这样一个当时最重大的政治问题，我只得硬着头皮，胡乱说了一些，这回王先生并没有深问，大概他的本意也只是借此来考察一下学生的胆识。但我却出了一身冷汗，糊里糊涂地不知道怎么就退出了考场。

考完后，我非常沮丧，心里想这回肯定完了，大概我就得回家去了。临走之前我在北大的未名湖旁边转来转去，可以说是感慨万千。因为我是1958年北大中文系新闻专业与人大新闻系合并以后离开北大的，1978年回来参加考试，也就是二十年后回到北大，现在估计考不上又要走了，而且此后是再也回不来了。但我这人性格有点怪，什么事情一到绝望的境地，反而就沉静下来了：反正不行了，一走也罢！就在北大商店买了一个大西瓜，先吃一顿再说，吃完就回我的贵州，当一辈子老师算了。于是我就到我的在北京工作的姐姐家去告别。我刚要开口，报纸送来了，姐姐一看：哎哟，报纸上有你的名字！我吃了一惊，赶紧去看，果真是新华社发了一条消息，说“文革”后首届研究生考试，涌现出一批人才，举了几个例子，其中也提到了我。这太出乎意料了！我当时几乎乐晕了。这样的结果是我绝对没有想到的，可以说是“绝处逢生”。

我终于成了王瑶先生的学生。我和王瑶先生，经过这样一个充满曲折的悲喜交加的戏剧性的过程，就这样相遇了。

回过头来看，这个相遇，其实是具有象征性的，因此，在王瑶的名字和我的名字上都可以打上引号，应该说这是两代人的相遇，而且是历史性的相遇。我们在前面提到了王瑶先生对“五四”精神传统的继承，在学术传统上，王瑶先生除了深受鲁迅学术的影响外，还师从朱自清先生，因而继承了 30 年代的清华学术传统与 40 年代西南联大的传统。但在 1949 年以后，特别是在文化大革命时期，王瑶先生和他的前代与同代学人都成了被批判与改造的对象，这些精神传统与学术传统在很大程度上都被迫中断了。直到“文革”结束，王瑶先生这样的老一代学者，他们的学术地位，以及他们所代表的精神与学术传统，才得到历史性的承认。而他们这时年事已高，就迫切地寻找与着意培养接班人。而我们这批五六十年代成长起来的大学生，在经受了文化断裂的极度痛苦与困惑以后，正处于精神与知识的极度饥渴状态，也在迫切地寻找自己的导师，两代人就是这样地相遇了。

后来我在一篇文章里说：“（这是）曾经被迫中断的精神与学术谱系的重新续结：渴望接班人的老一辈知识分子，与在‘文革’中中断了学业，因而渴望学习的年轻一代，在校园里终于相遇。于是，就有了 80 年代中国校园最响亮的口号：‘回到五四’（与之相应的还有‘回到鲁迅’），由此展开的是恢复‘五四’时期北京大学所代表的启蒙主义传统的努力。”

这是我讲的第二个问题：我们师生是怎样相遇的。接着的第三个问题，就是——

王瑶先生怎么教我们

提到王瑶先生的教学，大家就会想到他那个著名的烟斗。王瑶先生从来不给我们上课，第一次见面就打招呼说，你们平时没事不要来找我。一个星期只准我们去他家一次。他的生活习惯是晚上三四点睡觉，因此每天上午谁都不能上他家去，大概下午三四点钟，才开始接待来人。所以我们一般都是四点以后去的，坐在那里海阔天空地闲聊，想到什么就谈什么。其实很少谈学术，更多是谈政治，谈思想，谈文化，谈人生。先生一边抽烟，一边悠悠地说，谈到兴处，就哈哈哈地发出王瑶式的笑声。有时会突然沉默，烟雾缭绕之中隐现出先生沉思的面容。我们只静静地听，偶尔插几句话，更多的时间里是随着先生沉思。所以我们几个弟子，都说我们是被王瑶先生的烟斗熏出来的。

他的指导方法也很特别，我把它概括为“平时放任不管，关键时刻点醒你”。一入学开一个书单，以后就不管了，你怎么读怎么弄他通通不问，而且关照你平常少到他那儿去。其实这个放任不管，我倒觉得这正是抓住了学术研究的特点。学术研究是个人的独立的自由的精神劳动，因此它从根底上就应该是散漫的。散漫，并不是无所事事，一个真正的学者，一个有志于学术的学生，学术研究是他内在生命的需要，根本不需要督促，看起来他在闲荡，读闲书，其实总在思考。看起来漫不经心，其实是一种生命的沉潜状态，在淡泊名利、不急不躁的沉稳心态下，潜入生命与学术的深处，进行自由无羁的探讨与创造，慢悠悠地做学问。这是不能管的，更不能乱管。搞学术就是得无为而治，王瑶先生就是深懂无为而治的奥妙。

但是在关键时候他点醒你。他平常不轻易点，一点就让你终生难忘；他只点到即是，醒不醒，要看你的悟性。

王瑶先生的点醒包括两方面。先说学术指导。他只抓毕业论文，而且先要求学生提出两个论文选题，向他汇报你的设想，然后他给定一个题目，并点醒你做这个题目应该注意什么。比如我当初毕业论文的设想，就有两个题目，一个写鲁迅的思维方式、心理结构、艺术世界，类似我后来写《心灵的探寻》的那种写法；另一个是鲁迅和周作人的发展道路的比较。王瑶先生听了以后就说，你的第一个题目很有新意，但你自己还没有想清楚，短时间内也不容易想清楚，在不成熟、没有把握的情况下，急于写成论文，会有很多漏洞，答辩时很可能通不过，反而糟蹋了这个题目，不如存放起来，多酝酿几年以后再做，一做就把它做好。于是就定了做“鲁迅和周作人发展道路的比较”这个题目。然后就告诉你做这个题目可能会遇到的困难。

他当时说了这么几点，大概有四点吧。

第一是学术论证上的困难。王瑶先生打了一个比方，他说做这个题目你得有两个包裹，一个包裹是鲁迅，一个包裹是周作人，两个人你都得搞清楚，但光分别搞清楚还不行，你得把他们两人连起来，因为你是比较研究，难点就在这里，就看你连的本事大不大。

第二点，你得注意，讲周作人是有很大风险的，一定会有很多人提出种种责难，你要做好准备在答辩时舌战群儒。因此，你所讲的有关周作人的每一句话都必须有根据，有大量材料来支撑你的每一个论断。——这就给我定下了一个高标准。大家看我那篇论文就知道，注释的篇幅几乎与正文相等，差不多每一句话背后都有一条注释，越是敏感的问题就越要讲究有理有据。

第三，王瑶先生又提醒我，完全脱离政治的所谓“纯学术”是不存在的，在周作人是汉奸这个问题上，你必须态度鲜明，要有民族立场，不能回避民族感情问题，在大是大非问题上一含糊其辞，整个论文就站不住了。

第四，王瑶先生说，在材料、观点都准备好了以后，还有一个关键环节，就是要为整篇论文找到一个“纲”，才能“纲举目张”，以什么为“纲”，实际是以什么为文章的“魂”，这是最能显示论者的水平，特别是思想、理论水准的。他打了一个形象的比喻，说文章有两种写法，一种是“编织毛衣”式的，只是平列的铺排：一点、两点、三点；一方面、又一方面、再一方面，很有条理，很全面，但看不出观点之间的内在联系，整篇文章是散的；另一种是“留声机”式的，有一根针，一个核心，一个“纲”，所有的观点都围绕它转，这就是所谓“纲举目张”，所谓“提纲挈领”。写论文最难、也是最要下工夫的，就是一定要找到能够把整篇文章拎起来的东西。

这又是一个很高的标准：记得我在写毕业论文最费力之处就在怎么找这个“纲”，甚至有一度因此而想放弃这个题目。有这么好几天晚上睡不着觉，都急死了。一天早晨，睡在床上，左思右想，突然想起列宁所提出的“亚洲的觉醒”这一命题，才醒悟到可以用“20世纪中国知识分子和人民的觉醒”作为全文的一个纲，这才豁然开朗，用两个星期就把论文写出来了。后来，我和黄子平、陈平原一起提出“20世纪中国文学”的概念，就我而言，就是沿着这样的思路发展开来的。

以上四个指点，从学术与政治的关系，治学的基本态度、方法，研究的难点、重点，到具体的材料的收集、论证，论文的组织、结构，都谈到了，学术氛围，社会环境，答辩中可能遇到什么问题，也都考虑到了，而且全点在要害上。但就这一次谈话，以后就不管、不问了。你回去自己研究、写作，到时候你必须交论文。交了之后他又细细地给你改，连标点符号、错别字都给你改，就下这一次功夫。王瑶先生是一个很会使劲的人，平常不用力，关键时候该用力他就用力，而且用在刀刃上。

最后还把一个关：答辩前夕开始找你谈话，给你“锦囊妙计”，教你如何应付答辩。以后我当了导师，就将王瑶先生的锦囊妙计传给我的学生。现在我退休了，不再做导师了，现在就不妨告诉诸位吧。王先生说，答辩的时候要掌握好两条原则。一条原则就是答辩老师提的问题，如果跟你论文要害的部分没关系，无关紧要，不会影响你的论文的通过，你最好不要详细地回答，说几句带过去就行了，别说多了，因为言多必失，会把你的知识漏洞都暴露出来，你说漏了一句被答辩老师抓住，他穷追不舍，你就非常狼狈。最好想办法一句话堵住不再追问，实在不行就干脆说：老师，这个问题我没想好，我下去再想一想，他总不能不准你想啊。或者老老实实承认：你说得很对，这是我的错误，也就到此为止了。但是，还得有另一条：如果提出的质问，涉及你的基本观点，你就不能让步，必须据理力争，即使面红耳赤你也得争。因为你要是承认错了，或者考虑不周，你的论文就完了。而且你心里要有数：在表面看起来你是学生，而且处在被质疑的被动地位，但从另一个角度看，你又是主动的，因为在具体被质问的这个问题上，你是专家，对这个题目你比这些考官都熟悉，你思考得也最多，最充分，你是最强、最有发言权的，所以你必须而且能够据理力争。你最好的方法是抛材料，用你所熟知而老师未必知道的事实材料来证明你的观点，变被动为主动。——可以看出，王先生对我们的考试制度看得很透，对老师与学生，主动与被动的关系看得很辩证，是显示了一种学术智慧与人生智慧的。

或者更重要的，也是我们终身受益的是思想上的点醒，治学态度、人生道路上的启迪。我印象最深的就是先生的三次教诲，三个师训。

第一次找我谈话，第一个师训就是“不要急于发表文章”。这和今天不一样，今天的体制下不发表文章就麻烦了。他说：“钱理群，我知道，你已经三十九岁了，年纪很大了，你急于想在学术界出来，我很能理解你的心情。但是，我劝你要沉住气，我们北大有个传统叫做‘后发制人’。有的学者很年轻，很快就写出文章来，一举成名，但缺乏后劲，起点也就是终点，这是不足效法的。北大的传统是强调厚积薄发，你别着急，沉沉稳稳地做学问，好好地下工夫，慢慢地出来，但一旦出来就一发不可收拾，有源源不断的后劲，这才是真本事。”

又有一次，在闲聊天的时候，王先生突然对我说：“钱理群，我跟你算一笔账，你说人的一天有几个小时？”当时我就蒙了：老师怎么问我这样一道题？只得随口回答说：“二十四个小时。”先生接着说：“记住啊，你一天只有二十四个小时。你怎么支配这二十四个小时，是个大问题，你这方面花时间多了，一定意味着另一方面花时间就少了，有所得就必定有所失，不可能样样求全。”秃头秃脑地讲了这一句，就不再说了，点到即止，这是王瑶先生的特点。我就反复琢磨他这句话，我体会，他这是在提醒我：你想要你的学术有成就，必须得有献身精神，要有所付出，甚至有所牺牲。当然，我们也不赞成“安贫乐道”，为了做学问什么都牺牲，最基本的物质需要都不要了。那不行，我们不能做那样的人，首先要保证基本的生存条件，鲁迅说过：一要生存二要温饱三要发展，生存、温饱是第一的，生存、温饱问题不解决，谈不上发展。但是在基本的生存条件具备以后，你有两个选择，一是继续向物质生活方向发展，那是你的权利，但是如果你想在精神上有更大发展，你在物质上的欲望就要有一定限制，在物质生活上不能有过高的要求，要有所牺牲，不然的话你就不可能集中精力于精神的追求。我们讲人的精神、物质两方面的充分发展，那是理论的说法，是一种社会的理想的状态，而对个人来说，总是有所偏执的。所以我对自己要求，物质上是中等或中上水平，绝不奢望过度的物质享受，因为我要求自己的精神生活是一等的。要做学问，着重于精神的追求，就必须把物质看淡，即所谓“淡泊名利”，要超脱一点。这看起来都是常识，但真要在物质诱惑面前，毫不动心，也不容易，特别是在我们这个越来越商业化、物质化的时代。说实在话，王瑶先生的这一教诲的意义，我是这些年经历了许多事，看了许多人的变化，才逐渐认识的。

在我研究生毕业留校以后，王先生又找我谈了一次话，就谈这一次，再也不说了，谈这一次话，就使你终生难忘，终生受益。他说：“钱理群，你现在留校了，处于一个非常有利的地位，因为你在北大（他当时没有说另一句话：你是王瑶的学生），这样，你的机会就非常多，但另一方面诱惑也非常多，这个时候，你的头脑要清醒，要能抵挡住诱惑。很多人会约你写稿，要你做这样那样的有种种好处的事，你自己得想清楚，哪些文章你可以写，哪些文章你不可以写，哪些事可以做，哪些事不可以做。你要心里有数，你主要追求什么东西，之后牢牢把握住，利用你的有利条件尽量做好，发挥充分，其他事情要抵挡住，不做或少做。要学会拒绝，不然的话，在各种诱惑面前，你会晕头转向，看起来什么都做了，什么都得了，名声也很大，但最后算总账，你把最主要的，你真正追求的东西丢了，你会发现你实际上是一事无成，那时候就晚了，那才是真正的悲剧。”

现在仔细想想，王瑶先生的三次师训其实都是一个意思。后来我跟自己的学生有个讲话，也是我经常讲的，我不知道我在北师大讲过没有，讲的就是我对王瑶先生的师训的一个理解，概括地说就是“沉潜”两个字。要沉得住，潜下来，沉潜于历史的深处，学术的深处，生活的深处，生命的深处：这是做学问与做人的大境界。切切不可急功近利，切切不可浮躁虚华：这都是做学问、做人的大敌。不是不讲功利，要讲长远的功利，着眼于你一生的长远发展，而不只看眼下的得失。王先生先要我沉住气，告诫我有所失才有所得，后来又要我拒绝诱惑，都是着眼于我的长远发展。用通俗的说法，就是要我沉潜下来练内功。大侠之所以为大侠，就是他有定力，认准一个目标，就不受周围环境的诱惑，心无旁骛地练好内功。功练好了，气足了，就可以源源不断地发。这就是王先生要求的“后发制人”。

我现在回顾自己的学术生涯，唯一可取之处，也是可以告慰王瑶先生的，就是我一直牢记先生的师训，并且身体力行。我从 1960 年大学毕业就雄心勃勃想做一个学者，但从 1960 年到 1978 年，等了十八年，准备了十八年，才有机会考上了研究生；按照王先生的教导，又准备了七年，直到 1985 年，才开始发出自己的独立的声音。在这七年里，我发表的文章非常之少，质量也不怎么样，压力非常大，有的时候连自己都失去信心了，但还是硬撑过来了。如果从 1960 年算起，到 1985 年，我可以说做了二十五年的准备，练了二十五年的内功，然后从 1985 年开始独立发功，一直发到现在，也只是发了二十年。准备二十五年，发挥二十年，我的治学之路、人生之路就是这么走过来的，很艰苦，但也很充实，没有虚度。现在来回味王瑶先生当年的教诲，才懂得了先生要我着眼于自己的长远发展，这确实是极有远见的。这是我讲的第三个问题："先生是怎么教我们的。"

第四个问题——

出师以后

我 1978 年研究生毕业，留校当王瑶先生的助手，一直到 1989 年先生去世，前后又追随了十多年。但我毕竟出师了，这就会有许多新的问题。

先谈谈王瑶先生怎样以他的特殊方式来保护我，又提醒我。前面说到我一直到 1985 年才"出来"，即以独立的姿态出现在学术界。但我一"出来"就闯了两个祸。我的"出来"的标志，是 1986 年出了一本书，叫做《心灵的探寻》，这是在北大开的鲁迅课的讲稿。这个课非常受学生欢迎，王瑶先生也很高兴。后来在武汉开了一个全国鲁迅教学的经验交流会，王瑶先生就指定要我去参加这个会，并且在会上发言，他自己又亲自出席，这对我压力非常大。但老师下了令，只有硬着头皮上去讲，没想到我的发言竟引起轩然大波。因为我谈到了"我们应该以什么态度对待鲁迅，研究者与鲁迅的关系"这样一个当时的敏感问题，我说，我们既不能仰视鲁迅，也不能俯视鲁迅，而应该和鲁迅平视，我们和鲁迅是平等的。这个观点今天来看是一个很普通的常识，但是在那个时候却是闯了一个大祸。有人勃然大怒：钱理群这么狂妄！居然敢跟鲁迅平视！一时议论纷纷，像炸了锅一样，整个形势对我非常不利，大家就等着王瑶先生表态。

王瑶先生怎么办呢？他用他王瑶式的智慧来处理这个问题，他首先板起面孔把我狠狠地训了一顿，他从我的发言里挑出几个毛病，一二三四五，老师要挑学生毛病是太容易了，他挑的确实是我发言中的一些不周全的地方，一些毛病。他这么一讲，在座的很多人就很高兴：你看，王先生骂他学生了。他骂完之后，又轻描淡写说了一句话："不过据我看，钱理群在北大讲鲁迅，比我讲得好。"这可是一个不得了的评价啊，有了这样的充分肯定，实际上就把我保护了，别人也无话可说。同时也提醒自己的学生，你还是有毛病的，你别得意忘形：一场不大不小的风波，就这样被王瑶先生不动声色地轻轻化解掉了。

第二件事情就更复杂了，说起来又是一个比较有趣的故事。我是王瑶的学生，同时中文系另外两位教授林庚先生和吴组缃先生对我的影响也非常大。特别是林庚先生，他的治学道路与方法，与王瑶先生有相通之处，更有不同，甚至是很大的区别，他们之间因此而有过争论。而我的性情和王瑶先生有接近的一面，但在某些方面和林庚先生更接近，所以我在治学方面，受到王瑶先生强大的影响，同时也十分倾慕林庚先生。到我出师之后，当我更加独立之后，我就有可能把自己内在的东西更突出地表现出来，这个时候我就做了一个发言，讲我对治学道路与方法的理解与追求。

我提出了一个问题：自然科学的研究中有假说，那么人文科学、文学研究，允不允许有假说？在我看来，治学过程有三个阶段：第一步，就是大量地掌握材料，尽可能大量掌握材料，这是治学的基础，但材料是不可能完全穷尽的，而且史料本身就是残缺不全的，因为历史是不可能完全复原的，这个材料与那个材料之间，必然有许多缝隙，在这种情况下，就需要通过逻辑的推理或者通过想象，提出一个假设，在掌握了大量材料以后，必须有这样的飞跃，这是学术研究的必经阶段。然后又有第三步，在提出假设之后再去看材料，新材料和假设之间可能出现三种情况，一是新的材料证明你的假设是错误的，这就必须抛弃假设，另一个是材料证明你的假设是正确的，假设就大体成立，但更多的情况却是新的材料既部分地证明你的观点，同时又修正你的假设。

根据对学术研究过程这样的理解，我提出了一个看法，说有两种研究路子，一种是现实主义的，每一句话必须有材料依据，强调客观的、冷静的观照，这自然是有道理的；但如果发展到极端，不允许有一个推理、想象、假设的过程，完全排斥研究中的直觉、灵感，甚至排斥理论分析，没有飞跃，完全依附于材料，就变成了爬行现实主义。还有一种研究路子，就是重视在现实材料基础上的推论、想象、假设、直觉、灵感，强调飞跃，强调研究者主体精神的注入，可以说是研究中的浪漫主义。理想的状态是现实主义与浪漫主义的结合；但不同的学者会有不同的倾向。在某种意义上，可以说，林庚先生是浪漫主义研究的典范，而王瑶先生是偏向于现实主义，而又绝不是爬行现实主义：他是有极强的理论观照，重视逻辑推理的。我自己，如前面所说，既受到了王瑶先生严格的训练，重视材料与理论，同时又在内在精神气质上接近与向往林庚先生的浪漫想象，直觉思维与主体投入的研究方法，你们看我的研究就知道了。

但当时我讲的“爬行现实主义”就得罪了无数的人，很多人都说，你看钱理群多狂妄，说我们是爬行现实主义，还说什么研究中的浪漫主义，完全是胡说八道。一时间又是议论纷纷，压力非常大。这时王瑶先生找我谈了一次话。他先问：“你跟我说说，什么叫做研究中的浪漫主义？什么叫做爬行现实主义？你为什么要说这样的话？”我就跟他解释，说明我的想法。讲完之后，他沉默了一下，然后讲了两句话。

第一句话是："你讲得有道理。"我一听就松了一口气：王先生理解我，支持我！这对我来说，当然极其重要，也很关键；对王瑶先生来说，也很不容易：他当然看出我的治学方法的选择和他不完全一样，这里显然有林庚先生的影响，而他们之间是存在着分歧的。后来我在为先生编全集时，读到了他的一篇《论考据学》，文章中也有类似的说法，肯定了"推论"在研究中的作用，并且以陈寅恪为例，说明即使是"最严谨的学者"也"不能不超越"材料：这就表明，王瑶先生也是反对爬行现实主义的。

但他又说了一句话："但是，你何必要这么说呢？"也就是说，你不该在这个时候说，这是有道理的，实际上王瑶先生在告诫我，做学问一方面要坚持你的学术观点，另一方面，也要清楚你是在什么条件、什么情况下进行研究的，也就是一要真诚，二要学会保护自己，特别是一个初出茅庐的学者，一个年轻学者，你首先得保护自己，不要赤膊上阵，这也是鲁迅所强调的。在我看来，王瑶先生的这个想法，是有来源的，朱自清有篇文章《论气节》，"气"就是讲要有所为，"节"就是讲要有所不为，这既是讲做人，同时也是讲治学，有的时候要说（有所为），有的时候要不说（有所不为）。王先生对我说：你是对的，但同时你不必这么说，就是婉转地提醒：你在这个时候说这样的话是不利于你的发展的，但不等于说你要改变你自己的观点。你可以感觉到王先生他这个人非常真又非常实，他对我们中国学术界是非常了解的。——这就是他在两个关键时候对我的保护和提醒。

这里还涉及另外一个重要问题：学生在自己的独立发展过程中在有些方面会和老师发生冲突。我后来总结一下，我觉得学生和老师的关系应该是三部曲，初做学生的时候是个描红阶段，就是全面地向老师学，甚至某种程度的模仿。我们现在有点把创新绝对化，什么都是创新，其实创新的前提是模仿，要经过一个模仿的阶段，就像我们写字一样，启功先生是著名的书法家，向他学写字就得先描红，最大限度地学这个老师的特点，最初阶段你得像王瑶，像林庚，有时就称这个学生小王瑶，小林庚。但是模仿到一定阶段，你就必须得走出来，否则的话，你就会永远在老师的阴影底下。你的导师越强，他对你的影响越大，你就越要有反抗他的力量，走出他的阴影，否则永远是老师的影子，这样的学生是没有出息的，我想真正的老师也会期待自己的学生不要永远像自己，永远像自己的学生绝对是比自己更差的学生，这是个绝对规律。

学生要走出老师的阴影，师生之间就要发生撞击。这也是一个必然过程，我经历过，我们王瑶师门的学生都经过这个过程。我们提出“20世纪中国文学”这个概念，在某种程度上就是一个“走出”的努力。所以，在最初的酝酿过程中，我们都没有去听取王瑶先生的意见。当时我的处境有点尴尬，我很清楚，这个提法王瑶先生不会完全同意，但是我又是他的助手，我有这个想法，要不要跟他谈，我考虑了很久，想来想去，还是不和他谈，我一谈他不同意怎么办，他不同意我又要发表，岂不是故意和老师对抗，那是不行的，只好瞒着他，先发表再说。这是我第一次这样做，心里是忐忑不安的。因此，王瑶先生不是从我的口里听到“20世纪中国文学”这个概念，而是从乐黛云老师那里听说的。乐老师当时是我们的副导师，是具体辅导我们的老师，乐老师很能和学生打成一片，很多话跟王先生不敢说就跟她说，我就把我们关于“20世纪中国文学”的想法告诉了她。但是乐老师嘴很快，她就在一次我也在场的会议上，对王先生说，有几个年轻人提出“20世纪中国文学”的概念。王先生很注意，立刻问：“这是谁提出的？”在先生的再三追问下，乐老师才说“是钱理群他们提出的”，王先生用他那锐利的眼光看了我一眼，我吓了一大跳，也狼狈极了。

王瑶先生显然很不高兴，因为我在他的身边，天天在一起，这么大的事都不和他谈，但是他处理得非常好。“20世纪中国文学”概念提出之后，引起轰动，影响很大，我们学会的会刊《现代文学研究丛刊》也准备发表评论。王瑶先生说，应该冷一冷，不要做锦上添花的事情。然后专门把我找去谈他的看法。

我听出来，他总体上能够理解我们为什么提出这个概念，我们最直接的目的是想冲破把文学史作为政治史的一部分的格局，这一点王瑶先生完全理解并且是支持的，但他又用其特有的敏锐与眼光指出：“你们这个概念有两大弱点。第一，你们讲‘20世纪中国文学是走向世界的文学’，但你们的‘世界’这个概念有问题，你们讲的世界实际上是西方的世界，讲20世纪的世界文学的时候，你们为什么不讲社会主义文学？第二，你们把20世纪中国文学的起点放在19世纪末，一定程度上是对‘五四’的意义估计不足。”也就是说，在这两个重大问题上他有不同的意见，在涉及自己基本的学术观念的问题上，王瑶先生是从不含糊的，同时，对我们也是一个提醒：他对学生从来是严格的。他担心，在一片叫好声中，我们会被冲昏头脑，因此要敲打敲打我们：他这番良苦用心，我是懂得的，并且深受感动。更重要的是，他的提醒是非常及时的，特别是第一点，是很有远见的，并且是击中要害的，正是被他点醒以后，我才觉悟到这个问题，并且开始了反省与新的思考。在这方面，我后来写了文章，这里就不多说了。

我要说的是更让我感动的一件事。王先生不仅当我面提出他的不同意见，而且亲自写文章进行学术争鸣。可能是考虑到第一方面的意见涉及政治，不便讨论（这里显然有保护我们的意思），他主要是就现代文学起点的问题，发表意见，强调现代文学还是应该以“五四”为起点，显然是针对我们的晚清起点论的。但在他写文章的时候，学术界的形势发生了一点变化：有人出来写文章说我们这个“20世纪中国文学”的概念是资产阶级自由化的表现，这样我们在政治上就受到了巨大的压力。王先生清醒地看到，如果他在这个时候点名批评我们，就会和这样的政治批判划不清界限，更会加重我们的精神压力，这是他绝对不愿意的。后来，他还多次对我说，学术讨论只能就学术谈学术，而绝不能借助政治权力来压倒对方，那是学术上无能的表现，同时也关乎学术道德：在这些原则问题上王瑶先生也绝不含糊。于是，他就采取了一个策略：另外找了一个靶子，一个字不提我们，而点到了一位年轻人写的一篇和我们观点一样、却并没有影响的文章，和他进行争鸣。这样既表达了他的不同意见，又保护了我们，对那位年轻朋友也不会有伤害，这就巧妙地摆脱了政治权力的干扰，将讨论严格限制在学术的范围，而且彼此是完全平等的。这都表现出一个学者的品格，一个老师的风范：他不因为你是他的学生就让你，要坚持自己的学术原则，同时又绝不以老师的身份，更不借助政治权力来压制学生，而且还要保护你：这都让我非常地感动。

我顺便说一下，师生间的冲突有时甚至会达到非常尖锐的地步，你想不到的尖锐地步。其实我们同学中和先生发生最大的冲突的，不是我，而是湖南师大的教授凌宇。他现在是学术界公认的沈从文研究权威，在读研究生时就非常推崇沈从文，他认为沈从文是现代文学的第一人，而王瑶先生则认为沈从文是一个有特点的作家，是名家，而不是大家，这样，师生之间的学术观点就有了很大的分歧。而凌宇的论沈从文的毕业论文又不是王先生指导的，先生在答辩的头一天才看了凌宇的论文，当然很不满意，认为问题很多，应该推迟答辩。但是已经来不及了，就只能在答辩现场见了。所以那一天的答辩就非同寻常了。作为学生，我们当然并不知道这一切，而且当时还不准去旁听，我们只能在寝室里等，凌宇上午去了以后，中午吃饭时也不回来，不知道出了什么事，我们都急死了。后来才听凌宇说，那个场面真是紧张极了。答辩一开始，王先生就说：我不同意你这个论文，然后劈头盖脸地说了一大堆论文的问题，大家都呆住了。这时候凌宇就要考虑，他该怎么办。他要是同意王瑶先生的观点，他的论文就完了，其实王瑶锦囊妙计也跟我们讲了："涉及你的根本问题你得据理力争。"凌宇是湖南人，关键时刻湖南人脾气上来了，他就面红耳赤和王先生争，王先生火气也很足，两个人就拼命地吵。后来凌宇跟我说：我豁出去了。我对凌宇说：我佩服你，我就不敢豁出去，碰到这种场合就说不出话了，那我就完了。豁出去的结果却出乎意料，王先生吵了半天也冷静下来了，想了想，还是同意他吧，最后是全票通过。毕业临走之前，凌宇主动看了王瑶先生，王先生后来给凌宇写了一封信，说你很聪明但是不要太骄傲，以后他们关系一直处得很好。去年纪念王瑶先生诞辰九十周年的追思会上，凌宇专门讲了这段往事，大家听了都非常感动。

这件事最让人感动的地方，是师生之间因学术见解的不同而发生冲突时，都能坚持各自的立场，又坚持在学术面前人人平等的原则，学生敢于和老师争，老师也毫不留情地与学生争，同时又能够容忍学生冒犯自己。这使我想起了王瑶先生和我说过的一句话，这很能说明他是怎么看待师生关系的。有一次，在聊天的时候，记不得谈到什么问题，王先生突然说："钱理群啊，我跟你说，将来在学术史上，我和你是站在同等地位上的。后人评价我和你，不会因为我是你的老师，就说我一定比你强；但也不会因为你比我年轻，就一定说你比我好。后人评价我们俩，会完全根据我们的学术著作所达到的实际的学术水平，作出科学的、公正的学术评价。"

这就可以看出，王瑶先生已经打破了两个观念，一个是传统的"老的比年轻的好"的资格论、辈分论，还有一个就是"年轻的总比老的好"的进化论。既不是长者本位，也不是幼者本位，而是坚持真正的现代民主观念、平等观念，而其背后，则贯穿着追求真理的精神。彼此都坚持自己的观点是出于对真理的追求，平等的争论也是为了追求真理，但又不把自己视为绝对真理的拥有者、垄断者。探索与追求真理，这是每一个人，无论老师还是学生的绝对的不可侵犯的神圣权利，这就是“在真理面前人人平等”的原则，我觉得这里头有一些非常值得深思的东西，是蕴含着学术研究的真谛的。

可以说，到了这样的境界，我们与王瑶先生的关系，学生与老师的关系，就进入了我前面所说的第三个阶段：我们经历了描红与走出、撞击，又在更高层面上走近老师，将老师的精神与学术内化为自己的血肉，由形似达到神似，最后连痕迹也不显，是一个完全独立的自我，又是经过老师熏陶的新的自我。

最后我想讲的，是——

王瑶先生对我的最后的教导

这就要涉及王瑶先生 80 年代末那场风波中的表现。这是王瑶先生最后的辉煌，在我们所有弟子心灵深处留下了刻骨铭心的记忆。一个人的生命，是有一个爆发点的，王瑶先生在生命最后时刻，将他自己的，以及中国知识分子的精神、骨气、正气，全都爆发出来，那是惊天动地的，以至我今天在这里说，都还感觉到那样一种震撼力。

但同样让我永远难忘的是，他突然变得非常之苍老，而且流露出内心深处最柔和的一面。王瑶先生的外表是很严峻的，从不轻易地在学生面前流露出内心最软弱的一面，他曾经很明确地和我说，老师和学生之间，应该有个距离，他批评我你怎么和学生老是拉拉扯扯，这是指我和年轻人之间的关系太密切了。他不只对学生有界限，对他人也有界限，他这一代人经过的人世沧桑太多，所以他不会毫无保留地把自己暴露在别人面前。这也是鲁迅的特点，大家恐怕还记得，殷夫第一次见到鲁迅的时候，就觉得鲁迅有点冷。王瑶先生给人第一印象也是有点冷，有点距离，他把自己内心柔弱的方面深藏起来了。但在晚年最后的时候，他却一反常态地经常落泪。不过我没有亲见，我觉得这是我的幸运，我如果看到他哭，我会受不了的。我看到的，也是我愿意看到的王瑶，永远是一个用严峻的眼睛看着你，哈哈大笑的长者、老师。但是我想哭泣的王瑶先生肯定是最动人的。我只有一次，下午4点去看他，推门进去，看到他躺在沙发上睡着了，一头白发，很苍老……我看得非常震惊，我的第一感觉就是他快要离我们而去了。我怎么也摆脱不了这样的念头，我为之感到恐惧。我实在忍不住，想为先生写些什么，正好有人向我约稿，我就用一天的时间写一篇长篇论文，论王瑶先生对鲁迅研究的贡献，我意识到这可能是对我的老师作最后的学术评价，因此我写得充满激情，一气呵成，一天写了八千字，我觉得这是和先生做最后的告别……果然我的预感变成了现实……

但我还记得他最后一次的讲话，在苏州现代文学理事会上他有个讲话，也算是给我们留下的遗言吧。因为那个时候形势仍然非常紧张，每个人都惶惶不可终日，不知道未来要发生什么事情。王瑶先生就说："你们不要瞻前顾后，受风吹草动的影响，要沉下来做自己的学问。"当时很多年轻人都问："我们下一步应该怎么办？"王瑶先生就说："不要问别人你该怎么办，一切自己决定，一切自己选择。"这些话说完没有多久，王先生就真的走了。

先生的去世，对学术界，对我们这些学生都是一个不可弥补的损失。一直到今天，国际国内发生各种大事的时候，无论是政治的，或者思想文化的，我总要想，如果王瑶先生在，他会怎么样反应。有他在，遇到这些事，就有一个人可以问，而且他总能用其特有的智慧和方式来点醒你。但是他去世了之后，就没有人来指点、提醒你了。所以王瑶先生刚去世，我有一句话，在我们师门中流传很广，我说："一棵大树倒了，以前我们可以在大树的保护之下，做自己的事情，现在大树倒了，一切就得靠我们自己了。"

实际也是如此，王瑶先生去世了之后，我们这群学生都是各自走自己的路，好在我们都走得不错，做到了王先生嘱咐、期待我们的：走自己的路，自己选择，也自己负责。我们大概也可以以此来告慰王瑶先生的在天之灵吧。

我想今天就讲到这里，谢谢大家！

2005 年 9 月 28 日在北京师范大学讲，2005 年 12 月 3 日、5 日、6 日、14—16 日整理

高举“鲁迅‘五四’”旗帜的学者

——李何林先生的学术贡献

（一）马克思主义的文学史家

李何林先生在80年代回顾自己的学术道路时，这样说道：“1938—1939年间我编写《近二十年中国文艺思潮论》的思想武器，是在这以前的十年间所接受的，‘革命文学’论争前后所介绍宣传的马克思列宁主义文艺理论，‘左联’成立以后所译介与传播的马克思主义文艺思想”，并“力图结合中国文艺运动的实际。”[1]这是一个重要的说明：它表明李何林先生的学术研究从一开始即是自觉地以马克思主义理论与方法作为考察、描述中国现代文学的依据的。

而据樊骏先生的研究，“对于‘五四’以来的新文学进行比较系统的历史考察，开始于二十年代末期，正当进步的文艺界、学术界开始出现学习和运用马克思主义理论的高潮之际。当时，不仅革命作家在马克思主义的指引下，提倡无产阶级文学；在社会科学的众多学术领域里，也纷纷建立起马克思主义的新哲学、新史学、新经济学、新教育学……形成一个声势浩大的马克思主义的新文化运动。萌发于这个时期的中国现代文学研究，从一开始就鲜明地显示出这样的时代特征和发展趋势”。[2]应该说，李何林先生正是这样的“马克思主义的新文化运动”所培育的新一代的学者，我们也必须将他的研究置于中国现代文学研究的马克思主义学派的发展历史这样一个大的学术背景下来加以考察与说明。

鲜明的倾向性和“一切从历史事实出发”的科学性的结合

如樊骏先生所说，用马克思主义的立场、观点与方法来考察中国现代文学，“最早的研究成果，主要是革命作家关于五四文学革命和初期新文学的评论”，[3]如瞿秋白的《〈鲁迅杂感选集〉序言》，茅盾、冯雪峰、胡风的作家作品论，都是至今仍为人们提及的马克思主义的文论。而瞿秋白的鲁迅论更是给李何林先生的研究以极大启示和直接而又深远的影响。直到20世纪60年代他还这样向南开大学的学生专门介绍瞿秋白的这篇文章：“这在当时是思想界的最高成就，是马克思主义的最基本的原理——辩证唯物主义与历史唯物主义论的最正确最深刻的运用。”他高度评价瞿文将马克思主义的阶级观点运用于鲁迅研究，而“又不是概念式的抽象的论述或贴标签，而是从具体的思想斗争材料出发、具体人的思想出发来论述的”，“全篇也充满了历史主义的精神，从当时历史的具体情况出发来评述某种思想，而不做脱离时代具体情况的一般的肯定和否定”。[4]

尽管这是二十年后的分析，但如果结合李何林先生本人的研究，是不难看出他自己也是始终坚持将马克思主义的阶级分析的观点、方法与具体的历史材料相结合的。而这也正是马克思主义的研究路线；恩格斯早就说过：“如果不把唯物主义方法当作研究历史的指南，而把它当作现成的公式，按照它来剪裁各种历史事实，那末它就会转变为自己的历史对立物”，[5]“即使只是在一个单独的历史实例上发展唯物主义的观点，也是一项要求多年冷静钻研的科学工作，因为很明显，在这里只说空话是无济于事的，只有靠大量的、批判地审查过的、充分地掌握了的历史资料，才能解决这样的任务”。[6]可以说，李何林先生的《近二十年中国文艺思潮论》正是这样的在中国现代思潮史这个“单独的历史实例”上，运用与发展“历史唯物主义观点”的自觉的最初的努力与尝试。为此，他确实作了多年冷静钻研，是充分地掌握了历史资料，才完成这一任务的。——据先生的自述，早在1929年他就编选了《中国文艺论战》与《鲁迅论》两本史料集，以后更对文艺论争与文艺思潮给予极大关注，“注意随时搜集有关这些论争的资料，正反两方面的资料都要”，前后积累了九年之久，才于1938年至1939年最后成稿。[7]而在写作中又有意地采取“论评”与“资料长编”结合的叙述方式，[8]“除依编者个人见解所下的论评外”，“多多引用原文：一以保存各时期作者的文艺思想的本来面目，以免复述失真；一以供人们查查旧案”。[9]这就表明，李何林先生的马克思主义的现代文学研究从一开始，就显示出了鲜明的倾向性（这一点，我们将在下文展开论说）与“一切从历史材料出发”的科学性相结合的特点，并找到了属于自己的写作模式，逐渐形成了独特的学术个性与传统，至今仍在启迪着后人。

运用马克思主义的方法，又不忽略文学本身的源流或发展

作为马克思主义学派的新人，李何林先生在1938年写作《近二十年中国文艺思潮论》时，给自己所确立的目标，是要在瞿秋白等前辈的基础上，进一步将马克思主义的唯物史观与研究方法由新文学作家、作品的评论，深入到文学史的研究领域。他曾在一篇文章中这样谈到作为他的研究出发点与动因的问题意识——

从社会经济基础上来解释上层文化现象，无论是对历史、社会、文化、政治或文学艺术各部门，在中国都还是很幼稚的学问；我们至今还没有一本这样的中国文学史或艺术史……

自五四运动到现在出版的几十种中国文学史，有一部分是学术史

中夹文学史，它们把经史子集都包括在内（集中有一部分是文学）；有一部分文学史则注重形式上的数量列举和作家短史与作品举例，就文学本身范围内叙说一点某时期某种文学所以兴衰的原因；对于某作家或某类作品，多半赞扬一通，说如何好如何好，很少看见他们说过坏处或缺点，更不提什么社会意义或价值了。其余一部分文学史则应用社会学的观点，用时代社会因素来解释历代文学现象，对于作家作品的形成，都大略找出他们的时代社会背景；这算是中国文学史著作中最好的一类。不过，社会学的观点虽已走进科学方法的大门，可惜尚未登堂入室。我总觉得所谓时代社会还嫌有些笼统，某一时代社会之所以成为那样，似乎还有另种基本的东西作为主要因素在决定着它。

在“九一八”前后，当新哲学和新社会科学开始大量输入中国，引起中国社会史问题论战时，记得有一两本文学史书是从社会经济基础上来撰述的。据我现在的一点残余记忆，觉得他们的解释文献现象与社会经济基础和其他上层文化的关系，似都嫌单纯和粗略。……

因此，中国的一切文化学术史和文学史，可以说是还停留在社会学的阶段，很少有进步的著作出现（虽有，很少）。中国很需要有一本用进步的科学方法写作，不忽略文学本身的源流或发展，并兼顾与其他上层文化关系的文学史。[10]

李何林先生的《近二十年中国文艺思潮论》正是他的这一追求的具体实践，可以说是中国第一部自觉地用马克思主义的科学方法（也即李何林先生在文中所说的“进步的科学方法”）写作，又“不忽略文学本身的源流或发展”的现代文学思潮史。

用历史唯物主义历史观研究五四新文学的发生和特质

于是，我们注意到，在“绪论”一开始，作者就讨论“‘五四’

的新文化运动”的“经济基础”问题。这是一个五四新文化运动何以发生的问题，是任何研究者所不能回避，也是最能显示不同学者的不同的理论背景的。

在“五四”发难者的陈独秀与胡适之间，就有过一次论争：先是1923年陈独秀在《〈科学与人生观〉序》里提出：“我们相信只有物质原因可以变动社会，可以解释历史，可以支配人生观，这便是‘唯物的历史观’。”胡适在《答陈独秀先生》中则表示：“我们治史学的人，知道历史事实的原因往往是多方面的，所以我们虽然极欢迎‘经济史观’来做一种重要的史学工具，同时我们也不能不承认思想知识等事也都是‘客观的原因’，也可以‘变动社会，解释历史，支配人生观’。”陈独秀在《答适之》中又进一步指出：“唯物史观的哲学者也并不是不重视思想文化宗教道德教育等心的现象之存在，惟只承认他们都是经济基础上面的建筑物，而非基础之本身。”为论证自己的观点，陈独秀谈到了“五四”的起因：“常有人说，白话文的局面是胡适之、陈独秀一班人闹出来的。其实这是我们的不虞之誉。中国近来产业发达，人口集中，白话文完全是应这个需要而存在的。适之等若在三十年前提倡白话文，只需章行严一篇文章便驳得烟消灰灭。此时章行严的崇论宏议有谁肯听？”[11]胡适后来在1935年所写的《中国新文学大系·建设理论集·导言》里又作出了回应，强调“历史事实的解释不是那么简单的，不是一个‘最后之因’就可以解释了的”，胡适更重视的是多元的、个别的、偶然的因素，他这样谈到自己所写的关于“五四”发生的回忆文章《逼上梁山》的动因：“是要用我保存的一些史料来记载一个思想产生的历史。这个思想不是‘产业发达，人口集中’产生出来的，是许多个别的，个人传记所独有的原因合拢来烘逼出来的。”[12]

了解了这样一个背景，我们就可以懂得，写于1939年的《近二十年中国文艺思潮论》，在某种程度上，是可以看作是作为一个年轻的马克思主义的现代文学研究者的李何林先生，对这场论争的一个介入与发言。他与陈独秀一样力图用历史唯物主义的历史观来阐释“五四”的发生，强调第一次世界大战期间“中国民族资本，在帝国主义的压迫的放松中”的“兴起”，“代表这兴起的民族资本主义的资产阶级”，“在政治上的影响也日益显著起来”，“‘五四’的反帝反封建运动正是在此种觉醒下勃发起来的（俄国的‘十月革命’也给这一运动以很大的影响），相应着这种经济政治的情势，于是在文化方面就有了‘新文化运动’的出现”，而“新文化运动的标志，是提倡民主，提倡科学，提倡怀疑精神，提倡个人主义，提倡废孔孟、铲伦常”，而“这些内容，都有一定的社会意义，就是接受资本主义文化，反对封建思想”。[13]

这些论述显然是比较粗略的；后来，李何林先生又写了《中西市民社会的文学共同点》一文，从“市民社会的文学”的角度，从文学发展的源流与发展，来探讨新文学的产生与性质，如李何林先生自己所说，他的写作动因是想“借以证明这新的历史观或科学方法的正确”。此文可注意之点有二：“市民社会的文学”的概念提出本身，自然是以西方文学的发展为参照的，但论述的着眼点却是“它们的一般和特殊，同点和异点”，因而有了以下的说明：“本文的市民社会是广义的资本主义社会，是把孕育近代工业资本的封建社会内的商业资本主义也包括在内；所谓‘市民’，是商业资本发达以后的城市市民，虽然可以包括工业革命以后的大工商阶级和金融资产阶级，但也包括小商人及手工业者等等在内；所以它不是单指近代资产阶级而言，市民社会也不单是狭义的工业革命以后的资本主义社会。”并有了“以鸦片战争为界”的两阶段的划分：之前是“封建社会的商业资本阶段”，“以后的中国近百年社会，虽然是半殖民地半封建性，但是有着主要的近代市民社会的成分与趋向，因此我把它作为中国市民社会的一个段落，放在本题的范围之内”。

而文章的具体论述，则集中于“新文学”的语言、文体和这样的“市民社会”的关系，于是，就有了“中西市民社会初期均有新语文的新文学产生”、“小说是中西市民社会的叙事诗”、“政论文学是中西工业市民阶级兴起时的斗争武器”这样的命题的提出与讨论。[14]这里对“经济基础”与“阶级”、“社会”，以及作为文学本体的“语言”、“文体”关系的探讨，显然是既坚持“经济基础的最终的决定作用”的历史唯物主义的基本原则与阶级分析的方法，但又避免将其简单化、直线化的一个自觉的、最初的努力。

值得注意的还有同写于40年代的《文学与商业和政治的关系》一文。此文有一个副题：“评沈从文先生的《文学与文学运动的重造》和《文艺政策探讨》。”针对沈从文的“新文学与政治和商业发生了关系，是其堕落的原因”的观点，经过具体而详尽的讨论，指出：“新文学运动本来是资本主义的玩意儿，它必定要与商业制度发生关系，借商业制度以广传布的”，而“古今中外文学都与政治有关”，沈从文所提倡的远离商业与政治，“由学校奠基，学校培养”的纯学术、纯文学的文学“重造”不过是“渺茫的”心造的幻影，而且有违于新文学的本质。[15]人们自不难注意到，这样的关于“文学与商业和政治关系”的争论，直到今天仍在继续，李何林先生用马克思主义的唯物史观对文学、新文学的特质的阐释，也就依然具有启示意义。

40年代李何林先生还写了一篇重要文章，即《读谭丕模〈中国文学史纲〉》。文章一开始便肯定谭书是一本自己所期待的“用进步的科学方法写作，不忽略文学本身的源流或发展，并兼顾与其他上层文化关系的文学史”著作，更充分肯定了作者所提出的文学史写作的“基本观念”：“（1）要把握历代的社会思潮和文艺思潮；（2）要把握文学的社会基础；（3）要探求文学形式的各种渊源（‘形式的变革多半被内容规定；但是内容对于形式的变化，也只是主要的因素，却不是唯一的因素’）；（4）要把文学家的个人生活环境与文学作品联系起来”，并作出了如下评价：“以上这些方面都足以证明作者并非只是机械地应用唯物论或者笼统简单地以经济基础去解释文学现象，而是用进步的观点，从多方面去解释文学现象的。”[16]这都表明，中国的马克思主义的文学史家正在努力克服“机械地应用唯物论”的幼稚病，在艰难地寻找一条恩格斯所提出的科学、正确地应用新理论的道路。[17]应该说，在这方面，李何林先生是具有相当的自觉性的。

有意思的是，在1955年批判胡适运动中，李何林先生发表了一篇题为“批判胡适唯心论文学思想的几个主要方面”的文章，重提胡适与陈独秀当年的那场论争。尽管在当时的语境下，不免有将学术上的论争无限上纲为政治问题的“左”的倾向，如将胡适所发表的不同意见说成是“和马克思主义文学史观对抗”，进而断定胡适是“马克思列宁主义的死敌”，“无产阶级思想领导的中国文学革命运动的死敌”，等等。但仍可以看出，李何林先生所坚持的是当年论战的基本立场，而且因为有了时间的距离，也就有了更为科学的分析。比如他这样谈到陈独秀在论争中的得失：“陈独秀的‘产业发达，人口集中’，当然不是科学的历史唯物论；但在当时（《〈科学与人生观〉序》写于1923年）他是企图运用历史唯物论的观点，从经济基础的变动去解释新文学运动发生的原因；‘经济史观’或‘机械唯物论’都在所难免。这种朴素的唯物论的运用，虽然显得简单和粗糙一些，但在当时的学术界还是有它的进步意义的。”

在论及胡适的观点时，他在肯定其观点的合理成分的同时，仍坚持历史唯物论的基本原则，而与胡适划清了界限：“我们虽不否认胡适所提出的‘我们有了一千多年的白话文学作品’，‘有了全国各地通行的大同小异的官话’，‘有了欧洲近代国家国语文学次第产生的历史可以供我们参考，因而主张文学革命'——这三方面和新文学运动多少有些关系。同时，我们也不否认'科举制度的废除'和'满清帝室的推翻，民国成立'替新文学运动扫清了道路；但我们和胡适不同的是：我们认为这些'政治势力'之所以形成，也是由于鸦片战争以后的经济基础的变动的'最后之因'，不是和'产业发达，人口集中'无干"；"这就是胡适的文学观和我们的文学观，胡适的文学史方法与我们的文学史方法的不同，他解释文学史现象，是向个人传记里面去找原因，把文学和文学运动当作是个人的东西；我们并不否认个人的东西，但我们把个人的东西和整个的文学现象当作社会现象来考察，当作阶级斗争的一部分来考察，要研究形成它的社会原因，最后还要追查到'最后之因'"。[18]

人们不难注意到，近年来对五四新文化运动的发生的考察中，胡适的意见似乎受到了更多的重视；或许正因为如此，重温论争中陈独秀、李何林等马克思主义的文学史家的意见，应该是有一种特殊的意义与价值的。

（二）高举"鲁迅'五四'"的旗帜

《近二十年中国文艺思潮论》的倾向性

李何林先生在1982年所写的《近二十年中国文艺思潮论》"重版说明"里，特意点明他的研究的"倾向性"，这是关系到他的一个基本的学术立场与观点的，在他看来，"任何文学史，或文学运动、文学思想斗争史的编著者，表现在他的'论述'部分中都有倾向性"，"所谓倾向性，就是倾向于赞成一方的思想，反对另一方的思想；而在引述双方的文章时又似乎很客观，但'论述'起来就表现出并不客观了。世界上有真正客观的文学史、思想斗争史吗？"

而且李何林先生并不讳言："这本书的倾向性，首先表现在前面的两幅铜版像：鲁迅和瞿秋白，而且标明他们是‘现代中国两大文艺思想家’”，[19]在该书的序言里，更是高度评价鲁迅“在近二十年内各时期里面中国文艺思潮的浪涛中”所起到的“领港”与“舵工”的作用，以及瞿秋白在“中国新兴文艺理论建设中的地位”。[20]

这样的论断，不仅如作者自己所说，为“当时一切反对派所不允许”，[21]而且为当时的文学史家所不能接受。尽管在1930年李何林编选的《中国文艺论战》出版以后，曾有读者邢桐华来信提出鲁迅“在中国是最伟大的思想家与艺术家和战士，十个胡适之换不来一个鲁迅先生；十个郭沫若也换不来鲁迅先生的几本小说和数集杂感；五个郁达夫，四个周作人，都换不来鲁迅先生对中国的难磨的功绩”，李何林在回信中也表示“怀有同感”，[22]但在许多人心目中，新文学与新文学思潮的“领港”与“舵工”仍是胡适等人，而非鲁迅。这在1935年、1936年所编选的《中国新文学大系》(这是对五四新文化运动以来的新文学第一次大规模的历史整理与叙述)的“导言”里可以看得很清楚：在胡适所写的《建设理论集》的长篇导言，所突显的是他自己，以及陈独秀、周作人的理论贡献与作用，只字未提鲁迅；倒是郁达夫在《散文二集》导言，朱自清在《诗集》导言里，都给鲁迅的散文、新诗创作以极高的评价；鲁迅自己在《小说二集》导言里，也这样谈到自己的贡献：“从一九一八年五月起，《狂人日记》、《孔乙己》、《药》等，陆续的出现了，算是显示了‘文学革命’的实绩，又因那时的认为‘表现的深切，格式的特别’，颇激动了一部分青年读者的心。”

以鲁迅为“五四”传统的代表和开创者

这里所注重的或许是一个历史事实的陈述；但说到李何林所强调的论述，即倾向性的价值判断与选择，情况就比较复杂。这是因为如研究者所说，五四新文化运动最显著的特征就是运动的发动者、参与者，仅仅拥有“态度的同一性”，即对于中国传统文化和社会的批判与怀疑态度，如胡适所说的“重新估定一切价值”的共同理念；在此之外，尽管也有“科学”、“民主”这样一些被今人认为是“五四”精神的共同的价值理想，但“实际上，《新青年》同人对‘民主’和‘科学’的理解并不一致”，并“事实上导致他们的严重分歧，一旦偏离开他们一度共同拥有的批判和否定的对象，这种分歧将会以更加尖锐甚至相互对立的方式呈现出来”。[23]这就是说，在某些大体的具有某种模糊性的共同价值理念之外，运动的发动者与有影响者，都以自己的各自不同的理解、追求与实践在五四新文化运动上打上个人的烙印，甚至形成某种传统。于是，在总体的“五四”之下，还有“陈独秀、李大钊的‘五四’”，“胡适的‘五四’”，“蔡元培的‘五四’”，自然也还有“鲁迅的‘五四’”等等。

后人，也包括现代文学史的研究者，在对“五四”进行回顾、研究、叙述与评价时，事实上如李何林先生所说，是不可能自觉与不自觉地表现出某种倾向性的，即在对“五四”精神有总体的认同或批判之外，也还包含有对前述不同的个人“五四”的不同理解与评判。在我看来，这或许正是一个契机：有可能由此形成不同的“五四观”及相应的不同学派。在这样的观照下，李何林先生在《近二十年中国文艺思潮论》中对鲁迅在五四新文学运动与新文学思潮史中地位的突显，就具有了重要的历史意义：这是第一部自觉地认同“鲁迅‘五四’”，突出鲁迅所代表与开创的五四传统的文学思潮史著作。[24]

由此形成了李何林先生独立的学术立场与独特的新文学史观，在某种意义上可以说这是他将马克思主义的唯物史观运用于中国新文学史的历史实际所获得的重要成果。而且难能可贵的是，在此后半个多世纪的历史的风风雨雨中，他始终自觉而顽强地坚守着、发展着这样的学术立场与以“鲁迅‘五四’”为核心的新文学史观，以至在他临终前可以毫无愧色地作出这样的自我评价：“六十多年来，为党为祖国培养了一大批中国现代文学和鲁迅研究的人才，坚持‘五四’以后新文学的战斗传统，发扬鲁迅精神，驳斥了鲁迅生前死后一些人对鲁迅的歪曲和诬蔑，保卫了鲁迅思想。”[25]

现代文学研究界的“鲁迅‘五四’”学派

据说有的朋友曾讨论过现代文学研究界中的“李何林学派”的问题；在我看来，在现代文学研究界确实存在着一个或许可以称作是“鲁迅‘五四’”的学派，李何林先生是举旗帜的代表人物之一，现代文学研究界的许多前辈，如王瑶先生、唐弢先生也都是这样的举旗帜的学者。

应该说这样一种“鲁迅‘五四’”观在现代文学研究中曾经占据着主导地位，并因而出现了十分复杂的情况。[26]或许正因为如此，近年来不断有人对“鲁迅‘五四’”甚至五四传统本身提出质疑，如果是一种严肃的学术探讨，这样的质疑是有助于现代文学研究多元化的格局的形成，而且可以期待由此形成不同的学派；但如果因此而形成了对“鲁迅‘五四’”，以至整个五四传统的否定与消解，形成对“鲁迅‘五四’”派的压抑，则同样不利于现代文学研究的健全发展。这也正是我们今天在这里纪念李何林先生，探讨他的学术思想与学术贡献的意义所在，或许我们可以借此对李何林先生和其他前辈所开创的这一“鲁迅‘五四’”学术传统，进行科学的总结，并寻求在新的历史条件下发展这一传统的道路，这应该是“开创现代文学研究新局面”的题中应有之义，一个不可忽视的重要方面。

（三）历经磨难而信仰弥坚的风范

最后，我还想讨论李何林先生这样的现代文学研究界的马克思主义的学者的历史命运问题：这是一个沉重的话题，却又是不能回避的。

《近二十年中国文艺思潮论》被查禁

李何林先生曾多次谈到他的《近二十年中国文艺思潮论》出版不久，即被查禁（见张静庐编《中国现代出版史料·丙编》所收《1941年国民党反动派查禁书刊目录》），也因此没有学校请他教书，只能改行。[27]这是一个重要的事实：在中国，马克思主义曾被视为洪水猛兽，视为非法，用马克思主义的立场、观点与方法进行学术研究，必定要付出沉重的代价，马克思主义本质上的批判性决定了它的真正信奉者也必然为专制体制所不容。近年来总是有人有意无意地掩盖、遮蔽这一事实，美化国民党专制政权，这是颇为奇怪的。

《近三十年中国新文学运动大纲》的困境

当1948年5月，李何林先生逃脱国民党的追捕，来到华北解放区，并被任命为华北大学国文系主任，他自然会有一种解放感，并期待着可以自由地运用马克思主义的历史唯物论来进行被中断的现代文艺思潮史的研究。于是，他很快就依照《近二十年中国文艺思潮论》的纲目，加上抗战以后的十年，写出了《近三十年中国新文学运动大纲》，但没想到却因此陷入了困境。这是因为这时的解放区的现代文学研究与教学，已经确定以毛泽东的《新民主主义论》为指导方针；对这一点，李何林并无抵触，毛泽东在《新民主主义论》中将"鲁迅的方向"定位为"中华民族新文化的方向"，[28]这是与李何林的"鲁迅'五四'"观相符合的，事实上，李何林在《近二十年中国文艺思潮论》序言中就不点名地引用了毛泽东1938年在延安陕北公学讲话中对鲁迅的评价。[29]

但是，问题在于李何林与毛泽东的"五四观"既相同又不同，如前文所说，李何林从他对当时中国社会的经济基础与阶级关系的分析出发，断定五四新文化运动的指导思想是“资产阶级思想”，而毛泽东则为了中国共产党争夺思想文化政治领域的领导权的需要，将五四新文化运动定位为“无产阶级的文化思想即共产主义思想”所领导的统一战线的文化运动。[30]

本来这样的分歧是可以通过学术争论来解决的，但解放区所建立的新的思想文化体制却要求毛泽东思想的绝对领导，不允许不同意见的存在，而且任何思想、学术的问题都是政治问题。于是，就有了1948年10月、12月时为华北大学领导的何干之与钱俊瑞的两次来信，尽管采取的是尽量说理的态度，并直接引述了毛泽东的观点，作为说服的依据；但内在的政治压力也是显而易见的，如一位传记作者所说，大有“必须修正”之势。[31]但李何林却并没有立刻放弃自己的观点，如他自己后来所说，“我当时虽然觉得他们说的也有道理，但并未能使我心服”。直到后来与范文澜交换了意见，又经过长时期的思考，才“认识到他们的见解的正确”，并于1950年写出了《五四以来中国新文学的性质和领导思想问题——〈近二十年中国文艺思潮论〉自评》，基本上接受了毛泽东《新民主主义论》的观点。

应该说，李何林对毛泽东五四新文化观的全面接受，既有原有基础，又经过后来的认真思考，而且此后从未动摇，直到80年代思想解放运动中，有人重提当年的论争，认为正确是在李何林先生这一边，李先生却表示：“我现在倒不这样看”，仍然坚持在《自评》中已经认定的“无产阶级思想领导论”。但他同时又表示，领导思想的问题还是“可以讨论的”。[32]

《十年来文学理论和批评上的一个小问题》遭批判

尽管李何林先生心悦诚服地放弃了自己在《近二十年中国文艺思

潮论》中的一些观点，但他并没有放弃自己的独立思考，就自然日益为要求所有的知识分子都成为驯服工具的体制所不容，终于在1959年至1960年间，有组织有计划地在全国范围内展开了对所谓“李何林修正主义文艺思想”的批判，起因不过是他写了一篇题为《十年来文学理论和批评上的一个小问题》的短文，就文艺政治性与艺术性的关系问题发表了自己的不同于主流意识形态的独立见解。[33]在宣称以马克思主义为指导思想的国度里，真正坚持马克思主义的独立思考的学者，却遭到了无情的批判与压制，这个事实或许更为严峻，而且更加发人深省。

面对这样的对他而言也许是过于严酷的现实，李何林先生表现出“每临大事有静气”的大家风度，仍然坚持马克思主义而绝不动摇，可以说他至死都是一个坚定的马克思主义的学者，一个坚定的“鲁迅‘五四’”派。李何林先生留给后人的历经磨难而信仰弥坚的风范，也许是更加值得我们永远怀想的。

2004年9月10—12日、29—30日

注释

［1］［7］李何林:《我的文学研究和学术生涯》,《李何林全集》第1卷，3、1—2页，河北教育出版社，2003年版。

［2］［3］樊骏:《马克思主义与中国现代文学研究》,《论中国现代文学研究》，50页，上海文艺出版社，1992年版。

［4］李何林:《瞿秋白〈鲁迅杂感选集·序言〉的特点（1962年在南开大学讲课的提纲）》,《李何林全集》第4卷，246页，河北教育出版社，2003年版。

［5］恩格斯:《致保·恩斯特（1890年6月5日）》,《马克思恩格斯选集》第4卷，472页，人民出版社，1972年版。

［6］恩格斯:《卡尔·马克思〈政治经济学批判〉》,《马克思恩格斯选集》第2卷，118

页，人民出版社，1972 年版。

[8] 李何林在《〈近二十年中国文艺思潮论〉1982 年版重版说明》中曾说：“我没有总结出它的‘史’的发展脉络或规律，我只稍稍提到每次斗争的社会政治背景和原因，以原始资料为主。因此，只能叫作文艺思想斗争史资料‘长编’，不是‘史’。”（《李何林全集》第 3 卷，3 页，河北教育出版社，2003 年版）但这其实也是可以视为文学史研究与叙述的一种模式的。

[9] 李何林：《〈近二十年中国文艺思潮论〉序》，《李何林全集》第 3 卷，6 页，河北教育出版社，2003 年版。

[10] 李何林：《中西市民社会的文学共同点》，《李何林全集》第 4 卷，137—138 页，河北教育出版社，2003 年版。

[11] 上述讨论文章收《胡适文存二集》，《胡适全集》第二卷，222、224—225、227 页，安徽教育出版社，2003 年版。

[12] 胡适：《中国新文学大系·建设理论集·导言》，《中国新文学大系·建设理论集》，15、17 页，上海文艺出版社，1981 年据上海良友图书印刷公司 1936 年版重印。

[13] 李何林：《近二十年中国文艺思潮论·绪论》，《李何林全集》第 3 卷，4—5 页，河北教育出版社，2003 年版。

[14]《中西市民社会的文学共同点》，《李何林全集》第 4 卷，138、140、141、143、150 页，河北教育出版社，2003 年版。

[15]《文学与商业和政治的关系》，《李何林全集》第 4 卷，156、157、161—162 页，河北教育出版社，2003 年版。

[16]《读谭丕模〈中国文学史纲〉》，《李何林全集》第 4 卷，166、168 页，河北教育出版社，2003 年版。

[17] 恩格斯：《致约·布洛赫（1890 年 9 月 21—22 日）》，《马克思恩格斯选集》第 4 卷，477—479 页，人民出版社，1972 年版。正是在这篇文章里，恩格斯指出：“根据唯物史观，历史过程中的决定性因素归根到底是现实生活的生产和再生产。无论马克思和我都没有肯定过比这更多的东西。如果有人在这里加以歪曲，说经济因素是唯一决定性的因素，那末他就是把这个命题变成毫无内容的、抽象的、荒诞无稽的空话。经济状况是基础，但是对历史斗争的进程发生影响并且在许多情况下是决定着这一斗争的形式的，还有上层建筑的各种因素：阶级斗争的各种政治斗争形式和这个斗争的成果——由胜利了的阶级在获胜以后建立的宪法等等，各种法权形式以及所有这些实际斗争在参加者头脑中的反映，政治的法律的和哲学的理论，宗教的观点以及它们向教义体系的进一步发展。这里表现出来这一切因素的交互作用，而在这种交互作用中归根到底是经济运动

作为必然的东西通过无穷无尽的偶然事件（即这样一些事物，它们的内部联系是如此疏远或者是如此难于确定，以致我们可以忘掉这种联系，认为这种联系并不存在）向前发展。”

[18]《批判胡适唯心论文学思想的几个主要方面——并驳斥他所自吹的对于新文学的所谓“贡献”》，《李何林全集》第4卷，25—26、28页，河北教育出版社，2003年版。

[19][21]《〈近二十年中国文艺思潮论〉1982年版重版说明》，《李何林全集》第3卷，3页，河北教育出版社，2003年版。

[20]《〈近二十年中国文艺思潮论〉序》，《李何林全集》第3卷，6、7页，河北教育出版社，2003年版。

[22] 邢桐华来信与李何林回复均收《李何林全集》第5卷，5、2页，河北教育出版社，2003年版。

[23] 汪晖：《中国现代历史中的“五四”启蒙运动》，《汪晖自选集》，313—314页，广西师范大学出版社，1997年版。

[24] 但如果仔细阅读李何林先生的《近二十年中国文艺思潮论》，仍可以发现，他在序言里所鲜明地表达的价值判断，并没有真正落实到他的历史叙述中，这里的原因是复杂的，也涉及文学史理论的一些重要问题，需要做更深入的研究与讨论。

[25]《自传及著述经历》附录：《1987年8月1日自制悼词》，《李何林全集》第1卷，5页，河北教育出版社，2003年版。

[26] 成为主导地位的一个重要的不可回避的原因是毛泽东对鲁迅的高度评价所引起的意识形态乃至权力的介入，发展到极端，就将“鲁迅‘五四’”唯一化，对其他人的“五四”形成了某种压抑，而“鲁迅‘五四’”本身也出现了许多李何林先生所说的“歪曲”，以及投机者的渗入，并在事实上形成了对“鲁迅‘五四’”的不同理解与阐释，出现了许多分歧。而这样的分歧在学术研究中是永远存在的，因此，这里所说的“鲁迅‘五四’”学派本身，也只是大体上的价值理想上的相同或相似，而在进一步的理解与分析上仍是存在着歧义的。

[27] 参看《〈近二十年中国文艺思潮论〉1982年版重版说明》，《李何林全集》第3卷，4页；《自传与著述经历》，《李何林全集》第1卷，3页，河北教育出版社，2003年版。

[28] 毛泽东《新民主主义论》，《毛泽东选集》，658页，人民出版社，1967年版。

[29]《〈近二十年中国文艺思潮论〉序》：“有人说‘孔夫子是封建社会的圣人，鲁迅则是新中国的圣人’。”李何林并据此作了发挥，说“埋葬鲁迅的地方是中国新文学界的‘耶路撒冷’，《鲁迅全集》中的文艺论文也就是中国新文学的《圣经》”。

《李何林全集》第3卷，6页，河北教育出版社，2003年版。毛泽东在延安陕北公学的演讲由胡风在他主持的《七月》月刊（重庆出版）1938年第3期首次发表，毛泽东的鲁迅观也就在大后方知识分子中广泛流传，产生了很大影响。而据李何林在《1982年版重版说明》中交代，“在反动派掀起第一次全国反共高潮（1939年冬—1940年春）的前夕，在法西斯统治的四川，我没有说是毛主席说的，用了‘有人说’三个字”（《李何林全集》第3卷，4页，河北教育出版社，2003年版）。

［30］拙作《远行以后——鲁迅接受史的一种描述》（贵州教育出版社，2004年版）对此有详尽分析，可参看该书36—39页。

［31］参看田本相：《李何林传》，158—159页，河北教育出版社，2003年版。

［32］参看《〈近二十年中国文艺思潮论〉自评》，《李何林全集》第3卷，1—9页；《我的文学研究和学术生涯》，《李何林全集》第1卷，4页，河北教育出版社，2003年版。据李何林先生所说，最后说服了他的是范文澜所说的“无产阶级思想在这个运动中虽然数量比较小，质量却比较高，……这是从发展的一方面着眼所得的结论”这一段话。李何林因此而检讨自己“在蒋管区虽然也看过一点辩证唯物论的书，记了一些书本上的法则或教条，但不能运用于实际，遂把一个衰老没落的似乎强大的事物（资产阶级思想）遮盖了新生的发展着的量虽小而质高的事物（无产阶级的思想）的领导作用”。

［33］参看田本相：《李何林传》第十五章“一个小问题”，河北教育出版社，2003年版。

一个“人”的标尺

——从小说创作看贾植芳先生

贾植芳

20世纪90年代中在做40年代小说研究的时候，就读过《贾植芳小说选》，当时即受到了很大的震撼，并且决定要将其写入计划中的《40年代小说史》里。但这部小说史迟迟不能问世，心里总觉得欠了贾先生（以及40年代未能得到正确评价的作家）一笔债，是作为文学史研究者的一种失职。最近，偶然翻点藏书中的40年代小说，这本《贾植芳小说选》赫然在目，心又为之一震，觉得无论如何也得写点什么了。

（一）在文学创作起点上与鲁迅的相遇

而我此时的研究兴趣却首先在文本之外的故事：它的写作、发表、出版、结集……过程中的作者与作品的生命故事。于是，我注意到了贾先生在“编后记”里对背景材料的介绍，这篇《从小说创作看贾植芳先生》也就从这里读起。

收入《贾植芳小说选》的第一篇《人的悲哀》是1937年4月发表于冯雪峰、茅盾、胡风联署而由胡风实际主持的《工作与学习丛刊》

第四辑《黎明》上的。据贾先生回忆，他当时还是一个不满二十岁的青年学生，在日本一个大学挂着学籍，是因为在东京神保町的内山书店看到《丛刊》的头两本：头本题为《二三事》，以鲁迅的遗文《关于太炎先生二三事》为题名，第二本题为《原野》，以艾青所翻译的法国诗人凡尔哈伦的长诗《原野》为题名，他正是从这样的“刊物的作者阵容和编辑风格上认识到它是高举鲁迅先生的战斗文学旗帜前进的严肃的文学刊物”，这才决定将1936年秋冬刚写出的小说投给《丛刊》。[1]

应该说，青年贾植芳对《丛刊》的性质、编辑意图的判断是相当准确的；因为我们从胡风的回忆中知道，编《工作与学习丛刊》是冯雪峰交给他的任务，目的是在鲁迅逝世之后，通过这个刊物，“和鲁迅的老朋友以及他晚年接近的青年取得联系，在思想上和创作上学习并发扬鲁迅精神”。而在胡风的理解里，“鲁迅精神是全民族、全体劳动人民的精神财富，继承并发扬鲁迅精神只能放在劳动人民的斗争实践上面，也就是，把希望放在和劳动人民的生活和斗争结合着，能反映劳动人民的生活真实和斗争意志的作者，尤其是成长中的青年作者身上”。[2]因此，胡风在编《丛刊》时，除了按照冯雪峰的意图，发表了一批鲁迅的老朋友（如许寿裳、李霁野）与他周围的年轻人（如曹白、力扬）的文章与美术作品，同时以更大的篇幅发表初露头角的新作者的作品（如艾青、端木蕻良的诗与小说），注意从业余作者中发现文学新人。

贾植芳的《人的悲哀》就是这样被他从自然来稿中选拔出来的。在这一辑的《校后记》里，他以抑制不住的喜悦这样写道：“《人的悲哀》是一篇外稿，也许读起来略嫌沉闷吧，但这正是用沉闷的坚卓的笔触所表现的沉闷的人生。没有繁复的故事，但却充溢着画的色调和诗的情愫，给我们看到了动乱崩溃的社会的一图。”[3]

这里，我们所看到的是编者与作者之间的“心有灵犀一点通”，也可以说是一次历史的相遇：当冯雪峰、胡风在鲁迅逝世以后试图继续高举鲁迅的文学旗帜时，青年贾植芳自愿、主动地站到了这面旗帜下，从此走上了极不平凡的人生与文学的不归路。

这条道路几乎从一开始就注定是坎坷不平的。据胡风说，当初采取以书代刊的“丛刊”形式，就是考虑到“登记出杂志一定得不到国民党的批准”；[4]但第二辑《原野》出版后不久还是被国民党禁止了。而在两三天以后，同一机关又有公事到代售的书店，说在报上看见有《原野》的广告，不晓得内容反动与否，着缴呈若干本云。这就是说，“禁止了还不晓得内容反动与否，或者说，还不晓得内容反动与否就禁止”。面对这样的荒唐的检查制度，胡风立即著文加以揭露，指出：“‘统制思想’政策是‘民可使由之，不可使知之’的‘愚民政策’的继续，这个政策胜利的时候就是中国的‘沙漠化’的完成。”[5]但胡风的抗议，却引来了更严厉的管制：《丛刊》第四辑（也就是发表贾植芳小说的这一辑）原题为《街景》，是用美国共产党刊物《新群众》上的一幅石板画命名的，但排成后就得到书店的通知，说前三本都被禁止了，这一本虽已排成，仍不能出，只好拆版。因此，在很长时间内，胡风都以为这一期刊物（自然也包括贾植芳的作品，连同他自己的评价）已被扼杀在摇篮里，不见天日了。但四十八年后的1985年，上海书店要影印《工作与学习丛刊》时，才发现后来不知是谁（估计是书店）还是将第四辑印出，但改换了封面，辑刊题目也改为《黎明》，于是，贾先生的《人的悲哀》也就死里逃生，侥幸问世。这真可以称为“书的悲喜剧”了。[6]

今天我们重读《人的悲哀》，很容易就注意到作品中反复出现的是鲁迅式的意象：“门前的街沿上，一只稀见的身材高大的羊，态度轩昂地领着一群仪容大相悬殊的小羊走着。”——这也是鲁迅在《一点比喻》里描写过的隐喻性场景；[7]“我转过身，像一匹受伤的兽，忿怒得燃烧得不顾那些睡客，脚步沉重地踏着楼梯，跑上楼去”——仿佛鲁迅的《孤独者》里的那匹“受伤的狼”的“惨伤里夹杂着愤怒和悲哀”那声嚎叫，重又响起。而小说最后的点题之笔：“我的敌人已不是先前可怖的侦探，而是现在自己的怯懦，因为我有了一个避难所，人是惯于苟安的……”，“我应该走一条（自己的）路……”；还有那笼罩全篇的恐惧与绝望，以及被“历史的沙土埋得重重的，透不过气来的感觉”，“我似乎躺在荒原里或者闹市，许多可怕的东西，渐渐成形，猛兽般向我袭来，监房的血泪和铁镣，寒冷和阴森，咒骂和啜泣……”：这些也都是鲁迅式的。[8]

今天的读者更为注目的，或许就是作品中处处显现的小说主人公对外部世界的感觉与联想的奇峻，像“我恐惧地望着四周，人们的态度一如乌云退后的太空，明快而闲适，闲适得简直有点残忍”；“连阳光也显得灰沉，像喝过砒霜后难看的面孔，死滞在这里”；“空气像一根新的绳子”；“当他脚步踏上楼板的第一声，全楼响起一片空前的震动，像是弱小者的绝望的呐喊”；“他趁势把两手伸得高高的，支起脚尖，凄凉地打了一个大哈欠，嘴城门般的张圆，然后放下脚跟，嘴又猛地紧闭，两手随着死了般的摔下来”；“我就上了楼，背后是一群奇异的眼睛，像送葬行列后的眼睛，饱含着惊奇和悲哀”：这些文字都具有一种震撼力，给人以新奇感，尤其是那种“痛苦而神经质”的感受世界的方式，也都是鲁迅式的。

我们在这里一再提到“鲁迅式”，意在说明，贾植芳在他的第一篇小说里所表现出来的这些思维、心理、情感与表达方式，或许有直接模仿鲁迅的痕迹（这是一个初学写作的鲁迅的崇拜者所难以避免的），但更根本与更重要的是，他有着类似鲁迅的生活感受与生命体验，也就是说，他是通过自身内在的生命欲求与鲁迅相遇、逼近、拥抱的。胡风感觉到并竭力赞扬的他的这篇小说中的“沉闷的坚卓的笔触”,“画的色调,诗的情愫”正是这样的相遇、逼近与拥抱的外在表现。

(二)在抗战烽火中对鲁迅启蒙主义文学传统的坚持和发扬

如果说《人的悲哀》还是一个最初的尝试,到写于1942年的《人生赋》与《剩余价值论》就是相当成熟了;我当年准备写入《40年代小说史》的,主要就是这两篇作品。我在研究40年代小说时,一直在苦苦地追寻普通人在战争中的真实感觉;但我所读到的许多作品,都将这种真实的感觉过滤与净化了,这里的原因自然非常复杂,需要另做深入的讨论研究。这里只能说说当年研究过程中的感受:我先是在路翎的《财主底儿女们》与张爱玲的《烬余录》里捕捉到了这种战争感觉,有一种研究者的莫名兴奋;然后就读到了贾植芳的《人生赋》里的两段文字,我是真正地被震撼了,以至到十年后的今天、此刻,还仍然感到余震的力量。——

> 就在那有名的轰炸之夜,我的医室所在的那一条僻街,一瞬化为灰烬!当我痴痴地站立在困扰的街心,简直像在梦中;在这激烈的轰炸下,我就有时像《空城计》里的攻城未遂的司马懿,怀疑自己是否还活在世上,……我亲眼看见,开得圆圆的我的医室的窗子,像一张吃惊张大的嘴,先是烟硝,后来是火头,——是的,是火,一层卷着一层,穷凶极恶争先恐后逃难似的从窗口奔出,卷向屋檐,卷向四周的墙壁,有的更伸着长的下溅的火舌拖向近处歪斜的电杆,和闪亮的紊乱的电线,还有更远的被火光照耀着的半透明的天空,……我听到木材毕毕剥剥的爆裂声,轰

然的倒塌声，……我又似乎听到我的医室里药瓶的爆裂声，似乎那一个卷形的火头里边，飞跃着破碎的玻璃瓶块，……药的浓烈气味，……不久，我经营了经年的医室，就在一阵硝烟和混乱中完结了。……我沿着嘉陵江向市外走着，我感到茫然、疲惫、愤怒，那么压人欲倒的感情，……身边混乱的人群默默走着，像一群影子。……

还有战争中的饥饿感所引发的种种幻觉，生命感受——

我是被我生活过的生活忘掉了，遗弃了，……空着肚子，在这个完全陌生的城市的弯曲的街道上巡行着，昏昏沉沉，老听到肚子呜呜地叫，坚强的膝盖也在抖动，意外的疲倦。……我好像是一个没有味觉的动物，……歪歪斜斜地走着，疲惫而寂寞，像受过重刑的人，……我感到一种茫然，像浮在海上，……这样有时惊觉有时麻木地生活着，是一个都市的可怜儿了。……没有什么更改和变迁，想都想疲倦了。有时我真茫然不知我是否有过过去，我现在是什么。……[9]

这“一瞬化为灰烬”的毁灭感，以及人的被遗弃、被悬浮、被空洞化的感觉，是极容易产生战争虚无主义的。而这正是人的生命选择、人生走向的一个关节点；我曾经在一篇文章里讨论过，40年代的许多知识分子为摆脱这样的虚无感，被一种寻找归宿的生命欲求所驱使，走向战争乌托邦主义，在制造种种新的神话中陷入了新的陷阱。[10]

而贾植芳在他的小说中，则揭示了另一部分知识分子的另一种同样是悲剧性的选择：他们由战争虚无感走向颓废主义与市侩主义。他的主人公在“像决了口的黄河”那样大哭了一场之后，“大概是疲劳和刺激过度吧”，就开始了“另一幅景色”的新生活：“吃吃喝喝，玩玩乐乐。天塌下来压死大家，或者我多有几个铜板，逃难还来得及。”于是就有了这一番自嘲式的叙说：“渐渐我和大家的生活合了拍子，也不觉什么了，……在上海的激愤，和在重庆的忧郁，被称为孩子气的玩意儿，慢慢也都忘掉了，就连那一点看书看报的习惯……这时也早丢掉了。……我开始健全地生活着。我想人生的具体内容，第一是钱，第二是钱，第三是钱，钱的朋友是女人，钱和女人，其实是一个目标，因为女人是钱的一部分。”就在这样的人生哲学的支配下，他快快乐乐地（他甚至这样明确地宣称：“我要追求人生的快乐，却不是幸福”）选择了“伪组织”式的生命存在方式——这本是卖身于侵略者的汉奸的统称，而这里却是指一切都是“人生的暂时结合”：他终于陷入了人生的另一个陷阱。

于是，就有了这样一句沉重的点题：“战争残酷地改变一切！”战争的残酷不仅在于残酷地毁灭人赖以生存的物质生活，更伤害、毒害了人的精神，有的甚至达到了毁灭的程度：这才是真正令人恐惧的。而这样的一种更内在的残酷，并不是任何人都有勇气正视的；而贾植芳却毫不掩饰地把它如实写出，尽管在小说的结尾，叙述者（或一定程度上的作者自己）在讲完故事以后，“更深深地感到近乎麻痹的疲惫”。[11]

在另一篇小说《剩余价值论》里，贾植芳又讲了一个“最不痛快的事”：一次“无意义的邂逅”。“我在西北山地旅行里遇了劫，以偷吃沿途的瓜果为生来到这个黄土高原上的小镇上”，“我在街中人群里走着，肩膀突然被人拍了一下，惊愕地回过头，我愣住了。——拍我的肩膀的是这样一个被衰老征服了的年轻人！”于是，就有了这样可谓惊心动魄的一幕——

“啊，子固！”我醒来似的喊着，“是你，总有七八年不见了。”他凄然地笑着，藏着浓黑胡须里的纹折一条一条很残酷地裂开来，两只眼睛低垂着，像被长长的睫毛遮掩了，……但只一闪，那一双阴凄的眼就吃惊般地盯着我，竟藏着毒药，闪着奇异的光，死死地盯着我……他好像在空屋中发现了一条蛇似的呆哑。我可有点烦躁了，这是一种什么寂寞呀！我心里说；就想摆脱这个奇异的相遇。

所以说这是惊心动魄的，是因为“我”还有另一个记忆：“那高大而挺直的身躯，蓬乱而尖硬的头发，和那无论什么境地里永远浮在苍白面颊上的坚定的微笑，发自坦然心坎里的健康而硬朗的笑声，温良坚决的眼神……那一切仿佛便是希望的化身”，“尤其是那微笑，真可说是典型的笑，好像一首诗，一个启示，一个信仰，秋夜高空的星，峻岭幽谷中的溪流……”而现在，眼前这“阴凄”、“藏着毒药”似的眼神，这“呆哑”的神情，把这一切美好的记忆全部摧毁了。——这一切，是怎样发生的呢？

“我”和“子固”再一次在北方滨海城市的浴场里见面时，他已经有了一双“可称为富人的眼睛”，而且有了一个“娟”，“我”因此听到了“久违的子固的粗朗的笑声，但却是无节制和色情的”。

“我”没有遵约再去见他，逃走了，却在路上从一个女政工员的转述中，听到了他的心声——

“我愿意一个人远离人群坐在荒原里，山头或水边，但坐长久了，太使我痛苦。真的，我在这些地方，好像常听到一种呼唤的声音。这声音像在热情地有力地召唤着我，像是一种复活的诱惑，听着这声音我就惶惑战栗起来，不知所措，就像回到前些年，……我早忘了想起就使我痛苦的那些年。但是结果呢？是更多的痛苦添在我的心上，我没有法子。我疲倦了。自己把自己毁了。……这回战争真是一种了不得的力量！”[12]

这又是一个战争改变人的命运，戕害人的心灵，摧毁人的价值的悲剧——小说以《剩余价值论》为题，是内蕴着一种深刻的痛苦的。而小说结尾时所发出的追问：“人受过刺激就不能像人的生活吗？……什么是人的生活呢？”就更是大有深意，提升到人性本身、人的生存本身，具有某种超越的意味了。

1983年作家何满子在为《贾植芳小说选》所写的“小引”里说：“读着这篇小说，使人不禁要想到鲁迅的《在酒楼上》和《孤独者》给予作者的影响。”[13]这恐怕是所有的读者的共同感受：这篇《剩余价值论》与鲁迅的《在酒楼上》、《孤独者》，也许还有《过客》之间，是存在着一种联系的。

而我想强调的是，这种联系，不仅表现在外在的结构、描写等表现形式上，更是内在的文学追求上，即是要写“灵魂的深”，写“病态社会”里人的精神病态，以“引起疗救的注意”；这样的文学“是对现代中国人的灵魂的伟大拷问，它逼着读者和它的人物，连同作家自己一起来正视人性的卑劣，承受精神的种种苦刑，在灵魂的搅动中发生精神变化，而最终指向的是绝望的反抗，是对于社会，对人自身，对自己的一个反抗，这个文学的‘地狱’里有着血淋淋的真实”。[14]——贾植芳的小说也正是这样的“有着血淋淋的真实”的文学的“地狱”。可以说，到写出《人生赋》与《剩余价值论》时，贾植芳才真正地进入了鲁迅所开创的文学传统。

贾植芳在40年代以自己的艺术实践自觉地继承与发扬鲁迅文学传统，是有着特别的意义，并且是冒着风险的。因为当时占据主流地位的文学思潮，如胡风所说，是“只准许歌颂胜利，只准许歌颂中国文化又古又好，中国人民又自由又幸福，只准许对于敌人的弱点和没有出路加以嗤笑，聊快一时的人心”的，如果要坚持鲁迅的启蒙主义的批判传统，揭示中国人的精神病态，至少是不合时宜的，胡风因此对人们提出的“如果鲁迅现在还活着”的问题，作出了十分冷峻的回答：“恐怕有人要把他当作汉奸看待的。”[15]如果鲁迅本人也不能幸免，就更何况要自觉继承他的传统的后人了。胡风在40年代承接鲁迅改造国民性的思想，提出的“精神奴役的创伤”的命题，以及他所坚持的对现实生活与文学中的市侩主义的批判，都被视为异端而遭到围剿，这当然不是偶然的。在这样的背景下，贾植芳还要写《人生赋》、《剩余价值论》这样的揭露战争中的精神创伤，鞭挞市侩主义的文学作品，显然是不识时务，而且要承担后果。这就注定了他不但要被国民党政府追捕，而且也难逃“自己人”的追捕，直至关进敌人与自己人的监狱：这是他的人生与文学选择所带来的宿命。

（三）永远的“历史乐观主义者”

贾植芳抗战时期的小说还有《嘉寄尘先生和他的周围》、《我乡》两篇，这是他的“沉闷的坚卓的笔触”（胡风）中难得流露出的亮色。这又使我们想起了鲁迅，他说他在自己的作品中，也是要“删削些黑暗，装点些欢容，使作品比较的显出若干亮色”的，但他同时说明，这是为了“与前驱者取得同一的步调”。[16]他还说过，这也是因为“不愿将自己以为苦的寂寞，再来传染给也如我那年青时候似的正做着好梦的青年”，[17]他对那些“亮色”实在是并无把握，甚至怀疑的。而贾植芳，或许还有胡风，却是骨子里的乐观主义者，直到1983年编《贾植芳小说选》，已经是大难逃生，贾先生仍在《编后记》里坚称：“光明永远在我的前面……我永远是一个历史的乐观主义者。”这或许正是鲁迅的学生与鲁迅的不同之处吧，而且这当然不是年龄的差异所致。

不过这是另一个需要专门讨论的话题；我这里想说的是，贾植芳小说中的亮色，来自他的另一种战争体认，这是他即使在《剩余价值论》这样的为战争的内在残酷性所笼罩的作品里也要在小说开头加以强调的："战争使人们惊觉般的懂得生命的真谛，像信仰生命一样的信仰着战争胜利"，"实在，战争使人们变得坚强和可爱"。[18]这里所表达的是对人性与人的生命本身的某种信心。这或许正是这两篇小说至今还感动着我（或许还有今天的某些读者）的原因。

我在研究40年代小说时，也一直在寻找支撑着这场战争的内在精神，以及这种精神的瞬间显现，从而照亮了一个时代的历史细节。我后来在一位美国医生写的见闻录里发现了这样的细节，并因此而欣喜若狂：在战火纷飞之中，一个农人依旧执犁耕田；战火平息后，周围的一切全被毁灭，只有这执犁的农人依旧存在。我把它称作"瞬间永恒"，写入我的40年代研究论文中。[19]而这次重读贾先生的《我乡》，又突然发现了这样的照亮时代的文学细节，眼睛为之一亮——

> 我搀着母亲正走到山腰，一只机枪的射击弹忽然向我们的方向猛烈扑来。我发现我们已经成为目标，流弹就在近处匍匐不绝地响着。……母亲急呼着，要在前面的妹妹嫂子侄子们"快跑"，同时她摆脱我的手，"你快跑，不要管我！"地边喘边嚷着；父亲大声说："这孩子，怎么不听话！你远走你们的，不用管我们。"母亲更着力地推着我，气喘地拼着生命之力喊着："留着你们年轻有用，你们快跑你们的，不用管我们。"愤怒地催促着。……我单独的走出一段路，回头看见在阳光里蹒跚前进的双亲默然地相互搀扶着的姿态，……像忘了似的停止了个人的行进……

这“阳光里蹒跚前进的双亲默然地相互搀扶着的姿态”也同样是一个瞬间永恒，它蕴含着极其丰富的历史内容，同时又具有极其鲜明、生动的历史具体性与文学形象性。贾植芳能够把它敏锐地捕捉到、描写出来，当然不是偶然；他在小说的结尾这样写道：“故乡，战乱的故乡，是赋予我们以人生和战斗之勇气的。它是这样的一个新的人生之港湾。”[20]他的生命之根、文学之根，是深扎在故乡——生养他的这块土地，父母，乡亲，中国的普通老百姓中的。他的绝望中的乐观，也就产生于此。

（四）“人类史前时期的风俗画”

《小说选》中的《理想主义者》、《更下》、《草黄色的影子》、《一幅古画》写于1946年至1947年间，是另一个时代的作品。还是先说作品背后的故事。依然是贾先生自己的回忆：“《草黄色的影子》和《一幅古画》两篇，都发表于1947年的上海《时代日报》。后一篇交稿后，我已坐在蒋介石的中统局监牢里了，关心我的报馆里工作的同志们，为了大家省事，发表时给我署了个Y.L.的名字，前后登了九天。1948年冬天我出狱后，友人的妻子小方同志才把她精心剪贴装订成册，暗暗地保存了经年的本子交给我，直到今天，我还感觉到那种给我勇气和力量的友情的温暖。可叹我的命运多舛，收录在这里的印文，都是我女儿从图书馆收藏的旧报纸上一个字一个字抄回来的。这两篇文章前后经过两个女性的手，才一次一次地被我保存下来，这仿佛又是一个不幸的巧合，同时也使我深刻地认识了历史前进的艰巨性，那种如恩格斯所说的‘历史的惰力’之可怕和可恶。”——这故事本身自会让我们感慨，而贾先生在叙述这段历史时，特意关注与强调“经过两个女性的手”这一点，或许是更让我们感动的。

我所关注的是，1983年贾先生将这几篇小说选编入集时，对其所作的两个命名："人形动物的崩溃的精神世界的谑画"，"人类史前时期的风俗画"。[21] 而我又发现，这里所提出的两个关键概念，都不是贾先生的自创，而来自胡风的一篇文章的题目：《人类前史的谑画——〈企鹅岛〉》。也就是说，贾植芳先生是将胡风1936年对法国作家法朗士的寓言体小说《企鹅岛》所作的评价，移植来说明自己写于40年代末的小说，这本身就是意味深长的：它引起了进一步探讨的兴趣。

先来看看胡风对《企鹅岛》的评论："作者所要做的正是对于'成为社会基础的种种道德'的否定，对于所谓'上流社会'的无情的暴露。最伟大的哲学家说过，真正的人类历史的开始，须在一次彻底的大解放以后，这本书就是人类史前时期的谑画。"胡风又继续追问，法朗士所要否定的是什么样的道德原则？他指出，这样的道德原则在"拜金环境里孕育并产生出来的企鹅国"（这显然是作者所生活的资本主义社会的一个隐喻）里，是占支配地位的，其核心自然是维护资本的利益，如宣称"只有征服者的权力是唯一使人尊敬的权力"，"公共利益的要求是：不要多取于钱多的人，那么富人便不会有以前那么富，而穷人将比以前更穷，因为穷人靠着富人的财产生活；所以富人的财产是神圣的"；"没有工业的民族是不必进行战争的；可是一个从事企业的民族便非采用征服的政策不可。我们的战争的数目是跟着我们生产力的发达必然地增加着的"等等，这实际上是将赤裸裸的资本剥削披上道德的圣衣，以欺骗被剥削的民众。胡风因此高度评价法朗士作品里的"文化批判"："在作者的笔下，遮掩真相的历史的假面被撕成了片片。"

但他同时又批评法朗士"对于人类的'未来'的展望"陷入了"循环的历史观"，未免过于悲观。因为在1936年的胡风看来，"这样的无法解决都会和乡村的矛盾，穷与富的矛盾的绝望，已经给现在的新世界的事实打碎了”。而他所说的“新世界的事实”指的是当时苏联的建设成就，在所谓“红色30年代”里，苏联的共产主义试验是给全世界（不只是中国）的许多善良的激进知识分子以某种希望的。胡风因此预言：“新的人正要把世界改造成一个大的花园，预备揭开真正人类历史的第一页。”[22]

于是，我们终于懂得，胡风将法朗士对资本主义的批判看作是“人类前史的谑画”，是包含着对社会主义与共产主义的新社会的一种期待与信心的，而在当时的历史条件下，又是将这样的希望寄托在第一个社会主义国家苏联身上的：这都显示了我们所说的胡风的历史乐观主义。

那么，贾植芳为什么要将自己40年代末的小说也称为“人类史前时期的风俗画”与“谑画”呢？在我看来，这是有两个方面的意义的。首先是贾植芳自觉地意识到，他所要担负的任务与法朗士的内在一致性，即胡风所概括的“对于‘成为社会基础的种种道德’的否定，对于所谓‘上流社会’的无情暴露”（顺便说一句：这同样也是鲁迅的文学传统），用他的话来说，就是要用自己的笔为“那个死去的社会和时代”（也就是人类史前社会和时代）作最后的“诅咒”、“诀别”和“清算”。[23]贾植芳就是在这样的历史使命感的驱使下，对成为40年代末的国统区社会基础（他将其称为“黑暗”的“统治基础”）的种种道德原则，进行了无情的揭露与批判。

胡风当年就说过：“谑画家的本领是凸现地勾出骨骼上的特征，那就是夸张地说出作者的认识要点。”[24]贾植芳的写作策略是让这些行将就木的历史小丑，自己用极度夸张的语言，寡廉鲜耻地自我暴露：“这个时代的精神，你先得把握到，那就是百分之百的今天主义，所谓无近虑就有远忧。明天的事，谁也顾不了，管不了；今天就是一切，一切属于今天。……我们要用一切努力来建树自己的今天，有了钱，就什么都有了。钱就是一切。……站到实际的岸上来，像人的活人。……宁肯痛痛快快活一分钟，不别别扭扭的活一百年，这就是今天主义的哲学”（《更下》）；“中国的事就是这么一回事：只要有权有势，谁拿到手里是谁的，而且不论你是怎么拿来的，人家都尊重你，这就是中国的道理。……什么事业，革命，都是他妈的狗屁！谁信那个！谁干那个！”（《草黄色的影子》）；“我能和没知识的人在一块吗？我看你老兄还有点梦想精神，……罗曼蒂克的思想早过去了”，“我不信世界上再有什么比面包更伟大可爱了。不过，当我发现在这样的社会中枉费力气地追求到面包，而不能愉快地啃你自己的面包，那真不如到美国去，那里好得多了”（《理想主义者》）。在这些扬扬自得的夸耀背后，读者分明感觉到作者锐利的批判的目光，而且如一位批评家所说，已经不再有对《人生赋》、《剩余价值论》的主人公那样的悲悯，而“只有倒胃口的憎厌和切齿的鞭挞了”。[25]在这幅“人类前史的谑画”的每一个笔画背后，都响彻着一个声音：该结束了，这人的丑陋与堕落的历史！

而且当时的贾植芳是充满信心的。因为他在自己的亲身经历中，发现了另一种人、另一种生命、另一种人生哲学的存在，其实他自己就是其中的一个成员，这就是他在《在亚尔培路二号》（在1949年单独印册的时候曾题为《人的证据》）与《人的斗争》、《血的记忆》里所写到的监狱里的革命者。——顺便说一句，贾植芳对自己作品的命名是有一个精心的设计的：从开篇的《人的悲哀》到40年代中期的《剩余价值论》（实际是“人的价值论”），到40年代末的《人的证据》、《人的斗争》，他关注、描写的中心始终是“人”，是对“什么是人”的追问。现在他在这些自觉地“保卫自己的人格的尊严和价值”，同时又为人的解放而自愿牺牲自己的生命的革命者身上，看到了真正的人性的光芒，或许这些“可爱可敬、可歌可泣的人们”就是胡风当年所说的“新人”，他们是有力量来结束这个人的丑陋与堕落的“人类前史”的：40年代末的贾植芳对此似乎并无怀疑。因此，这些小说(贾植芳曾说明，这些“小说”其实是“类似于报告文学的体式”，是应该作为“历史生活的实录”来看待的[26])的主人公(包括作者自己在内)，都意识到自己似乎是面对着绝处，但其实更是处在生命的转弯处，而且是“正在痛苦的中国之命运的最大的一个转弯处”。这些“黎明前的黑暗中呼吸困难的人们”，赖以支撑自己，能够超越恐怖的精神存在，是关于新中国的想象，那是照亮监狱的神圣之光。[27]

这就有力地说明，当贾植芳在创作他的“人类史前时期的风俗画”与“谑画”的时候，是怀着对新中国的巨大期待与信任的，他坚信日益逼近、即将诞生的新中国，将结束这一切人的丑陋与堕落，开始人的新生，并因此而最终结束人类的史前时期，揭开人类历史新的一页。这也正是贾植芳的历史乐观主义。

（五）一个“人”的标尺

——如何看待这一代人对“结束人类史前时期”的理想与追求

但如前所说，贾植芳将这些小说正式命名为“人类史前时期的风俗画”、“谑画”，却是在1983年他编《贾植芳小说选》时。而这又有什么意义呢?

于是，我们注意到，在这本四五十年代小说选里，最后却选入了一篇写于1979年的《歌声》。小说写的是1975年“由于长期的意外遭遇”被这个城市“当作一个陌生人”的“我”，在城市的小街口，与1948年的难友奇异地相遇。在交谈中得知，这位在国民党特务的严刑拷打下坚贞不屈的硬汉子，前些年被戴上叛徒的帽子又受尽了折磨。两位当年的“同监犯”在感慨“唉，人生！唉，历史啊！……”以后，又相互激励：“要活得像一个人！”——小说再一次响起了贾植芳式的“人”的主旋律，并以这样一段议论结束：“……历史的回忆，往往给人以新的力量和勇敢，把人从迷惘中解放出来，重新认识到生活的责任，自己的价值和存在的意义，它是一眼永远不会枯竭的井泉。”[28]

从 1948 年到 1975 年，这确实是一段令人感慨的历史：“人类史前史”并没有如当年这些狱中的受难者、革命者期待的那样从此结束，而是以新的形式延续下来，并给他们带来了新的磨难。但更重要的是，贾植芳和他那一代人，并没有被对他们来说本是过于沉重与残酷的“历史的回忆”所压倒，在劫后余生中依然顽强地追求人的价值、责任与存在的意义。他如此郑重地将自己的小说命名为“人类史前时期的风俗画、谑画”，即是要表明自己的两个不变：对“人类史前时期”的种种人的丑恶、堕落，及其人生哲学、道德原则的批判立场不变，对“结束人类史前时期，开始真正的人的历史”的理想与期待不变。而且在重编《贾植芳小说选》的 1983 年，中国刚刚经历了一次思想解放运动，似乎给人们带来了新的希望。贾植芳重申“我永远是一个历史的乐观主义者”也就似乎有了某种现实的依据。

从 20 世纪 80 年代初的重编，到 21 世纪初我们今天的重读，历史又过去了二十年。而我们从这些写于人类史前时期的 40 年代的小说中，读到了现实性时，却感到了惊异、难堪与震撼。贾植芳笔下的那些人物身上的人的悲哀、人的价值的失落、人的丑恶与堕落，今天恐怕是变本加厉了；而贾植芳以至法朗士所尖锐批判的那些道德原则、人生哲学，今天更是甚嚣尘上；更为可怕的是，贾植芳视为人的证据的、进行着人的斗争，并作出了最大的牺牲的革命者，他们的生命价值却受到了怀疑，甚至被泼上了污水。这都是我们今天必须面对的残酷的现实。

也许我们今天更应该思考的是，应该如何看待胡风、贾植芳那一代人“永远结束人类史前史，开始真正的人类历史”的理想与追求。这个理想与追求其实也是属于鲁迅的。鲁迅曾经说过，“中国人向来就没有争到过‘人’的价值”，中国的历史也就永远走不出“想做奴隶而不得的时代”与“暂时做稳了奴隶的时代”的循环，他因此而期待“中国历史上从未有过的第三样的时代”，并认为创造这样的中国历史的新时代应是“现在的青年的使命”。[29]胡风与贾植芳在讨论“结束人类史前时期”理想时，大概也会想到鲁迅的“第三样时代”的理想。

经过一个世纪的奋斗与曲折，我们在面对史前时期仍未结束的现实，因而感到这样的理想的召唤依然有力的同时，也越来越认识到这样的理想与追求的乌托邦性，也就是说，这是一个存在于彼岸的价值理想目标，此岸世界应该、而且可以逐渐趋近于它，却不可能完全到达，得到纯粹的实现。从另一方面说，此岸现实世界里，人的真、善、美与人的假、恶、丑，人的向上与堕落，总是彼此相生相搏的；在健全的社会里，前者得到不断的发扬、扩大，后者则受到抑制并呈不断缩小趋势，当出现了相反的趋势时，这个社会就出现了问题。

贾植芳这一代人始终坚持批判的“人类的史前期”其实就是一个假、恶、丑占据了主导地位的社会，他们的批判因此取得了一种合理性与正义性；而他们所追求的“真正的人的历史”则是一个彼岸的理想。人的真实努力与奋斗，可以使真、善、美与假、恶、丑之间的消长、起伏朝良性方面发展，却不能在现实世界完全消灭假、恶、丑，实现社会的所谓纯洁化与完美化；相反，却要警惕在追求纯粹、完美的旗帜下，让假、恶、丑得到恶性的发展：这是在中国曾经发生过的、20世纪的最大悲剧，是不应该忘记的。

但我们能不能因为不能完全消灭假、恶、丑，甚至在一定时期假、恶、丑在社会生活中还占据主导地位，而走向认同与屈从于现实的市侩主义呢？当年“子固”（前述《剩余价值论》的主人公）身上所发生的“由理想主义（理想主义在某种程度上就是乌托邦主义）走向市侩主义”的悲喜剧难道也是一种必然吗？这也涉及同一篇小说中所提到的要不要倾听前面“呼唤的声音”的问题，子固就是拒绝倾听这“呼唤的声音”而走向堕落的，但他听到这声音时，还能感到惶惑以至战栗，说明人的良知还未完全泯灭。这个问题，也是鲁迅在《过客》里提出来的。在他看来，无论现实如何黑暗，必须倾听“前面的声音”，努力往前走，向上走，这是生命的绝对命令。人之为人，就不能没有精神的、理想的追求，也包括对彼岸乌托邦世界的向往与追求。

贾植芳先生正是以他的小说创作与九十年不间歇的人生奋斗，给我们树立了一个“人”的标尺：永远不放弃对人的丑恶与堕落的批判，永远不放弃对真、善、美的人性理想的追求。今天重读《贾植芳小说选》，最吸引我们的，也正是这样的穿透纸背的人性魅力与人格力量。

［附记］

早就听说上海的朋友要为贾植芳先生庆祝九十大寿，贾先生也是我心仪的前辈学者，而研究先生40年代的小说更是我长达十年之久的一个心愿，现在终于写出，并以此为先生祝寿。在前几天为巴金先生百年诞辰所写的一篇文章里，我这样写道：“巴金老人仍和我们一起生活在这个世界上，这个事实确实能给人以温暖。这个越来越险恶、越来越让人难以把握的世界，太缺少像他这样的人了。”这其实也是我对贾先生这样的越经磨难而越显真纯的老人的感情。老人们对于我的意义还在于迫使我思考人生选择、价值与存在意义等根本问题，这篇文章其实也是这类逼问的产物，就为这，我也应该向贾先生表示我的最大敬意和谢意。

2004 年 10 月 27—28 日、30 日—11 月 1 日上午写毕

（选自《中国现代文学史论》，广西师范大学出版社，2011 年）

注释

[1]《编后记》，《贾植芳小说选》，264 页，江苏人民出版社，1983 年版。

[2][4][6] 胡风：《〈工作与学习丛刊〉始末》，《胡风全集》第 7 卷，231—232、231、232 页，湖北人民出版社，1999 年版。

[3] 胡风：《〈工作与学习丛刊〉编校后记及其他》，《胡风全集》第 5 卷，251 页，湖北人民出版社，1999 年版。

[5] 胡风：《反“沙漠化”的愿望》，《胡风全集》第 2 卷，491—492 页，湖北人民出版社，1999 年版。

[7] 江苏人民出版社 1983 年版的《贾植芳小说选》还特地为这一个场面描写绘制了一幅插图，可以参看。

[8] 鲁迅在他的作品中不止一次地写到他的这种被掩埋的窒息感。如“沉重的沙……沙漠在这里，恐怖的……”（《热风·为“俄国歌剧团”》）；“……许多青年的血，层层郁积起来，将我埋得不能呼吸，我只能用这样的笔墨，写几句文章，算是从泥土中挖一个小孔，自己延口残喘……”（《为了忘却的记念》）。

[9][11]《人生赋》，《贾植芳小说选》，50—51、48—49、51—53、56 页，江苏人民出版社，1983 年版。

[10] 参看拙作《“流亡者文学”的心理指归》，文收《精神的炼狱》，广西教育出版社，1996 年版。

[12]《剩余价值论》，《贾植芳小说选》，58—60、64 页，江苏人民出版社，1983 年版。

[13] 何满子：《小引》，《贾植芳小说选》，3 页，江苏人民出版社，1983 年版。

[14] 请参看拙作《与鲁迅相遇》第四讲《为人生的文学》，122 页，三联书店，2002 年版。

[15] 胡风：《如果现在他还活着——纪念鲁迅先生逝世五周年》，《胡风全集》第 2 卷，673、670 页，湖北人民出版社，1999 年版。有意思的是，到 20 世纪的 50 年代，以及本世纪初，都一再提出“如果鲁迅还活着”的问题；而且直到 2004 年还有

人（而且好像是年轻人）在网上写文章给鲁迅横加“汉奸”的罪名。

[16] 鲁迅：《〈自选集〉自序》，《鲁迅全集》第4卷，456、455页，人民文学出版社，1981年版。

[17] 鲁迅：《〈呐喊〉自序》，《鲁迅全集》第1卷，419—420页，人民文学出版社，1981年版。

[18]《剩余价值论》，《贾植芳小说选》，57页，江苏人民出版社，1983年版。

[19] 参看拙作：《“流亡者文学”的心理指归》与《我这十年研究》，《精神的炼狱——中国现代文学从“五四”到抗战的历程》，143—144、17页，广西教育出版社，1996年版。

[20]《我乡》，《贾植芳小说选》，73、78页，江苏人民出版社，1983年版。

[21][23][26]《编后记》，《贾植芳小说选》，264—265、263—264、263、265页，江苏人民出版社，1983年版。

[22][24] 胡风：《人类前史的谑画——〈企鹅岛〉》，《胡风全集》第2卷，274—276、480—481、474页，湖北人民出版社，1999年版。

[25] 何满子：《小引》，《贾植芳小说选》，3页，江苏人民出版社，1983年版。

[27]《在亚尔培路二号——一个人和他的记忆》，《贾植芳小说选》，163、168、226、161、162、216、225页，江苏人民出版社，1983年版。小说还写了这样一个细节：中秋节的晚上，大家聚拢在一起想象未来，甚至有这样的约定：“五年以内，中国终该是一个好中国了吧？所以我想，今晚我们在场的难友，不妨同意一下，五年以后的今天晚上八点钟，只要是我们在场的人，都各自去外滩公园相聚，最好带着自己的老婆孩子，我们像今天这样欢聚一堂……”

[28]《歌声》，《贾植芳小说选》，255、256、259、262页，江苏人民出版社，1983年版。

[29]《灯下漫笔》，《鲁迅全集》第1卷《坟》，212、213页，人民文学出版社，1981年版。

有承担的一代学人，有承担的学术

——纪念田仲济先生诞辰一百周年

田仲济

我们今天在这里聚会，缅怀田仲济先生对现代文学和现代文学研究这门学科的贡献。我以为，先生的贡献主要在三个方面。

（一）现代文学史上重要的杂文家

田仲济先生首先是现代文学史，特别是抗战文学史上一位重要的杂文家。我注意到，先生在其所著《中国抗战文艺史》中，论及抗战时期的杂文创作时，以史家之笔这样写道：其代表作家，“有唐弢、徐懋庸、聂绀弩、宋云彬、田仲济、丁易、秦似等”。这一判断，经过历史的检验，已基本上成为学术界的一个共识，田先生杂文创作的历史地位也由此而确立，无须再多作论证了。我想补充的是，田仲济先生同时还是一位重要的杂文理论家。他在 1942 年的专著《杂文的艺术和修养》（收《田仲济文集》3 卷）里，就特地提道：“杂文这一名词，已渐渐由为人轻蔑而转为被人注意了”，“但关于这一部门的理论却几乎还‘绝无仅有’”，可见他是有着从事杂文理论建设的高度自觉的。今天重读田先生这部开创之作，仍很受启发。我以为田先生的杂文观有三点很值得注意，并有助于我们对田先生自己的杂文创作的理解。

首先是他强调杂文“正面短兵相接的战斗性”，特别是他提出，杂文是杂文家（他以高尔基为例）“‘用一个公民的资格’来对社会所说的话，也是为他自己的理想而战斗的战绩”（《高尔基的社会论文》，收《文集》3卷）。田先生这里强调的是杂文所具有的现代“公民言说”的特质，我理解这也就是我们今天常说的公共知识分子的言说，借用鲁迅的概念，也就是精神界战士的言说。田先生之所以首先选择杂文创作，所看重的正是杂文这样的言说特质。可以说，这是他终于找到的对社会发言的最好形式。从另一个角度说，田先生的杂文的内在魅力也正源于他的现代公民、公共知识分子、精神界战士的精神魅力。我在十四年前写《真的人和真的杂文——读〈田仲济杂文集〉所引起的思考》（文收《压在心上的坟》，四川人民出版社，1997年出版）时，就为其从奴隶状态中挣扎而出的独立人格，“博大而仁爱的胸襟”，“没有半点道学家气”的“对人性的矛盾，包括人性弱点的深切理解”所震撼；现在，我终于明白：这样的人与文的魅力是由田仲济先生及他那一代人，作为“一个勇猛的社会的战士而存在”（《唐弢及其〈投影集〉》，收《文集》3卷）的生命存在方式所决定的；他和他们的杂文，就是这样的生命存在的一种外在的文学表现。

其次，田先生也非常重视杂文形式本身的特点，他反复强调的是“杂文思维”，以为这是杂文的特质所在：杂文家总是“以如炬的目光，把每个问题都看到内层，不为表皮的形象所欺骗；每件事情，在别人不注意的时候，杂文的作者却注意到”：杂文家的“独到的见解”，“不是奇异而是从平常事物中看出来的，大家都忽略了的真理。一说出便使人人觉着是至情至理。在未经指出前，却大家习于平日的看法，拘于传统的观念，都忽略了，谁也不注意，谁也不详察”（《略论杂文的特质》，收《文集》3 卷）。在我看来，田先生的杂文之所以在抗战时期脱颖而出，也正有赖于他在杂文思维上的自觉追求。在前述文章里，我也是在几篇杂文的细读中发现了先生作为杂文家所特有的思想穿透力，因而能够探微发隐，从表面看到内底，从正面看出反面（即田先生所说从“美丽的传统”背后看见“血淋淋的故事”），揭示出被有意无意遮蔽着的事物的真相或另一面。这都是为僵硬的、绝对的直线思维所束缚的作者所难以达到的真正的杂文境界。

田仲济先生对杂文形式也有很高的要求。他说：“杂文形式上的特质是隽冷和挺峭，这是配合了它的内容而产生的形式。这种隽冷的字句，挺峭的风格的形式，是那末自然，丝毫没有刻画的痕迹，格式又是那么多样的，且灵活而自如。”（《略论杂文的特质》）这也是我读田先生的杂文，最为倾心之处：在这自然、自如、灵活、多样里，正充盈着一种自由感：思想的自由，精神的自由与文体的自由。

这正是田仲济先生的杂文给我留下的最深刻的印象：这是“真的杂文”，因为它是由“真的人”所创造的。但我由此而想到的问题却是：“为什么田仲济先生那一代有杂文，而我们这一代则无？”这其实是我的那篇文章的原题，也是我在座谈会上讲话的题目，是我最想讲的话：我们这一代人已经被彻底改造了，“我们的内心世界变得如此地狭窄，猥琐，麻木和僵化”，没有了“真的人”，哪里来“真的杂文”？这也是我读田先生的杂文，受到心灵震撼的原因所在。

这次重读，我又有了新的震撼：田先生晚年在为自己的杂文集写的《后序》（收《文集》2 卷）里，回顾一生和杂文的关系，竟然用了“纠缠”一词。先生谈到，40 年代杂文写得最多，却不想“惹起了不少的麻烦”，“有的说揭了他隐私，更有的说诬陷了他，还有的说损害了他的名誉了。有的骂街，有的到处告状”，等等。50 年代以后，是所谓“明朗的天”了，却没有想到一篇《雅量》却引来弥天大罪：“为反党的彭德怀鸣不平，攻击伟大的领袖毛泽东”，如一把剑高悬头顶，直到“文革”结束。杂文写作就这样与田先生的生命和人生命运发生了如此的纠缠，这确有惊心动魄之处，但我们也因此懂得了田仲济先生对杂文的情有独钟，或者说，杂文对于田先生的人生与学术的意义。

这就说到了田先生与杂文的另一层关系：他不仅如前所说，是杂文的写作者，杂文理论的创建者之一，而且他还是现代杂文史研究的开创者之一。这样，田先生在中国现代杂文史上，就占据了一个特殊的地位：他既直接参与了中国现代杂文的创造，现代杂文运动的推动，同时又是杂文史的研究者。而如樊骏先生所说，这恰恰是“现代中国相当普遍的文化现象”。我们很容易就由田仲济先生而联想起唐弢先生、陈瘦竹先生、贾植芳先生等我们现代文学研究界的前辈，他们都曾主要是作家（杂文家，散文家，小说家，剧作家），以后才走上研究之路。“兼作家与学者于一身，综合理论探讨和历史考察于一体，美学分析和社会透视并重”，就成为他们的“显著特点和突出优势”（樊骏：《陈瘦竹对于中国现代文学学科建设的贡献》）。——应该说，这样的特点与优势在田仲济先生这里也是表现得十分充分的。

我们实际上已经讨论到了田先生的学术贡献——

（二）现代文学研究的开创者之一

田仲济先生对中国现代文学研究的开创性贡献，在我看来，主要在两个方面。

人们首先想到的，自然是田先生写于1946年，并以“蓝海”的笔名发表、出版的《中国抗战文艺史》。这已经成为现代文学研究史上的经典著作，特别是研究抗战文学史必读的入门书。我在90年代中期开始进入40年代文学研究时，也是从研读这本书开始的。这本书写在抗战后的第二年，也就是说，这是对刚刚结束的历史的一个历史的叙述与总结，这是“当代人写当代史”。这是需要胆识的。或许因为缺少历史的距离而造成某些局限，但其价值也恰恰在这里：因此保留了历史原汁原味的新鲜感、生命感，历史具体形态的精微之处的特殊感悟与把握，这都是后来者单凭历史典籍的阅读所难以达到的；或许更重要的是，这样的研究，是必然从活生生的、有血有肉的历史经验事实出发的，它的历史总结、概括，以至它的历史叙述的结构、方式，都建立在经验事实的基础之上，而不是从书本、概念、理论、意识形态出发，把历史事实强纳入某一既定理论框架、意识形态之内，而后者正是许多从书本到书本的研究者极容易落入的陷阱。这就是为什么后来有些看起来既有完备的理论体系，严整的结构，也不缺乏历史材料的著作，反而有失真之感的原因所在。田先生在《中国抗战文艺史》的“后记”中把避免失真作为他的努力目标，是说明他是自觉地从历史事实出发，忠实于自己的真实感受，力图保存历史的真实面貌的。我们今天读田先生的这本写在历史当时的文学史著作，感受最深的，最有兴趣的，也是这一点。刚才杨义先生在发言中谈到，本书的历史叙述，是从“通俗文艺与新型文艺”、“报告文学”谈起，再说“小说”、“戏剧”、“诗歌”的，这和通常的以雅文学为主，至多顺便谈及通俗文学的叙述是很不一样的，和“先小说、诗歌，后散文、戏剧”的叙述次序也很不一样，原因就在于田先生关注的，是抗战文艺的“事实是怎样的”，而无雅、俗之分的偏见，更不为文学教科书通常有的文体等级观念所支配。今天已经看得很清楚，田先生对通俗文学的强调，对报告文学这样的新型文艺形式的重视，都是抓住了抗战文艺的特点的。

直到晚年，田先生谈及抗战文学时，也还是这样提出问题：“抗战给了文学些什么”（《关于抗战文学的思考》，收《文集》3卷），这可以说是田先生研究抗战文学的着力点，也是最能给今天的研究者以启发的。他首先强调，战争大大加强了现代文学的时代性，即文学与时代的血肉联系，使得抗战文学具有“时代的纪念碑”的特性，并且由此而加深了对新文艺的认识：它“确确实实是生长在我们中国自己土壤中的，而不如一些人所说的，是从外国庭苑里移植来的花草”。其次，田先生特别重视抗战文学“促进民族内部改造”的作用与功能，强调“只有通过这个内部的改造过程，人民大众底觉醒和成长过程，才能够得到对外抗战的民族力量的成长”。其三，在田先生看来，抗战文艺对新文艺发展的最大贡献，是“战争把文艺由亭子间，由文化中心的都市中带到了广阔而自由的天地中”，不但促进了地方文艺的发展，形成了文化发展的多中心，而且大大加强了新文艺与中国普通民众的联系，开始出现了民众对文艺的参与，并由此形成了中国文艺理论的特殊命题，如“提高与普及”、“中国化与民族形式”等。其四，田先生还反复强调了“民主与文艺”的关系问题，在他看来，这是抗战文艺发展中的一个关键问题：“没有言论自由，没有民主，一切文艺都会枯萎而死。”因此，他专门立题讨论1944年以后大后方“民主运动的高扬”（这恰恰是今天的许多抗战文艺叙述所忽略的），把“民主与文艺”列为抗战“文艺理论的发展”中的一个重要问题，并且强调“在中国近代史上，像今天这样绝大多数知识分子，强烈地、一致地要求政治上的民主和自由，是空前的”——田仲济先生以此语结束他的《中国抗战文艺史》的历史叙述，自是意味深长：既是对历史经验的基本总结，也是对现实中国问题的一个回应，同时更是他对未来中国文学发展的一个期待。尽管以后的历史走了一条田先生和他的同代人都没有预计到的远为曲折的路，但当年的呼唤已经经过了历史的检验而永远给后来者以启迪。这也是他的这部历史著作的生命力所在。

这里，我还要单独提出讨论的，是田仲济先生对抗战文艺的观照，有一个特殊的侧重点，即抗战文学适应战争动员的需要，所创造的新文体。据田先生晚年的回忆，他在准备《中国抗战文艺史》的写作，收集资料时，最初接触到的，是“迎面而来的许许多多短小活泼的反映抗战新生活的文章，有的是早已有的形式，如报告、速写、剪影、素描……也有罕见的新的形式，如活报剧、演讲稿等，数量都很多，反映了抗战开始后，丰富、紧张而又热气腾腾的生活”。他因此而改变写作计划，“先着手收集文艺的新的样式”，并经整理分析，写出了《新型文艺教程》一书（1940年出版，收《文集》4卷）。对文体新样式新创造的这种敏感与热情，在我看来，这是最能显示田仲济先生作为文艺理论家与文学史家的眼光与素质的，而且，如前文所说，是表现了他没有任何文体等级意识的胸襟的。正是这一点，构成了他的《中国抗战文艺史》的最大特色，不仅以文体叙述为全书的主要内容，并以“通俗文艺与新型文艺”作为叙述的开端，而且单独列章讨论“长足进展的报告文学”，在“戏剧的高潮”一章里，也是将话剧创作与“平剧的改编与重写”、“新歌剧的萌芽”一起进行讨论。这样的文学史研究中的文体意识，而且是开放的文体意识，对今天的研究也许是特别有启示意义的。

对文体发展的持续关注，这实际上构成了田仲济先生的现代文学研究的最大特色与亮点。因此，就有了田先生的第二个方面的贡献：他不仅是抗战文艺史研究的开拓者，而且是现代杂文史与报告文学史研究的开创者之一。田先生对杂文史的关注与研究，我们在前面已有讨论。这里要说的是，田先生对报告文学史的研究，前后延续了大半个世纪：40年代，他在《中国抗战文艺史》中对报告文学的专章讨论，奠定了研究基础；60年代，他主持编选《特写报告选集》，所写的长篇序言《特写报告发展的一个轮廓》（收《文集》3卷），可以视为对报告文学发展史的一次完整叙述与总结；80年代，他作为《中国报告文学丛书》第一辑第一分册的主编，写了长篇序言《我国报告文学历史发展中的几个重要问题》（收《文集》3卷、2卷），90年代，他又主持《中国新文艺大系·1937—1949散文、杂文集》编选，并写“序言”和“后记”（收《文集》2卷），对报告文学史的史实作了更精细的考释，对中国报告文学的特质，作了更深入的阐释。这样的几十年如一日的关注，不仅令人感动，更引人深思。这样的关注显然是以他的独特的报告文学观为支撑的。他在有关论述中反复强调两点：一是“迅速而比较直接地反映社会和政治问题”，是“特写报告突出的特点”，它的“实际力量在于全面地拒绝（对）现实的逃避”；二是报告文学“是一种新的文学，年轻的文学”，它是“从其他文学形式蜕变成功的：是新闻通讯渗入了形象化的表现方法；是散文渗入了新闻性和战斗性；是小说限制在了真人真事上”（《特写报告发展的一个轮廓》，收《文集》3卷）。这里，对现实的关怀和参与，以及文学形式的创新，如前所说，都是田先生的文学观念、学术思想的核心理念；和对杂文的关注一样，田先生对报告文学的巨大热情，同样是出于对自己的基本理念的坚守。

最后要讨论的是田仲济先生的治学方法。他在《中国抗战文艺史》的后记里，有过清楚的表白，主要有二：一是“抗战文艺史资料最容易失散”，“写这本小册子的目的便是企图弥补一部分缺陷，保存一部分史料，使它不至于全部失散”。二是为了“不致失真，在写作时，我力避发抒自己的主张，尽量引用了各家的意见。我想，使它不陷于偏颇，这么做是对的”（文收《文集》3卷）。这样，以史料的收集、爬梳为研究的基础，一切从史料出发；不但“论从史出”，而且力避立论的主观性，强调史料的翔实、可靠与论证的客观：这就构成了田仲济先生的基本治学追求。可见田先生是把他对现代文学的考察建立在实证研究的基础上的，从而获得了某种科学性的品格。而且我们注意到，不仅是田仲济先生，而且李何林先生、王瑶先生、唐弢先生，几乎所有的现代文学研究的前辈，尽管治学风格各不相同，但都无一例外地将史料工作置于特殊的重要地位，视为整个学术研究和学科建设的基础。这当然不是偶然的。特别有意思的是，前辈们在谈到现代文学研究的史料工作时，也一致强调查阅原始期刊的重要。据田仲济先生介绍，他们在 60 年代编选《特写报告选集》时，为了“尽可能全面地从原始材料中整理出特写报告发展的一个轮廓”，就翻阅了能够找到的一百多种杂志和报纸，但仍然有未尽其全的遗憾（《特写报告发展的一个轮廓——〈特写报告选集〉编辑工作的一点感受》，收《文集》3 卷）。我想，这大概是现代文学的传播方式所决定的：相当多的作品都是首先发表于期刊，以后再编辑成书而流传的，这样，报刊就较多地保留了文学生产与流通的原生形态，必然成为研究的基础。而田先生自身就有丰富的报刊编辑工作的经验，在这方面，大概有更为深切的体会吧。

对史料工作的重视，也集中体现了田仲济先生这一代学人严谨的学风。这次我在阅读先生《文集》时，印象最为深刻，甚至可以说受到震动的是这样一件事：先生在 1962 年编选《特写报告选集》查阅原始报刊时，发现自己写于 1946 年的《中国抗战文艺史》，由于没有机会接触到原始报刊，发生了一个判断的错误和一处史料的讹误，后来的研究者也就以讹传讹，把错误延续下来。田先生当即写了文章予以更正。十八年后的 1980 年，田先生仍为自己的失误“贻害甚大”而“耿耿于怀”，特地在所写的序言里再次公开检讨、更正（《我国报告文学历史发展中的几个重要问题》，收《文集》3 卷）。这在田先生的学术生涯中，或许只是一个细节；但细节里自有大传统，细节中最见风范。

（三）杰出的文学教育家、学科组织者、学术带头人

田仲济先生曾有过这样的自述：“我的主要业务是教书，写作是我的副业，或者说是我的业余工作。我的一生可说是作为职业教师的一生”（《〈田仲济序跋集〉后序》，收《文集》2卷），足见教育工作在田先生的一生事业中，特别是在他的自我认同上的特殊地位。就我们现代文学学科建设而言，田先生和他们那一代学者在学科人才的培养，学科组织工作上的贡献更是怎么估价都不为过的。这自然是和中国现代文学学科的建立和发展与大学教育的密切关系这一历史特点相联系的。我们知道，正是朱自清先生那一代人首先尝试在大学开设新文学课程，而为现代文学学科奠定了基础。而将“现代文学史”正式列入国家大学中文系课程计划，从而使整个学科得以建立，则是在中华人民共和国成立以后。而田仲济先生他们那一代正是在这样的背景下，担当起了现代文学教学工作和学科建设的重任，在这个意义上，可以说，我们这个学科正是在这一代人手中创建的。

因此，我们今天在这里缅怀田仲济先生，不能不同时想起学科创建者的这一代人。此刻在我的眼前，浮现出的，正是他们的健在或远去的身影：王瑶，唐弢，王景山（北京），李何林（天津，北京），贾植芳，钱谷融（上海），田仲济，孙昌熙，刘泮溪，薛绥之（山东），陈瘦竹，吴奔星（江苏），任访秋（河南），单演义（陕西），刘绶松（武汉），华忱之（四川），陈则光，吴宏聪（广东），孙中田（东北），等等。只要列举出这样一个名单，就可以看出，我们这个学科，我们这支研究队伍，今天所具有的规模、格局，正是这一代人所奠定的。更重要的是，这一代人所创造的学术传统、学术精神，更是一笔宝贵的财富。

对于这一代学人，樊骏先生有一个非常精当的判断和概括，他

说，他们是直接继承了鲁迅传统的“新型文化学术群体”，“其特点是：把自己在文化学术领域的专业工作，视为推动社会进步、民族解放的组成部分，没有把前者游离于后者之外，而且自觉地以此（学术研究）作为自己服务于国家民族的主要手段；在学术观点和政治倾向上，是进步的、革命的，往往兼有学者和战士的双重身份。50年代迅速成为一门显学的中国现代文学研究，总体上分明具有这个群体的显著特征”。值得注意的是，樊骏先生举出的代表人物，就有李何林、王瑶、唐弢和田仲济先生（《中国现代文学论集·论文学史家王瑶》）。如我们在前面所讨论的，田仲济先生的一生的事业，涉及多个领域：他办报，编书，组织革命文学社团，从事实际革命文化活动；他将文学创作、文艺理论探讨、文学史研究、文学教育集为一体，同时兼具编辑、作家、学者、教师、社会活动家的多重身份。他自由地驰骋在大时代的广阔天地里，“以一个社会战士的资格”，为国家、民族，以及人类，战斗不息。——他在自己的代表作《中国抗战文艺史》里，开宗明义：“凡是具有正义感的作家的作品都是为了人类。这理由是简单的，就是因为我们是人，除了为人类以外，是不应该有任何道德标准的”（文收《文集》3卷）。重要的是，他把这样的信念贯彻于一生的实践中，他首先是“人”，理想高远，胸襟开阔，堂堂正正的“真人”，他是以这样的“真人”精神去从事他的创作与研究的；“人”与“文”的统一，正是田仲济先生和他那一代人最显著的特征。

这样的特征的形成，是和这一代人生活、成长的时代直接相关的。如田仲济先生在《中国抗战文艺史》“绪论”里所说，三四十年代的抗战时期，“不但是一个民族的翻身与永劫的转折点，也是整个人类迈进光明或黑暗的发轫期”，“这是最困苦的时代，也是最伟大的时代”，“人是时代舞台的主角”，“今天的文艺工作者应当肩负起他们的使命，为了拯救人类，为了拯救文化而贡献出所有这一切。无论任何时代，文艺工作者从没有一次担负过像现在这样值得尊敬的崇高的任务”（文收《文集》3卷）。正是这样一个民族危难的大时代，使得每一个人首先面临的是一个如何堂堂做“人”的问题；而那个大时代做“人”，首先是对民族、国家、人类，对社会、时代、人民要有所承担。我们在前面谈到田仲济先生（实际也是他们那一代人）的文艺观、学术观中，对文艺、学术和时代、民族、人民的血肉联系的强调，这其实也是他们自身做人的问题。因而对民族、人类、时代、人民的承担，同时也是对自我生命的承担，对文艺、学术的承担：这是一种三位一体的承担。正是这样的有承担的一代学人，创造出了有承担的文艺和学术。我们讲“真的人”，“真的杂文”，“真的学术”，讲的就是这样的有承担的人，有承担的文艺和学术。

我以为这是能够概括这一代学人和他们的创作与学术的特点的。他们不是“为文艺而文艺”，“为学术而学术”，而是把文艺与学术作为他们对国家、民族、人类，对社会、时代、人民的一种承担，因此，他们是怀抱着历史的使命感去从事文艺与学术的创造的；同时，这也是他们内在做人的需要，文艺、学术的创造，对于他们，不是外在的职业性、技术性操作，而是内在于自己的生命的，因此，他们的文艺创作与学术是和他们的自我生命融为一体的。这两大特点，就决定了他们的创作与学术，都充满了来源于时代大生命和自我生命相融合的生命的魅力和活力，而且具有以大关怀、大悲悯为底蕴的人与学术的大气象。——或许这就是这一代学人和学术不可企及之处，最令我们这些后人怀想、警醒之处。

8月28日—9月3日陆续写成

（选自《中国现代文学史论》，广西师范大学出版社，2011年）

读钱谷融先生

我一直想写钱谷融先生，不仅是因为钱先生是我所敬仰，接触不多、却特别感到亲近的前辈学者；最主要的原因，是钱谷融先生是现代文学研究领域里独特的，而又产生了重要影响的巨大存在，不研究他，讲现代文学学科研究传统，就讲不清楚，至少是不全面的。因此，我的现代文学“学人研究”，钱谷融先生理所当然地要占有一个重要位置，是不可或缺的篇章。但真要研究起来，又遇到资料不足的困难，我已经没有精力上图书馆查找，只能靠自己的藏书。钱先生近年的著作记得都曾蒙寄赠，但又都散落在杂乱无章的书堆里，翻箱倒柜只找出一本《闲斋书简》，却让我读得如痴如醉，浮想联翩。于是欣然命笔：当然算不上严格的研究，只是读先生《书简》而读其人、其学。

在讨论现代文学研究传统时，我曾多次引用樊骏先生的一个论述：“以五四新文化运动为起点，于二三十年代逐步出现一个新型的文化学术群体”，他们“把自己在文化学术领域的专业工作，视为推动社会进步、民族解放的组成部分”，自觉地以学术研究“作为自己服务于国家民族的主要手段；在学术观点和政治倾向上，是进步的、革命的，往往兼有学者和战士的双重身份”，因而他们的学术有着“更多的政治色彩和意识形态方面的自觉性”。而“奠基于四五十年代之交，在五六十年代迅速成为一门显学的中国现代文学，从整体上说，分明具有这个群体的显著特征”，“参与这门学科奠基的学者，如李何林、唐弢、田仲济（当然还有王瑶、贾植芳先生——引者注）等人，无论从走上学术道路的经历，还是体现在研究成果中的学术风格来看，也都属于这个群体”。[1]而钱谷融先生显然不属于这个群体，他有着别一样的选择，他别开一个研究蹊径，因而展现别一道风景。

钱谷融先生说：“我素不讳言我是一个为艺术而艺术派。”[2]在谈到自己的学术渊源时，他也这样直言：“40年代我服膺唯美主义”，[3]“我学生时代受的是自由主义教育，最敬慕高人逸士的光风霁月的襟怀”，并且具体指明：“以现、当代中国人而论，除鲁迅外，周作人和朱光潜的影响是相当大的。”[4]——这显然是现代文学与研究的另一个传统。

有意思的是钱先生对“为艺术而艺术派”的理解：“搞文学的人（其实不管你搞哪一行）都该有点为艺术而艺术的精神”，“即应该对所干的那行有真正的爱好”，[5]“舍得为它贡献自己的一切，乃至生命”。[6]他因此而认同研究者将他归为“欢喜型”学者；他说：“‘欢喜型’就是‘为艺术而艺术型’，是指专凭自己的性情、爱好而读书工作的那一类人。”[7]而在他看来，“只注重‘欢喜’二字，这是唯高人和真人才能到达的境界”，是自己“虽不能至，心向往之”的。[8]——这里反复强调的，是文学艺术和学术研究的内在自足性，它自身就足以产生生命的愉悦与意义，足以成为“情志所寄，心灵所托”，[9]而无须在外在方面（例如政治作用，社会效应，商业效益等等）去寻找意义与满足。所谓“为艺术而艺术”、“为学术而学术”，就是以艺术和学术为生命的自足存在，并将自我生命投掷其中，甚至不惜为之奉献一切，艺术和学术就是目的，只能为艺术和学术而写，“切不要为旁的目的而写”。[10]

在我看来，这样的将学术与自我生命融为一体的存在方式，以及由此产生的“无论处在什么样的境地里，都能保持从容自在，悠游沉浸于自己的所好之中”[11]的生命状态，和忠实于学术，为学术而献身的精神，都是钱谷融先生其人、其学术最有魅力、最具启发性之处，我也是“虽不能至，心向往之”的。

因此，我在读《书简》，进而阅读钱谷融先生时，最为关注的，自然是融为一体的两个侧面，即其人与其学。而且我欣喜地发现，钱先生在为人与治学两方面，都自有其道：这是一位真正的“有道之人”。

（一）为人之道

钱谷融先生这样说：“我一向很重视人品，平日总是要求自己的学生必须是一个正直的人，一个真诚的人。”[12]在钱先生心目中，人比之文与学，是更基本的，人立才能宏文言学，而且立人应该渗透于学文、论学的全过程之中。

他自己就是这样。《书简》里的每一页、每一行背后，都有人，处处闪现先生的人格魅力；他是以身说法，告诉收信人（大多数都是他的学生）该如何做人。我一边读《书简》一边回味：先生是怎样一个人？他究竟在哪些方面吸引了我和莘莘学子？

爱美之人的赤子之心

我首先注意到的是先生的自我描述：“我爱美，遇到美丽灵秀的事物，就会马上清醒起来。所以我好游山玩水，倒不是特别钟情山水，而实在是因为我们这个人间，美丽的人和事未免太少了些”，[13]“我无能而又懒惰，却留恋风景，爱好一切美丽的事物。《世说新语》载谢安曾有‘眼往属万形，万形来入眼否’的疑问。而我则是个专等‘万形来入眼’的懒汉。但求晒而怜之”[14]，“但有爱美之心，为了美

（艺术的，人生的），可以付出自己宝贵的心力”。[15]

很难想象，这些话是从一位耄耋老人的笔尖汩汩流出；历经磨难，还如此完整地保留了爱美之心：这都令人感动。我也因此明白：为什么在《书简》里，只要谈到女性、孩子和大自然，钱先生的文字，就特别动情，格外有灵性：在他心目中，这都是宇宙、人间最美的生命；而他自己，也正是徜徉其间，同样美丽而纯净的赤子。因此，当美学家鲁枢元评论说：“钱谷融先生一生评人论文始终坚持的标准，概而言之，也就是这个天真诚挚的赤子之心”，“究其底里，是因为评论者本人就拥有一片赤子之心”，[16]先生情不自禁地连赞“深得我心”，[17]就一点也不奇怪了。

更值得注意的，是鲁枢元的如下分析：“赤子之心”恰恰是奠定了钱谷融先生学术地位的《论“文学是人学”》一文的核心概念，这是一种“颇具自然色彩的人性论”，强调“人道与天道、艺术与自然”的渗透；钱谷融先生不仅作理论的倡导，更是“身体力行，一以贯之”，这样的理论与生命实践，在人和自然关系遭到破坏的今天，更显示出其活力，并“将注定是常青的”[18]：鲁枢元确实不愧为钱谷融先生的“知音”。

有情有礼真君子

当读到钱先生书信中的情不自禁的倾诉，我真的被感动了，眼睛也湿润了——

> 你知道，我也是一个感情十分脆弱的人，你的温厚，你的诚挚，你对我的深情厚谊，使我激动不已，简直有点难以负荷。甚至想立刻赶到潍坊来，与你相会，面倾积愫。或者请你来上海，在我这里小住，把酒畅谈。但稍一冷静，就觉得这些都太不现

实。天寒路远，彼此都不是毫无牵挂的人，怎么能说来就来，要走就走呢？还是待来年春秋佳日，有方便的机会时再说吧。[19]

你是在用你的全身心在拥抱我、理解我，你真是我的知己。我一面读着，一面有一种难以遏制的冲动，想立刻赶到平顶山来，立刻与你把晤，同你一同欢笑，一同哭泣。[20]

我是个冲动型的人，肤浅而易受感动。[21]

我已是七十多岁的老人了，感情脆弱，甚至显得很幼稚，这也是无可奈何的事！[22]

我今年八十三岁了，想不到心灵还是这样脆弱易感。[23]

但就是这老人的冲动、肤浅、易受感动、脆弱、幼稚，触动了我们心灵最柔软的部分，让我们羡慕不已，更让我们羞愧不已！

这样的真情，人间稀有，我们早已失落了！

钱先生说："我一直忙，不是为名为利，而是为情。"[24]——"为情"而忙，"为情"活着：这是怎样的人生，这是怎样的生命境界！足以羞煞我们这些终日奔走于名利场，还扬扬自得者！

让我感动不已，也感慨不已的，还有这个细节：《书简》反复出现一个词："失礼。"一位女士受朋友之托带来礼物，钱先生忘记了她的"尊姓大名"，觉得"颇为失礼"，连忙写信请求原谅。[25]因为到外地开会，让来访的朋友扑了空，又没有及时回信，钱先生感到"失礼之至"，又写信致歉。[26]给一位在会议上刚认识的朋友寄赠书，因为是按照会议的通讯录写的，把姓写错，深感失礼，赶紧写信表示"万分抱歉"。[27]约请老朋友参加学生答辩，没有得到回应，因对方的失礼而大怒，去信严厉谴责，在老友诚恳检讨以后，不但“前气全消”，而且“转觉无限惶愧”，反过来为自己的失礼而请求“饶恕则个”了，[28]等等。钱先生如此行事，完全出于自然；而我读来却顿生惭愧：因为我也遇到过类似的事情，却从不觉得失礼，更不用说道歉了。这就是差距：钱谷融先生那一代人，尊重他人，彬彬有礼，已经融入生命，成为习惯与本能，而我们呢，早已经不知“礼”为何物了。

难怪钱先生要发出感叹：“举世滔滔”，“君子”难得了。[29]

“散淡”的深意

钱先生将他的散文集命名为《散淡人生》，自是对他的人生之路，为人之道的一个概括，因此他说“其中确藏着我自己”。[30]而在我看来，这“散淡”二字，是大有深意的。

于是，就注意到钱先生的这句话：“只有真正做个散淡人，才能还你自由身。”[31]——他之所以以散淡自处，是要追求生命的自由。

而在现实社会、人生中，人却受到种种束缚，有着种种障蔽，需要冲破与解除。在这个意义上，散淡即是钱先生的破障解蔽之举。

首先是应对政治的压迫。钱先生坦言：“我就是既无能而又懒惰的人。但我的懒惰，也不是天生的，起初只是为了逃避批判，为了寡过自保，才把懒惰作为一种处世方式，正像为了止痛而求助于鸦片，不想却因此而嗜毒成瘾，贻害终身。”[32]——这话说得非常沉重，背后是一部血淋淋的历史，心灵史。钱先生说他因此而“很受庄子‘以天下为沉浊，不可与庄语’的影响，一切都只是敷衍，应对而已”。[33]以退避而求自保，这让我们想起了鲁迅、王瑶都讨论过的魏晋文人的选择：这里确实是存在着一个精神传统的谱系的。

钱先生在谈到自己“懒入骨髓”时，还说了一句话：“我还算豁达，淡于名利，与人无争，因此也少有无谓的烦恼。”[34]这也是看透人生之言：世间多少文人、学者为名缰利锁所缚，不能挣脱；而许多人更是沉迷其中，不想自拔，这是最可怕、可悲的。在钱先生看来，这都是庸人自扰：人本应该是“听命于心去过活”，[35]在“优游沉浸于自己的所好”之中，“体味和享受孔颜乐处”，寻求生命的愉悦和意义的。[36]所谓“淡泊自守”[37]就是守住这人的本性、本色，切不可为名利熏心失性。

与追名逐利相联的，还有急功近利：这也是束人之网。钱先生因此而一再劝诫年轻人：“做学问，做人，都不争一时，一事”，[38]“学问之事，是急不得的，就像做人一样”，[39]“务其远者、大者，不要为流俗之见所左右”，[40]“遇事望沉着从容一些：‘一切都将成为过去！’”[41]这不仅要有远大的胸襟，“风物长宜放眼量”的眼光，更要尊重事物与人性的自然发展，“一切听其自然”，绝不强其所难，[42]“但求任情适性”，也绝不为难自己。[43]

钱先生对“任情适性”还有一解。在给学生的信里，他在强调“志当存高远，为学需踏实，而做人则须正直诚恳”之后，特地告诫：“但不能有道学气，无需一脸孔正经，无关宏旨处不妨随和些，一切任情适性可也。”[44]在另一封信里，钱先生还谈到“人为了生存，断难绝对不作妥协、迁就之举”，当然也“要有个限度”。[45]这里谈随和、妥协、迁就，其实就是承认人的本性有软弱的一面，强调人与人关系中的“人情味”，都是“任情适性”；而道学家的尖刻苛求正经，恰恰是对人的天性、本色的扭曲，而失性违本，即为失自由。

钱先生对学生还有一个告诫：“一切只要用平常心来对待，按常情常理来待人接物，你就自然不管面临怎样的局面，都能处之坦然。”值得注意的是，钱先生特别强调要以平常心看待自己，不要“自视太高”。[46]这涉及一个更大的问题：人不能正确地认识、估量自己，不正视自己人性的弱点，不承认自我的局限，这也是一种遮蔽，而这样的自蔽不容易自觉，也就更需警惕。钱先生是有自知之明的，他的清明理性首先是对着自己的。他一再说“我素庸陋”，[47]自己“实在既无能又懒惰”，[48]文章写得少，也不能完全归于“时代的严酷”。[49]正是这些坦诚直言，让我们看清：钱先生不但没有战士型学者通常有的英雄气，也没有为艺术而艺术、为学术而学术的学者难免的才子气，尽管有很高的才情，却很少炫才逞能，这是极为难得的。钱先生因此提出了“谦恭自处”、[50]“收敛克己”[51]的为人处世原则，并且时刻警惕人们把自己放到火上烤，不断呼吁、请求：“务望‘手下留情’，切勿把我所不配承受的桂冠戴到我的头上。”[52]——这既是一种清醒，更是一种明智，钱先生最看重的，是自己思想与行动的自由，而不是那些浮名虚位：他绝不愿为名声、地位所累。

但也不能把钱先生的“克己”绝对化，其实他是更放纵自己的。这背后也自有他的人生理想与哲学。他对人说：“你当然知道我的人生态度和做人原则，不主张自苦，要活得潇洒些”，[53]“我一向认为，既然活着就义无反顾，必须好好打发自己拥有的岁月，只要不损害别人，就应尽量使自己的生活过得愉快些。享受生命，既是我们的权利，也是我们的天职”。[54]他是不主张在学术和工作上过于投入，过于认真、严肃、拼命，生活和工作节奏过于紧张的，他对朋友说：“做人应该认真，但也要懂得偷懒，要尽量多留一些时间供自己自由驱遣，供心灵的休闲之用。”[55]他强调“要保持一颗‘闲心’”，他一心向往闲适：既是生活理想，也是学术追求。理由也很简单：“有闲心，才能思考，才能保住自我的本真。”[56]自由思考，保持本真：这才是他为人为学的根本。

但钱谷融先生从来不把自己的选择绝对化，更不愿强加于人：这也是他的生命自由观的应有之义。他公开宣布：一生“最重自由，所以也决不强要别人如何如何”。[57]一位朋友来信说到自己遭忌受害，愤愤不平；钱先生回信说：“我若遇到此等事，也许会逆来顺受，漠然置之”，那是我“惮于斗争之故”，“并非认为理该如此也”，并表示：“只要你自己认为当做，做了自己能心安，我决不会反对，必然尊重你的选择。”信的最后，一面祝愿这位朋友“勇猛精进，做自己当做之事”，一面又提醒其要“矜平躁释，心境永保平和”。[58]这里对自我选择和不同于己的选择的长、短都有清醒的体认，不承认任何一种选择具有“理该如此”的绝对性和唯一性，而是希望在做出某种选择时，能适当吸取另一种选择的长处作为补充：这样的选择观，既尊重每一个人的选择自由和自主权利，又完全突破了非此即彼的二元对立模式，是极具启发性的。

因此，钱先生在讲到自己的人生选择、为人之道时，既充满自信，又不断进行自我质疑和反省。他提醒朋友注意：淡泊固然足可欣赏，但容易趋向消极而伤气，“还是乐观一些好”。[59]他对学生说：“你可以看出我的灰色人生观是如何地根深蒂固。我一生之所以如此既无能，又懒惰，碌碌无为，也就毫不足怪了。自然，我绝不希望你学我的样，你也断乎不应该像我的。”[60]

而且钱先生也绝不回避自己的选择，在现实生活中所遭遇的困境。他在给挚友的信中坦然承认：“我一生追求闲适，但总是很难得到”，“我们还是太天真了”。[61]“我一生最向往悠闲自在，但这种生活却从未得到过。先是一直在挨批，新时期以来是各种会议，各种来访者，各种来信，让你应接不暇”。难能可贵的是，钱先生并不把一切归于社会的原因，更正视自己的内在矛盾：同时又是一个“喜欢热闹的人”，[62]“假使真的空闲、清静了，又难免会有种种失落感，感到寂寞、无聊的。人就是这样一种动物，我也没有什么好抱怨的”。[63]尽管钱先生总体而言，是一个乐天派，自称是“对人类依旧抱有信心的人”，[64]但他也绝不掩饰自己内心的悲凉。在和朋友谈及表述自己的文学观的《对人的信心，对诗意的追求》一文时，他突然说道：这“仅仅是信心和追求而已，眼前所看到的只是白茫茫的一片。与鲁迅同样有‘悲凉之物，遍布华林’的哀愁”。[65]

钱先生的悲凉，正是来自他对中国现实的关心与观察、体验。这就必须谈到钱先生的另一面——

“内热未尽”

钱谷融先生在给一位朋友的信中写道：“你貌似冲淡，而内热未尽，这是你烦恼的根源。虽由年事尚轻，亦缘修养未到”，[66]并作了这样的具体分析：“你聪明散淡，应该可以活得洒脱些；但你文人气息太重，又难免不合时宜。看来，你的一生，将永远在这两种境地之间徘徊。”[67]我们当然不能简单地把这看作是钱先生的夫子自道，他的修养自然比这位年轻朋友到家，如前所说，他已经基本上做到了散淡人生；但我们还是可以把信中的这些话视为一个提醒：钱先生也依然有“内热未尽”和“文人气息”这一面，我们既不必将其夸大，但也不可忽视。

我理解，钱先生说的“文人气息”，主要是指传统士大夫所坚守的为人做事的基本原则，而且是和现代独立知识分子的基本品格相一致的。钱谷融先生对此也有过明确的表述：“人的一生，最重要的是要无愧于做一个人”，[68]“人，应该是生活的主人，当然更应该是自己的主人”，[69]“一个知识分子，处在当今之世，难得的是要能保持独立的人格和具有自由的思想”。[70]“作为中国的知识分子，他所代表的，当然首先是中国人的良知。他立足于中国的土壤上，首先追求的，也是中国人的幸福与进步。凡是以自己的一生，不懈地贡献于这种追求的人，都是我所敬重的。鲁迅、胡适、陈寅恪，我都敬重”。[71]

他也一再表示，自己是“伟大的鲁迅的同胞和后辈”，是“世世代代生息在可爱的中华大地上的一分子”，[72]“只要于国家社会有益，我是绝不推辞的”。[73]——这些，都构成了钱谷融先生作为人，作为文人（知识分子）的底线与底气。

因此，钱谷融先生不主动参与政治，但依然关心政治；他一般不对现实黑暗作正面抗争，但他对社会、体制的弊端，心知肚明，自有独立见解；他主要从善的方面看人，对待人，但对人心的黑暗，国民性的弱点，却有清醒的认识；他从不卷入论争，在文坛学界的风风雨雨里，保持着相对平静的心态，但他心中自有是非，对“唯恐天下无事”，喜欢兴风作浪者始终保持警惕；[74]他从不作大声呐喊，但却默默承担着自己的社会责任。钱谷融先生说，他喜欢听人“纵论人间世相和文学天堂”，[75]他尽管醉心于文学天堂，通过文学而进入超越现实的真、善、美的理想境界；但并没有忘记人间现实，对世相百态，并不乏清醒的体察。

钱谷融先生确实不是学者兼战士型的知识分子，他们之间在和现实社会、政治的关系与人生道路、学术道路的选择上存在的差异是明显的，无须否认和遮蔽；但他们也确实又有内在的相通，有时候甚至是殊途同归，这也是应该注意和肯定的。钱谷融先生和田仲济先生一见如故，对王瑶先生也有很深的理解，[76]这都不是偶然的。

（二）治学之道

读《闲斋书简》，印象最为深刻之点，是他的学术研究是为文学之光所照亮的；由此形成了一个概念：钱谷融先生是一位“文学型的学者”。这就是说，他所看重、关注的，是学术研究（尤其是文学研究）和文学创作本性上的一致性，他是用文学的眼光来看待和从事学术研究的，他的文学观，同时也是他的学术观：如果说，“文学是人学”是他文学观的核心；那么，在他看来，“学术也是人学”，这也是他的治学之道的基点。由此而展开的，是四个方面的命题。

学术的功能：提高人的精神和心灵世界

钱谷融先生在给美学家鲁枢元的一封通信里，慨然宣布：“我对一切企图使文学现象科学化的努力都持怀疑态度。”[77]

此话说在1989年，也正是方法热风靡学术界，将文学研究科学化，实际是技术化的倾向正在冒头的时候，钱谷融先生就提出了他的质疑和挑战，这不能不说是超前的。

收信人鲁枢元后来在《“文学是人学”的再探讨》一文里，对此作出了一个解说与发挥：在他看来，这样的质疑和挑战，早在钱谷融先生在1957年所写的《论“文学是人学”》里就已经提出：“从这篇文章的总体倾向上看，作者对于现代生活中占主导地位的崇尚‘本质’、迷信‘规律’、推重‘概念’的理性主义专断深表怀疑，对于把文学作品中的‘人物’以及现实生活中的‘人’当作工具的手段看待的工具理性尤为反感。也许是出自作者酷爱自然和自由的天性，使他对现代工业社会的思维模式表现出‘先天式’的反叛。”[78]

钱谷融先生对鲁枢元的这一阐释，作了如下回应：“这也可以说是对我的意见的正确概括，但概括就有了净化，有了提高。不过，我还是可以承认的”；但“进一步总结说：‘这就是说，作者在潜意识中已经表达出他对现代社会思维模式的反叛，在其出发点上已经站在了反思“现代性”的立场上’。这我可能就顶多只有一种模糊的倾向，而并无明确的意识了”。那么，钱谷融先生基本上是认可了鲁枢元的分析的；而且，在回应里，钱先生还特意指出：“我是有些迷信的，因为有许多神秘的、未知的领域，我觉得科学和人类的理性，对之还是无能为力的。”[79]那么，钱谷融先生是始终保持了对宇宙生命，文学艺术，以至学术的某些神秘感的。他对科学理性主义的怀疑也是根源于他自己对生命与艺术、学术的直觉、感悟的。

我们感兴趣的，是当钱谷融先生对“崇尚‘本质’，迷信‘规律’，推重‘概念’的理性主义专断”表示怀疑时，他就实际上向学术研究，包括文学研究、现代文学史研究中占主导地位的学术观提出了挑战：长期以来，我们一直是以揭示本质，发现规律，总结经验为学术研究、文学研究、文学史研究的最高职责与追求，并且以发现了的本质、规律、经验来影响现实，作为学术研究的主要作用与功能的。在钱谷融先生看来，这都是以抽象的本质、规律遮蔽了文学、学术中的人、人的心灵，及其感性特征（感情、审美等等），是将文学、学术工具化，是根本违背了文学与学术的本性的。

钱谷融先生和他的后继者所要做的，就是要恢复文学与学术的“人学”本性：文学“是一门由人写人，同时又感染人、同化人的艺术”，“写人的目的就是让人们自己从作家描写刻画的人物形象身上‘了解自己’，从而激励自己、丰富自己、完善自己”；[80]文学研究、文学史研究从根本上说，是研究人的，其最大功能，也应该是通过对作家描写刻画的人物形象和文学世界的分析，提升读者对人、人的精神的认识、体悟，并达到审美的境界。也就是说，学术研究，特别是文学研究、文学史研究，其基本职责与功能，和文学艺术有着根本的一致：都“应该致力于提高人们的精神和心灵境界”。[81]钱谷融先生或许并不否认文学史研究有为现实提供历史借鉴的功能，但他显然认为这样的提升人的精神的功能是更为根本，是更接近文学研究和文学史研究的本性的。

其实，钱先生自己的研究，就提供了一个范例。他的曹禺研究让我们感动与迷恋，以至具有了某种独立的永远的魅力，就是因为它是作用于人的心灵的，引导我们去“探求变异复杂的人性”，“从灵魂的最深处，从内心最隐蔽的角落”去体察人、感悟人、探索人，“用诗的眼光看待生活”，以“一种特殊的敏感、特殊的爱”去欣赏、品味语言的美……[82]他的曹禺研究，不仅引导我们理解、欣赏曹禺的剧作，更是提升了我们对人，也包括自己的体认、领悟，提升了我们的审美眼光、情趣和能力，提升了我们的精神境界，从而在一定程度上改变了我们自己。——这才是学术的“无用之大用”。

学术研究也是人的生命现象

在前引鲁枢元文章里，他特别重视钱谷融先生在《艺术·人·真诚》里对歌德观点的一个发挥：强调“真正的艺术作品和真正的大自然的作品一样，都是有生命的”，因而把文学艺术现象也看作“生命现象”。[83]我理解，这也是钱谷融先生对学术，对文学研究的一种体认，因此，他不但如前文所说，强调学术研究能够赋予研究者的生命以愉悦与意义，而且主张“治学做人，都全身心投入”，[84]“用至纯至真的心灵乃至整个跃动着的生命”去做学术工作；[85]在写给学生的信中，更提出“要把自己的心摆进去”，“既要能入乎其内，又要能出乎其外”的要求。[86]所谓“入乎其内”，就是要“把自己的心摆进去”，将自我的生命，文学作品中人物的生命，以及人物的创造者作家的生命，相互纠缠、融合、撞击，这才会有理解的同情，这是一个以赤子之心拥抱自己的研究对象的过程，需要全身心的，而且是充满感情的投入，而不能绝对冷静与客观——钱谷融先生就曾批评一位研究者“冷静，不动声色得过了头”。[87]而所谓“出乎其外”，就是在有了理解的同情以后，还要跳出来，正视作为历史当事人作家所不可能了解的后果，站在新的历史高度，进行审视，以达到更深入、深刻的理解，达到一种“理论的深度”，这自然是理性思考的结果，但也依然需要感性的渗透。[88]

可以看出，钱谷融先生非常重视文学研究、文学史研究的感性特点，在他看来，这是由文学的本性决定的。他曾和朋友专门讨论过文学中“思想和感情”的关系，指出“世上只有不带感情的思想，却没有不包含些微思想意识的感情。像我们过去那样奉‘思想’为神明，视感情为妖魔的做法，是荒谬而可笑的”，“一切伟大的作品，都是既有浓烈的感情，又有深刻的思想的”。[89]在钱谷融这里，这同时也是对文学研究的要求，如果研究的结果，只剩下“深刻的思想”（实际情况常常或是被拔高的“思想”，或是被肢解的“思想”），而将“浓烈的感情”完全过滤，没有任何“文学味”，那就失去文学研究的本性了。钱谷融先生曾表示：“对文学作品，我最看重的是其中所蕴含的感情的品位与其深度和浓度。”[90]这是他衡文的标准，他对文学研究大概也有这样的期待：学术研究也应该有“品位”，有思想和情感的“深度和浓度”，因为这背后不仅有人物、作者的生命，更有研究者活的生命，人品与学品是统一、胶合的。

在钱谷融先生看来，学术研究是一种特别有意味的生命运动，其最有魅力之处，就在于它的个性化。因此，他一再表示：“我对集体编写始终持保留态度”，[91]并且告诫年轻的研究者，一定要写“个人专著”，“不要为‘教材’这个框框所束缚，不要企图写成一本严谨、规范的、各方面都可以接受的僵死的东西”。[92]这里包含有三个重要提醒。其一，文学研究，从来是个人性的精神活动，生命运动，是最不能集体化的。其二，学术研究应该讲究严谨、规范，这是一个基本要求，钱谷融先生就曾严厉批评一位研究生的论文“多揣测之辞，难以征信”，[93]并且告诫学生：“白纸黑字，不能马虎，一定不能出错”。[94]但如果把这样的基本要求绝对化，变成主要的，甚至是唯一的标准，那就会导致谬误，反而遮蔽了学术研究的本性：“发现”

才是学术研究的生命线，而且是个人的独立的发现，因此，“说自己的话”，这才是学术研究的绝对要求。[95]其三，个人的独立的学术研究，是不可能“各方面都接受”的，“学术上总是会有不同意见的”，[96]而且学术研究只有在不同意见的争论中，才能得到健康的发展，这也就是学术自由的意义所在。因此，如果以“各方面都可以接受”为追求，那就必然导致学术的僵化与平庸化，这背后同样是生命（学术的生命与学者的生命）的僵化与平庸化：这更是学术研究之大忌。

在钱谷融先生看来，学术研究最能吸引研究者之处，在于它是一个最能够激发研究者的创造力的生命运动。因此，创新也是学术研究的绝对要求。用钱谷融先生的话来说，就是“今天总不能只是重复过去已经说过的意见，总得能结合新的经验，从新的角度说出一些新的东西来”。[97]

这里，讲学术研究的个性化、创造性，其实也都是在强调学术研究中，研究者的个体生命的主体性。——当然，这样的主体性，同时也是受着研究对象客体的制约的。因此，钱谷融先生也反对以主观的“先入之见”脱离对象任意发挥的“求之过深”。[98]

学术研究的“人情味”

作为“人学”的学术研究，它不仅要重视研究者的人的主体性，而且还要处理好作为研究对象的人——作家的关系问题。对此，钱谷融先生提出了一个重要原则——

“既不为贤者讳，可又绝不过于苛求，还是出之于谅解与同情。要做到这一点，实在不容易，不但要有清明的理智，更要有博大仁爱的胸怀。”[99]

在另一封书信里，钱先生又提出了“缘情度理，态度宽厚”，切忌“过苛”的原则。[100]

这里集中了钱谷融先生一生治学的经验，有着深刻的学理，值得认真琢磨。

我体会，其中包含了两个方面的意思，其背后都蕴含着钱谷融先生的人性观。

首先是“不为贤者讳”。这自然是有针对性的，这正是中国学术研究，包括文学研究、现代文学史研究的一个致命问题：总是受到意识形态的限制而多所忌讳，设置了许多人为的禁区。而有些研究者则是研究愈深，对研究对象感情愈深，也就自觉、不自觉地“为贤者讳”。更有甚者，有些研究者，把个人的学术地位和其研究对象的地位连在一起，着意拔高研究对象，而回避其不足。这样的对历史的遮蔽，首先是违背了学术研究必须面对一切历史事实，揭示历史真相的科学性原则，违背了钱谷融先生一直强调的学术良知，在他看来：“如有顾虑，干脆就不必写文章。”[101]这里也还有一个学术思维的问题：我们总是习惯于用绝对肯定或绝对否定的二元对立的思维来对待研究对象，而缺少面对学术对象复杂性的愿望和处理复杂性的能力。而从我们这里讨论的研究者与研究对象的关系的角度看，这样的“为贤者讳”，实际上就是研究者对研究对象持仰视的态度，这就根本上违背了人与人，研究者与研究对象之间的平等原则，而这一点，正是钱谷融先生所要坚守而绝不能让步的。

研究者对研究对象，既不能仰视，其实也是不能俯视的；于是，又有了第二个方面的“苛求”的问题。这也是中国学术研究，包括文学研究、现代文学史研究的一个痼疾，用钱谷融先生的话来说：就是我们有太多的“诛心之论”。[102]这样的苛求、诛心，一方面，是缺乏历史感，不能还原到具体的历史情境中去考察研究对象的得失，因而也从根本上违背了学术研究的科学性与客观性。同时也是缺乏对研究对象的尊重与同情，而将研究者自己置于道德的、政治的、艺术的制高点，进行审判式的研究。而钱谷融先生所要坚守的人道主义的绝对原则，则是要“坚持‘把人当作人’。这对自己而言是要维护自己人格的独立自主；对他人而言，则是值得尊敬人、同情人”。[103]因此，钱谷融先生在这里呼吁学术研究对研究对象要“有谅解与同情”，要“态度宽厚”，有“博大仁爱的胸怀”，实际上就提出了一个“学术研究也应该有人情味”的问题，呼唤“具有人道主义精神的学术”。钱先生有一句话说得我心热身暖：“温润二字好。”[104]我们的学术所缺少的，正是这样的温润之气，而充满了戾气。在今天铜臭味越来越浓，学术研究越来越技术化，人文精神失落的学界，这样的呼吁，或许是更具有现实的迫切性的。

学术研究中的文字之美、生命之美

下面这句话也是集中了钱谷融先生的治学经验和他对文学研究的最重要的要求的——

“才情横溢，文采斐然，这才是真正能与文学相配的关于文学的文章。”[105]

这里的关键，自然是“真正能与文学相配”这个短语。在钱谷融先生看来，文学之于人是有特殊要求的：文学的创作者，固然必须是“才”、“情”、“文”三者兼备；文学的研究者，也必须“才”、“情”、“文”三者兼备，否则，就不相配，就不叫文学研究。

钱谷融先生重视“情”是可以理解的：在他看来，文学是一个感情的艺术，唯有研究者拥有丰沛的情感，并且能够包容各种复杂的感情，才能真正进入文学世界，达到生命的体验和感悟。

钱谷融先生对“文”的看重，则应特别注意。这不仅表明钱先生对文学根本上是一种语言艺术这一特质的深刻理解，而且显示了学术表达和形式在他的文学研究观里的特殊地位，他谆谆教导学生：“为了求得形式的完美，就应舍得花工夫。”[106]也就是说，在钱先生看来，对文学的理解和感悟，只是为文学研究奠定了基础；文字的表达和形式，在某种程度上，是更为重要的。他孜孜以求的，不仅是完美的内容，更是完美的形式：这是一位真正的完美主义者。他执著追求着：美的思想，美的感情，美的文字，由此构成了文学之美，学术之美，归根结底，是生命之美：这是一位彻底的爱美之人。

没有谁比钱谷融先生更重“才”的了。这是根植于他对文学与文学研究这类精神劳动的特质的深刻理解和把握的。他深知，文学和文学研究或许有着特别严格的高标准，对创造性，对灵感、直觉……也有着特殊的要求。我们在钱谷融先生身上，可以感觉到一种贵族气质，这在他对文学和文学研究的精美的执著追求上，是表现得格外突出与鲜明的。——当然，对文学和文学研究，完全可以有、事实上也存在，和钱谷融先生不同的另一种理解和要求。

钱谷融先生对才、情、文的追求，集中体现在他对学生的培养上。谈钱先生，而不谈他对人才的培养，是绝对不行的。钱先生曾明确表示，“爱惜人才，为天地多留一些灵秀之气”是他做人行事的基本出发点。[107]钱先生疏于写作，却用大量时间来写信，接待学生和来访者，原因即在于此。他甚至说：“我一生碌碌，毫无建树，性又懒散，除了教过的学生中颇不乏一时之俊彦外，自己实在没有什么可以流传的东西。”[108]“没有什么可以流传”自然不符合实际，但先生确实是将自己的生命意义寄托在学生身上的。

钱先生对人才的选择标准，自然是以才、情、文为主。钱先生在一封信里，谈到一位考生，考试的答卷“完全不合理论文章的规范”，基础也不甚好，但“文字写得很美，很有灵性，显然是很有才情的。人才难得，我也就破格录取了”。[109]这大概不是一个孤例。学术界早就传说，钱先生招考研究生，总是要求考生写一篇文章，文字功夫如何，对最后的录取，往往是起决定作用的。

我饶有兴味地对钱先生如何培养学生做了一番考察，我发现，在研究素质的培养上，钱先生一直抓住两条：一是用心去细读。所谓用“心”，就是前文说的“把自己的心摆进去”，“既入乎其内，又出乎其外”；所谓“细”读，就是以闲暇之心，对作品文字及言外之意，“情味、境界”等等，细细“体味”，特别要注重“婉曲细腻处”的体味，以达到真正的理解的同情。其二，又要用精当的文字，将这些体味到的情味、境界表达出来。可以看出，钱先生对学生文字表达有严格的要求，一再强调要做到“得心应手地驾驭文字，使之在表情达意上毫无窒碍”，以为这是学术研究的基本功，必须严格训练；在此基础上又要求文字表达的进一步修炼，同时要防止走上雕琢之路，而小心保护原有的灵气或野气。——既要修炼，又要保持原气，这是个两难。钱先生说，这就只有“效法庄子的‘处于才与不才之间’”了。[110]其实，这倒是道出了学术训练、人才培养的内在矛盾及其艺术的。

当然，更为重要的，也是钱谷融先生最下工夫的，还是对学生“为人”的精心培育。我们这里无法展开，或许还可以作专文来讨论。可以说，钱谷融先生的为人之道与治学之道正是在对学生的培养这里，得到了统一、完美的表现。对于钱谷融先生，这一个个个性完全不同的学生，都是需要他去爱护、尊重和欣赏的具体的“人”——不仅是爱护人，尊重人，还要学会欣赏人，这是钱先生的人性观的极有特色，最让人感动的部分。[111]他的任务，就是发现、培育他们内在的人的美质，启发、引导、帮助他们扬善抑恶，积极向上，努力走向真、善、美的人的境界。——这也是一种“人学”。

2010年5月18—25日

（选自《中国现代文学史论》，广西师范大学出版社，2011年）

注释

[1] 樊骏:《论文学史家王瑶》,《中国现代文学论集》, 58—59 页, 人民文学出版社, 2006 年版。可参看收入本书的《樊骏参与建构的中国现代文学研究传统》一文的有关论述。

[2] 钱谷融:《致唐韧书(2001 年 12 月 26 日)》, 346 页,《闲斋书简》, 华东师范大学出版社, 2004 年版。

[3] 钱谷融:《致王元化书(1997 年 5 月 3 日)》, 471 页,《闲斋书简》。

[4] 钱谷融:《致高恒文(某年 4 月 29 日)》, 618 页,《闲斋书简》。

[5] 钱谷融:《致殷丽玉(1999 年 7 月 7 日)》,《致唐韧书(2001 年 12 月 26 日)》, 517、346 页,《闲斋书简》。

[6] 钱谷融:《致朱竞(2001 年 6 月 15 日)》, 594 页,《闲斋书简》。

[7] 钱谷融:《致杨扬(2002 年 8 月 4 日)》, 566 页,《闲斋书简》。

[8] 钱谷融:《致尤今(2001 年 4 月 25 日)》, 361 页,《闲斋书简》。

[9] 钱谷融:《致杨扬(2002 年 10 月 23 日)》, 567 页,《闲斋书简》。

[10] 钱谷融:《致鲁枢元(1979 年 12 月 16 日)》, 27 页,《闲斋书简》。

[11] 钱谷融:《致胡家才(1995 年 9 月 14 日)》, 338 页,《闲斋书简》。

[12] 钱谷融:《致陈炳熙(1989 年 10 月 2 日)》, 255 页,《闲斋书简》。

[13] 钱谷融:《致梅笑棣(2002 年 8 月 15 日)》, 449 页,《闲斋书简》。

[14] 钱谷融:《致尤今(2001 年 4 月 25 日)》, 361 页,《闲斋书简》。

[15] 钱谷融:《致万燕(1999 年 2 月 17 日)》, 389 页,《闲斋书简》。

[16] 鲁枢元:《"文学是人学"的再探讨——在生态文艺学的语境中》, 收《闲斋书简》, 131 页。

[17] 钱谷融:《致鲁枢元(2000 年 3 月 9 日)》, 124 页,《闲斋书简》。

[18] 鲁枢元:《"文学是人学"的再探讨——在生态文艺学的语境中》, 收《闲斋书简》, 130、134 页。

[19] 钱谷融:《致陈炳熙(1993 年 12 月 21 日)》, 277—278 页,《闲斋书简》。

[20] 钱谷融:《致胡家才(1993 年 10 月 10 日)》, 336 页,《闲斋书简》。

[21] 钱谷融:《致陈炳熙(1992 年 9 月 21 日)》, 262 页,《闲斋书简》。

[22] 钱谷融:《致尤今(1993 年 4 月 16 日)》, 354 页,《闲斋书简》。

[23] 钱谷融:《致尤今(2001 年 5 月 27 日)》, 362 页,《闲斋书简》。

［24］ 钱谷融：《致鲁枢元（1989年3月8日）》，87页，《闲斋书简》。
［25］ 钱谷融：《致张景超（2001年2月27日）》，21页，《闲斋书简》。
［26］ 钱谷融：《致鲁枢元（1985年4月9日）》，59页，《闲斋书简》。
［27］ 钱谷融：《致何楚雄（1981年12月8日）》，165页，《闲斋书简》。
［28］ 钱谷融：《致吴宏聪（1987年5月28日）》，194页，《闲斋书简》。
［29］ 钱谷融：《致郑家建（2002年1月30日）》，493页，《闲斋书简》。
［30］ 钱谷融：《致尤今（2001年5月27日）》，362页，《闲斋书简》。
［31］ 钱谷融：《致马旷源（2000年4月13日）》，468页，《闲斋书简》。
［32］ 钱谷融：《致陈炳熙（1998年7月17日）》，308页，《闲斋书简》。
［33］ 钱谷融：《致张景超（2000年3月14日）》，19页，《闲斋书简》。
［34］ 钱谷融：《致陈炳熙（1993年12月21日）》，278页，《闲斋书简》。
［35］ 见收入《闲斋书简》的尤今2002年1月8日来信，这同时是道出了钱先生的心曲的。
［36］ 钱谷融：《致胡家才（1995年9月14日）》，340页，《闲斋书简》。
［37］ 钱谷融：《致陈炳熙（1992年4月27日）》，262页，《闲斋书简》。
［38］ 钱谷融：《致张景超（1980年某月15日）》，6页，《闲斋书简》。
［39］ 钱谷融：《致郑家建（2001年8月31日）》，491页，《闲斋书简》。
［40］ 钱谷融：《致郑家建（2001年5月9日）》，489页，《闲斋书简》。
［41］ 钱谷融：《致马旷源（1998年6月30日）》，464页，《闲斋书简》。
［42］ 钱谷融：《致鲁枢元（1984年4月10日）》，50页，《闲斋书简》。
［43］ 钱谷融：《致陈炳熙（1999年1月20日）》，311页，《闲斋书简》。
［44］ 钱谷融：《致郑家建（2003年11月9日）》，498页，《闲斋书简》。
［45］ 钱谷融：《致马旷源（1997年4月13日）》，461页，《闲斋书简》。
［46］ 钱谷融：《致袁庆丰（1997年4月16日）》，401、402页，《闲斋书简》。
［47］ 钱谷融：《致马旷源（1998年3月23日）》，463页，《闲斋书简》。
［48］ 钱谷融：《致陈炳熙（1992年4月27日）》，261页，《闲斋书简》。
［49］ 钱谷融：《致程千帆（1995年9月13日）》，419页，《闲斋书简》。
［50］ 钱谷融：《致鲁枢元（1984年8月22日）》，52页，《闲斋书简》。
［51］ 钱谷融：《致袁庆丰（1996年10月9日）》，406页，《闲斋书简》。
［52］ 钱谷融：《致张景超（1980年2月24日）》，5页，《闲斋书简》。
［53］ 钱谷融：《致万燕（1999年2月17日）》，389页，《闲斋书简》。
［54］ 钱谷融：《致鲁枢元（1998年10月21日）》，120页，《闲斋书简》。
［55］ 钱谷融：《致汤梅笑（2002年3月3日）》，448页，《闲斋书简》。

［56］ 钱谷融:《致刘洪涛（2000 年 12 月 26 日）》，583 页,《闲斋书简》。
［57］ 钱谷融:《致高恒文（某年 4 月 29 日）》，619 页,《闲斋书简》。
［58］ 钱谷融:《致马旷源（1998 年 3 月 23 日）》，463 页,《闲斋书简》。
［59］ 钱谷融:《致炳熙、玉芬（1996 年 6 月 2 日）》，302 页,《闲斋书简》。
［60］ 钱谷融:《致万燕（1999 年 1 月 12 日）》，388 页,《闲斋书简》。
［61］ 钱谷融:《致鲁枢元（1991 年 1 月 16 日）》，106 页,《闲斋书简》。
［62］ 钱谷融:《致陈永志（2001 年 7 月 21 日）》，578 页,《闲斋书简》。
［63］ 钱谷融:《致陈炳熙（1994 年 10 月 10 日）》，295、296 页,《闲斋书简》。
［64］ 钱谷融:《致尤今（1993 年 4 月 16 日）》，354 页,《闲斋书简》。
［65］ 钱谷融:《致鲁枢元（2000 年 3 月 9 日）》，126 页,《闲斋书简》。
［66］ 钱谷融:《致马旷源（2000 年 4 月 23 日）》，468 页,《闲斋书简》。
［67］ 钱谷融:《致马旷源（1998 年 3 月 23 日）》，463 页,《闲斋书简》。
［68］ 钱谷融:《致春煜、廷婉（1997 年 2 月 17 日）》，161 页,《闲斋书简》。
［69］ 钱谷融:《致杨扬（2002 年 12 月 3 日）》，567—568 页,《闲斋书简》。
［70］ 钱谷融:《致胡家才（1995 年 9 月 14 日）》，340 页,《闲斋书简》。
［71］ 钱谷融:《致朱竞（2001 年 6 月 15 日）》，593 页,《闲斋书简》。
［72］ 钱谷融:《致吴天才（1993 年 1 月 16 日）》，375 页,《闲斋书简》。
［73］ 钱谷融:《致曾利文（1997 年 2 月 17 日）》，453 页,《闲斋书简》。
［74］ 钱谷融:《致鲁枢元（1984 年 1 月 17 日）》，48 页,《闲斋书简》。
［75］ 钱谷融:《致唐韧（2001 年 12 月 26 日）》，346 页,《闲斋书简》。
［76］ 参看钱谷融:《哭王瑶先生》，收《王瑶先生纪念集》，天津人民出版社，1999 年版。
［77］ 钱谷融:《致鲁枢元（1998 年 10 月 8 日）》，89 页,《闲斋书简》。
［78］ 鲁枢元:《"文学是人学"的再探讨——在生态文艺学的语境中》，收《闲斋书简》，128 页。
［79］ 钱谷融:《致鲁枢元（2000 年 3 月 9 日）》，123—124、124 页,《闲斋书简》。
［80］ 鲁枢元:《"文学是人学"再探讨——在生态文艺学的语境中》，收《闲斋书简》，127 页。
［81］ 钱谷融:《致鲁枢元（1992 年 8 月 12 日）》，111 页,《闲斋书简》。
［82］ 参看曹树钧:《钱谷融先生对曹禺研究的独特贡献》，载《中国现代文学研究丛刊》2008 年第 5 期。
［83］ 鲁枢元:《"文学是人学"的再探讨——在生态文艺学的语境中》，收《闲斋书简》，134、133 页。

[84] 钱谷融：《致张景超（1997年5月8日）》，18页，《闲斋书简》。
[85] 钱谷融：《致朱竞（2003年11月6日）》，594页，《闲斋书简》。
[86] 钱谷融：《致万燕（1999年2月17日）》，389页，《闲斋书简》。
[87] 钱谷融：《致许辉（1992年12月17日）》，371页，《闲斋书简》。
[88] 钱谷融：《致郑家建（1998年5月22日）》，479页，《闲斋书简》。
[89] 钱谷融：《致鲁枢元（1981年1月25日）》，33、32页，《闲斋书简》。
[90] 钱谷融：《致尤今（1992年11月4日）》，349页，《闲斋书简》。
[91] 钱谷融：《致鲁枢元（1985年8月15日）》，66页，《闲斋书简》。
[92] 钱谷融：《致鲁枢元（1985年8月13日）》，64页，《闲斋书简》。
[93] 钱谷融：《致韩星婴（1999年7月7日）》，521页，《闲斋书简》。
[94] 钱谷融：《致万燕（1993年3月7日）》，391页，《闲斋书简》。
[95] 钱谷融：《致张景超（2000年3月14日）》，19页，《闲斋书简》。
[96][97] 钱谷融：《致鲁枢元（1983年12月10日）》，44、47页，《闲斋书简》。
[98][102] 钱谷融：《致唐韧（1992年1月2日）》，344页，《闲斋书简》。
[99] 钱谷融：《致张景超（2000年3月14日）》，20页，《闲斋书简》。
[100] 钱谷融：《致鲁枢元（1981年1月25日）》，33页，《闲斋书简》。
[101] 钱谷融：《致鲁枢元（1981年6月19日）》，35页，《闲斋书简》。
[103] 鲁枢元：《"文学是人学"再探讨——在生态文艺学的语境中》，收《闲斋书简》，128页。
[104] 钱谷融：《致汤梅笑（某年某月27日）》，444页，《闲斋书简》。
[105] 钱谷融：《致鲁枢元（1985年8月13日）》，64页，《闲斋书简》。
[106][107] 钱谷融：《致万燕（1999年2月17日）》，389页，《闲斋书简》。
[108] 钱谷融：《致陈炳熙（1996年10月25日）》，304页，《闲斋书简》。
[109] 钱谷融：《致万燕（1996年4月10日）》，386页，《闲斋书简》。
[110] 钱谷融：《致万燕（1999年2月17日、1999年1月16日、2002年10月5日）》，389、387、395页，《闲斋书简》。
[111] 这样的对人的欣赏是贯穿于钱先生的全部书信的。随便举一个例子，就是1992年12月25日写给尤今的那封信，见《闲斋书简》，350—351页，可参看。

樊骏参与建构的中国现代文学研究传统

一、樊骏对于我们这个学科的意义

我在一次关于“80年代现代文学研究”的访谈里，曾经对年青一代的研究者说过这样一番话：“你们要研究八九十年代的中国现代文学，樊骏是一个关键人物，他的现代文学研究的学术思想，他所做的组织工作，特别是他对我们这一代的重视、培养和影响，是不可忽视，应该认真研究的。”[1]这里，我还想补充一句：樊骏对于我们学科，还不只是这些具体的贡献，或许还有着更大的启示意义。

读樊骏的著作，最引人注目的，是他把自己的主要精力集中在“学科评论”与“学科史”的研究上；而恰恰是这一点，是很难为人们所理解的。如严家炎先生所说，樊骏对于老舍研究是做出了“深刻而独到的贡献”的；[2]以老舍研究中所显示出的高远的学术眼光和深厚的学术功底，樊骏如果集中精力进行作家、作品与文学史研究，定会取得巨大的成就，这是学术界所公认和期待的。但樊骏却并不注重个人的学术发展，而更关注整个学科的发展，在“学科的总体建设方面下了很大的工夫”，以此作为他的学术的主攻方向。[3]而如樊骏自己所说，这样的选择，开始也有偶然因素；但越到后来，就越自觉，并激发出责任感，成为“一种内在的动力”，“随时留意和反复思考这门学科正在发生的变化，而自己也终于不知不觉地进入了这一角色”，[4]而甘当学科发展的铺路石。

这样的责任感和内在动力，在我看来，就是一种对学术、学科的使命感、承担意识。——很少有人像樊骏这样忠于中国现代文学这门学科，把整个生命投掷其中的。

而这样的使命感和承担意识，又是建立在充分的理性认识基础上的。樊骏对学科的研究对象——中国现代文学，有着这样的体认："现代中国这段历史丰富复杂的内涵，这在中外古今的文学历史中都是极为少见的"，"在三千年的文学历史的长河中，很少有如此深深地扎根现实土壤，又如此牢牢地植根于时代生活，与之水火交融为一体的"，而我们"对于这门学科所肩负的艰巨任务和需要探讨的学术课题之繁杂等，都估计不足"。[5]因此，在樊骏看来，这样一个研究对象，是能够最大限度地满足自己对于文学和对于现实、时代生活的双重迷恋的，而这样的双重迷恋正是樊骏这一代研究者的最大特点，我们在下文会有详尽讨论；同时，其空前丰富而复杂的内涵，以及研究、把握的难度，又是最具有挑战性的，是最能激发自己的想象力和创造活力的。也就是说，樊骏是在现代文学学科的研究中，找到了实现自我生命价值的最佳路径和最厚实的载体，于是，他就很自然地将自我生命的发展和现代文学的学科发展融为一体了。

这里还有着他对于学术研究的独特理解和把握。在樊骏看来，学术工作是"凝聚几代人的集体智慧的社会化的精神劳动"。他所看重的，不仅是学术研究的个体性，还有社会性的方面。也就是说，在学术内部，也存在着社会的分工。除了个体的某个方面的深入研究之外，也还需要有学者着眼于学科的长远发展，做整体性的思考与把握，进行"研究的研究"，即"从总体上剖析整个学科（或者其中的某个方面某个专题）的来龙去脉，总结前人的经验教训，提出继续探讨的方向和任务"，这样的学科战略发展研究，就能够使"人们对于进行中的研究工作，以至于整个学科的建设处于清醒自觉性的状态”。[6]

对“总结前人的经验教训”的学科发展史的研究的重视背后，也还隐含着樊骏对学科理论建设的高度重视。樊骏说过，他对学科建设的基本思路，就是两条：一是史料，二是理论。[7]史料问题我们在下文会有详尽讨论，这里要说的是樊骏对“普遍加强研究者的理论素养，提高学科理论水平”的迫切性与重要性的阐述：“可以毫不夸张地说，我们的每一步前进、每一个突破，都面临着理论准备的考验。任何超越与深入，都离不开理论的指引与支撑。理论又是最终成果之归结所在，构成学科的核心。而且，衡量一门学科的学术水平、学术质量的高低，归根结底，取决于它在自己的领域里究竟从理论上解决了多少全局性的课题，得出多少具有重大理论价值的结论，有多少能够被广泛应用，经得起历史检验，值得为其他学科参考的理论建树。”樊骏同时一再提醒现代文学研究界的同行：对理论问题的忽视，造成了“自觉的文学史观”的缺失，正是这门学科根本性、制约性的弱点。[8]而在樊骏看来，学科的理论建设，自觉的文学史观的形成，固然需要最广泛地借鉴外国的与传统的理论资源，但最根本的，还是要从自己的文学史实践出发，从历史经验、教训的总结，抽象概括里，提升出对自身文学现象具有解释力与批判力，既具有中国特色，同时又具有某种普遍性的文学史理论与观念。

在我看来，以上两个方面：对学科发展的全局性、战略性关怀与思考，对学科理论建设的高度重视与自觉性，构成了樊骏学术研究最鲜明的特色，也成为樊骏对我们这个学科独特的贡献：这是一位具有战略关怀与眼光的学科建设的战略家，一位具有理论修养、自觉与兴趣，因而具有理论家品格的学者。在这两方面，都是无可替代的。他也因此在促使学科发展能够处于“清醒、自觉的状态”这方面发挥了无可替代的作用。这一点，在樊骏因为身体的原因，逐渐淡出现代文学研究界以后，是看得越来越清楚了。我在好几次研究生的答辩会上都提出了今天的现代文学研究存在的“精细有余，大气不足，格局太小”的问题，其中一个重要原因，就是全局性、战略性眼光、关怀与思考的缺失，理论修养的不足，对理论建设的忽视。而这样的缺失与不足、忽视，就很容易形成学术研究的盲目与不清醒状态，在这背后，又隐含着学科使命感、承担意识的淡薄：这都构成了当下现代文学研究的根本性问题。因此，我们实在需要呼唤“樊骏式的学者”的出现：这是关系现代文学学科长远发展的全局性的大事。

严家炎先生在为樊骏的《中国现代文学论集》写的《序言》里，把“在树立良好学风方面所做的贡献”作为樊骏的重要学术建树，这大概是八九十年代学者的一个共识。严家炎先生并且具体指出：“樊骏先生是位律己极严的人，这种人生态度体现在治学上，就是学风的刻苦，严谨，原创，精益求精，决不马虎苟且”，“通常人们所谓的那点‘名’‘利’之心，好像都与他无缘”，“他惟一关心和讲求的是学术质量”，[9]这是更能引起接触过樊骏的学术界同人的共鸣，并且会引发出许多温馨的或难堪的，总之是难忘的回忆。可以说，我们每一个人都不同程度上，在治学道路和学风上受到樊骏先生的影响。在樊骏《中国现代文学论集》座谈会上，有一位中年学者将樊骏称作现代文学研究界的“学术警察”，乍听起来有些费解，其实是道出了我们共同的感受的：樊骏自身的研究，就提供了一个治学严谨的高水准，高境界，无论对自己，还是对他人，凡是学风上的问题，他都绝不马虎苟且；因此，他的存在本身，就会起到一个规训、警戒、制约的作用。我自己就有过这样的经验：在写文章，特别是发表文章之前，有时候就会想到，如果樊骏看到这篇文章会有什么反应，仿佛面对樊骏严峻的学术审视，行文就不能不更加谨慎，不由自主地要一再推敲，特别是避免发生学风不严谨的，低级却又致命的错误，能不能在“樊老师”面前过关，就自觉、不自觉地成为我们自我规诫的一个标准。

关于樊骏的绝不马虎苟且，这里不妨再举一个例子。在《中国现代文学论集》里收有一篇关于《中国新文学史编纂史》的评论文章。如樊骏所说，这是一部自觉地追求“尊重历史客体，注重实证的学术品格与治学特色”的著作，作者在尽可能直接掌握原始材料上下了很大工夫，也取得了可观的成就，樊骏都给予了很高的评价。但樊骏依然抓住了作者在史料上的个别明显的缺漏，以及个别地方缺乏实证，仅根据推理就草率作出结论的失误，并且坦率直言：“诸如此类的美中不足，提醒人们要将好的编写原则贯彻于全书的始终，实非易事——既然是要以材料力求详尽、方法遵循实证为著述的鹄的，更需要对所研究的对象进行全面的扫描，每有所论也要做到言必有据、据必切实，各个环节都不能稍有疏漏；不然，仍旧难免出现失误，留下遗憾。”这里所提出的“每有所论，言必有据，据必切实，各个环节都不能稍有疏漏”的原则，既是严格的，却又是学术研究的常识、底线，学术界人人都知道，但像樊骏这样处处、时时坚守，不允许有半点马虎苟且的，却又实在少见。而当樊骏发现这本编纂史的作者，在面对文学史编写工作中的缺陷、不足，常出于人情、人事关系的世俗考虑，采取回避态度，加以缩小淡化时，就提出了更为严厉的批评：“史家的职责在于尽可能完整地、准确地将它们，包括蕴含其中的经验教训，作为来自历史的信息，传递给后人。而我们的史家反而缺少足够的勇气正视已经成为历史的这一切，给后人提供必要的警示和启迪，这不能不说是编写原则上的失策。”樊骏由此而提出：“如果说史书的描述评判最为全面深入、客观公正，首先不就要求史家真正做到无所顾忌、畅所欲言？如果说历史无情，史家和史书同样应该是无情的！”[10]在樊骏看来，在坚守秉笔直书（无所顾忌、畅所欲言）的史家风范、品格，客观、公正而无情的史笔传统问题上，是不容任何让步，更是不能有任何马虎苟且的。

值得注意的是，樊骏的批评尺度如此严格——用他自己的话来说，就是“无情”，却又使人心悦诚服。这不仅是因为他是充分说理的，更因为他态度的无私，他同样坚守的是一个史家的立场：批评、探讨的“重点已经不是追究哪个个人一时的是非得失，而重在求索所以如此的历史因素，和总结其中的历史的经验教训”。比如他对编纂史作者回避历史事实的批评，就不是追究作者的责任，而是深入、客观地探讨了其背后的学术观念上的原因。[11]这不仅使他的批评具有了历史的深度、高度和普遍意义，而且具有说服力：这是真正的学术批评。或许也正因为真正关注的是学术本身，他也就没有许多批评者通常会有的居高临下的扬扬自得、幸灾乐祸之态，他甚至同时把自己也摆了进去，在对编纂史作者的批评中，他就坦然承认自己在人情、人事关系问题上，“也往往未能完全免俗，因此事前为难，事后愧疚”[12]：他对他人的严格首先是建立在更加严格的律己之上的，而且是绝对从学术出发的。这就是严家炎先生所强调的，樊骏所“惟一关心和讲究的是学术质量”。

还要强调的是，樊骏学术上的严格又是和他学术上的宽容相反相成的。今天的研究者如果读到他的《我们的学科：已经不再年轻，正在走向成熟》，看到他对比他年轻的学者的评价，是不能不为之感动并生发出许多感慨的。他是那样满怀喜悦，如数家珍般地一一分析他们的学术长处、风格和贡献，既极其精当、有分寸，又充满了期待，其中对两位女性研究者赵园和刘纳的“细腻与敏感，文字也都写得很美”更是赞叹不已：其着眼点也不仅在这些青年学者个人的成就，更是由此显示的学科发展的“正在走向成熟”。作为一个年长者，樊骏当然清楚这些学术新手的弱点，在另外的场合或私下他也会有严厉的批评和严格的要求，他更清楚自己个人的学术追求、观念、观点和年青一代的区别，甚至分歧，但把这些青年学者作为一个群体来考察他们对学科发展的贡献与意义时，他都把这些心中有数的弱点，以至分歧，有意忽略了。这同样也是一个真正的史家的眼光与立场。我们说樊骏的学术战略关怀与眼光，其中也包括了他对学术人才的随时关注与自觉发现和扶植。在这方面，他也表现出极好的学术敏感与学术判断力。可以毫不夸大地说，我们那一代每一个有特色、有追求的学者，没有一个不曾在樊骏的关照之下，都在他那里得到不同程度的鼓励和批评、提醒，他为年青一代学术发展的空间的开拓，是不遗余力，而又从不张扬，不求回报的。因为他的唯一目的只是促进学科的发展。这里确实不存任何私心，没有任何个人学术地位、影响的考虑：这也正是他和学界的各代人（包括我们这些当时的年轻人）都保持平等的关系的最基本的原因，在樊骏那里，是真正做到了学术面前人人平等的。因此，他的严格，绝不是以自己的学术追求、观念、观点为标准，当然更不会强加于人；相反，他的特点，正在于最善于从每一个年轻学者自己的追求，包括和他不同的追求中，发现其学术发展的新的可能性和可能隐含的问题，然后给予充分的鼓励和及时的提醒，以便使每一个学者都能按照自己的学术个性在扬长避短中获得健康的发展。因此，他对于每一个年轻学者的关照，是既严格而又温馨的，他对于我们每一个人，既是严师，更是诤友。他在学风、学术质量、水准上的要求，是极其严格的；但在学术追求、发展道路、观念、观点上，又是极其宽容的，在这两个方面，我们都深受其益。

我在这里一再谈到樊骏的没有私心，这或许是他的最重要、最根本的品格。这也正是严家炎先生所强调的，“通常人们所谓的那点‘名’‘利’之心，好像都与他无缘”。我要强调的，这不仅是在当下这个商业社会里极为难得的人的品格，更是一种一切出于学术公心的学术品格，这在越来越成为名利场的当下学术界，同样极其难得和可贵。因此，在樊骏那里，是自有一股学术的正气在的。我有一篇文章，说我在林庚先生那里，发现了“心灵的净土”；那么，在樊骏这里，同样也存在着一块心灵的净土，学术的净土。这也是樊骏对于我们这个学科的重要意义的一个更为内在的方面。

樊骏正是以他严谨、严格，绝不马虎苟且，而又宽容的学术风范，以他的学术公心和正气，赢得了学术界的普遍尊重，可以说，现代文学研究界的第三代、第四代学人，对于樊骏是始终心存敬畏之心的。由此产生的学术威望和榜样的力量，是真正能够起到制约学术的失范与腐败，净化学术的作用的，这也是前文所说到的“学术警察”的作用，但它是超越权力（行政权力与学术权力）的，也是更为有效的。这是促进学术健康发展的不可或缺的精神力量与精神资源。但也是今天的中国学术界，也包括现代文学研究界所匮缺的。公心不在，正气不彰，一切苟且马虎，这正是当下学术危机的一个重要表征。在这个意义上，呼唤“樊骏式的学者”，也同样具有迫切性。这也是我们今天重读樊骏的著作，最为感慨之处。

二、樊骏所参与构建的现代文学研究的精神传统

所谓“参与构建”，包括两个方面的含义，一是樊骏对这一传统作出了全面、深刻的阐释，二是他自己的身体力行，他自身就成为这一传统的一个时代的代表性学者。而所谓现代文学研究传统，也有两个侧面：精神传统与学术传统。

我们讲现代文学研究的精神传统，某种程度上也是讨论创建、发展这门学科的两代学者（以王瑶、唐弢、李何林、贾植芳、钱谷融、田仲济、陈瘦竹为代表的第一代学人，他们都是樊骏学术史研究的对

象；以樊骏、严家炎等为代表的第二代学人）的人的精神传统。因此，我们的讨论也无妨从对这两代学人的精神特点的探讨入手。在我看来，这又包含了三个层面的问题。

首先是这两代人的精神资源。于是，我注意到了一个细节：翻开《中国现代文学论集》第一篇论文《论文学史家王瑶》第一页，樊骏在描述王瑶等前辈创建现代文学这门学科的精神力量时，首先引用的就是马克思关于“科学的入口处”就是“地狱的入口处”这句话。这是一个重要提示：正是马克思主义构成了这两代学人最重要、最基本的思想资源，理论资源和学术资源。而樊骏在这方面更是有着高度的自觉，他的论著中反复引述的，都是马克思主义的经典论断，作为他立论的基础，这绝不是偶然的。更值得注意的，樊骏是在八九十年代，人们迫不及待地向西方吸取非马克思主义的资源，而有意无意地忽略、淡化，以至否定马克思主义的学术氛围下，坚守马克思主义的理论基础的，而他的坚守，又完全不同于同时存在的将马克思主义宗教化的国家意识形态，而对马克思主义采取了开放的、发展的、科学的态度。在这两方面都是十分难得，极其可贵的。

有意思的是，在引述马克思以后，樊骏又紧接着提到王瑶这一代人对“普罗米修斯”和“浮士德”精神的继承；[13]而在同一篇文章里，提到的精神前驱，还有但丁，以及中国的屈原、鲁迅。[14]樊骏所勾勒出的，是两个精神谱系：一是西方传统中的“普罗米修斯—但丁—浮士德—马克思”，一是中国、东方传统中的“屈原—鲁迅”，在樊骏看来，中国现代文学研究的开创者，都是这存在着内在联系的两大精神谱系，在现代中国学术界的自觉的继承人。而樊骏本人，对继承这两大精神谱系，或许是有着更大的自觉性的。

其二，由此决定的，是这两代学人对学术的理解，也即他们的学术观。樊骏说得十分直白：学术研究是一个科学工作，而科学的本质，就是对真理的寻求、发现和保卫。[15]——这看起来几乎是一个常识，但如果把它放在历史与现实的学术背景下来考察，就显出了其不寻常的意义：学术是追求真理的科学，就不是政治工具，不是谋稻粱和名利的手段，不是游戏，不是自我表现和个人趣味的满足，这样也就自然和政治工具化、商业化、娱乐化、趣味化、纯个人化的学术研究，区别开来，而后面这几个方面的研究，始终是历史与现实中国学术研究的主流（当然不同时期有不同重点）。因此，坚持这样的以追求真理为鹄的科学研究（我们前面说到的樊骏的无私、学术公心，都是源于这样的以追求真理为唯一目的的学术观），不仅在王瑶那个时代，而且在当下中国，都是具有极大批判性与反叛性的。而这样的批判性的、因此也是本质上的科学性的学术，正是我们始终匮缺，因而特别值得珍视，需要一再呼唤的。

其三，由此而产生了为科学而献身的精神。这正是樊骏在总结现代文学研究传统时所反复强调的："马克思曾把'科学的入口处'比作'地狱的入口处'，来形容寻求、发现、捍卫科学真理的艰苦，提醒人们要有为之付出代价，作出牺牲的精神准备。这绝不是危言耸听"，"古今中外的学术史上都出现过普罗米修斯式的、浮士德式的为科学事业而受难，却仍然锲而不舍、以身殉之的学者。所以无妨把这看作是科学发展中的普遍现象"。樊骏在这里把马克思、普罗米修斯、浮士德的精神传统概括为"为科学而献身"的精神，而且把学术工作看作是一个需要献身的事业，这都是意味深长的。而在樊骏看来，中国现代文学研究这门学科由于它对现实生活的密切参与，以及本质上的批判性（我们在下文会作详尽分析），就决定了它难以逃脱的厄运，"它的发展往往成了一场场灾难"，因此，就特别需要献身精神。[16]

而樊骏也确实在这门学科的开创者那里，一再发现了这样的献身精神。这是他眼中的王瑶先生："跋涉在这条举步维艰、动辄得咎的道路上”，“如但丁所描绘的和马克思所借用、发挥的那样，做到了‘拒绝一切犹豫’，没有‘任何怯懦’”，“他确实像鲁迅描述自己受到不应有的伤害时所做的那样，‘总如野兽一样，受了伤，就回头钻入草莽，舐掉血迹，至多也不过呻吟几声’，然后继续迈步上路；表现出屈原所抒发过的‘虽九死其犹未悔’的献身精神”，而他的最后“病倒在学术讲台以至不治”，也是表现了“对于学术事业的专致与赤忱，彻底的献身精神”的。[17]樊骏也同样在唐弢先生身上发现了为学术而“奋不顾身”的精神，并且有这样的理解：“他始终把这（学术研究）作为自己坚定的人生追求和莫大的生活乐趣，从中找到了充实的生活内容，也以此来实现最大的人生价值。在这个问题上，他是完全自觉的，因此也是极端执著的”，真正做到了“锲而不舍”。[18]在讨论《陈瘦竹对于中国现代文学学科建设的贡献》时，樊骏所强调的，也是陈瘦竹先生所留下的精神遗产，并且把它概括为“追求真理的学术勇气和执著精神”，“献身学术的神圣感情和自觉的责任感”，“坚韧”的生命力量。[19]

细心的读者或许会在我们的引述里，发现樊骏在描述前辈的学术精神时，除我们已经注意到的献身精神之外，还反复提到专致、执著、坚韧、锲而不舍这样一些概念。这也是一个极其重要的精神传统，或许这也是最具有现代文学研究这门学科特点的：因为这样的锲而不舍精神是直接源于鲁迅的韧性精神传统的，而且是由学科发展道路的空前曲折与艰难的历史条件所形成的。如樊骏所说，这是“在沉重的岁月里，从沉重的跋涉中，留下的一份沉重的学术遗产”；在这样的沉重的历史里，升华而出的，是一种“与这些沉重相适应的严肃理智的沉思”和“冷静科学”的态度，并且最后积淀为一种坚韧、执著的锲而不舍的精神力量。[20]

樊骏在谈到现代文学研究中的献身精神、韧性精神传统时，特地指出这是一种“神圣感情”。这一点，也很值得注意：他要强调的是学术研究的神圣性，以及内在的精神性。我们在前面讨论的以追求真理为鹄的的学术观，所内蕴的其实也是学术的神圣性和精神性。学术研究之所以值得为之献身，并付出执著努力，就是因为它能够最大限度地满足人之为人的精神需求，把人的生命升华到神圣的境界。这是学术研究区别于其他职业的真正魅力所在，是学术研究永不枯竭的动力所在，也是学术研究能够给人带来快乐与幸福感的真正源泉。在我看来，许多学者学术动力的不足，学术研究越来越失去对年青一代的吸引力，这样的神圣性与精神性的弱化，应该是一个重要原因。

当然，这样的学术观今天很可能会受到质疑，因为我们正生活在一个消解理想，消解精神，也消解神圣的时代。因此，今天的中国学术界，需不需要献身精神与韧性精神，大概都成了问题。不过，在樊骏这样的学者看来，恰恰是在这个一切物质化的时代，更需要呼唤精神。他曾经这样谈到“进入90年代以后”的现代文学研究的外在学术环境和状态：“市场经济的运作毫不留情地把学术研究，尤其是其中的人文学科挤到了社会生活的边缘，在普遍的社会心理中这类学术事业更是越来越受到冷落”；面对这样的现实，樊骏特地撰文赞扬和呼吁“没有彷徨，没有伤感，在寂寞中依然焕发着献身学术而一往无前的炽热精神”。[21]而到了新世纪以后包括现代文学研究在内的学术研究，又面临着体制化，被收编的危险，在巨大的诱惑面前，淡泊名利，坚守为学术献身的精神，就更有了特殊的意义。而要真正坚守学术，就非得有韧性精神不可。

三、樊骏所参与创建的现代文学研究的学术传统

仔细读樊骏的论著，就可以发现，他对于现代文学学科的学术

传统，是给予了更多关注，更为充分的论述的。而且他也有明确的概括："把从实际出发，尊重历史和从今天的认识水平对历史进行新的审视结合起来，历史感和现实感并重，实现历史主义和当代性的统一，才是做好研究工作的基本要求和发展中国现代文学这门学科的必由之路。"[22]

在樊骏看来，"当代性、历史感以及两者的结合，可能是史学理论中最有思想深度和哲学意义、最为复杂微妙、因此也最有争议的理论命题"。[23] 而且这似乎是一个古老的命题："在中外古今的史学史上，由于在这个问题上认识和实践的差异，还形成了不同的史学派别。在我国，历来有重考据和重义理之分，'我注六经'与'六经注我'之别，就大致与此有关。鲁迅在一篇杂文中曾经将史家分为'考史家'与'史论家'两类，区别也主要在于此。在西方，所谓客观主义的'事件的历史'与所谓主观主义的'概念的历史'，更是直接反映出这种差异。把史书写成史料的长编，和认为一切历史都是当代史，则是各自的极端"。[24] 而樊骏在八九十年代把这一古老的命题激活，一方面这正是八九十年代现代文学研究本身所提出的时代课题，另一方面，也是他对现代文学研究学科历史经验的总结，其中也包括了他自己对现代文学和现代文学研究这门学科的理解与把握，内含着一种文学史观。也就是说，樊骏的讨论，是以中国现代文学和文学史研究的丰富事实与经验作为基础的；因此，他首先要着力把握的，作为他的讨论的基础的，是现代文学研究这门学科在发展过程中形成的历史特点。

于是，我们注意到樊骏所写的《马克思主义与中国现代文学研究》一文。他指出："对于'五四'以来的新文学进行比较系统的历史考察，开始于20年代末期到30年代初期，正当进步的文艺界、学术界出现学习和运用马克思主义理论的高潮之际。当时，不仅革命作家在马克思主义的指引下，提倡无产阶级革命文学；在社会科学的众多学术领域里，也纷纷建立起马克思主义的新哲学、新史学、新经济学、新教育学——形成一个声势浩大的马克思主义的新文化运动。萌发于这个时期的中国现代文学研究，从一开始就鲜明地显示出这样的时代特征和发展规律。”[25]这是一个符合实际的描述，同时也是一个重要提醒：中国现代文学研究从一开始，就受到了马克思主义理论的深刻影响。这个学科的几位创建人：李何林、王瑶、唐弢、田仲济、贾植芳等，他们的论著都不约而同地以马克思主义为理论基础，这恐怕不是偶然的。

这里，最重要的，就是马克思主义的历史唯物主义和辩证唯物主义。樊骏在考察王瑶先生的文学史观时，特地提到他在1947年所写的一篇文学史的书评。书评批评这部文学史“完全由作者的主观左右着材料的去取”，“用历史来说明作者的主观观点”，“有许多与史实不太符合的地方”，全书的“精神和观点都是‘诗’的而不是‘史’的”；同时批评该书“对史的关联的不重视”，“历史和时代的影子都显得非常淡漠”，进而提出：“文学史的努力方向，一定必须与历史发展的实际过程相符合，须与各时代的社会生活和思想文化相联系，许多问题才可能获得客观满意的解决。”[26]樊骏据此而概括说：“可见他（王瑶）在40年代后半期，已经形成了尊重客观史实的史学主张与强调实证、注重叙事描述的治史方法”，并且认为这样的“把文学史研究理解为文艺科学和历史科学的结合又更突出‘史’的性质的主张”，“偏重于联系‘社会生活和思想文化’解释历史的思路”，强调“文学作为精神现象和艺术创作，必然受到客观的环境和人们的社会实践制约的观点”，“都属于唯物主义的文学观和文学史观”，而且显然成为王瑶先生在50年代初所写的被视为现代文学研究学科奠基之作的《中国新文学史稿》的理论基础。[27]

樊骏同时注意到，王瑶先生在80年代又重新强调“文学史既是文艺科学，也是一门历史科学”，并且重申马克思主义关于要把问题

“置于一定的历史范围内加以考察”的历史主义原则，明确提出了“研究问题要有历史感”的命题；[28]而樊骏自己也一再指出，缺少历史科学的训练，历史眼光、历史高度、自觉的史学意识以及严格的历史品格的不足，构成了现代文学研究这门学科根本性、制约性的缺陷。这自然是有其针对性的，可以说是对现代文学发展历史中的经验教训的一个总结。如樊骏所说，在五六十年代的政治条件下，现代文学研究曾经为政治实用主义所支配，在理论上也有过“以论带史”的失误，结果就导致了“涂饰歪曲历史的倾向”。[29]在改革开放初期的拨乱反正中，以至以后八九十年代，一些研究者对现代文学历史和作家作品的评价，又从一个极端走向另一个极端，出现了新的历史的遮蔽。在樊骏看来，看似两个极端的评价和研究，却存在着文学史观和方法的共同点：都是以自己的主观立场、观点来裁剪历史，违反了马克思主义的历史唯物主义基本原则和实事求是的学风。[30]王瑶先生则认为，根本的问题是“不能把所论述的作家或问题与当时的时代条件紧密联系起来”，“这样势必背离历史的客观实际，既难以准确地理解所研究的对象，更无法作出科学的评价”，于是，这才有“研究问题要有历史感”命题的提出，[31]而且有了樊骏关于研究的历史感的一系列论述。

樊骏首先指出，所谓历史感，就是“把具体的历史研究对象放在当时的各种历史条件和整个历史范围内进行分析评价”，“从历史形态所包含的内容里去认识对象”，以实现马克思主义经典作家所要求的“严格的历史性”。[32]承不承认文学和文学研究的历史性，这是反映了不同的文学观与文学史观的。樊骏在一篇文章里指出，“将文学当作是一种单纯的人类思想感情的产物，一种十分抽象、不易捉摸的东西，一种仅仅供人享受娱乐的奢侈品”，那就必然要“有意无意地无视或者割断文学与社会现实的联系”，当然也就更不会承认和重视社会现实和一定的历史条件的联系。[33]而马克思主义历史唯物主义的文学、文学史观，恰恰要强调："人的本质并不是单个人所固有的抽象物。在其现实性上，它是一切社会关系的总和"；[34] 因此，"对于任何社会性的事物，包括文学这样的社会意识形态在内，都不能仅仅从其自身，而需要通过'一切社会关系的总和'来审视它评价它进而揭示它的'本质'"。[35]

樊骏还注意到马克思的如下论述："历史是这样创造的：最终的结果总是从许多单个的意志的相互冲突中产生出来的，而其中每一个意志，又是由于许多特殊的生活条件，才成为它所成为的那样。这样就有无数互相交错的力量，有无数个力的平行四边形，而由此就产生出一个总的结果，即历史事变"。[36] 在樊骏看来，现代文学研究进入90年代以来，越来越关注现代文学与现代报刊、出版、现代市场、现代教育、现代学术、现代宗教、现代地域文化等诸多关系的研究，不仅表现了文学观念的深化："不再把文学仅仅视为作家个人的艺术构思的结晶，而是包含了不同的社会人群以不同劳动方式（如编辑、出版、印刷、发行、传播等）共同参与的成果；不只是单一的精神生产和观念的产物，同时又是与多种物质生产和社会力量组合在一起的系统运作过程"，"特别突出了文学作为商品的属性"；而且更是标示着研究方法的新深入和新发展的：研究者越来越自觉地将研究对象"置于当年具体的历史情境之中，并从广泛的社会联系中多侧面地审视评价这段文学的历史"，从导致历史结果的"互相交错的力量"，"各式各样的物质、精神的因素的牵制"的"力的平行四边形"的具体考察里去把握与描述文学发展的历史，这都是证明了建立在历史唯物主义基础上的马克思主义的社会学研究、文化学研究方法的生命力与巨大潜力的。[37]

其次，樊骏指出，所谓历史感，还要求"把尽可能多的材料融为一体，使自己能够设身处地地去认识研究对象，以便进入前人的'规定情境’，深入到当年的环境和氛围中，把握历史”，“尽可能准确地认识和完整地把握历史的原貌”，“尽可能符合历史的原始形态”。[38]这同时也就要求研究者“不仅要全面系统掌握史料，还需要从总体上、在内在层次上把握历史的动向、时代氛围、文坛风尚”，“文人的生活习尚和他们的文学风貌的联系”，“尽可能对于这段历史具有身历其境的真切、透彻的理解”。[39]——这不仅是出于历史唯物主义的要求，更是对现代文学研究创建者那一代人的历史经验的总结。这样的经验，在王瑶那里，就是直接来源于鲁迅的“知人论世”的原则。[40]樊骏则把唐弢的经验总结为历史的“现场感”：“早在60年代初，他指导研究生，不主张他们阅读事后编辑出版的作家文集、选集、全集，坚持要求他们从翻阅当年发表这些作品的报刊和初版本入手；目的就在于将它们引入当年的社会的、文学的环境中、氛围中，阅读作品，认识历史，以便于他们能够‘设身处地地熟悉对象’，进入与作家‘共同的情怀和感受’的境界，即形成一种身历其境的现场感。”[41]而且对唐弢来说，这样的对现场感的自觉追求，不仅贯穿于研究过程中，而且成为他的文学史叙述方式，这也就是唐弢一再强调的：“我比较喜欢用事实或者形象说明问题。”[42]这就形成了唐弢的文学史论述的特殊风格，樊骏作了如下描述：“他更多地借助于翔实详尽的材料，使他笔下的历史（从具体的历史问题到这段文学历史的整体），都不是抽象模糊而是具体清晰的，不是遥远隔膜而是贴近亲切的，不是单薄而是厚实的，不是平面而是立体的，不是相互分隔而是融为一体的；形象地说，它们‘原汁原味’地以当时的丰富性、复杂性和生动性，再现在人们面前。”[43]应该说，这样的强调揭示历史的生动性、丰富性、复杂性与具体性的文学史观念，接近历史原生形态的现场感的研究方法，以及重视历史细节、形象的展现的叙述方式，已经对当代现代文学研究产生了很大影响，而且也是具有发展潜力的。[44]

其三，樊骏指出，历史感要求研究者在力图“进入”历史规定情境的同时，还要“远离”自己的研究对象，也就是说，既要“设身处地”，还要“拉开两者之间的内在距离”，包括思想观念在内的精神、心态上的距离。[45]这里似乎包含了三个方面的含义。首先是客观存在的时间距离。文学史研究本质上就是一个事后的考察，其研究的可能性就在于“经过时间的沉淀，事件的真相和本质、原因和后果，才能比较充分地显示出来，为人们所逐步认识”。如果说历史的当事人是在当时的具体历史条件下，作出自己的历史选择的，他不可能完全知道事件的全貌，更不能预知其选择的历史后果；而研究者却是在真相大白、后果显现的情况下，进入历史过程的，他的任务就是要揭示全部真相和后果。因此，文学史研究的历史性，不仅表现在对历史当事人的选择，要有“理解的同情”；同时，也要“正视历史后果”，包括当事人无法预知的负面后果。他所要面对的，是全部事实，绝不能因为对历史当事人的同情的理解，而有任何遮蔽。这就提出了另一个要求，就是研究者绝不能受到一时一地的利害关系的约束，或者个人好恶的影响，因此，必须和研究对象保持心理、情感的距离，才能做到历史学者绝对需要的客观、冷静和理性。樊骏指出：“个人的好恶或许可以不失为选家和批评家的一个尺度，却不宜成为历史家立论的依据，至少这要服从于历史发展的整体客观史实，统一于历史的理性”，[46]前面说到的樊骏强调的史家的无情就是指这样的历史的理性。而这样的距离，同时又是一种精神的距离，这也是樊骏特别看重的，就是作为后来者的研究者，完全可以“站在不同于当年的新的时代制高点上”，“联系前后演变的全过程作出评价”，达到新的“历史高度”。[47]

人们不难发现，樊骏在前述对历史感的阐释中，始终贯穿着对占有全部史料的要求；在他看来，这是历史感必然提出的要求，而且也是在研究实践中落实历史感的关键环节。这是我们在一开始就提到的，樊骏对现代文学学科发展的战略性思考与谋划中，始终有两个要点：“理论建设”之外，就是“史料建设”。他为此用了两年时间写了近八万字的长文：《关于中国现代文学史料工作的总体考察》。如严家炎先生所说，这是“现代文学史料学这门分支学科的里程碑式的著作”，而且“实在可以规定为现当代文学研究生的必读篇目和新文学史料学课程的必读教材”。[48]这实际上也是樊骏对现代文学研究传统的总结的一个重要方面。

对樊骏来说，重视史料首先是马克思主义历史唯物主义的一个绝对要求，他因此一再引述恩格斯在《卡尔·马克思〈政治经济学批判〉》里的一个经典论断：“即使只是在一个单独的历史实例上发挥唯物主义的观点，也是一项要求多年冷静钻研的科学工作，因为很明显，在这里只说空话是无济于事的，只有靠大量的、批判地审查过的、充分地掌握了的历史资料，才能解决这样的任务。”[49]但樊骏更为着力的，还是学科创建人的历史经验。他因此注意到王瑶先生始终“把尊重客观的历史事实，广泛收集、科学鉴别史料，进行描述归纳的实证研究，放在首位”，“视广义的考证为史家的基本功、史学的基础”。即使在50年代对胡适的大批判中，“传统的考据工作的科学性及其学术价值受到前所未有的怀疑”时，王瑶先生也依然指出“有助于研究工作的进展的考据文章，绝对不能加以反对”，依然将考据“视为修史的前提”，樊骏说，这在当时，可以说是“少数的例外”，是十分难得的。[50]樊骏还把唐弢先生的治学经验，概括为“从搜集、整理文学史料入手”；这就是唐弢先生所说的他的一个基本观点：“无论从事哪项研究，都要先做一点资料工作，亲自动手整理辑录。”[51]樊骏还这样描述唐弢先生从事的《鲁迅全集》校对和辑佚工作：这是一个“详察（鲁迅）先生的行文，默体先生的用心”的过程，最后就“浸沉于伟大的心灵”，成了“和鲁迅先生的对话”。[52]——在我看来，其实这正是道破了史料工作的真正意义和价值。我曾经说过：“把史料的发掘与整理看作是个多少有些枯燥乏味的技术性的工作，这是一个天大的误解。史料本身是一个个活生生的生命存在在历史上留下的印记。因此，所谓‘辑佚’，就是对遗失的生命（文字的生命，及文字创造者的生命）的一种寻找和激活，使其和今人相遇与对话；而文献学所要处理的版本、目录、校勘等整理工作的对象，实际上是历史上人的一种书写活动与生命存在方式，以及一个时代的文化、文学生产与流通的体制和运作方式。”[53]

樊骏如此强调前辈学人开创的重视史料工作的传统，自然是有针对性的：这背后是现代文学研究的一个惨痛的历史教训。如樊骏所说，不仅曾经有过毁灭文物和史料的“外在的破坏”，更有着“内在的创伤”：“一方面是长期与史料工作原有的基础和传统失去了联系，一方面又迟迟未能确立新的史料工作原则和方法，现代文学研究者相当普遍地缺少这方面的必要准备、修养和实践”，或将史料工作视为可有可无，或理解为十分简单轻易，谁都能胜任的杂务和兼差，其结果就导致史料工作必有的客观性与科学性的丧失，史料文字的缺漏、删节、改动，到了惨不忍睹的地步。樊骏对此可谓痛心疾首，遂发出沉痛之言：“不尊重史料，就是不尊重历史；改动史料，就是歪曲历史的第一步。”[54]这是击中我们这门学科的致命弱点的，至今也没有失去其意义。[55]

樊骏当然没有、也不可能将史料的重要性绝对化，他指出：“尊重历史客体，重视实证工作，把这置于编写史书的首要位置，并不意味着否认贬低认识主体的作用，更不是把史家的工作局限于史料的搜集，把历史著作等同于史料的堆砌”，他并且引述胡适的话，强调“整理史料固重要，解释史料也极为重要，中国止有史料——无数史料——而无有历史，正因为史家缺乏解释的能力”，并且作了这样的发挥：“史料和史识都不能偏废，史家的职责在于处理好这两者的融合与统一”。[56]他还这样总结王瑶先生的经验：“王瑶重视史料工作，但他认为就整体而言，‘写一部历史性的著作，史识也许更重于史料’”。[57]樊骏据此而提出了“立足于实证又高于实证”的原则。[58]在我看来，这是可以视为对王瑶、唐弢那一代现代文学学科创建人研究方法和经验的一个高度概括的。

而要做到高于实证，发挥认识主体的作用，这就涉及了文学史研究的另外一个重要方面：“现实感”的问题。这个问题是王瑶先生首先提出的：“无论研究作家作品或其他问题，都应该注意它既然是一种历史的现象，就必然需要一种历史感。与此同时，作为历史的研究，也需要与现实生活保持密切的联系，研究工作同样需要具有现实感”，“我们的工作必须使它既有历史感，又有现实感，并且把二者很好地结合起来”。[59]樊骏对此作了如下阐述：“历史感要求对于历史客体作如实的反映，现实感突出了史家自身的主体意识的发扬”，“就历史哲学而言，历史感要求史家真正进入到历史中去（不仅是若干具体的事例，还有与其相关的一切），使自己的认识尽可能符合历史的原始形态；现实感要求史家从历史中跳出来，不是以历史当年的水平，更不是像历史的当事人那样述说往事，而是用今天的精神和眼光反顾和评估历史”，这都是“从不同的角度对史家提出不同的要求，目的却都是更好地认识历史；所以，又是可以统一也是应该统一的”。[60]

这里提到了“用今天的精神和眼光反顾和评估历史”，樊骏因此提出了一个“现代文学研究的当代性”的命题，对前辈学者提出的现实感问题，作出了自己的理解与发挥，并且专门写了《论中国现代文学研究的当代性》的长文。这篇文章和我们前面一再提及的《关于中国现代文学史料工作的总体考察》一起，集中反映了樊骏的文学史观，因此，特别值得重视。

樊骏明确地指出，他所提出的当代性的命题，其理论依据是历史唯物主义关于“认识的时代性”的理论。[61]如恩格斯所说：“我们只能在我们时代的条件下进行认识，而且这些条件达到什么程度，我们便认识到什么程度”，[62]而马克思又指出，历史研究的最大特点，就在于它“总是采取同实际发展相反的道路。这种思索是从事后开始的，就是说是从发展过程的完成的结果开始的”。[63]这就是说，历史的实际发展进程和对于历史的认识与研究之间，有着一个时间差，因而存在着两个不同的时代。历史的研究，固然需要关注历史实际运动和其历史时代的关系，于是就有了“历史性”所提出的“进入历史情境”的要求；但同时，人们对历史的认识与研究，又必然受到研究者自身所生活的时代即当代社会生活实践的影响与制约，简单说来，研究者是站在当代看（认识和研究）历史的。因此，“不同的时代的人，通过不同的社会实践对于已经凝固、不再变化的历史，可以有新的发现、新的理解和新的评价。惟其如此，历史研究才有永不凝固的活力，也才具有现实的品格”，如恩格斯所说，“新的事实迫使人们对以往的全部历史做一番新的研究”。[64]这就是说，正是当代性的现实品格，历史研究与当代社会实践的密切联系，赋予历史研究得以不断进行，不断有新的发现的可能性。而且，“对于同样的历史的认识能否有新的进展，取决于研究者是否把自己的研究工作同现实的社会实践、新的社会历史条件结合起来，即从不同于前人的新的历史高度上赋予自己的研究成果以新的时代精神”。[65]因此，在樊骏这里，对当代性的强调，其实是内含着“历史研究的时代精神”的要求的，他最为赞赏的，就是马克思的这句话：“任何真正的哲学都是自己时代精神的精华。”[66]

历史研究的现实性、当代性命题的另一个理论基础，是历史唯物主义关于主客体关系的理论。如樊骏所说，“关键在于确定和区分历史客体和主体各自的作用，即在承认客观规律的决定性作用的前提下，不能忽略历史主体（在文学史上主要是作家）的能动作用”，“不仅有历史决定他们的一面，也有他们选择历史（即充当不同的历史角色）的一面，每个人都以自己的选择，参与了历史的创造。这才是历史的全部内容”。这样的原则，也同样适用于历史的研究，研究当然要从已经发生、客观存在的历史事实出发，受其制约，但研究者也并非完全被动地叙述历史事实，而必要按照自己的认识、标准、理论原则，对历史发展作出自己的解释，总结历史的经验和教训。如果“抹杀了史家的主体意识在历史研究中的作用，最终还是从根本上勾销了史学理论、文学史观的任何意义，以及整个历史研究的存在价值”。[67]樊骏因此从主客体关系的角度，对前辈“立足于实证又高于实证”的经验作出了这样的理论阐释：必须坚持“在肯定客体的第一性前提下发挥主体能动作用”的原则，所谓“立足实证”，就是强调阐释必须建立在实证基础上，“而不是远离历史实际，纯粹出于史家主观的先验的东西”；所谓“高于实证”，就是强调研究者站在自己时代的高度，通过创造性的阐释，而对历史有新的发现。[68]这实际上也就是历史性与当代性的统一。

樊骏提出当代性的命题，不仅有历史唯物主义理论的支撑，更是建立在他对现代文学研究历史与传统的研究，以及他对现代文学和现代文学史学科历史特点的把握基础上的。这是他最为看重，并且一再强调的：“五四文学革命在中国文学史上所引起的历史性变革，集中地表现在大大加强了文学和现实生活，与人民群众的结合，密切并且深化了文学与进步的社会思潮、社会活动的联系”，[69]而不可否认的是现代文学的发展“与中国现代政治革命的难分难解的关系”，[70]现代文学最大的特点和优长之处，就在于“在三千年的文学历史长河中，很少有如此深深地扎根在现实土壤，又如此牢牢地植根于时代生活，与之水乳交融为一体的”。[71]可以说，正是现代文学的这些特质，就决定了对它的研究与描述绝不可能为史而史，而只能从文学与时代、现实、政治、人民、社会进步的密切而又复杂的历史联系中去把握它。也就是说，现代文学研究的历史性与当代性是由现代文学自身的特质所决定的。

因此，它的研究者也就必然地怀有强烈的现实感与当代意识——不仅是对研究对象的时代的现实关怀，更是对自己生活的时代现实的关怀和参与热情。这正是樊骏对现代文学史学科特点的又一个重要发现与概括。他指出，“以五四新文化运动为起点，于二三十年代”，中国学术界“逐步出现一个新型的文化学术群体”，他们把“自己在文化学术领域的专业工作，视为推动社会进步、民族解放的组成部分”，他们有着“更多的政治色彩和意识形态方面的自觉性”，“往往兼有学者与战士的双重身份”；而在樊骏看来，“奠基于四五十年代之交，在五六十年代迅速成为一门显学的中国现代文学研究，从整体上说，分明具有这个群体的显著特征”，“参与这门学科奠基的学者”，如李何林、唐弢、王瑶、田仲济等，“无论从走上学术道路的经历，还是体现在研究成果中的学术风格来看，也都属于这一群体”。樊骏说，“这些，都是历史的选择，即由所处的‘世’决定的”。[72]——这是一个极为重要的揭示，它提醒我们注意，老一辈学人开创的现代文学研究的传统，主要的不是纯学术的传统，而是一个“学者兼战士”的传统。这里所说的战士，我理解应该是鲁迅所说的精神界战士，有点类似于今天所说的公共知识分子。所谓“学者兼战士”，就是用学术的方式参与现实思想文化建设，维护公共利益，促进社会进步。其实我们一开始就谈到的以寻求、发现、保卫真理为鹄的的学术观，为科学和真理献身的精神，就是这样的“学者兼精神界战士”所必然具有的学术思想与精神品格。而且必然在学术上表现出和“为学术而学术”的学者不同的学术特点，治学方法；在樊骏这里，是用现实感、当代性来概括与表述的。

按樊骏的分析，大概有以下几个方面。首先，他们学术研究的热情，是来自对现实生活的热切关怀，并从中获得前进动力，[73]他们研究的动机与目的，就是要“以自己的研究成果回答现实提出的新问题”，[74]在某种意义上，这样的历史研究，实际构成了当代文化的一部分。[75]因此，他们从不回避自己强烈的参与意识与社会功利观念，这大概就是最为醉心学院派的研究者所不取的。[76]其次，他们“在确定选题和研究角度时，就往往自觉地或不自觉地由现实的需要触发引起”，[77]努力“从历史和现实的联系中找到共同点、接触点”。[78]也就是说，研究的引发点，是产生于现实的问题意识；但真正要进入学术研究，却要善于将现实问题转化为学术问题并用学术的方式来回答。这里的关键，就是能不能在历史与现实内在的，而不是外在的联系中，找到共同点、接触点，这本身就是一个对现实与历史的深入研究的过程，是对研究者的学术功力，眼光的最大挑战与考验，也是学术研究的魅力所在。其三，要真正做到这一点，还有一个关键，就是是否能够“和新的时代相结合”，从自己所生活的时代先进思潮、活生生的现实生活中汲取精神资源和滋养，以便“站在新的历史高度，结合新的社会现实和文学现实，对于文学历史作出新的探讨和评价”，这样的研究才称得上“是这个时代才能有的社会思考与文学思考”。[79]其四，这样的研究，也绝不可能“对于历史采取冷漠的客观主义的态度”，而必然“有明确的是非爱憎”，并充满了“与人类在创造历史过程中所进行的壮烈斗争，所作出的巨大牺牲和所取得的辉煌胜利相称的庄严崇高的激情”，这和作为历史学者必须有的“冷静和理性”是相反相成的。[80] 最后，如王瑶先生所一再强调的，这样的研究，也就必然要承担“让历史告诉未来”的社会职责，即“为现实提供历史经验”，“对现实发生借鉴作用”。樊骏指出，这是对中国以史为鉴的史学传统和儒家经世致用理想的治史原则的一个继承与发展。[81]

当然，对这样的传统，包括樊骏所提出的当代性的命题，是存在着争议的。樊骏对此也作出了他的回应。他认为，关键是要处理好两个问题：“一是既要防止为历史研究而历史研究的纯学术倾向，又要避免机械配合现实运动、图解政治的简单化的反科学反历史的倾向”。樊骏表示，他能够理解“由于过去有过屡犯实用主义错误的沉痛教训，大家对此都记忆犹新，深恶痛绝。如何避免后一倾向也就成为普遍关心的问题”；他也不否认，“强调科学研究的当代性、时代精神，包含着实用的、功利的目的；处理得不好的话，有时的确容易导致实用主义的错误”；但樊骏所要强调的，却是“其中并无必然的联系或者因果关系”，或许正因为曾经有过及可能发生失误，就更应该“从理论和实践上都采取积极的态度”。在樊骏看来，“从根本上说来，唯有具备充分的当代性和现实感，才能使历史研究永葆青春，不断前进”，这是他始终要坚守的学术观念和立场。[82]

作为一个严格的学者，樊骏对前辈学者开创的学术传统，也进行了严格的审视与反思。于是，他注意到了王瑶先生在逝世前四个月，为最后亲自编选的《中国现代文学史论集》的《后记》里的这一段话：“经常注视历史的人容易形成一种习惯，即把事物或现象都看作是某一过程的组成部分；……往往容易把极重要的事物也只当作是历史发展过程中出现的一种现象：这是否有所蔽呢？”在樊骏看来，这表明王瑶先生“对自己的观点和方法提出了质疑”。樊骏并且谈了他的理解，认为需要反思的主要有两点：一是“把时代对于文学、史学等的作用、影响绝对化了以后”，“可能忽视它们自身发展规律和特征”，

"忽略了从其他方面对它们进行剖析"，从而导致"有所蔽"；二是"过多地出于意识形态的考虑，为了特定的现实需要而'让历史告诉未来'，对于历史的审视和评价，也难免自觉不自觉地有这样那样的选择和倾斜，影响考察的全面性和客观性，使'有所蔽'的弊病更加突出"。而樊骏更要强调的是，"只有在超越原先的思想高度上，才会提出这样的不满和质疑"，王瑶先生的"自我质疑"正是"显示出他不懈的探索精神，以科学的理性审视事物包括自己的学者风貌"，也是"他留给我们的学术遗产"。这同时表明，在樊骏那里，学术传统并非凝固，而是流动、开放和发展的；任何传统都是有所得也有所失，有所显也有所蔽，在获得某种价值的同时，也存在着某些陷阱，因而是可以讨论与质疑的。或许像王瑶先生这样，以科学理性的精神审视自身，不断进行反思和自问，并因此永不停止学术思想、观念、方法的探索，这才是樊骏参与构建的我们这个学科最重要的精神传统与学术传统。[83]

这也许就是学术发展的辩证法：当我们以科学理性的态度审视传统，包括我们这里讨论的樊骏参与构建的现代文学研究传统，不再将其绝对化、唯一化以后，它的真实价值、现实的启示意义才能够得到真正的彰显。这里强调其现实的启示意义，也是有针对性的。樊骏早已注意到，从80年代开始，就出现了学院派的学术倾向，对"学者兼战士"的学术传统提出了挑战。[84]如一位研究者所说，学院派学术的发展，显然是和"研究生学位制度在80年代初期的确立"，出现了"当代中国首批职业化的学术人"这样的学术体制与学术队伍的变化直接相关的。[85]到了90年代，就有了对学院派学术的更为自觉的倡导；发展到21世纪，学院派学术就占据了学术界，包括现代文学研究界的主导地位，而学者兼战士的学术传统则遭到更进一步的质疑，学者兼战士的学术事实上处于边缘化的地位。这样的学术格局的变化，固然是与90年代以来，学术越来越体制化，学者越来越职业化的状态直接相关，同时也是执政者对更具批判性的学者兼战士的学术的不断打压和对学院派学术的容忍、接纳、引导与收编的结果。这同时就出现了学院派学术的危机：越来越技术化，内在的精神性被掏空，越来越失去了和时代现实生活的联系，因而失去了不断创造的动力和活力，结果就导致了学术的精致化与平庸化，低俗化和泡沫化的两极发展。

某种程度上，樊骏是最早敏感到这样的危机的。早在80年代中期所写的一篇文章里，他就提醒年轻的学者对西方学院派学术在肯定其合理性，并从中汲取滋养的同时，还要保持清醒，要看到其已经存在或可能存在的陷阱，予以必要的警惕，以保持自身学术上的独立性。樊骏指出，西方学院派学术存在着三大问题。其一，他们"大多徘徊在社会解放、人类进步的时代洪流之外，躲进宁静的书斋，冥思苦想地创立同样宁静的、缺少时代气息的学术体系。他们并不是没有真知灼见，但几乎都有意无意地无视或者割断文学与社会现实的联系，将文学当作是一种单纯的人类思想感情的产物，一种十分抽象、不易捉摸的东西，一种仅仅供人享受娱乐的奢侈品、装饰品。这就在什么是文学问题上，陷入了唯心主义"。其二，"他们提出一种主张一套理论以后，又总喜欢用绝对化的、形而上学的方法，将一切现象都生拉硬扯地纳入其中，以形成一个完整的体系相标榜。因此出现很多主观武断的解释，连一些原来不错的见解也受到损害"。其三，"他们又往往满足于罗列一些现象，虽然有关的分析可能很细致、详尽、周密，却就到此为止"，"不再进一步揭示其中的本质和规律，寻找发生发展的原因，以及其他更为内在深刻的东西"。樊骏站在马克思主义立场上对西方学院派学术的质疑，或许也有可以讨论的地方，但如果我们联系以后中国现代文学研究发展的实际来看，就不难感到，他的许多批评是击中要害，并且是有预见性的。因此，今天重温他当年的警告，就不能不有一种触目惊心之感：一旦脱离了与时代、现实生活的血肉联系，历史研究也将随同所研究的历史一同失去生气和现实感以至生命，最终失去存在的意义。[86]

面对这样的存在危机，樊骏参与开创的现代文学研究传统在今天就显示出特殊的启示意义。这当然不是说，要重新用前辈学者兼战士的学术道路来否认、取代学院派的学术，具体的学术道路、学术观点、方法必须是、也必然是多元化与个性化的；我们更应该看重的是内在的学术精神，比如我们前面提到的以追求、探索、保卫真理为鹄的的科学观、学术观，对现实生活的关怀与热情，对学术和时代、社会的使命感、承担意识，以及为学术和真理献身的精神，韧性精神或许是具有更大的普遍性的。因此，有学者提出，"'学院'作为一个知识生产的空间的同时，也可以成为思想批判的空间"，因此，也就存在着将学者兼战士学术传统的某些基本方面融入学院派的学术里，使学院学者同时成为知识生产与社会参与的主体的可能性。[87]在我看来，这里的关键，还是学者自身是一个什么样的"人"。鲁迅说得很好："根本的问题是在作者可是一个'革命人'，倘是的，则无论写的是什么事件，用的是什么材料，即都是'革命文学'。从喷泉里出来的都是水，从血管里出来的都是血。"[88]樊骏在80年代也曾引述恩格斯在《〈自然辩证法〉导言》里的话，提出"我们"要做什么样的"人"的问题：是"处在时代运动中，在实际斗争中生活着和活动着，站在这一方面或那一方面进行斗争"，因而获得"成为完人的那种性格上的完整和坚强"；还是躲在"书斋"里，成为"唯恐烧着自己指头的小心翼翼的庸人"。樊骏说："我们诚然不一定成得了'巨人'，但又岂能甘心成为恩格斯所嘲笑的那种躲在书斋里的'庸人'呢！"[89]这同样也是发人深省的。

四、“这一代人的疏忽，下一辈人的任务”

樊骏在总结唐弢先生的学术经验时，特别提到唐先生的一句话：我们在学术上留下的空白与遗憾，这是“我们这一代人的疏忽，下一辈人的任务”。[90]这大概也是樊骏自己的心里话，因为在他看来，一切学术工作，所有的学人，都避免不了历史的局限，都会把自己的疏忽留给后代，并成为下一辈人的任务。——他自己也不例外。

于是，在讨论了樊骏的贡献以后，我们还需要讨论“樊骏的局限”，及其留下的历史教训与历史任务。我以为主要有两点。

樊骏在80年代曾经提出一个战略口号：现代文学研究要实现“与新的时代的结合”。[91]这自然是由他的强调学术研究的现实感与当代性的观念出发的；问题是如何认识自己所处的“时代”及时代使命、时代精神。樊骏也有明确表述：“今天的中国，正处于实现社会主义现代化的伟大变革之中，这样的客观实践决定了这个时代和我们所说的当代性，必然也只能具有社会主义的、无产阶级的属性，而绝不是别的什么阶级内涵。”[92]这是一个典型的80年代现代化叙述，其实是有许多遮蔽的。在还处于历史发展过程中的樊骏著文时是看不清楚的，樊骏这样叙说，我们也不应有过多的责难。但随着时间的推移，历史发展的内在矛盾及其后果逐渐显露出来。我们今天就看得很清楚，80年代所呼唤的现代化并不具有樊骏所理解的“社会主义的、无产阶级的属性”，而恰恰是以未加反思的西方现代化模式为目标，到90年代以后逐渐形成权贵资本，就是一个必然结果。应该说，这样的后果，是樊骏，以及包括我自己在内的对现代性缺乏反思的天真、善良的人们所没有预计到的。这样的对80年代时代主题认识的偏差，在事实上使樊骏，以及我们，都不能真正把握自己所生活的时代的本质、复杂性，对历史发展的曲折性缺乏足够的思想准备。尽管这样的认识上的失误、偏差，是可以理解的；但对樊骏这样的强调文学、历史研究当代性的学者，关心学术发展战略的学者，却又不能不说是具有严重意义的。于是，我们注意到，樊骏对我们这门学科历史发展中的曲折、教训，包括精神内伤，确有切身、深刻的把握与揭示，但他对学科当代发展的环境、危机，不是没有察觉，但总体来说，还是缺乏更深刻的把握与揭示，当然也缺少了更有力的应对。樊骏曾自责自己对学科建设所提出的战略性设想，“有些空泛”，[93]其实对学科在当代的发展的复杂性认识不足，是一个更内在的原因。这可能是一种苛求，但对樊骏这样苛求自己的学者来说，也许还是一种遗憾。

而且，这背后或许还存在着更深层面的问题。我们已经说过，樊骏是主张学者要拥抱自己的时代，并且从时代的新潮流中吸取精神力量与智慧的。我们在前面的讨论中，已经充分地肯定了其合理性和价值；但我们现在却又要反过来思考其可能存在的问题。樊骏对80年代时代主题、精神认识的某些偏差，其根本的原因，就在于仅有高度认同，却缺乏反思。这里提供的思想的教训与启示是：我们不仅要拥抱自己的时代，又要保持必要的距离；在顺应和坚持时代潮流的同时，还应有必要的批判和质疑，也就是要将科学的理性精神贯彻到底。——这是包括樊骏在内的我们这一代的疏忽，但愿新一代学者能够在一个新的高度，把历史研究、学者与时代的关系的思考推向一个新的水平，在理论和实践上都得到更合理的解决：这也是学术发展到今天所提出的历史任务。

其实，樊骏对自己学术的局限性和不足，是比任何人都看得更清楚，有着更自觉的反省的：这位对学术要求十分严格的学者，对自己是格外严格的。他在为《论中国现代文学研究》一书所写的《前言》里，特别谈到他对出版自己的学术著作“心中总有些踌躇”，原因是他“不甚满意；越到后来，这种感觉越是明确强烈”：这样的对自己的不满，是真实的，因而也特别让人感动，特别具有启发性。

樊骏特别谈到自己的困惑：“我的文学观念和研究方法，在五六十年代已经基本形成。进入新时期以来，出于渴望学科能够有大的发展，对于学术上的新的探索，一直持欢迎支持的态度；但对于日渐繁多的新观念、新方法，有时感到陌生、隔膜以至于困惑；内心深处，又缺少努力了解它们、切实掌握它们的愿望和勇气”。他于是谈到自己“知识结构上的缺陷，给探讨学科建设发展，尤其是创新开拓的工作，直接带来了障碍和困难”，他说自己“为之苦恼，引以自责”。[94]

在我看来，这样的知识结构的缺陷与由之带来的困惑是历史性的。王瑶先生早就对包括樊骏在内的主要成长于20世纪50年代的第二代学者有过这样的评价：“他们有一定的马列主义的修养，有政治敏感，接受新事物比较快；但由于历史原因，知识面比较窄，业务基础尚欠深广，外语和古代文化知识较差。”[95]这里，实际上揭示了现代文学研究的一个基本矛盾。“中国现代文学始终是在古今、中外关系中获得发展的，这就要求它的研究者必须具有学贯古今、中西的学养”，[96]特别是到了改革开放的年代，全球化的时代，对所有的学术研究都提出了必须具有古今、中外的学术视野、学养的要求，本来就有着这样的传统的中国现代文学研究就更是如此。应该说，学科开创人那一代学者，都是具有这样的学养的，在某种程度上，可以说，“学贯古今中外”也是中国现代文学研究的一个传统。但这样的传统，从第二代开始，就被中断了。在1949年以后我们国家一直执行了闭关自守的文化政策，到1957年反右运动以后，更发展为“批判封、资、修”的极“左”路线，到文化大革命更到了极端，几乎拒绝了民族的、人类的一切文化遗产。在这样的文化背景下，成长起来的第二、三、四代学者，总体上都存在着知识结构上的巨大缺陷。这样的学科发展所提出的学贯古今中外的客观要求，与几代学者自身知识结构的缺陷，两者之间形成了巨大的矛盾，成为制约中国现代文学研究学科发展的长远的、根本性的因素。应该说，樊骏是完全自觉地意识到这一结构性的矛盾的，他的苦恼、困惑，以至自责，都源于此。我们更要注意的，是他的扬长避短的应对策略。他并不因此气馁，而是以积极的态度，充分发挥自己有一定的马列主义修养和丰富的历史经验的长处。我们从前述他对西方学院派学术的既吸取又有批判的审视里，不难发现他马克思主义历史唯物主义的信念、自信和开放态度，这就使得他在八九十年代极为复杂的学术环境里，始终保持清醒，既不保守，也不盲目跟风，这又反过来，使他在新时期的现代文学研究中依然发挥了独特的、不可替代的作用。但另一方面，他更清醒于自己之“短”，即知识结构的局限，注定他只能起到历史中间物的有限作用，他说他没有掌握新潮知识的愿望和勇气，其实是他知道要真正学习新知识，就必须达到真知、深知，并使其成为自己的学识结构的有机组成部分，这就绝非一日之功，与其皮毛地学得一点，变成外在的装饰，不如就老老实实地留下历史的遗憾。[97] 但他又为自己因此不能对时代提出的新的学术课题作出回应而感到愧疚，并不断自责。这里所表现出的樊骏式的困惑、苦恼，是有着丰富的历史内容的。

因此，我们完全可以理解，当他在年轻一代学者，尤其是前几年培养的博士生（年龄大概比他小了二三十岁）中，发现了“具有较为完备的学识结构的新型学者”时，他所作出的强烈反应，他期待并预言这样的新型学者的出现，会对整个学科建设以多方面的深远影响，“无论对学者个人还是学科总体，这都是走向成熟，孕育着更大发展的重要标志”。[98]樊骏这样的高度评价与期待，并非完全没有理由，因为正是这些年青一代学者，适应学科发展到八九十年代所提出的新要求，及时地调整了自己的知识结构，并试图对时代所提出的学术、思想、文化课题，甚至国际、国内的政治、社会问题作出自己的回应，这是樊骏这一代，也包括我自己这一代，所不能做的。在他们身上，既继承了老一代学者开创的关注时代、社会重大问题的传统，又有了新的知识结构，因而有能力在一定程度上做出回应，尽管也有些勉为其难：这都是最能吸引因自身的无力而自责的樊骏这样的学者的，他们也因此对樊骏后的学术界，以至社会产生很大影响，获得了相当高的学术地位。但是，或许正是这样的影响与地位，却遮蔽了这些学者自身的问题，这也是樊骏因期待过殷而没有看清的问题：他们的知识结构的调整，并没有达到樊骏所期待的深知与真知，并且使新知识“成为自己的学识结构的有机组成部分”的造诣与境界，总体而言，还是属于补课的性质，再加上某种程度的急功近利，其中的生硬搬演、曲解、误读，是难免的，远没有成熟。这就意味着，我们这里讨论的学贯古今中外的学术发展的客观要求，和学者知识结构上的不足，这一基本矛盾，在这一代学者身上，有很大的缓解，却远没有解决。而且这也不是这一代学者的问题，在以后陆续出现的更年轻的学者，因为成长在一个更加体制化、商业化，更为浮躁的社会、学术环境里，也依然存在知识面过于狭窄，且不肯再打基础上下工夫的问题；[99]当然，他们中的杰出者，在知识结构上正日趋合理，无论对西学，还是中学，其基础都可能胜过现在已经成为中年学者的那一代人，但真正做到同时学贯古今、中外的恐怕也并不多见。而且，由于他们成长于学院体制，深受学院派的影响，在知识上或有某种优势，但却也存在缺乏社会关怀和承担意识，将学术技术化、精致化，因而内在精神与

生命活力不足的危险。因此，就整体而言，包括樊骏在内的前辈学者的疏忽所留下的任务，即完善知识结构，学贯古今中外，以更好地回应时代所提出的问题，还需要现代文学研究界，以至整个中国学术界几代学者的持续努力，真是任重而道远。

现在活跃在学界的几代学者，不仅是中年一代，也包括年青一代，在学养、学风上存在缺陷，有着各自不同的问题，都是自然的，是一定的历史条件所造成，因而是可以理解，甚至是应该给予历史的同情的；问题在于自身对自己的缺陷与不足，是否有清醒的认识、正视的勇气。正是在这个意义上，樊骏的自我清醒，包括他对自己的永不满意，他的踌躇、紧张、苦恼、困惑、愧疚与自责，在今天都具有极大的警示意义。我们在讨论的一开始就提到樊骏对我们这个学科的最大意义，就是他以自己高瞻远瞩而又严格的要求，使我们的学术处于清醒自觉状态；现在，我们要补充说，樊骏又以对自我的严格要求和不断反思自省，促使后来的学者自身的清醒与自觉。而他对学术、对自己的严格，又缘于我们一再说到的他的无私，一切出于学术公心，除学术之外，全无个人地位与权力的任何考虑。无私即无畏，有公心即清醒与自觉：这或许是樊骏对我们的最大启示。

（本文的基础是2006年在樊骏先生的《中国现代文学论集》出版学术讨论会上的一个发言。当时觉得所讨论的问题重大，没有说清楚，需要再做研究，就没有及时整理成文。不料一搁就是四年，我为此一直心怀不安。去年有一个在台湾讲学的机会，本以为可以清静一点，借此偿还文债，于是将发言稿和有关材料都带了去；却不料依旧忙碌，未写一字，把材料原封不动地带回。又拖了四个月，这才下定决心，集中一段时间，将樊骏先生的著作重读一遍。因为又有了四年时间的距离，所要面对的问题更加复杂，思绪也越加纷繁，还是说不

清楚，甚至不知从何说起，又实在不能再拖，只能勉强成文，而留下许多遗憾。）

2010年4月27日—5月7日

注释

［1］钱理群、杨庆祥：《“二十世纪中国文学”和八十年代现代文学研究》。

［2］［3］［9］严家炎：《序言》，1—2、4、5页，《中国现代文学论集》，人民文学出版社，2006年版。

［4］［7］樊骏：《前言》，4、8页，《论中国现代文学研究》，上海文艺出版社，1992年版。

［5］樊骏：《〈中国现代文学研究丛刊〉：又一个十年》，468页；《很有学术价值的探索》，224页，《中国现代文学论集》。

［6］樊骏：《〈中国现代文学研究丛刊〉十年》，425页，《中国现代文学论集》。

［8］樊骏：《我们的学科：已经不再年轻，正在走向成熟》，509、514—515、504页，《中国现代文学论集》。

［10］［11］［12］樊骏：《黄修己的〈中国新文学史编纂史〉》，165、167、185、190、187、190—191页，《中国现代文学论集》。

［13］［14］［15］［16］［17］樊骏：《论文学史家王瑶》，3—5页，《中国现代文学论集》。

［18］樊骏：《唐弢的现代文学研究》，125页，《中国现代文学论集》。

［19］樊骏：《陈瘦竹对于中国现代文学学科建设的贡献》，155、162页，《中国现代文学论集》。

［20］樊骏：《论文学史家王瑶》，5页，《中国现代文学论集》。

［21］樊骏：《〈中国现代文学研究丛刊〉：又一个十年》，438页，《中国现代文学论集》。

［22］樊骏：《论中国现代文学研究的当代性》，301页，《中国现代文学论集》。

［23］樊骏：《前言》，14页，《论中国现代文学研究》。

［24］樊骏：《论文学史家王瑶》，39页，《中国现代文学论集》。

［25］樊骏：《马克思主义与中国现代文学研究》，50页，《中国现代文学论集》。

［26］王瑶：《评林庚著〈中国文学史〉》，转引自樊骏：《论文学史家王瑶》，10、11页，《中国现代文学论集》。

[27][28][32][38] 樊骏：《论文学史家王瑶》，10、12、14、36、38、39页，《中国现代文学论集》。

[29] 樊骏：《我们的学科：已经不再年轻，正在走向成熟》，505页，《中国现代文学论集》。

[30] 参看樊骏：《现代文学的历史道路和现代文学的历史评价》，收《论中国现代文学研究》。樊骏在这篇文章里，批评一些研究者"给徐志摩、沈从文、戴望舒、钱锺书等作家戴上种种辉煌的桂冠"，"对于以鲁迅为代表的革命作家、三十年代的左翼文学和四十年代文学的工农兵方向却评价不高，颇多指责"，这是从另一个方向对历史的遮蔽。

[31] 王瑶的意见出自《研究问题要有历史感——在〈文艺报〉座谈会上的发言》，原载《文艺报》1983年第8期，转引自樊骏：《论文学史家王瑶》，37—38页，《中国现代文学论集》。

[33] 樊骏：《关于开创中国现代文学研究新局面的几点想法》，128—129页，《论中国现代文学研究》。

[34] 马克思：《关于费尔巴哈的提纲》，转引自樊骏：《〈中国现代文学研究丛刊〉：又一个十年》，467页。

[35] 樊骏：《〈中国现代文学研究丛刊〉：又一个十年》，467页，《中国现代文学论集》。

[36] 马克思：《致约·布洛赫(1890年9月21—22日)》，转引自樊骏：《我们的学科：已经不再年轻，正在走向成熟》，506—507页，《中国现代文学论集》。

[37] 樊骏：《〈中国现代文学研究丛刊〉：又一个十年》，455—456、466—467页；《我们的学科：已经不再年轻，正在走向成熟》，507页，《中国现代文学论集》。

[39] 樊骏：《唐弢的现代文学研究》，74页；《论文学史家王瑶》，37页，《中国现代文学论集》。

[40] 参看王瑶：《"五四"时期对中国传统文学的价值重估》，《从鲁迅所开的一张书单说起》，转引自樊骏：《论文学史家王瑶》，37页，《中国现代文学论集》。

[41] 樊骏：《唐弢的现代文学研究》，75页，《中国现代文学论集》。

[42] 唐弢：《中国现代文学史的编写问题》，转引自樊骏：《唐弢的现代文学研究》，91页，《中国现代文学论集》。

[43] 樊骏：《唐弢的现代文学研究》，89页，《中国现代文学论集》。

[44] 参看樊骏：《很有学术价值的探讨》，222、223页，《中国现代文学论集》。

[45] 樊骏：《黄修己的〈中国新文学史编纂史〉》，189、190页，《中国现代文学论集》。

[46] 樊骏：《关于开创中国现代文学研究新局面的几点想法》，110、111页，《中国现代文学论集》。

［47］樊骏：《黄修己的〈中国新文学史编纂史〉》，190页，《中国现代文学论集》。

［48］严家炎：《序言》，2页，《中国现代文学论集》。

［49］转引自樊骏：《关于中国现代文学史料工作的总体考察》，328页，《中国现代文学论集》。

［50］樊骏：《论文学史家王瑶》，34、35页，《中国现代文学论集》。

［51］唐弢：《〈鲁迅论集〉序》，转引自樊骏：《唐弢的现代文学研究》，81页，《中国现代文学论集》。

［52］樊骏：《唐弢先生的现代文学研究》，80页，《中国现代文学论集》。

［53］参看钱理群：《史料的“独立准备”及其他》，246页，《追寻生存之根——我的退思录》，广西师范大学出版社，2005年版。

［54］樊骏：《关于中国现代文学史料工作的总体考察》，310、311页，《中国现代文学论集》。

［55］在2003年召开的“中国现代文学的文献问题座谈会”上，就谈到史料的“粗制滥造与整理的混乱。有些文集、全集的遗漏（篇目遗漏与成句成段的遗漏），误收，误排，大面积的删节改动……已经到了令人瞠目结舌的地步”，遂有“今人乱出文集全集而现代典籍亡，因为他们删改原文，且错误百出”。参看钱理群：《史料的“独立准备”及其他》，242、243页，《追寻生存之根——我的退思录》。

［56］樊骏：《黄修己的〈中国新文学史编纂史〉》，170页，《中国现代文学论集》，胡适的话见《胡适的日记（1921年8月13日）》，也转引自樊骏此文。

［57］见1948年3月4日朱自清致王瑶信，转引自樊骏：《论文学史家王瑶》，24页，《中国现代文学论集》。

［58］樊骏：《黄修己的〈中国新文学史编纂史〉》，175页，《中国现代文学论集》。

［59］王瑶：《谈关于话剧作品的研究工作》，转引自樊骏：《论文学史家王瑶》，39页，《中国现代文学论集》。

［60］樊骏：《论文学史家王瑶》，39、40页，《中国现代文学论集》。

［61］樊骏：《论中国现代文学研究的当代性》，295页，《中国现代文学论集》。

［62］恩格斯：《自然辩证法·辩证法》，转引自樊骏：《论中国现代文学研究的当代性》，294页，《中国现代文学论集》。

［63］马克思：《资本论》第1卷，转引自樊骏：《我们的学科：已经不再年轻，正在走向成熟》，506页，《中国现代文学论集》。

［64］樊骏：《关于近一百多年中国文学历史的编写工作》，214页，《中国现代文学论集》。恩格斯的话出自《中国社会主义从空想到科学的发展》，也转引自樊骏此文。

［65］樊骏：《关于开创中国现代文学研究新局面的几点想法》，123页，《论中国现代文学研究》。

［66］马克思：《第179号〈科伦日报〉社论》，转引自樊骏：《论中国现代文学研究的当代性》，301页，《中国现代文学论集》。

［67］樊骏：《我们的学科：已经不再年轻，正在走向成熟》，507、508、509页，《中国现代文学论集》。

［68］樊骏：《黄修己的〈中国新文学史编纂史〉》，175、171页，《中国现代文学论集》。

［69］樊骏：《现代文学的历史道路和现代作家的历史评价》，64页，《论中国现代文学研究》。

［70］樊骏：《黄修己的〈中国新文学史编纂史〉》，179页，《中国现代文学论集》。

［71］樊骏：《很有学术价值的探讨》，224页，《中国现代文学论集》。

［72］［73］［76］［77］樊骏：《论文学史家王瑶》，58、59、40、43、39页，《中国现代文学论集》。

［74］樊骏：《关于中国现代文学研究的考察与思索》，37页，《论中国现代文学研究》。

［75］樊骏：《论中国现代文学研究的当代性》，179页，《论中国现代文学研究》。

［78］樊骏：《关于开创中国现代文学研究新局面的几点想法》，127页，《论中国现代文学研究》。

［79］樊骏：《论中国现代文学研究的当代性》，293页，《中国现代文学论集》。

［80］樊骏：《关于开创中国现代文学研究新局面的几点想法》，109、110页，《论中国现代文学研究》。

［81］樊骏：《论文学史家王瑶》，42页，《中国现代文学论集》。

［82］樊骏：《关于开创中国现代文学研究新局面的几点想法》，125、126页，《论中国现代文学研究》。

［83］［84］樊骏：《论文学史家王瑶》，61、62、63、43页，《中国现代文学论集》。

［85］参看贺桂梅：《80年代中国文化研究》，321页，北京大学出版社，2010年版。

［86］樊骏：《关于开创中国现代文学研究新局面的几点想法》，128—129、123页，《论中国现代文学研究》。

［87］参看贺桂梅：《80年代中国文化研究》，329页，北京大学出版社，2010年版。

［88］鲁迅：《革命文学》，568页，《鲁迅全集》第3卷，人民文学出版社，2005年版。

［89］樊骏：《关于开创中国现代文学研究新局面的几点想法》，126页，《论中国现代文学研究》。

［90］樊骏：《唐弢的现代文学研究》，152页，《中国现代文学论集》。

［91］［92］樊骏：《论中国现代文学研究的当代性》，270、259页，《中国现代文

学论集》。

[93][94] 樊骏:《前言》,19、18、29页,《论中国现代文学研究》。

[95] 王瑶:《研究问题要有历史感》,16—17页,《王瑶全集》第8卷,河北教育出版社,1991年版。

[96] 参看钱理群:《学术研究的清醒与坚守》,10页,《那里有一方心灵的净土》,中国文联出版社,2008年版。

[97][98] 樊骏:《我们的学科:已经不再年轻,正在走向成熟》,497、498、500页,《中国现代文学论集》。

[99] 参看钱理群:《学术的清醒与坚守》,10页,《那里有一方心灵的净土》。